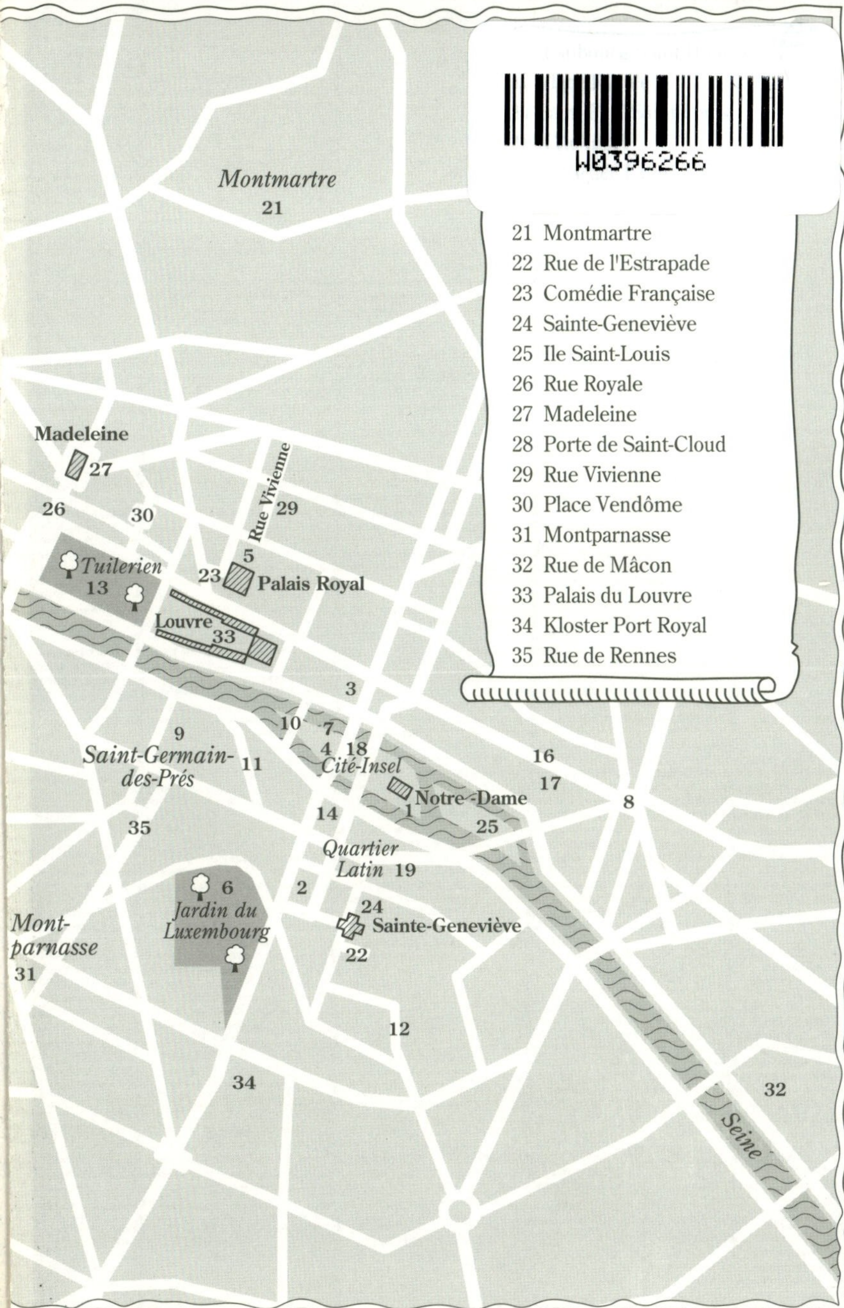
Montmartre
21
Madeleine
27
26
30
Rue Vivienne
29
5
Tuilerien
13
23
Palais Royal
Louvre
33
3
10
7
9
4
18
Saint-Germain-
des-Prés
11
Cité-Insel
16
17
Notre-Dame
1
8
14
25
35
Quartier
Latin
19
2
6
Jardin du
Luxembourg
24
Sainte-Geneviève
22
Mont-
parnasse
31
12
34
32
Seine
21 Montmartre
22 Rue de l'Estrapade
23 Comédie Française
24 Sainte-Geneviève
25 Ile Saint-Louis
26 Rue Royale
27 Madeleine
28 Porte de Saint-Cloud
29 Rue Vivienne
30 Place Vendôme
31 Montparnasse
32 Rue de Mâcon
33 Palais du Louvre
34 Kloster Port Royal
35 Rue de Rennes

Die Philosophin

Peter Prange

Die Philosophin

Roman

Weltbild

Besuchen Sie uns im Internet:
www.weltbild.de

Genehmigte Lizenzausgabe für Verlagsgruppe Weltbild GmbH,
Steinerne Furt, 86167 Augsburg

Ein Unternehmen der Droemerschen Verlagsanstalt
Th. Knaur Nachf. GmbH & Co. KG, München
Umschlaggestaltung: ZERO Werbeagentur, München
Umschlagmotiv: Artothek, Weilheim
Gesamtherstellung: Oldenbourg Taschenbuch GmbH,
Hürderstraße 4, 85551 Kirchheim
ISBN 3-8289-7645-X

2008 2007 2006 2005
Die letzte Jahreszahl gibt die aktuelle Lizenzausgabe an.

Für Roman Hocke

erstens, weil er mich erfunden hat,
zweitens, weil er niemals locker lässt,
drittens, weil es nicht immer Rom sein muss.

»Alle Menschen sind sich einig in dem Wunsch nach Glück. Die Natur hat uns allen ein Gesetz für unser eigenes Glück gegeben. Alles, was kein Glück ist, ist uns fremd; einzig das Glück hat eine unverkennbare Macht über unser Herz.«

Enzyklopädie, Artikel »Glück«

Inhalt

Prolog

Der Scheiterhaufen
1740

I

»Credo in unum Deum. Patrem omnipotentem, factorem coeli et terrae …«

Sophie schloss die Augen, während sie mit bloßen Füßen auf dem gestampften Lehmboden ihrer Schlafkammer kniete, um mit der ganzen Inbrunst ihres elfjährigen Herzens zu beten. Dabei ließ gerade dieses Herz ihr keine Ruhe – es pochte so heftig, als wollte es ihr zur Brust herausspringen. Das lateinische Glaubensbekenntnis gehörte zu den Aufgaben, die der Pfarrer die Kommunionkinder des Dorfes heute abfragen würde, bevor sie zum ersten Mal in ihrem Leben an den Tisch des Herrn treten durften. Obwohl Sophie das *Credo* an diesem Morgen schon ein Dutzend Mal gebetet hatte, sagte sie es deshalb noch einmal auf. Das Sakrament der heiligen Kommunion war nach den Sakramenten der Taufe und der Beichte das dritte Tor auf dem langen, langen Weg zum Himmelreich, und das Glaubensbekenntnis der katholischen Kirche war der Schlüssel, um dieses Tor in ihrem Herzen aufzuschließen.

»… visibilium omnium et invisibilium. Et in unum Dominum Jesum Christum …«

Sophie verstand zwar kein einziges Wort des Gebets, doch war sie sich seines Sinnes so gewiss wie der Tatsache, dass der Herrgott im Himmel sie liebte. Während sie durch den Irrgarten der lateinischen Verse schnurrte, fühlte sie sich, wie wenn sie durch das Buchsbaumlabyrinth lief, das Baron de Laterre im Schlosspark angelegt hatte. Man schien ganz und gar darin verloren, ohne Hoffnung, je ans Ende zu gelangen, doch wenn man einfach drauflos sauste, schaffte man es irgendwie doch. Jeder Vers war eine neue Gasse, jedes Versende eine Biegung des Labyrinths, und plötzlich stand man frei auf einer sonnenüberfluteten Lichtung. Als würde man durch das Himmelstor ins Paradies eintreten.

»... Et expectio resurrectionem mortuorum. Et vitam venturi saeculi. Amen.«

»Meinst du nicht, du hast genug geübt? Höchste Zeit, dich anzuziehen!«

Sophie schlug die Augen auf. Vor ihr stand ihre Mutter Madeleine. Über dem Arm trug sie eine weiße, bauschige Wolke – Sophies Kommunionkleid.

»Ich hab solche Angst«, sagte Sophie, während sie ihr grobleinenes Nachthemd auszog. »Mir ist richtig schlecht.«

»Das kommt nur, weil du nichts im Magen hast«, erwiderte Madeleine und streifte ihr das Kleid über den nackten Leib. Sie hatte es aus einem Gardinenrest genäht, den ihr der Baron für Sophie geschenkt hatte. »Du hast seit der Beichte gestern nichts mehr gegessen.«

»Was ist, wenn ich irgendeine Sünde vergessen habe?« Sophie zögerte, bevor sie weitersprach. »Darf ich dann den Heiland überhaupt in meine Seele lassen? Die muss doch ganz und gar sauber sein.«

»Was für Sünden hast du denn begangen?« Ihre Mutter lachte und schüttelte den Kopf. »Nein, ich glaube, deine Seele ist so blitzblank wie der Himmel draußen.«

Sophie spürte, wie der Gardinenstoff an ihren Brustspitzen kratzte, die seit ein paar Wochen merkwürdig spannten. »Die Leute sagen«, erwiderte sie leise, »ich bin in sündiger Liebe gezeugt. Hätte ich das nicht auch beichten müssen?«

»Wer hat das behauptet?«, fragte Madeleine, und an der heftigen Art, wie sie die Knöpfe zumachte, spürte Sophie, dass ihre Mutter ganz und gar anderer Meinung war.

»Der Pfarrer, Abbé Morel.«

»So, sagt er das? Obwohl du ihm die ganze Arbeit abnimmst? Ohne dich könnte er die anderen Kinder gar nicht unterrichten.«

»Und er sagt auch, dass Papa in der Hölle ist. Weil er nicht mit dir verheiratet war. Wenn Männer und Frauen Kinder bekommen, ohne verheiratet zu sein, dann, sagt Monsieur l'Abbé, ist das wie bei den Katzen.«

»Unsinn«, entschied Madeleine und schloss den letzten Knopf an Sophies Kleid. »Das Einzige, worauf es ankommt, ist, dass die Eltern sich lieb haben, so wie dein Papa und ich. Die Liebe ist das Einzige, was zählt.«

»Außer dem Lesen!«, protestierte Sophie.

»Außer dem Lesen!« Madeleine lachte. »Und alles andere ist dummes Gerede – hör nicht darauf!« Sie küsste Sophie auf die Stirn und sah sie zärtlich an. »Wie hübsch du bist. Da, schau selbst!«

Sie gab ihr einen Klaps, und Sophie trat vor die Spiegelscherbe, die neben dem kleinen Marienaltar an der weiß gekalkten Wand hing. Als sie sich sah, bekam sie einen freudigen Schreck. Aus der Scherbe blickte ihr ein Mädchen mit roten Haaren entgegen, die in großen Locken auf ein so wunderschönes Kleid herabfielen, wie es sonst nur die Prinzessinnen und Feen auf den Bildern in Märchenbüchern trugen.

»Wenn dein Papa im Himmel dich jetzt sieht«, sagte ihre Mutter, »kann er dich von den Engeln dort oben gar nicht unterscheiden.«

Ob er sie wirklich sah? Sophie wünschte es sich so sehr, dass sie sich auf die Lippen biss. Obwohl ihr Vater vor drei Jahren in der Fremde gestorben war, an einem hitzigen Fieber, das im Süden des Landes grassierte, erinnerte sie sich so genau an ihn, dass sie nur die Augen zu schließen brauchte, um ihn vor sich zu sehen: ein großer bärtiger Mann mit einem Schlapphut auf dem Kopf und einer Kiepe auf dem Rücken, der mit seiner hellen Stimme alle Tierlaute nachmachen konnte, vom Pferdewiehern bis zum Gezwitscher unbekannter Vögel, die es nur in Afrika gab. Dorval war sein Name, und die Leute nannten ihn einen Hausierer, doch für Sophie war er ein Bote aus einer anderen Welt gewesen, einer Welt voller Geheimnisse und Wunder.

Jedes Jahr war er zur Kirchweih in ihr Dorf gekommen, über und über beladen mit Messern und Scheren, Töpfen und Tiegeln, Kurzwaren und Bürsten – vor allem aber mit Büchern. Drei Wochen, von Christi Himmelfahrt bis Fronleichnam, lebten sie dann in ihrem kleinen strohgedeckten Haus am Dorfrand wie eine richtige Familie zusammen, bis Dorval mit seinen Schätzen weiterzog, und diese drei Wochen waren für Sophie stets die schönste Zeit im Jahr gewesen. Jede Minute verbrachte sie in seiner Nähe, lauschte seinen Geschichten von fernen Orten und gefahrvollen Abenteuern, von der schönen Melusine oder Oger dem Riesen, blätterte mit ihm in den dicken, prachtvoll ausgemalten Büchern, von denen aus seiner Kiepe immer wieder neue zum Vorschein kamen, Fibeln, Herbarien, Traktate, die scheinbar auf alle Fragen des Lebens eine Antwort wussten: wie man Warzen oder den Schluckauf kurierte, die Schrecken des Jüngsten Gerichts bannte oder die bösen Mächte des Traums überwand. Von Dorval hatte Sophie die roten Haare und die Sommersprossen geerbt, die ihre Stupsnase und Wangen zu

Tausenden übersäten, sodass ihre grünen Augen noch heller zu leuchten schienen als die ihrer Mutter. Vor allem aber hatte sie von Dorval etwas bekommen, was sie allen anderen Kindern im Dorf voraus hatte, eine Fähigkeit, die, wie ihre Mutter sagte, wertvoller war als sämtliche Schätze der Welt: die Fähigkeit zu lesen und zu schreiben.

Plötzlich fiel Sophie etwas ein, und im selben Augenblick war ihre Festtagsstimmung dahin.

»Der Mann gestern Abend«, sagte sie leise.

»Was für ein Mann?«, fragte ihre Mutter erschrocken.

»Der Mann mit dem Federhut. Ich habe gehört, was er zu dir gesagt hat.«

»Du hast uns belauscht?« Madeleine zog ein Gesicht wie manchmal Sophie, wenn sie bei etwas Verbotenem ertappt wurde.

»Ich konnte nicht schlafen.« Sophie stockte. »Wird er – mein neuer Papa?«

»Aber nein, mein Herz, bestimmt nicht!« Madeleine kniete sich vor sie hin und schaute ihr fest in die Augen. »Wie kannst du nur so etwas Dummes glauben?«

»Aber was hat der Mann von dir gewollt? Er hat versucht, dich zu küssen!«

»Mach dir keine Sorgen! Männer sind manchmal so.«

»Und er wird wirklich nicht mein Vater?«, fragte Sophie, wobei sie vor Aufregung am ganzen Leib zitterte.

»Versprochen! Ich hab ihn zum Teufel geschickt. – Aber was ist mit dir? Du bist ja völlig durcheinander! Ich glaube, es ist besser, wenn ich dir etwas gebe, sonst wird dir in der Kirche noch schlecht.« Madeleine nahm eines der vielen Fläschchen vom Regal, die neben dem dicken Kräuterbuch standen, und tröpfelte daraus einen schwarzen Trank auf einen Holzlöffel.

»Da, nimm das!«, sagte sie und reichte ihr den Löffel. »Damit du dich wieder beruhigst.«
Sophie zögerte. »Ist das keine Sünde? Vor der Kommunion?«
»Nein, mein Herz, das ist keine Sünde«, sagte Madeleine, während sie ihr vorsichtig den Trank einflößte, damit nichts auf ihr weißes Kleid tropfte. »Das ist Medizin, und die ist vor der Kommunion erlaubt. Du willst doch die Prüfung bestehen, oder?«

2

Die Glocken läuteten schon von Ferne, als Madeleine und Sophie Hand in Hand den Feldweg nach Beaulieu entlangliefen, ein Dorf von dreihundert Seelen. Ein blauer Himmel spannte sich über die Weinberge und Wiesen, die sich unter einem grünen Schleier auszubreiten schienen, und die warme Erde unter Sophies Holzpantinen verströmte wieder jene süßen, wohlvertrauten Düfte, die schon jetzt den Sommer ahnen ließen. Glitzernd im Sonnenschein wälzten sich die Fluten der Loire durchs Tal, Ginster und Flieder säumten die Ufer des Flusses, und das Schloss des Barons de Laterre, auf dem Sophies Mutter als Näherin arbeitete, erhob sich mit seinen zinnenbewehrten Türmen vor den Bergen so machtvoll über das Land, als wolle es alles Leben, das sich darauf regte, unter seinen Schutz nehmen.
»Ist das nicht ein Tag, um glücklich zu sein?«, fragte Madeleine und drückte Sophies Hand.
»Meinst du?«, fragte Sophie zurück. Sie spürte immer noch

ein leises Grummeln im Magen, trotz der Medizin. Außerdem lag ihr noch eine Frage auf der Seele, die sie ihrer Mutter unbedingt stellen musste, bevor sie die Kirche erreichten. Doch wusste sie nicht, wie sie es anfangen sollte. Darum erwiderte sie nur: »Monsieur l'Abbé hat gesagt, die Menschen sind nicht auf der Welt, um glücklich zu sein.«

»Wer soll das dem Abbé glauben?« Madeleine lachte. »An einem solchen Tag?«

Sophie blieb stehen und schaute ihre Mutter an. Obwohl Madeleine das hässliche Schandlinnen trug, das sie immer in der Kirche tragen musste, strahlten ihre grünen Augen, als könne nichts auf der Welt ihr etwas anhaben, und an ihrem Hals flatterte das bunte Seidentuch, das Dorval ihr bei seinem letzten Besuch geschenkt hatte. Also fasste Sophie sich ein Herz.

»Mama …«, sagte sie zögernd.

»Ja, mein Schatz?«

»Führst du mich heute zur Kommunion, wenn ich die Prüfung bestehe? So wie die anderen Eltern ihre Kinder auch?«

Ihre Mutter strich ihr über das Haar. Plötzlich war die Fröhlichkeit aus ihrem Gesicht verschwunden.

»Ach, Sophie, du weißt doch, dass das nicht geht. Abbé Morel hat mich von den Sakramenten ausgeschlossen.«

»Bitte, ich wünsche es mir so sehr. Ich möchte nicht als Einzige allein zur Kommunionbank gehen.«

»Der Pfarrer wird mich aber davonjagen, und dann ist es viel schlimmer.«

»Père Jaubert darf auch nicht zur Kommunion, und Abbé Morel hat ihm Ostern trotzdem die Hostie gegeben.«

»Père Jaubert ist der Küster, da drückt der Pfarrer ein Auge zu.«

»Père Jaubert hat auf den Friedhof gepinkelt, und das ist viel schlimmer als nicht verheiratet sein.«

»Ach Sophie, ich bin doch bei dir in der Kirche. Denk einfach daran, dass ich hinter dir stehe und alles sehe, was du tust.«

»Das ist nicht dasselbe.« Sophie musste die aufsteigenden Tränen unterdrücken. »Bitte, Mama. Wenn du nicht mitkommst, dann will ich auch nicht zur Kommunion.«

Madeleine erwiderte ihren Blick. Dann gab sie sich einen Ruck und sagte:

»Du meinst, wir sollten es wenigstens versuchen?«

Sophie nickte, so heftig sie konnte. Mit einem Lächeln griff Madeleine nach ihrer Hand.

»Na gut. Dann nehmen wir uns also an Père Jaubert ein Beispiel.«

Als sie wenige Minuten später die Kirche betraten, war das kleine Gotteshaus bereits zum Bersten voll. Überall zappelten aufgeregte Kinder an den Händen ihrer Eltern. Mit einem Anflug von Stolz stellte Sophie fest, dass sie als einziges Mädchen ein weißes Kleid trug. Neben den anderen Kindern, die in ihren braunen und grauen Kitteln wie kleine erwachsene Bauern wirkten, sah sie wirklich aus wie ein Engel.

Sie tauchte die Fingerspitzen ins Weihwasserbecken und schlug das Kreuzzeichen. Doch als sie mit ihrer Mutter durch das Kirchenschiff nach vorne ging, erhob sich ein Gezischel, als hätte jemand ein Geheck Vipern zwischen den Bänken ausgesetzt.

»Dass die sich traut, sich hier blicken zu lassen!«

»Schau nur, das bunte Tuch! So eine eitle Person!«

»Und wie sie ihre Tochter herausgeputzt hat!«

In der dritten Bank war noch Platz. Als Madeleine und Sophie sich mit einem Knicks vor dem Altar verneigten, rückten ihre

Nachbarn so weit zur Seite, als hätten sie Angst, sich anzustecken. Sophie fühlte sich plötzlich ganz schwach.

»Dominus vobiscum!«

»Et cum spiritu tuo!«

Zum Glück fing in diesem Augenblick das Hochamt an. Die Gemeinde erhob sich, und gefolgt von vier Messdienern nahm Abbé Morel in seinem alten, zerschlissenen Ornat am Altar seinen Platz ein. Während er mit hoher Fistelstimme das Kyrie sang, zischte jemand hinter Sophie:

»Rotes Haar und Sommersprossen ...«

Wütend schaute sie sich um. Joseph Mercier, der Sohn eines Tagelöhners, grinste sie mit platzrundem Frechgesicht an. Er war der dümmste Junge im ganzen Dorf, niemand wusste das besser als Sophie. Im Auftrag des Pfarrers, der selber kaum mehr als seinen eigenen Namen schreiben konnte, leitete sie dreimal in der Woche den Unterricht der Dorfkinder und versuchte, ihnen mit Hilfe des Marienkalenders das Lesen beizubringen. Joseph konnte kein A von einem O unterscheiden. Die Stimme von Abbé Morel rief sie zurück.

»Wie lautet das Gebet des Herrn? Marie Poignard!«

Die Prüfung der Kommunionkinder begann. Ein rotwangiges Mädchen stolperte aus der Bank und sagte stockend das Vaterunser auf. Im Chorgestühl entdeckte Sophie Baron de Laterre, der mit amüsiertem Gesicht Maries Gestammel verfolgte. Als der Baron Sophie sah, nickte er ihr freundlich zu. Sie erwiderte seinen Gruß – da tauchte für einen Moment hinter dem Baron eine rote bauschige Feder auf. War dort der junge Mann, der gestern Abend bei ihrer Mutter gewesen war? Sophie reckte sich, um sein Gesicht zu erkennen.

»Sophie Volland, ich habe dich etwas gefragt!«

Sophie zuckte zusammen. Abbé Morel blickte sie mit seinen

kleinen, grauen Augen böse an. Sein Gesicht war so faltig und fleckig wie das eines Salamanders.

»Credo in unum Deum ...«

Wie auf Kommando rasselte sie das Glaubensbekenntnis herunter, doch sie war noch nicht beim dritten Vers angekommen, als Abbé Morel sie unterbrach.

»Du sollst auf meine Frage antworten! Wodurch unterscheidet sich der Leib des Herrn von gewöhnlicher Speise?«

Sophie biss sich auf die Lippe. Auf jede Frage hatte sie sich vorbereitet, nur nicht auf diese. Abbé Morels Blick wurde immer böser. Sophie geriet in Panik. Wenn sie jetzt keine Antwort gab, war sie durchgefallen. Herrgott, was wollte der Pfarrer nur wissen?

So laut, dass es mehrere Reihen weit zu hören war, knurrte Sophies Magen. Plötzlich wusste sie die Antwort.

»Gewöhnliche Speise ist Nahrung für den Leib, das Brot des Herrn aber ist Seelenspeise – Brot des ewigen Lebens.«

»Bravo, Sophie!«, rief der Baron und nickte ihr abermals zu.

Abbé Morel entblößte mit einem säuerlichen Lächeln seine gelben Zähne und fuhr mit der Prüfung eines anderen Kindes fort. Sophie atmete auf. Doch so groß der Stein auch war, der ihr vom Herzen fiel, noch lag eine andere Hürde vor ihr, eine zweite Prüfung, die vielleicht noch schwerer war als die erste. Bei der heiligen Wandlung war sie darum so aufgeregt, dass es ihr fast den Magen umdrehte, als die Messdiener die Weihrauchfässchen schwenkten und der süße Duft ihr in die Nase stieg.

»Lamm Gottes, du nimmst hinweg die Sünden der Welt, erbarme dich unser!«

Der Augenblick war da! Abbé Morel verkündete einzeln die

Namen der Kinder, die an diesem Tag zum ersten Mal den Leib Christi empfangen sollten, und forderte ihre Eltern auf, sie an den Tisch des Herrn zu führen. Sophie griff nach der Hand ihrer Mutter. Sie war genauso feucht wie die ihre.

»Möge diese Speise euch stärken, wenn Gott und der Teufel um eure Seele ringen.«

Jetzt waren sie an der Reihe! Sophie musste die Zähne zusammenpressen, damit sie nicht aufeinander schlugen, als sie mit ihrer Mutter aus der Bank trat, und ihr Herz klopfte so heftig, dass das Blut in ihren Ohren rauschte wie die Loire bei Hochwasser. Seite an Seite gingen Mutter und Tochter zum Altar, genau so, wie Sophie es sich gewünscht hatte. Abbé Morel nahm eine Hostie aus dem Kelch, und Madeleine kniete nieder.

»Was? Die Hure wagt es?«

Ein Raunen erhob sich in der Kirche. Irritiert blickte der Pfarrer auf. Sophie sah sein Gesicht: Die buschigen Brauen gingen in die Höhe, der Kinnladen fiel herunter – erst jetzt wurde Abbé Morel gewahr, wer da vor ihm um das Brot des Herrn bat. Im selben Augenblick machte er einen Schritt zurück, als sähe er den Leibhaftigen vor sich.

Sophie sandte ein Stoßgebet zum Himmel: »Bitte, lieber Gott, hilf!«

Es war, als hielte die ganze Kirche den Atem an. Kein Laut, keine Regung, nur das Flattern eines Sperlings, der sich in das Gotteshaus verirrt hatte. Plötzlich ein Hüsteln in die Stille hinein, ein Hüsteln aus dem Chorgestühl. Abbé Morel schnellte herum. Der Baron war aufgestanden, mit ernster Miene nickte er dem Pfarrer zu. Der begriff nicht, erwiderte fragend den Blick.

»Zum Teufel, worauf warten Sie noch!«

Endlich begriff der Pfarrer, und das Wunder geschah: Abbé Morel drehte sich zu Madeleine um, und während er die Hostie in die Höhe hielt, knurrte er:

»Der Leib Christi!«

»Amen!«

Als Sophie sah, wie ihre Mutter die Hostie empfing, schossen ihr die Tränen in die Augen. Gott hatte ihr Gebet erhört! Überglücklich sank sie auf die Knie.

»Der Leib Christi!«

»Amen!«

Ihr Herz jubilierte, ihre Seele jauchzte, ein überirdischer Taumel packte sie, als sie die Augen schloss und die Lippen öffnete. Alles in ihr war Bereitschaft, sehnlichste Erwartung, den Leib des Herrn zu empfangen.

Da aber passierte das Unfassbare. Kaum berührte die Hostie ihre Zunge, krampfte sich Sophies Magen zusammen, ein heftiger, unwiderstehlicher Reiz, der ihre Gedärme erfasste, würgte in ihrem Schlund, höher und höher hinauf. Bevor sie die Hände zum Mund führen konnte, entleerte sich ihr Magen in einem fürchterlichen Schwall.

Ein Aufschrei erfüllte das Gotteshaus.

Als Sophie zu Bewusstsein kam, sah sie an ihrem weißen Kleid hinab. Der riesige Fleck, der ihren Schoß bedeckte, war schwarz wie kranke Galle.

3

»Die Näherin Madeleine Volland, gebürtig und wohnhaft im Kirchspiel Beaulieu, wird beschuldigt, gegen den Glauben und den gemeinen Nutzen des Staatswesens gehandelt zu haben, indem sie die schwarze Kunst an ihrer Tochter Sophie ausgeübt und diese durch Verabreichung eines magischen giftigen Tranks veranlasst hat, am Tage ihrer ersten heiligen Kommunion den Leib des Herrn zu erbrechen, in Gegenwart des amtierenden Pfarrers sowie der versammelten Gemeinde.«

Der Saal war bis auf den letzten Platz gefüllt, als der königliche Landrichter die Anklage verlas. Sein altes, von den Jahren zerfurchtes Gesicht blieb während des Vortrags so teilnahmslos wie das Gesetz selbst, nur ab und zu verrutschte auf seinem Schädel die Perücke, deren Sitz er jedes Mal mit derselben, schon tausendmal wiederholten Bewegung seiner Linken korrigierte, ohne im Redefluss innezuhalten. Alle Augen waren auf die Angeklagte gerichtet, die erhobenen Hauptes, doch mit gefesselten Händen vor ihm stand, flankiert von zwei Bütteln.

Im Publikum saß ein junger Mann, der sich durch sein vornehmes Gewand auffallend von den übrigen Zuschauern im Saal unterschied, ein *Gentilhomme* von achtzehn Jahren, Spross einer der glänzendsten Familien Frankreichs und Mitglied mehrerer Akademien. Mit bitterer Genugtuung lauschte er der Rede des Richters, jedes Wort einzeln in sich aufnehmend wie ein Kranker die Tropfen einer Arznei, derer er zur Linderung übergroßer Schmerzen bedarf. Aufmerksam suchte er nach einer Regung im Gesicht der Angeklagten, doch vergebens: Diese Frau, die nicht das geringste Zeichen von Reue zu erkennen gab, hatte ihm das schlimmste Verbrechen zugefügt, das eine Frau einem Mann überhaupt antun konnte. Er war so angespannt, dass er fortwährend seinen Hut auf den Knien drehte, einen schwarzen, breitkrempigen Hut, der mit einem roten Federbusch verziert war.

Er selbst hatte Madeleine Volland beim Gericht von Roanne angezeigt, noch am selben Tag, da sich der unerhörte Vorfall in der Dorfkirche von Beaulieu ereignet hatte, um ihr das Unrecht zu vergelten, das er durch sie erlitten hatte. Dafür hatte er sogar mit seinem Gastgeber gebrochen, dem Baron de Laterre, der ihn beschworen hatte, auf die Klage zu verzichten. Doch als Jurist, der bei den hervorragendsten Gelehrten des Landes studiert hatte, wusste der junge Mann das Recht auf seiner Seite. Im Jahre 1682 hatte ein königliches Edikt »alle Taten von Magie oder Aberglauben« unter Strafe gestellt, desgleichen »das Sagen und Tun von Dingen, die nicht natürlich erklärt werden können«, und schließlich die Todesstrafe für Gotteslästerungen erlassen, die im Zusammenhang mit »eingebildeten magischen Wirkungen oder Täuschungen ähnlicher Art« begangen wurden. Diese Gesetze waren nach wie vor in Kraft.

Der Richter rückte seine Perücke zurecht und wandte sich an die Angeklagte.

»Madeleine Volland, bekennst du dich schuldig, die vorgetragenen Verbrechen begangen zu haben?«

»Ich bekenne mich schuldig zu leben. Sonst habe ich nichts verbrochen.«

Ein empörtes Gemurmel erhob sich im Saal, ein paar Zuschauer lachten. Der Richter klopfte mit einem Hammer auf den Tisch, um die Ruhe wiederherzustellen.

»Wo ist meine Tochter?«, fragte Madeleine in die Stille hinein.
Sie drehte sich um und schaute ins Publikum. Ruhig, ohne mit der Wimper zu zucken, fasste sie die Zuschauer ins Auge, einen nach dem andern, als hoffe sie, Sophie zwischen ihnen zu entdecken. Der junge Mann spürte, wie ihm der Mund austrocknete, während die Augen der Angeklagten sich immer mehr in seine Richtung bewegten, doch er war entschlossen, nicht zu weichen.
Plötzlich trafen sich ihre Blicke. Im gleichen Moment verengten sich Madeleines Augen zu zwei Schlitzen, und aus diesen Schlitzen blitzte ihm ein solcher Hass entgegen, als würde eine Schlange ihm ihr Gift ins Gesicht schleudern.
Leise stöhnte er auf. Wie sehr hatte er sich danach gesehnt, dass Madeleine ihn mit ihren grünen Augen anschaute, und was für eine Qual war es nun, da sie es tat! Er hatte diese Hexe geliebt, sich nach ihr verzehrt wie nach keiner anderen Frau je zuvor. Seit er sie das erste Mal gesehen hatte, im Schloss des Barons de Laterre, war es, als habe er keinen eigenen Willen mehr. Wenn er aufwachte, galt ihr sein erster Gedanke, wenn er einschlief, sah er ihr Gesicht vor sich. Er war bereit gewesen, alles für sie hinzugeben, sein Vermögen, seinen Titel, seine Ehre. Doch sie hatte ihn verschmäht, seine Liebe zurückgewiesen, und als er sie bestürmte, ihn zu erhören, als er ihr sein Herz zu Füßen legte, hatte sie ihn zum Teufel gewünscht. Noch in derselben Nacht, da sie den Fluch aussprach, hatte er in den Armen einer Dirne von Roanne voller Entsetzen erkannt, dass dies keine leeren Worte waren: Sie hatte ihn verhext, ihn vergiftet, genauso wie ihre Tochter Sophie.
Obwohl es ihn übermenschliche Anstrengung kostete, hielt er

ihrem Blick stand. Die Stunde war gekommen, da sie für ihr Verbrechen büßen würde. Bei der Klageerhebung hatte er dem Gericht angeboten, persönlich ihre Schuld zu beweisen, und sich zur Strafe der Wiedervergeltung eingeschrieben für den Fall, dass ihm dies nicht gelänge. Doch er war sich seiner Sache sicher. Er hatte in Madeleines Behausung ein Buch gefunden, das keinen Zweifel an ihrer Schuld erlaubte, ein dickleibiges, in Schweinsleder gebundenes Werk, aus dem sie ihr böses Wissen bezogen hatte, ein Herbarium, das neben der Beschreibung von Kräutern und anderen Pflanzen Hunderte von Rezepturen enthielt: gegen Harnzwang und Geistersehen, gegen Würmerfraß und den bösen Blick. Dieses Buch, mit dem sie versucht hatte, sich über andere Menschen zu erheben, würde nun, da es neben der Bibel auf dem Richtertisch lag, ihr Schicksal besiegeln.

Als könne sie seine Gedanken erraten, wandte sie den Blick von ihm ab.

»Ich rufe den Kläger in den Zeugenstand!«

Der junge *Gentilhomme* erhob sich und trat vor den Richter.

»Aus persönlichen Gründen hat der Zeuge gebeten, Stillschweigen über seinen Namen zu bewahren. Da er dem Gericht als Mann von Stand und Geblüt bekannt ist, wird dem Wunsch entsprochen.«

Der Gerichtsdiener holte die Bibel, der Kläger hob die Hand zum Schwur, und mit dem Rücken zur Angeklagten, deren Blicke er in seinem Nacken spürte wie die Berührung von Eis, sprach er die Eidesformel.

Dann nahm die Gerechtigkeit ihren Lauf.

4

Dicke Regentropfen klatschten gegen die Fensterscheiben und rannen wie Tränen vor Sophies Gesicht herab. Die ganze Welt schien hinter einem grauen, undurchdringlichen Schleier aus Wasser und Nebel verborgen.

Noch war im Schloss alles still. Seit Sophie aufgewacht war, saß sie am Fenster der kleinen Kammer, die man ihr am Ende des Gesindeflurs angewiesen hatte, und schaute zu, wie der neue Tag anbrach. Triefend von Feuchtigkeit, traten nach und nach die Bäume und Büsche des Parks aus den nächtlichen Schatten hervor, und jenseits des noch schwarzen Buchsbaumlabyrinths, in dem Sophie so oft gespielt hatte, konnte sie an der Grenze zu den Wiesen in dem milchigen Nebel allmählich die Weiden erkennen, die dort einsam im Wasser standen und die Zweige kraftlos herabhängen ließen, als wären sie tot.

Wo war ihre Mutter? Baron de Laterre, der Sophie zu sich genommen hatte, war allen ihren Fragen ausgewichen, genauso wie Louise, die älteste Zofe auf dem Schloss, in deren Obhut der unverheiratete Baron Sophie zurückgelassen hatte, als er in aller Eile mit der Auskunft nach Paris aufgebrochen war, er wolle in der Hauptstadt dafür sorgen, dass Madeleine bald wieder frei sei.

Wie viele Stunden, wie viele Tage waren seitdem vergangen? Ohne Gefühl für die Zeit saß Sophie am Fenster, schaute hinaus in den Park und versuchte, den dunklen, verschlungenen Pfaden des Labyrinths nachzuspüren. Auf dem Schloss ging es ihr besser als je zuvor in ihrem Leben, sie hatte ein eigenes Federbett und dreimal am Tag konnte sie essen, so viel sie wollte, und doch hatte sie noch nie zuvor so sehr gelitten. Wie viel lieber wäre sie auf ihrem Strohsack als in den weichen Kissen aufgewacht, wie viel lieber hätte sie statt Braten und Kompott ihren täglichen Hirsebrei gegessen! Soweit sie zurückdenken konnte, war sie nie länger als einige wenige Stunden von ihrer Mutter getrennt gewesen. Madeleine hatte sie abends ins Bett gebracht und morgens geweckt, und jede Mahlzeit des Tages hatten sie gemeinsam eingenommen. Als die Büttel aus Roanne Madeleine verhaftet hatten, war es gewesen, als gehe sie auf einer schwindelnd hohen Brücke über einen Abgrund, und plötzlich lasse die Hand sie los, die sie bislang gehalten hatte.

Was hatte ihre Mutter Schlimmes getan? Sollte sie dafür büßen, dass sie zur Kommunion gegangen war, obwohl Abbé Morel sie von den Sakramenten ausgeschlossen hatte?

Die Unwissenheit lastete auf Sophies Seele wie das Gefühl einer übergroßen und zugleich unfassbaren Schuld. Anfangs war sie wütend gewesen, hatte laut protestiert, jeden im Schloss gefragt, wohin man ihre Mutter verschleppt habe. Doch genauso wie der Baron und Louise verschwiegen ihr auch die Diener und Lakaien, was mit Madeleine geschah, und wollte ihr doch jemand etwas verraten, kam eilig Louise herbei und verbot ihm den Mund.

Je länger das Schweigen anhielt, mit dem man Sophie vor der Wahrheit abschirmte wie vor einem bösen Feind, desto mehr wich ihre Wut einer unbestimmten, unwirklichen Angst. Sie spürte, irgendetwas Fürchterliches bahnte sich an, sie witterte eine fremde, lauernde Gefahr, ahnte sie in den verlegenen Blicken, die sie erhaschte, in den getuschelten Worten hinter ihrem Rücken. Sie begann, für ihre Mutter zu beten, zündete in der Kapelle Kerzen an, und fast jede Nacht träumte sie, sie würde zusammen mit Madeleine und ihrem Vater auf dem Schloss leben, als eine glückliche Familie. Wenn sie dann am Morgen aufwachte, war die Wirklichkeit kaum noch zu ertragen.

Sophie seufzte. Vor ihr, auf der anderen Seite der Scheibe, ließ sich ein Spatz auf dem Fensterbrett nieder und versuchte, mit lautem Schimpfen sein nasses Gefieder zu trocknen. Der Regen hatte nachgelassen, und der Himmel hatte sich inzwischen so weit aufgehellt, dass die dunklen Pfade des Buchsbaumlabyrinths im Park einzeln und deutlich hervortraten. Wie leicht war der Weg ins Freie von hier oben aus zu erkennen, und wie schwierig war es, wenn man in dem Labyrinth gefangen war.

»Komm, zieh deine Pantinen an!«

Sophie hatte nicht gehört, dass jemand den Raum betreten hatte. Louise stand in der Tür und nickte ihr zu.

»Abbé Morel kommt gleich, um dich abzuholen. Er geht mit dir ins Dorf.«

Bei den Worten der Zofe keimte Hoffnung in Sophie auf.

»Gehen wir zu meiner Mutter?«

Louise nickte. Zugleich aber schlug sie die Augen nieder.

5

Grauer, feuchter Qualm stieg über dem Dorfplatz von Beaulieu auf, wo unter der Leitung des Küsters Père Jaubert ein halbes Dutzend Arbeiter fluchend damit beschäftigt war, ein

Feuer zu entfachen. Die ganze Nacht über hatte es in Strömen geregnet, ein nasser, für die Jahreszeit viel zu kalter Wind hatte schwere dunkle Wolken durch das Tal getrieben, und nun wollte das Holz nicht brennen: fünf Klafter Buche, das Klafter zu vierzig Livres, dazu einhundert Reisigbündel und drei Säcke Kohle.

»Was für eine Verschwendung!«, klagte Jacqueline Poignard, die Mutter der kleinen Marie. »Das Holz wird uns nächsten Winter im Backhaus fehlen.«

»Strafe muss sein«, erwiderte der Tagelöhner Mercier. »Das Weibsstück hat es gar zu toll getrieben.«

Obwohl die Arbeit an diesem Tag ruhte, war schon jedermann im Dorf auf den Beinen. Alle strömten zur Kirche, um ihre Seelen zu stärken, bevor das große Schauspiel begann. Der Brauch, Gotteslästerer auf diese Weise zu strafen, war zwar so alt wie die Menschheit selbst, doch war er in der gesamten Provinz seit Jahrzehnten nicht mehr zur Anwendung gelangt. Nur die Ältesten erinnerten sich noch daran wie an die Feiern zur Geburt oder Hochzeit einer hohen Standesperson. Seit drei Tagen strömten aus dem ganzen Tal Schaulustige herbei, begierig, ein Spektakel zu erleben, das man ihnen allzu lange vorenthalten hatte.

Ein neuer böiger Regenschauer ging auf die Weinberge und Wiesen nieder, als Abbé Morel sich nach der Frühmesse auf den Weg machte. Seine Galoschen quietschten im Morast, der Regen rann ihm vom Hut in den Nacken, und dennoch setzte er seine Schritte so langsam voreinander, als habe er gar nicht die Absicht, an sein Ziel zu gelangen.

Hatte Madeleine Volland solche Strafe verdient? Der alte Pfarrer wusste es nicht. Wie oft hatte er diese Frau ermahnt, nicht länger in der Sünde zu verharren. Dabei hätte sie den

Hausierer Dorval nur zu heiraten brauchen oder auf den fleischlichen Umgang mit ihm zu verzichten, um Vergebung zu erlangen, doch sie hatte sich immer geweigert. Nicht mal nach dem Tod des Mannes, der sie außerhalb der Ehe geschwängert hatte, war sie zur Reue bereit gewesen, als wäre es ihr in der Seele zuwider, das Schandlinnen abzulegen und sich mit der Kirche zu versöhnen.

Um seine Ankunft auf dem Schloss hinauszuzögern, machte Abbé Morel einen Umweg am Gemeindeanger vorbei. Kein anderer Gang hatte ihn in seinem langen Leben so sehr bedrückt, und er hätte seinen rechten Daumen hergegeben, um ihn sich und dem Kind zu ersparen. Aber das war nicht in sein Ermessen gestellt. Das Gericht hatte angeordnet, dass Sophie der Vollstreckung des Urteils beiwohnen musste als nützliches Exemplum für ihre gefährdete Seele. Morels Auftrag war es, sie zu begleiten.

Wann sollte er dem Kind sagen, wohin ihr Weg sie führte? Oder war es besser, es bis zum letzten Augenblick in der Gnade der Unwissenheit zu belassen?

Mit durchnässter Soutane klopfte Abbé Morel an die Pforte des Schlosses. Baron de Laterre war noch am selben Tag, da sein Gast, der junge *Gentilhomme*, nach Roanne geeilt war, um Anzeige zu erheben, nach Paris aufgebrochen. Er wollte sich beim dortigen Parlament, in dessen Zuständigkeit der Prozess gegen Madeleine Volland fiel, zugunsten der Angeklagten verwenden.

Ein Funke Hoffnung glomm also noch im Herzen des alten Abbé, und solange es Gottes Wille war, würde er ihn am Leben erhalten.

6

Eine Menschenmenge, wie Sophie noch keine je gesehen hatte, drängte sich auf dem Dorfplatz, als sie mit Abbé Morel in Beaulieu eintraf. Inzwischen hatte es fast aufgehört zu regnen, nur noch ein paar einzelne Tropfen fielen vom Himmel, doch noch immer strich ein feuchter Wind über das Tal. In der Luft hing ein brandiger Geruch.

Unwillkürlich griff Sophie nach der Hand des Pfarrers.

»Was wollen die vielen Leute hier? Warum arbeiteten sie nicht?«

Abbé Morel räusperte sich. War jetzt der Zeitpunkt gekommen, dem Kind die Wahrheit zu sagen? Er räusperte sich erneut, doch als er Sophies fragenden Blick sah, erstarb die Wahrheit auf seiner Zunge.

»Wer weiß, vielleicht geschieht noch ein Wunder, und der Baron kehrt rechtzeitig aus Paris zurück, bevor es zu spät ist.«

Sophie wusste nicht, wovon der Pfarrer sprach. Doch die leise Zuversicht, die sie auf dem Weg hierher verspürt hatte, schwand bei seinen Worten dahin, und wieder stieg in ihr jene Ahnung unheimlicher Gefahr auf, die sie verfolgte, seit sie von ihrer Mutter getrennt war. Unsicher, als lauere irgendwo versteckt ein böses Tier, schaute sie sich um. Bei ihrem Anblick verstummten die Leute und traten beiseite, um ihr Platz zu machen.

Plötzlich sah Sophie ihre Mutter, am Ende der Menschengasse, nur einen Steinwurf entfernt.

»Mama ...«

Der Ruf blieb ihr in der Kehle stecken. Was hatte man mit ihrer Mutter gemacht? In der Mitte des Platzes, umringt

von Hunderten Menschen, die johlten und feixten wie beim Karneval, war ein Gerüst errichtet. Darauf stand Madeleine, an Händen und Beinen gefesselt wie eine Verbrecherin, angetan mit ihrem Schandlinnen. Sie hielt den kahl geschorenen Kopf gesenkt und wirkte so einsam und verloren inmitten der vielen Menschen, dass es Sophie das Herz zuschnürte.
Hinter dem Gerüst loderte ein riesiges Feuer in den grauen Regenhimmel auf, als würden die Flammen der Hölle am Firmament lecken.
»Mama!«
Der Schrei, der sich endlich Sophies Kehle entwand, übertönte allen Lärm auf dem Platz. Madeleine hob den Kopf, ein schwaches Leuchten ging über ihr Gesicht.
»Sophie!«
Sie ahnte den Ruf Madeleines mehr, als dass sie ihn hörte. Sie wollte zu ihrer Mutter, doch die Hand des Pfarrers hielt sie zurück. Das bunte Tuch an Madeleines Hals, Dorvals Geschenk, flatterte im Wind, als wolle es sie verspotten. Auf einmal verspürte Sophie nur noch Angst, blanke, entsetzliche Angst.
»Lassen Sie mich los!«, schrie sie. »Ich will zu meiner Mutter!«
Sie zerrte und zog mit all ihren Kräften, um sich von Abbé Morel frei zu machen, trat gegen sein Bein, wieder und wieder, riss an seiner Soutane, spuckte ihn an und biss in seine Hand. Doch der alte Pfarrer hielt ihren Arm so fest umschlossen wie ein Schraubstock, während der Landrichter in schwarzer Robe und grauer Perücke das nasse Holzgerüst bestieg.
Bei seinem Erscheinen verstummte die Menge. Plötzlich war es so still, dass man die wenigen Regentropfen auf die Bohlen fallen hörte. Auch Sophie hielt unwillkürlich inne, während

der Richter ein Pergament entrollte und seine Stimme erhob, um das Urteil zu verlesen, das über ihre Mutter gefällt worden war.

»... hat die Näherin Volland in gemeiner und böser Absicht danach getrachtet, ihr eigen Kind elend zu machen, indem sie ihm einen verderblichen Trank beibrachte ...«

Was hatte das zu bedeuten? In Sophies Kopf überschlugen sich die Gedanken. In ihrer Verwirrung verstand sie nur Fetzen von der Rede, aus der einzelne Worte hervorstachen wie struppige, dornige Zweige aus einem finsteren, undurchdringlichen Dickicht: *Buhlschaft, schwarze Magie, Giftmischerei ...*

»... weshalb das Gericht zu dem Urteil gelangte, dass die Übeltäterin zur Strafe für ihre schwere Schuld und Gottlosigkeit den Tod erleiden soll ...«

Wovon sprach dieser Mann? Unfähig, den Sinn der Rede zu begreifen, sah Sophie, wie der Richter die Pergamentrolle in den Tiefen seiner Robe verschwinden ließ und gleichzeitig einem riesengroßen Mann zunickte, der mit nacktem Oberkörper und verschränkten Armen etwas abseits auf dem Gerüst stand. Erst jetzt erkannte sie den Galgen, der über ihrer Mutter emporragte.

»Sie wird sterben, bevor die Flammen sie erreichen«, sagte Abbé Morel. »Sie muss nicht mehr leiden als nötig.«

Sophie wollte die Augen abwenden, doch sie konnte es nicht. Als stünde sie unter einem Bann, sah sie ohnmächtig mit an, wie der halb nackte Riese zu ihrer Mutter trat und ihr die Schlinge um den Hals legte. Als er die Schlinge festzog, traf sie noch einmal ihr Blick, Madeleines Lippen bewegten sich, und noch einmal rief sie ihrer Tochter etwas zu. Sophie verstand nur ein einziges Wort:

»… Glück …«
Im selben Augenblick verlor Madeleine den Boden unter den Füßen, ein Aufschrei ging über den Platz, und gleich darauf wurde sie von dem Seil in die Höhe gerissen. Für eine Sekunde baumelte sie in der Luft, dann plötzlich ein Ruck, und der Balken, von dem ihr Körper herabhing, schwenkte über das Feuer.
»Aaaaahhhhhh …«
Wie eine Erlösung erscholl der Ruf aus unzähligen Kehlen, als die Flammen die Kleider der Gehängten erfassten. Sophie schrie auf wie ein Tier, schrie und schrie und schrie, als würde sie nie wieder aufhören können zu schreien, schrie ihre Liebe hinaus, ihre Liebe und ihren Schmerz und ihre Verzweiflung. Doch gierig fraß das Feuer sich weiter, stetig und unbeirrbar, von den Gliedmaßen her auf die Mitte des Körpers zu, mit züngelnden, tänzelnden Flammen, überzog bald den ganzen Leib ihrer Mutter, aus dem schon alles Leben gewichen war. Mit verdrehtem Kopf, Arme und Beine in der Luft baumelnd, hatte Madeleine Volland ihren Widerstand für immer aufgegeben.
Auf einmal fühlte Sophie sich wie gelähmt. Sie roch nicht den Geruch des Feuers, spürte nicht die Nässe in ihrem Gesicht, sah nur vor sich Dinge, die ihr Begreifen überstiegen. Passierte wirklich, was hier vor ihren Augen geschah? Eine graue Katze floh in weiten Sätzen von dem Gerüst, als würde sie von unsichtbaren Teufeln gehetzt. Und während die Katze zwischen den Menschen verschwand, regte sich in Sophie ein schwarzer, böser Gedanke: Es war ihre Schuld, was hier geschah.
»Komm«, sagte Abbé Morel, »gehen wir nach Hause.«
Doch Sophie rührte sich nicht von der Stelle. Sie wollte, musste bleiben, bis zum bitteren Ende, mit eigenen Augen

sehen, wie die Überreste ihrer Mutter in den Flammen verbrannten, damit sie für immer das Unbegreifliche begriff, das sich hier ereignete. Tränen rannen aus ihren Augen, bildeten einen heißen, salzigen Strom auf ihren Wangen, um sich dort mit den Regentropfen zu vermischen, während sie nach der großen schweren Hand des Pfarrers griff, gegen die sie sich eben noch mit all ihren Kräften gewehrt hatte. Sie nahm diese Hand und klammerte sich an sie, als wäre dies ihre letzte Zuflucht auf Erden.

»Gott sei ihrer armen Seele gnädig!«, flüsterte Abbé Morel.

Während der Pfarrer dies sagte, riss irgendwo der Himmel auf, und durch eine Öffnung im Wolkendach, die man noch gar nicht sehen konnte, flutete ein langer schräger Sonnenstrahl auf den Richtplatz herab. Wenig später leuchtete das ewige Blau des Himmels zwischen zwei Wolkengebirgen hervor, rasch vergrößerte sich der Riss, als teile sich dort oben ein gewaltiger Vorhang, und während die Menschenmenge auf dem Platz sich allmählich zerstreute, spannte sich ein herrlicher Regenbogen über das Land. Wie ein Seufzer der Erde zog ein frischer Hauch durch das Tal. Das Schauspiel war vorbei, der Frevel der Näherin Volland gesühnt, und ihre Tochter Sophie durfte endlich die Stätte verlassen, mit gebrochenem Herzen und Gliedern so schwer wie Blei.

Als sich am Abend die Dämmerung über das Dorf legte, wie erschöpft von einem allzu langen Tag, traf ein eiliger Reiter auf dem Richtplatz ein. Es war Baron de Laterre, er kam direkt aus der Hauptstadt Paris. Er reckte den Arm in die Höhe und schwenkte in der Hand eine vom Parlamentspräsidenten unterzeichnete Verfügung, wonach das Urteil des Landgerichts Roanne, wie immer es ausfallen mochte, nicht zu vollstrecken sei.

Doch zu dieser späten Stunde lag der Dorfplatz von Beaulieu so verlassen da wie die Welt am Abend des Jüngsten Gerichts. Nur ein paar dunkle Gestalten suchten in der Asche nach verkohlten Gebeinen der Hingerichteten. Es hieß, solche Reliquien brächten Glück, und vielleicht konnte man sie ja verkaufen.

7

»Rotes Haar und Sommersprossen sind des Teufels Volksgenossen!«

»Komm, hör nicht auf sie!«

Abbé Morel nahm Sophies Hand und zog sie fort. Wie dankbar war sie, dass er sie vor den anderen Kindern schützte, die am Dorfrand hinter ihr her riefen. Immer hatte sie geglaubt, der Pfarrer könne sie nicht leiden, weil sie wusste, dass er nicht richtig lesen konnte. Aber sie hatte sich geirrt. Abbé Morel war ihr nicht böse, er war nur streng – er hatte für die Zulassung zur Erstkommunion ja auch das lateinische Glaubensbekenntnis verlangt, während in allen anderen Gemeinden das französische Vaterunser genügte. Jetzt war dieser strenge Mann wie ein Vater zu ihr, ihr Beschützer und Freund, der einzige Mensch, der außer Baron de Laterre noch zu ihr hielt. So fest sie konnte, drückte sie seine große schwere Hand und sah zu ihm auf. Sein Salamandergesicht bekam noch ein paar Runzeln mehr, als er ihr Lächeln erwiderte, und seine Lippen entblößten die gelben Zähne.

Ohne sich umzudrehen, ließen sie Beaulieu hinter sich, und

entlang der Loire, über die ein wolkenloser Sommerhimmel wieder sein klares, tiefes Blau ausbreitete, entfernten sie sich immer weiter von dem Dorf, in dem Sophie geboren und aufgewachsen war. Auf dem Schloss konnte sie nicht länger wohnen; als sie vor zwei Tagen mit Blut zwischen den Schenkeln aufgewacht war, hatte die Zofe Louise zu ihr gesagt, nun sei sie eine Frau und man müsse eine andere Unterkunft für sie finden. Noch am selben Morgen hatten der Baron und der Pfarrer beschlossen, sie ins Kloster zu bringen. Dort sollte sie bleiben, bis sie selber für sich sorgen konnte.

»Wer war der Mann mit dem Federhut?«, fragte Sophie.

Sie hatten den Gemeindeanger erreicht. Abbé Morel blieb stehen und zog ein Schnäuztuch aus dem Ärmel seiner Soutane. Auf seiner Stirn stand der Schweiß in dicken Tropfen.

»Es ist besser, wenn du den Namen nicht weißt.«

»Der Mann war Gast auf dem Schloss – wo ist er jetzt?«

»Trachte nach dem Reich Gottes und seiner Gerechtigkeit, und so wird dir alles zufallen«, erwiderte der Abbé. Mit einem Seufzer wischte er sich den Schweiß von der Stirn. »Was ist das nur für eine unerträgliche Hitze!«

»Warum wollen Sie es mir nicht sagen?« Sophie schaute ihn an, doch im Gesicht des Abbés regte sich keine Falte, während er das Tuch wieder in seiner Soutane verschwinden ließ.

»Die Leute behaupten, ohne ihn würde meine Mutter noch leben. Stimmt das?«

»Alle Menschen sind Werkzeuge Gottes. Sein Wille geschehe!« Der Pfarrer strich ihr über das Haar. »Du sollst nicht so viel fragen«, fügte er sanft hinzu. »Lieber solltest du weinen und für die Seele deiner Mutter beten. Oder ist dein Herz etwa verhärtet?«

Sophie gab keine Antwort. Schweigend gingen sie weiter eine

kleine Anhöhe hinauf. Der Weg war staubig, als hätte ihn nie ein Tropfen Regen benetzt. Sophie empfand die Landschaft wie ein Abbild ihrer Seele: eine ausgedörrte Ödnis, in der alle Tränen versiegt waren. War ihr Herz darum verhärtet? Wenn sie an die Hinrichtung dachte, sah sie immer nur die graue Katze vor sich, wie sie in weiten Sätzen vor dem Feuer floh. An das Bild ihrer Mutter auf dem Gerüst konnte sie sich nicht mehr erinnern. Es schien für immer aus ihrem Gedächtnis gelöscht.

»Es ist alles meine Schuld«, sagte sie leise. »Der Heiland wollte nicht in meiner Seele wohnen.«

»Nein, Sophie«, erwiderte Abbé Morel streng. »Deine Mutter ist an ihren eigenen Sünden zugrunde gegangen. Sie hat Gott versucht und sich mit den Mächten des Bösen eingelassen. Darum musste sie sterben.«

»Es war doch meine Schuld, dass sie mich zum Altar führte. Sie selber wollte ja gar nicht.«

»Du darfst so nicht sprechen! Oder glaubst du, Gott habe sich geirrt?«

»Nein, Abbé Morel«, sagte sie leise. »Aber was hat meine Mutter denn Schlimmes getan?«

»Deine Mutter hat in Sünde gelebt, Jahr um Jahr. Weil sie die Fleischesliebe der Gottesliebe vorzog und sich in Künsten versuchte, die einem Weib nach dem Willen des Himmels verwehrt sind. Nur darum ist alles so gekommen, und keine Macht auf Erden konnte etwas daran ändern.«

Sophie verstummte. Obwohl sich alles in ihr gegen die Worte des Pfarrers sträubte, wusste sie nicht, was sie erwidern sollte. Sie versuchte, an ihre Mutter zu denken, an das bunte Tuch, das sie nur zu besonderen Festtagen um ihren Hals trug und das immer so fröhlich im Wind wehte. Doch wieder sah sie nur die Katze vor sich. Die Leute auf dem Schloss hatten gesagt, die Katze sei ein Zeichen gewesen, ein Zeichen, dass ihre Mutter mit dem Bösen im Bund stand. Sollten sie wirklich Recht haben?

»Der Baron«, sagte sie schließlich, »hätte nur ein paar Stunden früher zurück sein müssen, und meine Mutter würde noch leben.«

»Eben das ist der Beweis, Sophie. Hätte die Vorsehung ein anderes Urteil gewollt als das Gericht, wäre der Baron früher zurückgekehrt. Nein, Gottes Wille ist stärker als jede irdische Macht.« Abbé Morel ließ ihre Hand los und sah sie an. »Darum hüte dich, in die Fußstapfen deiner Mutter zu treten! Halte dich von allem fern, was sie dich lehrte! – Aber schau nur, gleich sind wir da!«

Sie hatten die Anhöhe erreicht, und in der Ferne waren die dicken Mauern des Klosters zu sehen.

»Bitte, lassen Sie mich nicht allein!«, sagte Sophie und griff nach der Hand des Pfarrers.

»Hab keine Angst, im Kloster wirst du es gut haben. Die Nonnen werden alles tun, damit ein gottgefälliges Weib aus dir wird.« Er nahm ihre Hand und drückte sie. »Ich schließe dich in meine Gebete ein. Dann bin ich bei dir, auch wenn du mich nicht siehst.«

Sophie schluckte. »Versprechen Sie mir das?«

»Natürlich.« Der Pfarrer tätschelte mit seiner schweren Hand ihre Wange. »Aber nur, wenn du mir auch etwas versprichst.«

»Was, Monsieur l'Abbé?«

»Dass du nicht so wirst wie deine Mutter, weder in deinen Worten noch in deinen Werken. Bist du dazu bereit?«

Abbé Morel hob ihr Kinn und schaute sie so ernst und streng an, als würde der liebe Gott selbst sie durch die grauen Augen

des Pfarrers anschauen. In diesem Augenblick begriff sie, dass die Liebe Gottes ein Geschenk war, das man sich stets aufs Neue verdienen musste. Und plötzlich war ihr so kalt, dass sie im hellen Sonnenschein fror, als wäre tiefer Winter.
»Ja«, flüsterte sie, und während sie dieses eine Wort sagte, mit dem sie ihr Versprechen besiegelte, wusste sie, dass es ihr Leben für immer verändern würde.

Erstes Buch

Der Stachel im Fleische
1747

I

Wer Paris vom Glockenturm der Hauptkirche Notre-Dame aus erblickte, dem mochte die Stadt wie eine wohlgeformte Gipslandschaft erscheinen, ein ruhiges, graues Häusermeer, aus dem sich die Kirchen und Staatsgebäude wie majestätische Mahnmale erhoben, unverrückbare Felsen in der Brandung der Zeit.

Doch dieser Schein trog. Denn in Wahrheit war Paris ein riesiger Krake, der sich mit seinen Armen über das ganze französische Königreich ausbreitete. Tag für Tag wuchs dieser Krake an, wuchernd und wabernd, als gebe es keine Grenzen. Gierig verschlang er, was im Umkreis Hunderter Meilen geerntet und gekeltert wurde, zehrte Dörfer und Städte aus, verleibte seinem unersättlichen Organismus alle Gaben und Güter, allen Reichtum und Überfluss des Landes ein, um die unermessliche Anzahl von Menschen zu ernähren, die im Gedärm der Pariser Straßen und Gassen geboren wurden, sich vermehrten und starben im ewigen Kreislauf des Lebens: ein Schlund, in dem ganz Frankreich verschmolz, ein ruhelos zuckendes Labyrinth der Leidenschaften und Begierden.

Schon um ein Uhr in der Frühe erwachte die Stadt. Übernächtigten Heerscharen gleich kamen die Bauern auf ihren Karren aus den Vororten gezogen, um mit Unmengen von Fleisch, Gemüse und Obst, Eiern, Butter und Käse den Bauch des gefräßigen Kraken zu stopfen. Doch erst wenn im Morgengrauen die Bäcker ihre Geschäfte öffneten, füllten sich allmählich die Straßen. Handwerker und Arbeiter, Hausfrauen und Dienstmädchen, Büroschreiber und Handelsgehilfen bahnten sich, einer eiliger als der andere, ihren Weg durch den immer dichteren Verkehr der in alle Himmelsrichtungen rollenden Fuhrwerke und Droschken. Wenn sich nach der Frühmesse dann die Kirchen leerten, begegneten die Pfarrer und Betschwestern schon den Professoren und Studenten der Sorbonne, die mit wehenden Talaren und Büchern unter dem Arm zur Vorlesung hasteten, während die Kellner der Limonadenbuden auf ihren Tabletts heiße und kalte Getränke durch das Gewühl balancierten. Brachen gegen neun Uhr die Barbiere und Perückenmacher, gepudert vom Scheitel bis zur Sohle, die Kräuselschere in den Händen, zu ihren Hausbesuchen auf, quollen die Gassen und Plätze bereits von den Massen über, und die Stadt drohte an ihrer eigenen Geschäftigkeit zu ersticken, wenn eine Stunde später die Staatsdiener, Richter und Notare in schwarzen Schwärmen zum Châtelet und Justizpalast eilten, bevor schließlich die Bankiers, Makler und Spekulanten zur Börse strömten und die Müßiggänger zum Palais Royal.

Stand dann die Sonne im Zenit, schwebte über der ganzen Stadt zusammen mit dem ewigen Rauch, der in gelblichen Wolken aus den Schornsteinen quoll, um die Spitzen der Kirchtürme den Blicken zu entziehen, ein gewaltiges babylonisches Stimmengewirr, eine gleichförmige Kakophonie aus Worten und Widerworten, Flüchen und Schreien, Rufen und Lachen, mit denen sich die sechs mal hunderttausend Menschen ihren Platz in der Metropole erstritten oder einfach nur ihrer Seele Luft verschafften. Sie alle wollten leben, lieben und glücklich sein! Erst wenn sie am Abend die Arbeit niederlegten, senkte sich mit der Dämmerung das Geschrei und Gesumm wieder auf die Häuser herab und verlagerte sich von den Straßen und Plätzen in die Kneipen, Cabarets und Restaurants, vor allem aber in die Kaffeehäuser. In diesen

Lokalen, die es erst seit wenigen Jahrzehnten in der Stadt gab, die jedoch immer mehr in Mode kamen, wurden Nachrichten und Meinungen gehandelt wie Waren und Wertpapiere an der Börse.
Das erste Pariser Etablissement dieser Art, wo weder Bier noch Wein oder andere benebelnde Getränke ausgeschenkt wurden, sondern ausschließlich solche, welche die Sinne schärften und die Gedanken stimulierten, befand sich in der Rue des Fossés Saint-Germain Numero 13, direkt gegenüber der alten Komödie. Ein Italiener aus Palermo, Francesco Procopio, hatte es 1686 eröffnet, nachdem er mit dem Straßenverkauf von Kaffee gescheitert war. Schwere Stühle mit rotem Lederbezug und dicke Balken über niedrigen, pastellgelben Wänden prägten das Bild des Lokals, in dem an wuchtigen Eichentischen die Gäste Zeitung lasen, Schach spielten oder sich die Köpfe heiß redeten. Hier hatte jeder Zutritt, der seine Zeche bezahlen konnte. Niemand galt mehr als der andere, keiner musste sich vor einem Höherstehenden erheben, vielmehr nahm jeder neue Gast den nächstbesten Platz ein, warf sich, den Dreispitz auf dem Kopf und die Pfeife im Mund, auf einen Stuhl, streckte die Beine aus und griff nach einem Journal oder mischte sich in das Gespräch seiner Tischnachbarn ein. Und während draußen in den Gassen die Laternen angezündet wurden – Hoheitszeichen des Königs, in dessen Glanz die Stadt auch bei Nacht erstrahlen sollte, und zugleich Wahrzeichen einer aufgeklärten Vernunft, die in derselben Stadt ihr Wesen trieb, um die Autorität der Herrschaft bohrend in Frage zu stellen –, destillierten all die Stimmungen und Launen, die bei Tage diffus in der Luft gelegen hatten, hier drinnen zu klaren Gedanken, wurden widerstreitende Hoffnungen, schwelende Ängste und

aufkeimende Ansprüche auf den Begriff gebracht und gelangten zur Sprache.
In diesem Lokal, dem Café »Procope«, das bei der Polizei von Paris als Treffpunkt gefährlicher Freidenker und Aufrührer galt, hatte Sophie Volland, inzwischen achtzehn Jahre alt, eine Anstellung als Serviererin gefunden.

2

»Wie immer eine Tasse Schokolade, Monsieur Diderot?«
»Ja, mit viel Vanille und Zimt.«
»Ist das alles, oder haben Sie noch einen Wunsch?«
»Wenn du mich so freundlich fragst – ja, Mirzoza.«
»Monsieur Diderot, ich habe Ihnen schon ein Dutzend Mal gesagt, ich heiße Sophie!«
»Mag sein, Mirzoza. Aber ich weiß es besser. Du bist doch eine Märchenprinzessin!«
»Und warum arbeite ich dann hier?«
»Weil man dich auf einen falschen Namen getauft hat, Mirzoza.«
Sophie wusste nicht, ob sie lachen oder sich ärgern sollte. Dieser Diderot, ein Mann Anfang dreißig, der fast täglich ins »Procope« kam, gehörte zu den so genannten Philosophen, den Stammgästen des Lokals, die hier ihr zweites Zuhause hatten und den lieben langen Tag so heftig diskutierten, als müssten sie ganz Frankreich regieren. Als einfache Kellnerin hatte sie keine Ahnung, was die Philosophen für Männer waren oder was sie taten – einen richtigen Beruf schienen

sie nicht zu haben –, doch immer, wenn sie an ihren Tischen bediente, fühlte sie sich noch jünger, als sie ohnehin war, und in ihrem Nacken kribbelte es wie ein ganzer Schwarm Mücken. Geradeso wie jetzt, als Diderot sie mit seinen unglaublich hellen blauen Augen anschaute, ein freches Grinsen auf den Lippen, und sein kleiner Kopf mit dem blonden Schopf auf den breiten Lastenträgerschultern ruckte wie ein Wetterhahn auf einem Kirchturm.

»Sie sagten, Sie hätten noch einen Wunsch?«, fragte sie, so streng sie konnte.

»Richtig!«, rief er, und sein Grinsen wurde noch eine Spur unverschämter. »Hast du heute Abend etwas vor?«

Ohne eine Antwort zu geben, kehrte Sophie ihm den Rücken zu und ging zum Büfett.

Was war nur mit den Männern? Schon in der Tabakschenke, in der sie früher gearbeitet hatte, einer verräucherten Höhle im Faubourg Saint-Marceau, hatten sie ihr nachgestellt, aber das waren nach Branntwein stinkende Kutscher, Soldaten oder Kloakenreiniger gewesen, und Sophie wusste, wie man mit ihnen umgehen musste. Doch hier? Wenn die gelehrten Herren im »Procope« solche Reden führten, dann lag es wahrscheinlich an den hitzigen Getränken, die sie in ungeheuren Mengen tranken – vor allem am Kaffee, der solches Herzrasen machte. Ihr Aussehen, dachte Sophie, könne der Grund jedenfalls nicht sein. Sie fand sich mit ihren struppigen roten Haaren, den tausend Sommersprossen und den grünen Augen alles andere als hübsch.

Am Büfett stellte sie das Geschirr bereit, um die Bestellungen auszuführen. Von hier konnte sie das ganze Lokal übersehen, während sie aus großen offenen Kannen der Reihe nach Tee, Kaffee und Schokolade in die Tassen füllte. Die Abendvorstellung im Theater gegenüber hatte gerade erst begonnen, sodass die Tische nur zur Hälfte besetzt waren, und doch herrschte in dem Saal ein Geschnatter wie auf dem Wochenmarkt. Zwei Jahre war Sophie inzwischen in Paris, doch sie staunte immer noch, wie schnell die Leute hier sprachen, doppelt so schnell wie in ihrer Heimat, und alle redeten auf einmal, als hätten sie Angst, ihre Sätze nicht zu Ende zu bringen, bevor die anderen ihnen ins Wort fielen. Ob sie hier wohl jemals das Glück fand, von dem sie träumte? Einen einfachen rechtschaffenen Mann, der sie ein bisschen lieb hatte und sie in den Hafen der Ehe führte?

Sophie stellte die Kanne mit der heißen Schokolade ab und brachte ihr Tablett an den Tisch.

»Bitte sehr, Monsieur Diderot. Mit viel Vanille und Zimt.«

»Danke, Mirzoza.« Er nahm die dampfende Tasse und führte sie an die Lippen. »Hast du inzwischen nachgedacht, wo wir zwei uns amüsieren? Im Ambigu-Comique geben sie *Tartuffe*. Oder magst du lieber tanzen?«

Während er mit einer Inbrunst seine Schokolade trank, als schlürfe er Nektar, blickte er sie über den Rand der Tasse an. Sophie spürte plötzlich wieder den Mückenschwarm in ihrem Nacken, und für eine Sekunde durchströmten ihren jungen Leib jene seltsamen Gefühle, die ihr manchmal im Kloster die Sinne verwirrt hatten, in langen Nächten sehnsuchtsvoller Einsamkeit.

»Nun?« Diderot stellte die Tasse ab, seine Oberlippe zierte jetzt ein feiner Schnurrbart. »Wann soll ich dich abholen?«

Sophie nahm das Ende ihrer Schürze und wischte ihm die Spuren der Schokolade aus dem Gesicht.

»Statt ins Theater oder zum Ball sollten Sie lieber zum Bar-

bier gehen, Monsieur Diderot! Oder rasiert man sich in Ihrer Märchenwelt etwa nicht?«
Unter dem Gelächter der anderen Philosophen hob sie ihr Tablett vom Tisch und ging weiter.
Dieser Diderot hatte ihr gerade noch gefehlt!

3

Zusammen mit dem Strom der Theaterbesucher, die wenig später in das »Procope« drängten, betrat Antoine Sartine das Lokal: ein akkurat gekleideter junger Mann mit freundlichem Dutzendgesicht und gepflegten Manieren, der ganz den Eindruck erweckte, als habe er sich soeben glänzend amüsiert. Den Dreispitz in der Hand, blickte er einmal in die Runde und nahm dann wie fast jeden Abend an einem Einzeltisch nahe der Tür Platz, so angenehm und unauffällig in der Erscheinung, dass sein Kommen von kaum einem Gast registriert wurde.
Das war ganz in seinem Sinn. Denn Antoine Sartine frequentierte nicht zum Vergnügen das Café »Procope«, er ging hier vielmehr seiner Arbeit nach. Unmittelbar dem Generalleutnant der Pariser Polizei unterstellt, hatte er den Auftrag, die Philosophen und Bücherschreiber in den Kaffeehäusern der Stadt zu beobachten, ihre Gespräche zu notieren und ihre Entwicklung zu verfolgen. Hinter einer Zeitung verborgen, schien er ganz in die Lektüre versunken, während er tatsächlich mit beiden Ohren lauschte, damit kein Wort seiner Aufmerksamkeit entging, gleichgültig, worüber man sich links

und rechts an den Tischen gerade ereiferte: die Übersetzung Homers, das Prinzip der Gewaltenteilung oder die jansenistische Prädestinationslehre.

Ja, Antoine Sartine war Polizeioffizier, und er war es gerne. Fakten sammeln war ihm Beruf und Berufung zugleich. Die nie versiegende Flut von Informationen normierte, etikettierte und klassifizierte er mit strenger Systematik, um Ordnung in die unübersichtliche Welt der Dachstuhlschreiberlinge zu bringen, die sich Philosophen nannten und sich mit Romanen und Dramen, Traktaten und Pamphleten jedweder Art unsterblich zu machen versuchten. Ob Adliger oder Kleriker, Arzt oder Advokat, Journalist, Privatgelehrter oder Bibliothekar – kein Autor in Paris, der je ein Wort zu Papier gebracht hatte, entging Sartines System. Auf großen Folioblättern verfasste er seine Berichte, vermerkte peinlich genau die Namen aller Personen, die seiner Überwachung unterstanden, fügte ihr Alter und den Ort ihrer Geburt ebenso hinzu wie ihre Adresse und ihr Aussehen, beschrieb ihre Gewohnheiten und Gedanken und zeichnete ihre oftmals verschlungenen Lebenswege nach. Selbst in gewisser Weise ein Schriftsteller, hegte er für manche Autoren durchaus Sympathie, schätzte Geist, Witz und Talent, wo immer er auf sie stieß, doch geriet seine Loyalität darüber niemals ins Wanken: Stellte ein Autor die orthodoxen Lehren von Kirche und Staat in Frage, begann er zu ermitteln.

Denn Sinn und Zweck seiner Arbeit war, das Königreich Frankreich vor seinen Feinden zu schützen. Darauf hatte Antoine Sartine nicht nur einen Eid geleistet, diese Pflicht entsprach auch seinem innersten Antrieb. Dem Staat verdankte er alles, was er besaß: seine Bildung, seinen Anzug, seine Wohnung. Er nahm die silberne Repetieruhr aus der

Brusttasche seines Rocks, die er erst vor wenigen Tagen am Quai de l'Horloge erstanden hatte, ließ den Deckel aufspringen und schaute auf das Zifferblatt – nicht, um die Zeit festzustellen, sondern einfach nur, um sich das kostbare Stück noch einmal anzusehen. Ja, wenn er diesem Staat auch in Zukunft mit demselben Eifer diente wie bisher, würde er es weit, womöglich sogar sehr weit bringen.

Er hatte also nur wenig an seinem Schicksal auszusetzen. Das Einzige, was ihm zum Glück auf Erden fehlte, war eine Frau, die das Leben mit ihm teilte. Bei dieser Überlegung ließ er sich weniger von seinen Gefühlen als von seiner Vernunft leiten. Persönlich ertrug er die Ehelosigkeit ohne Not, ja, insgeheim scheute er sogar vor manchen Pflichten zurück, die eine Verheiratung zwangsläufig nach sich zog, hatte auch schon wie manch anderer Mann mittleren Alters und mittlerer Verhältnisse daran gedacht, eine Haushälterin zu nehmen, die sich ganz auf die häusliche Arbeit beschränkte und Sorge für die Mahlzeiten trug, ohne weitere Ansprüche zu stellen. Doch anders als die Philosophen, die der Ehe möglichst aus dem Wege gingen, weil diese selten Geld, fast immer aber Kinder eintrug, betrachtete Sartine die Heirat als wichtigen Schritt in seiner beruflichen Laufbahn. In seiner geordneten Welt gehörte eine Ehefrau so notwendig an die Seite eines Staatsdieners wie der linke Glockenturm von Notre-Dame an die Seite des rechten.

Ob Sophie die Richtige war?

Gerade kam sie aus der Küche, die Wangen gerötet von der Arbeit, sodass ihre grünen Augen noch heller zu leuchten schienen als sonst. Ihr Anblick berührte ihn so angenehm wie eine frische Meeresbrise. Ohne Zeit zu vertrödeln, trocknete sie sich die Hände an der Schürze und eilte zum Büfett, wo

bereits zwei Schankmädchen unter der Aufsicht des Patrons damit beschäftigt waren, die Bestellungen der aus dem Theater kommenden Besucher zu besorgen.
Sartine ließ die Zeitung sinken und schaute ihr voller Wohlgefallen bei der Arbeit zu. Ihm war nicht verborgen geblieben, dass die neue Kellnerin des »Procope« sich von ihren Kolleginnen auf erfreuliche Weise unterschied. Weder kokettierte sie mit den Gästen noch ging sie auf deren Annäherungsversuche ein. Das gefiel ihm fast mehr als ihre grünen Augen, und für einen Moment überließ er sich der beglückenden Vorstellung, dass sie vielleicht eines Tages allein für ihn so tüchtig walten und schalten würde wie hier und jetzt für ihre Gäste. Wer weiß, vielleicht würde sie sich ja mit den bescheidenen Annehmlichkeiten begnügen, die Antoine Sartine einem Eheweib zu bieten hatte, ein sicheres Auskommen und ein Heim, ohne nach jenen Nebendingen zu verlangen, die gewöhnliche Frauen so oft mit der Glückseligkeit verwechselten. Ob er heute wohl Gelegenheit fand, einmal in Ruhe mit ihr zu sprechen?
Am Nebentisch wurden Stimmen laut. Obwohl es ihm schwer fiel, wandte Sartine den Blick von Sophie ab, um seine Aufmerksamkeit den Amtsgeschäften zu widmen. Unauffällig blickte er zu seinen Nachbarn hinüber. Der Verleger Le Bréton, ein Mann wie ein Walross, saß dort in Gesellschaft dreier Schreiberlinge, die Sartine bislang nur dem Aussehen und Namen nach kannte. Sein geschultes Gehör filtrierte ihr Gespräch so klar und deutlich aus dem Stimmengewirr heraus, dass er fast jede Silbe verstand. Es ging um Gott und die Welt, und das Wort führte Denis Diderot.
»Beichten, wozu soll ich beichten?«, rief er. »Um ein Stück Brot zu essen, das man Leib des Herrn nennt?«

»Ein geistreicher Bursche«, notierte der Kriminalleutnant in seiner ordentlichen Handschrift und beschloss, künftig ein Auge auf ihn zu haben. »Renommiert mit seiner Unfrömmigkeit. Spricht verächtlich von den heiligen Mysterien.«

»Nanana«, erwiderte der Verleger am Nebentisch. »An Ihrer Stelle, Diderot, wüsste ich schon einen Grund, um zu beichten. Einen außerordentlich hübschen Grund. Fängt mit P an, genauso wie der hübsche Popo der Dame.«

Sartine runzelte die Brauen. Nach den Gotteslästerungen kam man nun auf die weltlichen Dinge zu sprechen. In ihren Weibergeschichten suhlten sich die Philosophen noch lieber als in der Verunglimpfung von Kirche und Staat. Wer sie reden hörte, musste glauben, der Weg zur Unsterblichkeit führe unweigerlich über die Sünden des Fleisches. Doch wer war mit P gemeint? Die Antwort ließ nicht lange auf sich warten.

»Hat Madame de Puisieux als Mätresse«, fügte Sartine seinem Dossier hinzu, als er den Namen vernahm, und schüttelte den Kopf. Er kannte die Person. Die Puisieux war eine Übersetzerin, die ihre Liebhaber öfter wechselte als ihre Schreibfedern. Diderots Karriere, daran hatte Sartine jetzt kaum noch Zweifel, würde einer Flugbahn folgen, die von der Giebelstube geradewegs in die Gosse führte, mit Zwischenlandung in der Bastille. Sein vorläufiges Urteil fasste er in zwei Worten zusammen: »Äußerst gefährlich!«

Dann verschwand Antoine Sartine wieder hinter seiner Zeitung und spitzte die Ohren.

4

»Ich will die Seelen der Menschen anrühren, sie zum Lachen und Weinen bringen, sie aufklären und wachrütteln – alles, was man mit Büchern vermag!«

Diderot redete mit solcher Begeisterung, dass er weder das Kneifen seines engen grauen Rocks noch das Kratzen seiner schwarzen Wollstrümpfe spürte. In seinem Leben gab es zwei Leidenschaften: die Frauen und die Literatur, und wenn er mit einer von beiden beschäftigt war, existierte nichts anderes für ihn auf dieser Welt – weder die Geldnot, die ihn wie sein eigener Schatten verfolgte, sodass er oft nicht wusste, wovon er das nächste Tintenfass oder die nächste Tasse Schokolade bezahlen sollte, noch die Spitzel der Polizei, die sich im Café »Procope« eingenistet hatten wie Flöhe in einer alten Perücke.

»Ich will die Menschen zeigen, wie sie lieben und leiden, wie sie ihr Leben wagen für die Abenteuer des Geistes. Ich will ihre Größe und Erhabenheit schildern, die Kraft ihrer Gefühle und die Flut ihrer Gedanken, die Stürme ihrer Empfindungen und die Reinheit ihrer Ideen. Ich will die Nebel verjagen, die noch in ihren Köpfen wabern, Vorurteile und Wahnvorstellungen – was immer den freien Geist unterjocht, der selbst zu denken wagt und nur akzeptiert, was ihm Erfahrung und Vernunft bezeugen.«

»Und *davon* wollen Sie leben?«, fragte Le Bréton fast mitleidig und legte seine fette weiße Hand auf Diderots Arm.

»Davon und vor allem *dafür!*«

Es entstand eine Pause. Der Verleger kniff die Augen zusammen, sodass sie zwischen den Wülsten seines Gesichts beinahe verschwanden, während er Diderot fixierte.

»Ich glaube«, sagte er schließlich, »dann habe ich was für Sie. Ein englisches Wörterbuch, die *Cyclopedia* von Chambers. Ein Nachschlagewerk, das alle möglichen Kenntnisse aus ganz verschiedenen Wissensgebieten in sich vereint – fabelhafte Sache. Hätten Sie Lust, das ins Französische zu übersetzen? Eventuell mit den übrigen Herren hier am Tisch?«

»Ich kenne die *Cyclopedia*«, erwiderte Diderots Sitznachbar d'Alembert, ein Mann von dreißig Jahren, der mit seiner zarten Statur so unscheinbar wirkte wie ein Handelskommis, tatsächlich aber ein berühmter Mathematiker war. »Ein hochinteressantes Werk, und ein sehr nützliches dazu …«

»Sind Sie von Sinnen?« D'Alembert sprach noch, da sprang sein Gegenüber vom Tisch auf. »Ich, Jean-Jacques Rousseau, soll ein Buch übersetzen? Mich zum Sklaven eines fremden Autors machen? Noch dazu eines Engländers, der einem schwachsinnigen König huldigt?« Sein Anzug war voller Flecken, seine Perücke saß lose auf dem Kopf, doch funkelten seine Augen, während er mit dem Finger auf den Verleger zeigte, so herrisch wie die eines Generals, der einen Rekruten in die Schranken weist. »Wie können Sie es wagen, mich so zu beleidigen?«

»Beruhigen Sie sich, Rousseau! Es war nur ein Vorschlag, und er galt eigentlich Ihrem Freund Diderot.«

»Das ist völlig einerlei!«

»Außerdem sollen Sie nicht umsonst arbeiten. Ich biete für die Übersetzung eine hübsche Summe Geld.«

»Was bedeutet Geld?«, schnaubte Rousseau und zog ein Gesicht, als hätte er in ein verdorbenes Stück Fleisch gebissen. »Nur das Geld, das man besitzt, ist Mittel zur Freiheit. Das Geld aber, dem man nachjagt, ist ein Mittel zur Knechtschaft!

Darum ru-ru-rufe ich Ihnen zu-zu, nehmen Sie Ihr Ge-ge-geld und …«

Wie ein Bußprediger hatte er die Worte aus sich herausgeschleudert, doch als er ins Stottern geriet, brach seine Rede unvermittelt ab. Jetzt war er nur noch eine einzige beleidigte stumme Anklage. Voller Verachtung strafte er den Verleger mit einem letzten Blick, dann verließ er den Tisch und stampfte zur Tür hinaus.

»Za-za … zahl du die Rechnung für mich!«, rief er Diderot über die Schulter zu.

»Was für ein unangenehmer Patron!«, brummte Le Bréton. »Behauptet, die ganze Menschheit zu lieben, dabei hält er es mit keinem länger als fünf Minuten aus, ohne sich zu streiten. Doch zurück zu Ihnen, Diderot. Was sagen Sie zu meinem Vorschlag? Wäre der Chambers was für Sie?«

Diderot zögerte. Er kannte Le Bréton und er kannte das Unternehmen – zwei Gründe, sich in Acht zu nehmen. Schon seit Jahren versuchte der Verleger, die *Cyclopedia* in Frankreich herauszubringen, er versprach sich davon ein großes Geschäft. Dabei hatte er bereits einen Herausgeber, mehrere Geschäftspartner und ein halbes Dutzend Übersetzer verschlissen. Deren Forderungen beantwortete er nicht selten mit dem Stock. Das wusste das ganze »Procope«.

Diderot schüttelte den Kopf. »Nein, eine Übersetzung interessiert mich nicht.«

»Unsinn! Sie sind der beste Übersetzer von Paris! Das *Medizinische Wörterbuch* war ein Meisterwerk, ganz zu schweigen von Ihrem Shaftesbury …«

»Ich will endlich meine eigenen Bücher schreiben.«

»Wirklich?«, fragte Le Bréton. »Ich biete Ihnen achttausend Livres auf das Manuskript.«

Diderot zuckte zusammen. »Achttausend?«, wiederholte er wie ein Idiot. Eine solche Summe hatte er sein Lebtag nicht gesehen – geschweige denn verdient.
»Achttausend«, bestätigte der Verleger. »Die erste Hälfte bei Vertragsabschluss, die zweite bei Fertigstellung.« Er streckte ihm die Hand entgegen »Na los, schlagen Sie ein!«
Diderot verschränkte die Arme vor der Brust. »Geld interessiert mich nicht«, erwiderte er, doch die Lüge kratzte ihm so heftig in der Kehle, dass er sich räuspern musste.
»Dann denken Sie an den Ruhm! Ganz Frankreich wird Ihnen für eine Übersetzung des Chambers die Füße küssen.«
Obwohl es ihn Mühe kostete, hielt Diderot die Arme vor der Brust verschränkt. Durch das Fenster sah er, wie sein Freund um eine Hausecke verschwand. Rousseau schaute sich nicht einmal um. Wenn er von der Richtigkeit seines Weges überzeugt war, konnte keine Macht der Welt ihn davon abbringen. Diderot bewunderte ihn für diese Gradlinigkeit, die weder Anpassung noch Verstrickung kannte.
»Ich bin Schriftsteller, Monsieur Le Bréton.«
»Davon bin ich überzeugt! Eben deshalb bitte ich Sie, Ihre Feder Mister Chambers zu leihen. Es ist ja nur für kurze Zeit.«
»Ich habe viel zu oft und zu lange schon meine Feder fremden Autoren geliehen.«
»Und wenn ich mein Angebot auf zehntausend erhöhe? Das Leben ist teuer, Sie haben Verpflichtungen. Denken Sie an die nächste Miete!«
»Und wenn Sie mir zwanzigtausend bieten – nein!«
Jetzt ließ der Verleger seine Hand sinken. Dabei veränderte sich sein Gesicht wie das Wetter im April. Das Wohlwol-

len, das eben noch aus jeder Pore seiner weißlichen Haut zu strömen schien wie sein unaufhörlich fließender Schweiß, wich plötzlich einem verärgerten Ausdruck, und seine kleinen Augen blitzten gefährlich.

»Ihr letztes Wort?«

Diderot nickte.

»Schade, ich hatte Sie für intelligenter gehalten. Leider habe ich Sie überschätzt.«

Le Bréton stützte die Hände auf den Tisch, um seinen gewaltigen Körper in die Höhe zu stemmen. Der zierliche d'Alembert rückte beiseite, als fürchte er, von den Fleischmassen erdrückt zu werden.

»Einen Augenblick!«

Der Verleger blickte Diderot überrascht an.

»Ich möchte Ihnen etwas anderes vorschlagen. Etwas Besseres als den Chambers.«

»So? Da bin ich aber gespannt.« Le Bréton blieb einen Moment unschlüssig stehen, dann sackte er auf seinen Stuhl zurück. »Aber ich rate Ihnen, stehlen Sie mir nicht die Zeit!«

Plötzlich spürte Diderot das Kneifen seines Rocks unter den Achseln, und die rauen Strümpfe juckten von den Füßen bis zu den Kniekehlen. Wieder musste er sich räuspern.

»Lassen Sie uns eine eigene Enzyklopädie schreiben, Monsieur Le Bréton.«

»Wozu?« Der Verleger blickte Diderot an, als zweifle er an dessen Verstand. »Mister Chambers hat doch eine ganz vorzügliche geschrieben! Sogar *ich* habe darin gelesen, und das will was heißen! Außerdem haben die Rechte mich ein Vermögen gekostet.«

»Trotzdem! Das Buch ist nichts wert!«

»Und warum, wenn ich fragen darf? Ganz Europa beneidet England darum.«

»Dann irrt eben ganz Europa!«

»Außer Ihnen ...«

»Außer mir! Und dem gesunden Menschenverstand!«

»Kann es sein, dass Ihnen jemand was unter die Schokolade gemischt hat?«

Diderot schüttelte den Kopf. »Nein, Monsieur, auch wenn Sie mich totschlagen: Die *Cyclopedia* ist nichts wert. Und ich sage Ihnen auch, warum: Weil eine Enzyklopädie nie das Werk eines einzelnen Menschen sein kann.«

»So ziemlich jedes Buch ist das Werk eines einzelnen Menschen.«

»Eine Enzyklopädie ist viel mehr als ein Buch, das besagt schon der Begriff: ›Verknüpfung der Wissenschaften‹. Wie aber soll ein einzelner Autor es schaffen, das ganze System der Natur und des Geistes zu erforschen und all die Kenntnisse darzustellen, die sich daraus ableiten? Oder glauben Sie, dass es Mister Chambers vergönnt war, alles kennen zu lernen, was man kennen lernen kann, alles zu verwenden, was je erschaffen wurde, und alles zu verstehen, was es zu verstehen gibt?«

»Mag sein, dass die *Cyclopedia* unvollkommen ist«, erwiderte Le Bréton mit einem Schulterzucken. »Aber mein Gott, so ist das Leben!«

»Sollen wir uns darum«, rief Diderot, »mit etwas Unvollkommenem begnügen? Wenn das Leben unvollkommen ist, müssen wir es verbessern! Nein, statt den Chambers zu übersetzen, sollten wir etwas völlig Neues wagen. Das Wissen eines einzelnen Menschen in einem Buch zu versammeln ist nicht genug – wir müssen das Wissen der ganzen Menschheit zusammentragen in einer wirklich vollständigen Enzyklopädie der Wissenschaften, Künste und Handwerke, die alle Zweige möglicher Erkenntnis umfasst.«

»Wer um Himmels willen soll das tun?«, fragte d'Alembert. »Die Crusca-Akademie in Italien hat vierzig Jahre gebraucht, nur um das Vokabularium für ein solches Werk zu definieren. Das Unternehmen ist hoffnungslos gescheitert.«

Le Bréton hob unwillig die Hand: »Reden Sie weiter, Diderot!«

Der rückte mit seinem Stuhl an den Tisch, sodass er dem Verleger direkt gegenüber saß. »Lassen Sie uns eine Gesellschaft von Gelehrten und Philosophen gründen, die getrennt arbeiten, jeder für sich und auf seinem Gebiet, damit sie sich nicht mit Diskussionen die Zeit stehlen, die jedoch alle miteinander den großen Plan teilen – Dutzende, Hunderte von Autoren, die besten Köpfe Frankreichs, um jeden Gegenstand zu behandeln, der sich auf die Pflichten der Menschen bezieht, ihre Nöte, ihre Bedürfnisse, ihre Sehnsüchte und ihre Genüsse. Gemeinsam werden sie ein Buch schreiben, das die Welt aus den Angeln hebt, aufräumt mit dem Aberglauben und den Vorurteilen, die so viel Unglück über die Menschheit gebracht haben. Ein Buch, das nicht nur das Leben abbildet, wie es ist, sondern zeigt, wie es sein kann und sein soll. Ein Buch wie das Buch der Bücher, ein Buch wie die Bibel, ein wirklich neues Testament für eine neue Zeit!«

»Oho«, wunderte sich Le Bréton, »werden wir jetzt plötzlich fromm?«

»Ja, ein Buch wie die Bibel«, wiederholte Diderot, »und zugleich das genaue Gegenteil. Eine heilige Schrift des irdischen Lebens, ein Kompendium menschlicher Glückseligkeit.« Er ballte die Fäuste, während er sprach. »Nach den

Lehren der alten Bibel haben die Menschen achtzehnhundertsiebenundvierzig Jahre in einem irdischen Jammertal dahinvegetiert, um sich mit der Aussicht auf ein besseres Jenseits zu trösten. Es wird Zeit, eine neue Bibel zu schreiben, ein Buch, mit dessen Hilfe die Menschen sich eine neue Welt erschaffen, in der sie ihr Glück suchen und finden, hier im Diesseits schon, ein Paradies auf Erden.«

»Psssst«, machte d'Alembert und schaute sich ängstlich um. »Es wäre klüger, wir würden das Thema wechseln.« Um seine fleischigen Lippen spielte ein bitteres Lächeln, während seine braunen Augen, die bei Diderots Rede ruhelos durch das Lokal gewandert waren, sich beschwörend auf den Verleger richteten.

Doch Le Bréton achtete nicht auf ihn. »Meinen Sie das wirklich im Ernst, Diderot? Ein Buch mit dem ganzen Wissen der Menschheit?«

»Ja«, erwiderte Diderot. »Eine Enzyklopädie, die alle auf dieser Erde verstreuten Kenntnisse vereint, um sie allen Menschen zu überliefern, die nach uns kommen. Damit die Arbeit der vergangenen Jahrhunderte und Jahrtausende nicht nutzlos war. Damit unsere Kinder und Enkel nicht nur gebildeter, sondern auch glücklicher werden. Und damit wir nicht sterben, ohne uns um die Menschheit verdient gemacht zu haben.«

Er verstummte. Überall am Körper spürte Diderot seine Kleider zwicken und kneifen, jucken und kratzen, als Le Bréton seinen Blick erwiderte. Was ging in dem Walross vor? Der ganze Fleischberg schien zu kreißen, als koste es ihn übermenschliche Kraft, eine Antwort zu gebären, während er immer wieder über die Enden seines Schnauzbarts strich, das Gesicht in tausend Falten gelegt, schniefend und schnaufend mit jeder Faser seines gewaltigen Leibes.

»Sie wissen, dass dies die größte Aufgabe ist, die sich je ein Schriftsteller gestellt hat?«, fragte er schließlich.

Diderot nickte. Le Bréton schloss die Augen und stieß einen Seufzer aus. »Dann bleibt mir wohl nichts übrig, als mich in mein Schicksal zu fügen. Auf die Gefahr hin, dass Sie mich ruinieren, Diderot – doch große Geschäfte macht man nur mit großen Ideen!« Ein Leuchten überzog sein Gesicht, als ginge die Sonne über einem Gebirge auf. »Wenn Sie Recht behalten, werde ich mich nur noch in einer Sänfte durch Paris tragen lassen. Wenn nicht – Pistolen!« Er hob die Hand, schnippte mit den Fingern und rief: »Bedienung – Champagner!«

5

Vom Turm der alten Abteikirche Saint-Germain-des-Prés schlug es schon Mitternacht, doch Sophie fand noch keine Ruhe. Das Miauen eines verliebten Katers, der einsam über die Dächer strich, drang durch das offene Fenster ihrer Kammer, zusammen mit dem ewigen Gestank der Dachtraufen, die manche Bewohner der Mansarde aus Bequemlichkeit als Aborte missbrauchten. Im Schein einer heruntergebrannten Kerze, deren Flamme mehr Finsternis als Helligkeit verströmte, saß sie über ihren Schatz gebeugt: ein Kästchen voller Buchstaben und Wörter. Alle Schriftstücke, die Sophie irgendwo fand, sammelte, glättete und restaurierte sie und bewahrte sie in diesem Schatzkästlein auf, das sie so sorgfältig wie die Geldkatze mit ihren wenigen Ersparnissen hütete, um es nach der Arbeit aus seinem Versteck zu holen und darin zu lesen: Notizzettel und Kochrezepte, alte Rechnungen und Inventarlisten, Theaterbilletts und Flugschriften, vergilbte Zeitungen und Plakatanschläge, ein Gebetbuch, vor allem aber handgeschriebene Manuskriptblätter mit Romananfängen, Theaterszenen und Gedichten, die ihre Gäste im Kaffeehaus zurückgelassen hatten wie ungeliebte Kinder, zerknüllt und manche sogar zerrissen. Dabei verriegelte sie stets die Tür, aus Angst, es könne sie jemand bei dieser heimlichen Tätigkeit überraschen. Niemand durfte wissen, dass sie lesen konnte – davor hatte sie Angst wie vor dem Jüngsten Gericht.

Sophie öffnete das Kästchen mit klopfendem Herzen und gleichzeitig schlechtem Gewissen, als würde sie eine Sünde begehen. Sie verachtete sich für ihre Willenlosigkeit, so wie sie früher in der Tabakschenke im Faubourg Saint-Marceau die Tagelöhner verachtet hatte, die mit zitternden Händen zu ihr gekrochen waren, um sie um ein Glas Branntwein anzubetteln. Und doch musste sie es tun; es war wie ein innerer, unabweisbarer Zwang, der sie Abend für Abend dazu trieb. Denn das Lesen dieser Schriftzeichen war ihre Sucht. Aus den Buchstaben, aus den Wörtern und Sätzen, aus jedem noch so winzigen Bruchstück und Gedankenfetzen stiegen neue Welten vor ihr auf, wie im Märchen die Geister aus einer Flasche, andere, schönere, bessere Welten, in die sie nach der Mühe des Tages entfloh, Welten voller Geheimnisse, in denen sie manchmal sogar ihren Vater Dorval wiederfand, um gemeinsam mit ihm nach ihrer Mutter zu suchen.

Doch an diesem Abend versagte der Zauber. Statt buntes Leben zu entfalten, blieben die Schriftzeichen tote, schwarze Buchstaben auf altem Papier, die sich beharrlich weigerten, ihre Geheimnisse preiszugeben. Aber das lag nicht an den

Worten oder Sätzen, die da geschrieben standen, sondern an Sophie. Sie war vollkommen durcheinander, unfähig, auch nur eine Zeile in sich aufzunehmen. Denn Antoine Sartine, der freundliche Stammgast des »Procope«, hatte ihr vor wenigen Stunden einen Heiratsantrag gemacht, sie gebeten, für immer seine Frau zu werden – in einer ruhigen Minute zwischen zwei Theatervorstellungen, als die Gäste ihr eine Verschnaufpause gönnten.

Sophie legte die Papiere in das Kästchen zurück, schloss den Deckel und verstaute ihren Schatz in einer Mauernische hinter einem losen Stein. Obwohl sie am nächsten Tag bereits in der ersten Morgenfrühe aufstehen musste, um den Herd in der Küche anzufachen, wollte sie noch hinunter auf die Straße und ein paar Schritte am Fluss entlanggehen. In diesem Zustand konnte sie unmöglich schlafen.

Draußen umfing sie dunkles Schweigen. Nur ein paar vereinzelte Müßiggänger begegneten ihr auf der Straße, manche in Begleitung von Laternenträgern, die den Nachtschwärmern mit ihren Stocklichtern für ein paar Kupfermünzen heimleuchteten. Hier, fernab vom Trubel der Cafés und Theater, war es so still, dass Sophie schon bald das Rauschen der Seine hören konnte. Eine frische Brise wehte über den Fluss, auf dessen Fluten sich die Lichter der Stadt und des Himmels spiegelten, und vertrieb die Ausdünstungen der Schlächtereien und Fischmärkte, der Jauchegruben und Friedhöfe, die sich bei Tage in den engen Straßen zwischen den hohen Häusern zu einem süßlichen, Übelkeit erregenden Gestank stauten, an dem man zu ersticken glaubte.

Tief atmete sie die laue Nachtluft ein. Sollte sie Sartines Antrag annehmen? Die Vorstellung löste ein sanftes Wohlgefühl in ihr aus. Die Heirat würde ihr Leben in der riesigen fremden

Stadt von Grund auf verändern – erstmals seit dem Tod ihrer Mutter, deren Bild für immer aus ihrem Gedächtnis gelöscht war, würde es wieder einen Menschen geben, der sich ganz und gar um sie kümmerte, der sie kannte mit all ihren Gewohnheiten und Vorlieben, der wusste, auf welcher Seite sie sich abends zum Schlafen legte und mit welchem Bein sie morgens aufstand. Wie sehr sehnte sie sich nach solcher Nähe! Im Faubourg Saint-Marceau hatte sie über ein Jahr im Elend gehaust, zusammen mit den Ärmsten der Armen von Paris, in einem Haus, wo ganze Familien in einem einzigen Zimmer mit nackten Wänden wohnten, wo die stets feuchten und schmutzigen Lager ohne Vorhänge waren, wo Küchengeräte mit den Nachttöpfen durcheinander fielen. Jetzt bot ihr der junge Polizeioffizier ein Heim und ein sicheres Auskommen; als seine Frau würde sie immer ein anständiges Dach über dem Kopf haben, dazu ordentliche Kleider und reichlich zu essen. Und sie würde zur Kommunion gehen dürfen. Denn im Kloster hatte sie als Buße dafür, dass sie den Leib Christi erbrochen hatte, geschworen, erst dann wieder an den Tisch des Herrn zu treten, wenn sich jemand fand, der sie heiraten wollte.

War Antoine Sartine der Mann, auf den sie gewartet hatte? Sophie mochte ihn, er behandelte sie stets freundlich und voller Respekt, obwohl er als Staatsdiener weit über ihr stand. Schon seit einiger Zeit hatte er ein Auge auf sie, das war ihr nicht entgangen, und sie freute sich darüber. Warum aber zögerte sie jetzt, da er sich ein Herz gefasst und sie gefragt hatte? Warum hatte sie ihn um Bedenkzeit gebeten, statt ihm sogleich ihr Jawort zu geben? Weil sie sich nicht vorstellen konnte, ihn eines Tages auch zu lieben?

Liebe – bei dem Gedanken entrang sich ihrer Brust ein Seufzer. Was war das für ein seltsames Wort? Warum hatte es diese

Magie, die sonst kein anderes Wort besaß? Ein Nachtwächter hob seine Laterne in Sophies Richtung. Unwillkürlich beschleunigte sie ihre Schritte. Vor ihr auf der Flussinsel der Cité erhob sich dunkel und groß die Silhouette von Notre-Dame, ein mächtiges Schiff Gottes, umströmt von den glänzenden Wellen der Seine, die im Mondlicht zu schlafen schien. Das Lärmen der Menschen war hier am Ufer vollkommen verstummt, nur jene Tiere, die erst am Abend erwachten, füllten die Stille der Nacht mit geheimnisvollem, geräuschlosem Leben. Große Vögel flogen auf, lautlos wie dunkle Flecken, und verloren sich als Schatten in der Luft, und irgendwo sandte eine Unke ihren einsamen Ruf zum Mond hinauf.

Liebe! Seit Sophie das Kloster verlassen hatte, verspürte sie Angst vor dem Nahen dieser unheimlichen Macht. Ihre Mutter war ihr erlegen, und die Äbtissin hatte das Wort stets nur geflüstert, als fürchte sie, mit seiner Nennung eine Heimsuchung heraufzubeschwören, einen bösen Dämon der Unterwelt. Doch gleichzeitig empfand Sophie trotz aller Furcht beim Klang dieses geheimnisvollen Wortes eine Sehnsucht wie sonst nur während der heiligen Messe, wenn die anderen Gläubigen zur Kommunion schritten, um den Leib des Herrn zu empfangen, sie aber in ihrer Bank verharren musste, von der Gemeinschaft ausgeschlossen, um ihrer selbst auferlegten Buße zu genügen.

Am Pont Neuf machte sie kehrt. Sie konnte nicht die ganze Nacht durch die Straßen wandern – bis zum Aufstehen waren es nur noch wenige Stunden, und dann lag wieder ein neuer langer Tag vor ihr, an dem sie Hunderte von Gästen bedienen musste. Wen kümmerte es da, dass Antoine Sartine sie zur Frau nehmen wollte?

Sie wählte den Weg durch die breite Rue Mazarine, die auch zu dieser späten Stunde noch belebt war. Im Schein der Réverbèren, kleiner künstlicher Monde in der Finsternis, die hier alle dreißig Schritt an Schnüren über der Straße hingen, um mit ihrem trüben ölgespeisten Licht die nächtlichen Passanten vor Überfällen zu schützen, kehrte Sophie zurück. Sie hatte gerade die Kreuzung erreicht, wo die Rue des Fossés Saint-Germain anfing, und sah schon das hohe Gebäude, in dessen Mansarde ihre Schlafkammer lag, da hörte sie plötzlich Schritte. Im nächsten Augenblick stand ein Mann vor ihr, ein Fremder mit einem Hut auf dem Kopf. Unwillkürlich wich sie einen Schritt zurück, doch als der Fremde den Hut abnahm und sich vor ihr verbeugte, erkannte sie sein Gesicht: Vor ihr stand der Lastenträger, der Mann mit dem kleinen Kopf, der Schokoladetrinker – Monsieur Diderot.

»Was fällt Ihnen ein, mir aufzulauern!«, rief sie, als sie sich von ihrem ersten Schrecken erholt hatte.

»Ich lauere der Schönheit auf, wo immer ich sie anzutreffen hoffe.«

»Warum besuchen Sie dann nicht Madame de Puisieux. Ich bin sicher, sie wartet schon auf Sie.«

»So wie der große Herrscher Mongagul auf seine Prinzessin Mirzoza?«

»Mongagul?«, fragte Sophie, gegen ihren Willen neugierig. »Was soll das für ein Herrscher sein? Ich habe nie von ihm gehört.«

»Wie, du kennst deinen glühendsten Verehrer nicht?«

Bevor sie auch nur den Mund öffnen konnte, fing er schon an zu erzählen. Von dem Sultan Mongagul, dessen Palast sich in der Wüste der Traurigkeit erhob, wo statt süßem Wasser salzige Tränen die Brunnen speisten, sodass der Sultan umso quälenderen Durst litt, je öfter er davon trank. Nur ein Lächeln würde ihn von diesem Fluch befreien. Aber vergeblich bemühten sich die Narren am Hof, ihn aufzuheitern, nicht einmal die reizendsten Jungfrauen seines Reiches, die der berühmte Magier Cucufa mit seinem Zauberring herbeibefahl, damit sie den Gebieter umgarnten, konnten Mongagul von dem großen Kummer erlösen.

»War denn keine schön genug?«, fragte Sophie und lachte. »Arme Madame de Puisieux!«

»Armer Mongagul!«, widersprach Diderot und zog ein Gesicht, als litte er selbst die Qualen des Sultans. »Eines Tages aber«, fuhr er dann fort, »klopfte eine junge Prinzessin an die Pforte seines Palastes. Mirzoza war ihr Name, sie stammte aus der entferntesten Provinz des Reiches, der kleinsten und zugleich schönsten Provinz, der Provinz der Glückseligkeit. Ihr Haar loderte wie die Flammen eines Feuers, und bei sich trug sie eine dampfende Schale süßer Schokolade. Das war die Medizin ihrer Heimat, die wollte sie dem Herrscher bringen. Und wirklich, als seine Lippen den Rand der Schale berührten, fiel alle Trauer von ihm ab, und seine müden Augen begannen zu leuchten. Denn süßer noch als ihr Trank war der Liebreiz, den die Prinzessin selber verströmte.«

»Da muss ich aber staunen«, sagte Sophie. »Die Schale dampfte? Obwohl sie aus einer so fernen Provinz kam? Wie hat die Prinzessin es nur angestellt, dass die Schokolade unterwegs nicht kalt wurde?«

»Vergaß ich etwa zu erzählen, dass sie die Schale auf dem Kopf trug wie alle Frauen im Morgenland? So sorgten die Flammen ihres Haares dafür, dass die Hitze auf der langen Reise erhalten blieb.«

Sophie lachte. Was war das für ein Unsinn! Nichts von seiner

Geschichte war wahr – und doch war sie so schön, dass sie am liebsten stundenlang gelauscht hätte. Vielleicht gerade, weil alles nur erfunden war?

»Ich glaube Ihnen kein Wort!«, rief sie.

»Probiere es selber aus, und du wirst sehen! Oder meinst du, ich könnte etwas erfinden, was in Wirklichkeit nicht möglich ist? Nein, Mirzoza, alles, was man sich vorstellen kann, wird eines Tages geschehen, auch wenn es manchmal eine Weile dauert.«

Er hob ihr Kinn, sodass sie ihn anschauen musste. Sein Gesicht war jetzt ganz ernst. Plötzlich waren alle Gedanken aus ihrem Kopf verschwunden; sie dachte weder an den nächsten Tag noch an Madame de Puisieux, auch nicht an Antoine Sartine. Ja, sie bemerkte nicht einmal, dass im Schankraum des »Procope«, vor dem sie gerade standen, die Lichter ausgingen – sie sah nur noch seine unglaublich hellen Augen, die wie zwei Sterne in der Dunkelheit zu leuchten schienen.

»Weißt du, was ich an dir mag?«, fragte er leise.

Sie erwiderte stumm seinen Blick, während die Mücken in ihrem Nacken summten wie noch nie.

»Du kannst dich selber vergessen. Wenn du arbeitest, wenn du lachst, wenn du zuhörst. Darum beneide ich dich. Willst du mir helfen, es von dir zu lernen?«

»Bitte«, flüsterte sie, ohne die Augen von ihm zu lassen, »sprechen Sie nicht so mit mir, Monsieur Mongagul!«

»Wie hast du mich genannt, Sophie?«

Er blickte sie an, als erwache er aus einem Traum. Sein Lächeln, mit dem er sie gerade noch umfangen hatte, wich einem verstörten Blick, als würde er sie erst jetzt gewahr. Auf einmal wirkten seine Augen viel dunkler. Und unendlich traurig.

»Ist Ihnen nicht gut, Monsieur Diderot?«
Abrupt ließ er sie stehen und eilte davon, ohne ein Wort zum Abschied, während sie auf ihrer Wange noch die Berührung seiner Hand spürte. Doch bevor er im Dunkel der Nacht verschwand, aus dem er wie eine Spukgestalt vor ihr aufgetaucht war, drehte er sich noch einmal um und warf ihr eine Kusshand zu.
Sophie fühlte sich, als hätte sie ein Glas Wein auf leeren Magen getrunken. Die Straße war menschenleer, von den Dächern hörte sie ein Miauen. Hatte sie die Begegnung nur geträumt?
Ein Kater landete mit gespreizten Krallen neben ihr und hastete fauchend davon.

6

Die Vorgänge im Café »Procope« blieben der Obrigkeit nicht verborgen. Bereits am nächsten Morgen erstattete Antoine Sartine einem Mann Bericht, dessen schlichtes Priesterhabit kaum ahnen ließ, welche gewaltige Verantwortung auf seinen Schultern ruhte. Pater Radominsky, so sein Name, ein Mann von knapp vierzig Jahren, war ein in Polen gebürtiger Jesuit, Profess der dortigen Ordensprovinz und als Vertrauter des römischen Generaloberen nach Frankreich entsandt, um der gleichfalls in Polen geborenen Königin Maria Leszczynska als Beichtvater zu dienen. Ausgestattet mit weitgehenden Vollmachten der Kurie, sollte er seinen Einfluss am Hof von Versailles zu einem einzigen Zweck nutzen: dass in der

Hauptstadt des französischen Königreiches Gottes Wille geschehe, zumindest aber der Wille des Papstes.

»Was braut sich in diesem Kaffeehaus zusammen?«, fragte er den Kriminalleutnant.

»Der Verleger Le Bréton«, berichtete Sartine, »bereitet ein neues Werk vor, ein Wörterbuch von beträchtlichem Umfang. Es hat den Anschein, dass er das Unternehmen mit allen Mitteln verwirklichen will. Angeblich hat er sein ganzes Geld in das Vorhaben gesteckt und sich bis an den Rand des Ruins verschuldet. Die Rede ist von achtzigtausend Livres.«

»Achtzigtausend?«, staunte Radominsky. »So viel Geld für ein Wörterbuch?«

»Sie nennen es Enzyklopädie. Alles Wissen der Welt, von A bis Z, nach philosophischen Grundsätzen gegliedert. Ich habe zwar nicht jedes Wort der Unterredung verstanden ...«

»Wer ist sonst noch an dem Unternehmen beteiligt?«

Sartine zückte sein Notizbuch. »Vor allem die beiden Herausgeber, Jean le Rond d'Alembert, ein illegitimer Spross der Madame de Tencin ...«

»Madame de Tencin, der ehemaligen Stiftsdame, die den Schleier zerriss, um sich zur Hure von halb Frankreich zu machen?«

»Mit Verlaub«, bestätigte Sartine. »Sie hat ihren Sohn gleich nach der Geburt ausgesetzt, er stand ihrer Karriere am Hof im Wege. Monsieur d'Alembert leidet noch heute darunter, obwohl er in der Wissenschaft einen hervorragenden Ruf genießt.«

»Was ist das für ein Mann?«

»Ein Stubengelehrter mit kleinen menschlichen Schwächen. Er soll vor allem bekannte Autoren für das Wörterbuch gewinnen, Kollegen und Professoren der Sorbonne. Wichtiger aber«, fügte der Leutnant hinzu, »scheint mir der zweite Herausgeber zu sein, Denis Diderot. Er ist der eigentliche Kopf des Unternehmens.«

»Diderot? Ich habe den Namen nie gehört.«

»Ein überaus wandelbarer Geist. Er hat hundert verschiedene Physiognomien, je nachdem, woran seine Begeisterung sich gerade entzündet. Literat, Philosoph, Demagoge. Weiß sehr viel, hat aber nichts richtig gelernt, besitzt auch keine akademischen Titel, weshalb d'Alembert ihn insgeheim verachtet. Ein Mann, der an sehr zweifelhafte Dinge glaubt – Zukunft, Fortschritt und dergleichen.«

»Glaubt er an Gott, oder wenigstens an die Kirche?«

Sartine schüttelte den Kopf. »Er sagt, wenn er einmal stirbt, will er die Sakramente nur mit Rücksicht auf seine Angehörigen empfangen, damit man ihnen nicht vorhält, er sei ohne Religion gestorben. Außerdem hat er letztes Jahr eine üble Schmähschrift publiziert, *Philosophische Gedanken*, in der er den christlichen Wunderglauben zu religiösem Wahn erklärt.«

»Was wissen Sie sonst noch über ihn?«

»Er stammt aus ordentlichem Hause, sein Vater besaß eine Messerschmiede in Langres, wo er ursprünglich Geistlicher werden sollte wie sein Onkel, ein Domherr der dortigen Kathedrale. Er hatte bereits die Tonsur und wollte in den Orden eintreten, bei der Gesellschaft Jesu«, fügte Sartine vorsichtig hinzu, »stattdessen aber ist er nach Paris gezogen, um zu studieren.«

»Ein abtrünniger Jesuit?« Radominsky hob beeindruckt die Brauen. »Was hat er studiert?«

»Jura, Theologie, Medizin, Mathematik, Philosophie – fast alle Fächer, die es gibt. Trotzdem ist nichts Ordentliches aus ihm geworden. Er hat Predigten für künftige Missionare und Artikel für dubiose Zeitungen verfasst, dazu Theaterkritiken und Übersetzungen. Ein Mann, der ausschließlich vom Schreiben lebt – ein sogenannter Berufsschriftsteller, eine neue, bislang unbekannte Spezies unter den Philosophen.«

Radominsky nickte. »Offenbar ein Mann, den man ernst nehmen muss. Ein zweiter Voltaire?«

Sartine zögerte, bevor er eine Antwort gab. »Ich fürchte, dieser Diderot ist noch gefährlicher. Wollen Sie hören, wie er das Wörterbuch nennt?« Der Kriminalleutnant schlug in seinem Notizbuch eine markierte Seite auf, um zu zitieren: »›Ein Buch wie die Bibel. Ein wirklich neues Testament für eine neue Zeit. Eine heilige Schrift des irdischen Lebens.‹«

»Das hat er wirklich gesagt?«

Radominsky blickte Sartine prüfend an. Unter den niederen Chargen der Polizei gab es nicht wenige Individuen, die, um sich wichtig zu machen, beim Rapport maßlos übertrieben oder gar selber Geschichten erfanden, in der Hoffnung auf ein Lob oder eine Beförderung. Doch der junge Offizier schien nicht von dieser Sorte zu sein. Sartine war zwar ebenso ehrgeizig wie intelligent, zwei Eigenschaften, die einem erfahrenen Beichtvater nicht unbedingt Vertrauen einflößten, doch er hatte ein klares, offenes Gesicht, aus dem zwei wache Augen schauten. Wegen dieser Augen hatte Radominsky den Generalleutnant der Pariser Polizei gebeten, Sartine für ihn abzustellen.

»Wie lauten Ihre Befehle?«, fragte der Leutnant.

»Ich werde es mir überlegen. Vorerst setzen Sie bitte Ihre Beobachtungen fort.«

Nachdem Sartine sich verabschiedet hatte, sagte Radominsky alle weiteren Termine für diesen Vormittag ab. Der Bericht des Kriminalleutnants hatte ihn in höchste Alarmbereitschaft versetzt. Sicher, die Schreiberlinge in den Kaffeehäusern waren zum größten Teil verkrachte Existenzen, von denen, einzeln und für sich genommen, wenig Gefahr ausging: mittellose Adlige, die ihre Vorfahren beschimpften, lüsterne Abbés, die den Zölibat abschaffen wollten, windige Advokaten, die gegen das Gesetz opponierten, dazu ein Heer von Journalisten und Gelehrten aller Fakultäten – ein heillos zerstrittener Haufen, einig in zwei bis drei Fragen, uneins in zwei- bis dreitausend. Doch ein Unternehmen wie diese Enzyklopädie konnte das schlagartig ändern. Nichts einte und stärkte Menschen so sehr wie die Kraft einer Idee, an der sich ihr Glaube entzündete. Die Jünger Jesu waren auch nur einfache Fischer gewesen, und doch hatten sie die ganze Welt erobert, weil sie von einer Botschaft durchdrungen waren. Durfte man da ausschließen, dass ein anderer Glaube in anderen Menschen ähnliche Kräfte freisetzte? Nein, wer das tat, war entweder ein Fanatiker oder ein Narr. Pater Radominsky war keines von beidem.

»Eine heilige Schrift des irdischen Lebens«, murmelte er leise. »Welch ein kühner Plan!«

Fasziniert von der Idee, kostete es ihn Mühe, seine Bewunderung zu unterdrücken. Was dieser Diderot da predigte, war das Paradies auf Erden – wahrlich ein Glaube, der Berge versetzen konnte! Ein Schauer lief ihm über den Rücken. Es war, als würde er einen Blick auf eine schöne Frau erhaschen, die im Begriff stand, sich vor ihm zu entblößen. Radominsky schloss die Augen und griff nach dem Kruzifix auf seiner Brust, um den Heiland zu küssen, während das Blut ihm in die Lenden schoss und das Fleisch sich pulsierend zwischen seinen Schenkeln erhob.

Diese Anwandlung dauerte nur wenige Sekunden. Dann hatte der Pater sich wieder gefasst. Obwohl in Krakau gebürtig, war das Reich Gottes seine wahre und einzige Heimat, und diese Heimat zu verteidigen sah er sich aufgerufen. Als Jesuit wusste er sehr wohl, dass die Waffen des Geistes gefährlicher waren als alle Gewehre und Kanonen dieser Welt. Mit sicherem Instinkt begriff er: Wenn die Enzyklopädie all die zerstrittenen Geister in Paris, die im Namen der Vernunft Zwietracht und Zweifel säten, zu einer geschlossenen Kampftruppe wider den Glauben einte, konnte das geplante Wörterbuch Kirche und Staat in eine ähnlich schwere Krise stürzen wie zwei Jahrhunderte zuvor der Teufel Martin Luther mit seiner verdammten Reformation. Wissen war Macht, und wer den Menschen Wissen gab, verlieh ihnen Macht über das eigene Leben. Damit würde das Gesetz Gottes außer Kraft gesetzt und zugleich alles, was auf Erden von seiner himmlischen Allmacht zeugte: die Vorherrschaft der katholischen Kirche, das Gottesgnadentum des Königs, die ewige Ordnung der Dinge.

Die Gebote Gottes auf Erden zu wahren war Aufgabe des Staates, Bestimmung und Zweck der Monarchie. Doch war der französische Staat bereit, diesen Auftrag zu erfüllen? Pater Radominsky war skeptisch. König Ludwig XV., vom Volk »der Vielgeliebte« genannt, war ein nach süßlichem Parfüm und säuerlichen Körpersäften stinkender Lüstling, der, statt den Regierungsgeschäften nachzugehen, nur zwei Vergnügungen kannte, die Liebe und die Jagd – Maria Leszczynska, seine Gemahlin, klagte täglich in der Beichte darüber, und sie übertrieb keineswegs. Der Hof von Versailles war zu einem einzigen gigantischen Lustpark verkommen, in dem ein Fest das andere ablöste.

Nein, auf diesen König konnte die Kirche nicht bauen. Radominsky setzte sich an den Schreibtisch, nahm einen Bogen Papier und tauchte die Feder in das Tintenfass. In kurzen, klaren Sätzen warnte er Monseigneur Beaumont, den Erzbischof von Paris, vor der heraufziehenden Gefahr, um sich bei dem Generalagenten der französischen Oberhirten jedweder Unterstützung der Kirche zur Bekämpfung dieser Bedrohung zu versichern. Mit seiner schnörkellosen Unterschrift beendete Radominsky den Brief, streute Sand über die Tinte, und noch bevor diese getrocknet war, läutete er nach seinem Diener und befahl ihm, die Kutsche anspannen zu lassen.

»Nach Versailles!«

Kurz nach Mittag traf die Equipage am Königssitz ein. Doch statt wie sonst den Hauptpalast anzusteuern, um als Erstes die Königin aufzusuchen, ließ Radominsky den Kutscher nach La Celle abbiegen, einer kleinen Ortschaft, die eine Meile entfernt war. Den Weg dorthin säumte ein Kanal, auf dem zwischen goldfarbenen Gondeln eine Schaluppe vor Anker lag, bereit für eine Vergnügungspartie entlang der Kolonnaden von Rosenstämmen in zartem Rosa und Gelb, die am Ufer blühten und die sich in dem stehenden Wasser widerspiegelten. Dahinter aber, eingerahmt von kunstvoll geformten Arkaden und Bogenlauben, erhob sich auf mehreren Terrassen ein meerschaumweißes Schloss, das mit seinen zahlreichen Türmchen und Erkern an eine prachtvoll verzierte Sahnetorte erinnerte. Radominsky verzog angewidert das Gesicht. Die Szenerie wirkte in ihrer anmutigen Duftigkeit auf ihn, als sei sie der mythischen Liebesinsel Kythera nachgebildet – selbst die Natur schien hier nicht von Gotteshand geschaffen, sondern von einem Künstler oder Galanteriewarenhändler arrangiert, ebenso fantasievoll wie geschmacklos.

Nur widerwillig verließ Radominsky die Kutsche. Dann aber gab er sich einen Ruck und ging auf die Freitreppe zu. Denn in diesem Schloss, zu dem nur ein kleiner Kreis von Auserwählten Zugang hatte, residierte Madame de Pompadour, die Mätresse des Königs und mächtigste Frau im ganzen Reich. Ihr wollte der Pater seine Aufwartung machen.

7

Die Marquise de Pompadour war sechsundzwanzig Jahre jung, und doch galt sie bereits als vollendetes Sinnbild ihres Geschlechts. Alle Talente, alle Anmut schienen in ihr vereint. Mit ihrem weißen Teint, den blassrosa Lippen und den Augen von unbestimmter Farbe, in denen sich schwarze Sehnsucht und blaue Verheißung paarten, besaß sie alle Gaben, um ihren selbst gewählten Lebenszweck zu erfüllen: ihrem Herrscher zu gefallen, um ihn nach Gefallen zu beherrschen. Bereits im Alter von neun Jahren war ihr geweissagt worden, sie werde einmal die Mätresse des Königs von Frankreich sein. Seitdem pflegte sie diesen Traum und setzte ihre ganze Tatkraft daran, dass er Wirklichkeit wurde. Sogar ihre Heirat mit Monsieur d'Étioles diente einzig diesem Zweck. Ohne Scheu nutzte sie das Vermögen ihres Mannes, um sich selber zu vervollkommnen: Sie lernte singen und Cembalo spielen, nahm Unterricht im Tanzen, in der Rede- und in der Reitkunst. Dabei kreisten alle ihr Gedanken nur darum, von Ludwig bemerkt zu werden. Wann immer sich ihr Gelegenheit bot, war sie zwischen den Pferden, den Hunden, dem Gefolge des Königs zu sehen, und auf einem Maskenball gelang es ihr endlich, sich Ludwig zu nähern. Als Domino verkleidet, umwarb sie ihn mit einem Lächeln, für das ihr Gatte sein Leben gegeben hätte, und als sie auf Drängen des Monarchen die Halbmaske lüftete, ließ sie ihr Taschentuch zu Boden fallen. In diesem Augenblick hatte sie das Herz des Königs erobert, um es nie wieder preiszugeben – eher würde sie ihr eigenes opfern als dieses.

Der Maskenball lag nun anderthalb Jahre zurück, und seitdem war kaum ein Tag vergangen, an dem der Herrscher ihr nicht seine Gunst bezeugt hätte. Als letztes Zeichen seiner Zuneigung hatte Ludwig ihr, nachdem sie sich von Monsieur d'Étioles hatte scheiden lassen, das Lustschloss La Celle geschenkt. Hier flocht sie gerade mit ihrer dreijährigen Tochter Alexandrine einen Blumenkranz, als ein Lakai Besuch für sie meldete.

»Pater Radominsky?«, fragte sie verwundert.

Sie setzte Alexandrine den Kranz auf den blonden Lockenkopf und schickte sie mit einem Kindermädchen hinaus. Was mochte Radominsky von ihr wollen? Kam er im Auftrag der Königin, um sie ins Gebet zu nehmen? Maria Leszczynska wollte noch immer nicht wahrhaben, dass ihr Mann die Wonnen in den Armen seiner Mätresse den Erbauungsandachten bei seiner Gemahlin vorzog.

Die Pompadour war auf der Hut. Obwohl Ludwig sie in den Stand einer Marquise erhoben hatte, war ihre Stellung am Hof längst nicht gefestigt. Denn ihrer Person haftete ein Makel an, der sich nicht korrigieren ließ: der Makel ihrer Geburt. Sie hatte das Unglück, die Tochter eines Monsieur Poisson zu sein, der wegen dunkler Geschäfte zum Tod durch den Strang verurteilt worden war und darum vorzog, im Ausland zu leben. Mit boshaftem Spürsinn waren die Höflinge bis auf den Grund ihrer Seele gedrungen, hatten ihre Herkunft wie einen Haufen Unrat durchwühlt, ihre Sprache und Manieren studiert, um schließlich herauszufinden, dass ihr ebenjene Vornehmheit fehle, die sich weder erwerben noch erlernen ließ, sondern die über Generationen vererbt werden musste.

Durch diese Erkenntnis geeint, hatte sich eine Liga am Hof gebildet, deren Ziel es war, Ludwig gegen sie einzunehmen. Die unterschiedlichsten Parteien feindeten sie an. Nicht nur die Königin und deren devote Gefolgschaft, auch der Kanzler und der Parlamentspräsident setzten alles daran, ihren Einfluss auf den Herrscher zu beschneiden. Und vor all diesen Angriffen und Intrigen schützte sie nur eins, die Verliebtheit des Königs, doch die, da gab die Pompadour sich keinen Illusionen hin, war so vergänglich wie ihre Schönheit.

»Ich bin gekommen«, eröffnete Radominsky das Gespräch, kaum dass er ihre Hand geküsst hatte, »Sie um einen Gefallen zu bitten. Eine Kleinigkeit, die Sie kaum Mühe kosten wird.«

»Einen Gefallen?«, fragte die Pompadour ein wenig irritiert. Als Beichtvater der Königin war Radominsky ihr natürlicher Feind.

»Es geht darum, einen neuen Direktor der königlichen Hofbibliothek zu benennen. Ihrer Majestät ist sehr daran gelegen, Ordnung in das Buchwesen zu bringen.« Er machte eine Pause, dann fügte er bedeutungsvoll hinzu: »Ich dachte, vielleicht wäre dies ein Anlass, die Freundschaft zwischen Ihrer Majestät und Ihnen zu vertiefen.«

»Der Königin zu gefallen ist mein innigster Wunsch«, erwiderte die Pompadour. »Allein, ich bin ratlos, wie ich ihr in dieser Sache dienen kann. Bisher wusste ich nicht einmal, dass es ein solches Amt überhaupt gibt. Wie sagten Sie – Direktor der Hofbibliothek?« Mit einer Geste forderte sie den Pater zum Setzen auf.

»Ein sehr wichtiges Amt. Der Direktor der Hofblibliothek ist zugleich oberster Zensor von Frankreich. Täglich erscheinen Dutzende neuer Bücher, da gilt es, die Spreu vom Weizen zu trennen.« Er wartete, bis seine Gastgeberin saß, bevor er Platz nahm und in seiner Rede fortfuhr. »Die Königin macht sich Sorgen um den Zustand der Kirche in diesem Land. Nicht genug, dass einige Bischöfe und Priester es am nötigen Gehorsam gegenüber Rom fehlen lassen, tragen sie auch noch ihre Kritik in Schmähschriften unters Volk, um dort den Geist des Widerspruchs zu schüren.«

»Ist es so schlecht um unsere Kirche bestellt?«, fragte die Pompadour. »Das wundert mich. Immerhin reicht ihre Macht aus, um die Favoritin des Königs zu exkommunizieren.«

»Lassen Sie mich allgemein antworten, Madame«, sagte Radominsky ausweichend. »Die Kirche ist ein prachtvolles Gebäude, doch dieses Gebäude hat im Lauf der Zeit Risse bekommen. Schuld daran ist die Kritik, die sich wie Hausschwamm in die Fugen und Ritzen frisst, um das Mauerwerk auszuhöhlen. Wenn wir das Gebäude erhalten wollen, müssen wir der schleichenden Zersetzung Einhalt gebieten.«

»Und diese Zersetzung geht von harmlosen Büchern aus?«

»Bücher sind niemals harmlos, Madame«, erklärte er streng. »Entweder sie stärken oder sie schwächen uns im Glauben. Die einen tun dies, indem sie uns unterhalten, die anderen, indem sie uns belehren. Auf unsichtbare Weise dringen ihre Lehren in unsere Herzen und Seelen, um für immer darin fortzuwirken, wie heilende oder giftige Dämpfe atmen wir ihren Geist. Sie können den größten Nutzen bringen und das größte Verderben, denn aus den Ideen, die sie verbreiten, entstehen künftige Taten. Darum hat die Kirche größtes Interesse daran, nur solche Bücher zu fördern, die dem Wohl des Glaubens dienen, und jene zu verhindern, die dem Glauben Schaden zufügen. Wollen Sie der Königin dabei helfen?«

Die Pompadour schaute Radominsky an. Was war das für ein Angebot, das der Beichtvater ihrer Rivalin da machte? Reichte er ihr die Hand, oder lockte er sie in eine Falle? Sie hatte großen Respekt vor diesem Mann. Der polnische Jesuit war keiner von den vielen eitlen Abbés am Hof, die ihre Soutane beim Anblick einer hübschen Frau so leichtfertig ablegten, wie sie einst bei der Priesterweihe ihr Keuschheitsgelöbnis abgelegt hatten. Er nahm sein Priestertum ernst – die Pompadour hatte noch von keiner Verfehlung Radominskys gehört, obwohl er mit seiner hohen Statur und den durchgeistigten Gesichtszügen ein auffallend schöner Mann war, dem es an Gelegenheit sicher nicht fehlte. Er hatte die Kraft, der Leidenschaft zu entsagen. Darauf, mehr noch als auf seinem Amt, beruhte die Autorität, die er ausstrahlte. Dieser Mann, das spürte die Pompadour, hatte Macht über andere, weil er Macht über sich selbst besaß. Sie fühlte sich ihm verwandt.

»Was kann ich tun, Ehrwürdiger Vater, um die Königin in ihrem Bemühen zu unterstützen?«

Ein freudiges Lächeln ging über Radominskys Gesicht. »König Ludwig schenkt Ihnen Gehör«, erwiderte er. »Wenn Sie Seiner Majestät in einem geneigten Augenblick einen Namen nennen könnten – Sie würden der Kirche einen großen Dienst erweisen.«

»Und an welchen Namen haben Sie gedacht?«

»Vielleicht René-Nicolas de Maupéou? Ein Mann, dessen Glaubensstrenge über jeden Zweifel erhaben ist.«

Das Lächeln auf ihrem Gesicht erstarb. Sie kannte den jungen *Gentilhomme* – er gehörte zu ihren ärgsten Widersachern am Hof. Wenn das Amt, um das es ging, von solcher Wichtigkeit war, durfte sie ihn auf keinen Fall dem König vorschlagen. Doch was geschah, wenn sie sich dem Wunsch des Paters verweigerte? Dann schlug sie zugleich das Friedensangebot aus, das er ihr machte, und das mögliche Band zwischen ihr und der Königin war zerschnitten, noch ehe es geknüpft war. Die Pompadour ahnte, dies war ein Augenblick, der über ihre Zukunft entschied. Sie musste jetzt etwas sagen – doch was?
»Monsieur de Maupéou«, erwiderte sie zögernd, »ist sicher ein Mann von höchsten Qualitäten. Doch was halten Sie«, fragte sie, einer plötzlichen Eingebung folgend, »von Chrétien de Malesherbes?«
»Malesherbes de Lamoignon? Der Sohn des Kanzlers?«, fragte Radominsky mit erhobenen Brauen zurück. Sein Gesicht drückte gleichzeitig Überraschung und Hochachtung aus. »Eine brillante Idee, Madame.«
»Ihr Beifall freut mich, Ehrwürdiger Vater. Dann meinen auch Sie, Monsieur de Malesherbes sei ein Kandidat, den ich dem König mit gutem Gewissen empfehlen kann?«
»Ganz gewiss«, bestätigte der Pater. »Nur … würden Sie bitte bald mit ihm sprechen? Die Angelegenheit eilt. Ein paar sogenannte Philosophen rotten sich gerade zusammen, um eine Enzyklopädie zu schreiben, die das Wohl der Kirche und des Staats aufs äußerste gefährden könnte.«
»Es wird mir ein Vergnügen sein, mich um die Sache zu kümmern«, sagte die Pompadour mit wiedergewonnener Sicherheit und streckte ihm die Hand entgegen, damit er seinen Abschied nahm. »Bitte richten Sie der Königin meine untertänigsten Grüße aus.«

8

Selten war Sophie bei der Arbeit so fahrig gewesen wie heute. In der Nacht hatte sie kein Auge zugetan, und am Nachmittag hatte sie vor lauter Ungeschick eine teure Milchkanne fallen lassen, die sie nun von ihren Ersparnissen ersetzen musste. Was war nur mit ihr los? Lag es daran, dass Vollmond war? Außerdem hatte sie kaum etwas gegessen – der Koch hatte ihr nur schimmlige Abfälle gegeben. Aber so sehr sie auch versuchte, vernünftige Gründe für ihren Zustand zu finden, wusste sie doch, dass etwas ganz anderes die eigentliche Ursache war. In Wirklichkeit hatte sie immerzu an Monsieur Diderot denken müssen. Ob er heute wohl wieder ins »Procope« kommen würde?

»Mademoiselle Sophie!«

An einem kleinen Tisch unweit des Eingangs saß Antoine Sartine und verrenkte sich nach ihr den Hals, wie stets ein Lächeln im freundlichen Gesicht. Bei seinem Anblick überkam Sophie das schlechte Gewissen wie eine Hitzewallung. Den hatte sie ja ganz und gar vergessen! Sie wischte sich die Hände an der Schürze ab und eilte an seinen Tisch.

»Wie immer eine Tasse Kaffee, Monsieur Sartine?«

»Wie immer eine Tasse Tee«, verbesserte er sie, weiterhin lächelnd. Dann wurde seine Miene ernst. »Haben Sie inzwischen über meine Frage nachgedacht?« Ein verlegenes Zucken spielte um seinen Mund, und sein helles Gesicht färbte sich rosa.

»Ja gewiss«, stammelte sie, »das heißt …«

Ein eintretender Gast schob sich zwischen sie. Bevor Sartine etwas sagen konnte, nutzte Sophie die Gelegenheit und floh zum Tresen. Während sie dort seine Bestellung besorgte, überlegte sie fieberhaft, was sie ihm antworten sollte. Sie konnte sich doch unmöglich hier und jetzt entscheiden – es ging doch um ihr ganzes zukünftiges Leben!

»Schokolade?«, fragte er verwundert, als sie mit ihrem Tablett an seinen Platz zurückkehrte.

Irritiert sah sie auf seine Tasse – der Schaum war mit Zimt und Vanille bestäubt. Eilig wandte sie sich ab, um den Fehler zu korrigieren. Da erblickte sie Diderot, nur eine Armlänge von ihr entfernt. Mit einem so unverschämten Grinsen, als habe er sie beim Baden überrascht, schaute er sie an. Tablett, Tasse, Untertasse, alles fiel ihr aus der Hand. Unter dem Gelächter der Gäste stürzte sie zur Schanktür hinaus, vorbei an Sartine und Diderot.

In der Küche sank sie auf einen Schemel. Was für ein Tag! Zusammen mit der Milchkanne würde er sie einen ganzen Wochenlohn kosten, mehr Geld, als sie besaß. Sie wusste, sie musste schleunigst zurück in den Schankraum – wenn Monsieur Procope sie hinauswarf, blieb ihr nur die Rückkehr nach Saint-Marceau zu den Tagelöhnern und Kloakenreinigern. Bei der Vorstellung schloss sie die Augen. Aber zurück zu Diderot und Sartine? Sie bat eine Spülfrau, die Scherben für sie aufzusammeln und danach den Dienst mit ihr zu tauschen. Keine zehn Pferde würden sie heute noch einmal in die Gaststube bringen. Lieber wollte sie bis an ihr Lebensende in einer Tabakschenke arbeiten, als noch eine Minute in Gegenwart dieser zwei Männer verbringen.

Um sieben Uhr hatte sie eine Stunde frei. Froh über die Pause, band sie sich die Schürze ab und verließ das Haus. Ohne Ziel lief sie durch die Gassen, auf die allmählich die Dämmerung herabsank. Während die meisten Pariser beim

Essen saßen, kehrte in der Stadt eine tiefe, unwirkliche Ruhe ein. Auf den Plätzen warteten die Droschken, die Pferde fraßen Hafer in ihrem Geschirr und schlugen mit den Hufen das Pflaster. Noch hatte das Bühnenwerk der Oper sich nicht in Bewegung gesetzt, waren die Nachtschwärmer mit der Toilette beschäftigt. Für diese eine Stunde ruhte die große Stadt, als wäre der Trubel an eine unsichtbare Kette gelegt.

»Warum bist du davongelaufen?«

Es war in der Rue Mouffetard, als Diderot plötzlich vor ihr stand.

»Sind Sie mir etwa gefolgt?«, fragte sie, ebenso verwirrt wie verärgert. »Haben Sie nicht schon genug Schaden angerichtet?«

»Natürlich bin ich dir gefolgt, Mirzoza«, erwiderte er mit seinem frechen Grinsen. »Wie sollte ich nicht? Der ganze Palast ist auf den Beinen, um dich zu suchen. Sieh nur«, er zeigte mit dem Daumen auf zwei Dirnen, die frisch geschminkt und mit halb entblößtem Busen in einem Hauseingang standen, die Blicke neugierig auf sie gerichtet, »sogar die Haremsdamen sind gekommen, um dich heimzubringen.«

»Haremsdamen?« Gegen ihren Willen musste Sophie lachen. »Dann sehen sie im Morgenland aber nicht viel anders aus als in Paris.«

»Keine Angst«, sagte er, »du brauchst nicht eifersüchtig zu sein. Mongagul hat nur Augen für die Prinzessin. Weißt du eigentlich, was die ersten Worte waren, die der Sultan an sie richtete?«

»Lassen Sie mich raten! Vielleicht ›eine Tasse Schokolade‹?«

»Vollkommen falsch«, protestierte er. »›Mit viel Vanille und Zimt!‹«

So selbstverständlich, als hätte sie darauf gewartet, nahm er

ihre Hand, und während er sie mit sich fortzog, spann er seine Geschichte weiter: Wie der Sultan Mongagul sich so sehr in die Prinzessin Mirzoza verliebte, dass er seinem Zauberer befahl, ihm ein Dutzend Arme wachsen zu lassen, um sie nach Herzenslust an sich zu drücken, ein Dutzend Hände, um sie zu liebkosen, ein Dutzend Münder, um sie zu küssen.
»Sonst verlangte er nichts?«, fragte Sophie.
»Doch«, erwiderte Diderot, »ein Dutzend Ohren, die brauchte er auch. Denn nichts beglückte den Sultan mehr als der Klang ihrer Stimme, und wenn sie lachte, glaubte er zu vergehen vor süßer Seligkeit.«
Wie zärtliche Berührungen empfand Sophie seine Worte. Konnte das Leben so schön sein wie seine Geschichten? Vergessen waren die Scherben, der Patron, die Tabakschenke des Faubourg Saint-Marceau. Ein paar Gipser kreuzten ihren Weg, um die Dirnen anzusprechen – Nachzügler jenes großen Heers von Tagelöhnern und Handwerkern, das allabendlich in die Vorstädte zurückflutete. Der Kalk an ihren Schuhen färbte das Pflaster weiß, und während Sophie ihre Spuren mit den Augen verfolgte, lauschte sie Diderots Worten, die von seiner dunklen, warmen Stimme so sicher getragen wurden wie Boote von einem ruhigen, breiten Fluss. In seinem Märchen zu leben musste sein wie im Paradies.
Auf einmal blieb er stehen und sagte: »Erzähl mir deine Geschichte! Warum bist du nach Paris gekommen?«
»Woher wollen Sie wissen, dass ich keine Pariserin bin?«
»So, wie du sprichst?« Er lachte. »Nein, du kommst aus einer Gegend, in der ein guter Wein wächst.«
»Das hören Sie an meiner Sprache?«, fragte sie überrascht.
»Die Sprache verrät mehr, als die Worte sagen. Ich möchte

wetten, du warst schon mal in Langres, da komme ich nämlich selbst her. Oder in Dijon? Oder noch weiter im Süden, zum Beispiel«, er machte eine kurze Pause, »in Roanne?«

Als er so unvermittelt den Namen der Stadt aussprach, die ihr ganzes Unglück bedeutete, stieg die Vergangenheit wie eine Flutwelle in ihr auf. Plötzlich sah sie ihre Mutter vor sich, im Schandlinnen, das Gesicht ein leerer weißer Fleck, in dem ein Mund, ein gespenstisches Lippenpaar, das Wort »Glück« formte, wie um sie zu warnen, und darunter ein buntes, flatterndes Tuch.

»Ich brauchte Arbeit«, sagte sie leise. »Deshalb bin ich nach Paris gekommen.«

»Gab es in deiner Heimat denn niemanden, der sich um dich kümmerte?«

Sophie zögerte. Sollte sie ihm ihre Geschichte erzählen? Sie sah Baron de Laterre vor sich, beim Abschied vom Schloss, er beugte sich über sie, um ihr Haar zu küssen, dann Abbé Morel, der sie an der Klosterpforte in die Obhut der Nonnen gab. Wie durch ein Labyrinth war sie nach Paris gelangt. Nachdem sie das Kloster verlassen hatte, war sie zunächst nach Beaulieu zurückgekehrt, um auf dem Schloss des Barons zu arbeiten. Doch nach nur wenigen Tagen war sie geflohen, heimlich im Morgengrauen – sie konnte an dem Ort nicht leben, wo jedes Haus, jeder Weg, jeder Baum sie an ihre Mutter erinnerte, deren Bild ihr für immer entschwunden war. Danach war sie in all den Städten gewesen, die Diderot genannt hatte, erst in Roanne, dann in Dijon und auch in Langres, wo sie sich zwei Wochen als Wäscherin verdingt hatte. Aber nirgendwo hatte sie es länger als einen Monat ausgehalten; stets hatte es sie weiter Richtung Norden gezogen, in die Hauptstadt, als wäre Paris die Lichtung im Zentrum des

Labyrinths, durch das sie irrte. Tief in ihrem Innern wusste sie, was sie in dieser Stadt suchte. Doch konnte sie darüber mit einem Fremden sprechen?

Plötzlich wurde ihr bewusst, dass Diderot immer noch ihre Hand hielt. Sie machte sich von ihm los, und statt ihm zu antworten, stellte sie ihm eine Frage, die ihr den ganzen Tag schon auf der Seele lag. Die Frage war ihr gestern Abend gekommen, in ihrer Kammer, beim Stöbern in ihrem heimlichen Schatzkästlein.

»Stimmt es, dass Sie Bücher schreiben?«

»Allerdings«, erwiderte er mit einem Anflug von Stolz. »Es ist sogar mein Beruf.«

»Das ist ein Beruf?«, staunte sie.

»Und ob! Der schönste, den es gibt. Weil, wenn man eine Geschichte erfindet, kann man ja alles erleben, was man sich gerade wünscht. Ohne das Haus zu verlassen, reist man in ferne Länder, lernt fremde Völker und Menschen kennen. Man redet mit Königen und Weisen, begegnet fast so schönen Frauen wie hier in der Rue Mouffetard, und wenn man will, kann man die teuersten Weine trinken, ohne einen Sou dafür zu bezahlen. Beim Schreiben verändert sich die ganze Welt, man braucht es nur zu wollen und es sich vorzustellen.«

»Macht Ihnen das nicht Angst?«, fragte Sophie. »Das ist doch gefährlich!«

»Gefährlich? Weshalb?«

»Weil Sie so tun, als würde es etwas geben, was nicht wirklich ist. Wenn Menschen, die gar nicht leben, Könige und Weise und schöne Frauen, plötzlich auftauchen wie Geister aus einer Flasche, das ist doch wie ...«, sie suchte nach einem Vergleich, »wie Magie, wie Zauberei.«

»Genauso soll es ja sein!«, rief er mit leuchtenden Augen.

»Wie Magie und Zauberei! Aber sag mal«, unterbrach er sich, »wie kommst du überhaupt darauf? Kannst du etwa lesen?«

»Nein!« Sie schüttelte so heftig den Kopf, als habe er sie gefragt, ob sie ihn heiraten wolle. »Frauen, die lesen und schreiben können, haben kein Glück im Leben.«

»Wie bitte? Warum denn das?«

»Weil es so ist«, sagte sie trotzig. »Außerdem«, fügte sie hinzu, als er ihr widersprechen wollte, »hat Abbé Morel das gesagt, der Pfarrer in meinem Dorf, und der kannte die ganze Bibel auswendig.«

»Wahrscheinlich, weil er selbst nicht lesen konnte.«

»Woher wollen Sie das wissen?«, fragte sie verärgert.

»Die meisten Dorfpfarrer können nicht lesen. Das gehört zu ihrer Profession.«

»Mir ist ganz gleich, was Sie sagen«, erwiderte sie. »Gott will nicht, dass Frauen lesen oder schreiben. Genauso wenig wie er will, dass sie fremde Männer lieben ...«

Sie verstummte. Die letzten Worte waren ganz von allein über ihre Lippen gekommen. Warum hatte sie das gesagt? Sie kam sich auf einmal fürchterlich dumm vor und traute sich kaum, Diderot anzuschauen. Doch als sie den Blick hob, lächelte er sie an, und es war, als würde er sie mit seinem Lächeln in einen Mantel aus Seide hüllen.

»Glaub nicht solche Sachen«, flüsterte er und streifte ihre Wange. »Gott hat nichts gegen die Liebe, das hat nur der Teufel.«

Sein Gesicht war jetzt ganz nah, sie ertrank fast in seinen hellblauen Augen. Doch seltsam, es machte ihr überhaupt keine Angst, im Gegenteil, es war ein so wunderbares Gefühl, dass sie gar nicht mehr wusste, wo sie überhaupt war. War sie im Morgenland? Im Reich des Sultans Mongagul?

Da ertönte von irgendwoher eine Frauenstimme, laut und schrill wie von einem Fischweib: »Denis? Was tust du da?« Diderot zuckte zusammen, und das Lächeln verschwand aus seinem Gesicht. Wie ein Dieb schaute er sich um, von plötzlicher Unrast beseelt. Sophie erwachte. Das wunderbare Gefühl war dahin, sie stand wieder in der Rue Mouffetard. Die beiden Dirnen tänzelten am Arm von zwei Gipsern an ihr vorbei und grinsten sie hämisch an.

»War das Madame de Puisieux?«, fragte Sophie.

»Wie kommst du darauf?«, stotterte er. »Nein, das ... das war ...« Er sprach den Satz nicht zu Ende und versuchte, sein Lächeln wiederzufinden.

»Ich glaube Ihnen kein Wort«, sagte sie und ließ ihn stehen.

9

Ein neuer Tag brach an in La Celle, ein Tag wie auf der Liebesinsel Kythera. Schwerelose Schäfchenwolken schwebten am pastellblauen Himmel, der sich wie ein Theaterplafond über das meerschaumweiße Lustschloss spannte; in den kegelförmig gestutzten Wipfeln der Bäume zwitscherten die Vögel, als würde eine mechanische Spieluhr ihren Gesang produzieren; und über dem von Rosenkolonnaden gesäumten Kanal hingen schon die Lampions für die nächste nächtliche Gondelpartie. Doch die Marquise de Pompadour konnte weder den neuen Tag noch die seidige Luft genießen, die durch das offene Fenster strömte, um ihren jungen Körper zu umschmeicheln, der nur mit einem fliederfarbenen Negligee umhüllt war. Ernst war das hübsche Gesicht, das ihr aus dem Spiegel entgegenschaute, während eine Zofe mit goldenen Spangen die hohe Perücke an ihrem Kopf befestigte, um sie für das Lever vorzubereiten, die morgendliche Audienz in ihrem Schlafgemach, zu der die Pompadour an diesem Tag einen wichtigen Besucher erwartete.

Was bedrückte die Favoritin des Königs so sehr, dass ihr Lächeln, das sonst auf ihren Wangen zwei allerliebste Grübchen offenbarte, so ganz und gar erloschen war? Es war die Sorge um Ludwigs Wohl, die launische Verfassung seines Gemüts, in der sich die ganze Misere des Hofes widerspiegelte. Von außen betrachtet, schien Versailles ein Ort des Lichts, der immerwährenden Heiterkeit zu sein, doch in seinen Tiefen lauerte tödliche Langeweile. Wie ein Pesthauch durchwehte sie den Palast, um den Geist der darin lebenden Menschen zu vergiften. Dieselben Männer und Frauen, die sich auf Bällen und Soupers so flatterhaft und unbeschwert gaben, als wollten sie einander an Schamlosigkeit und Frivolität überbieten, fielen, sobald sie allein waren, in eine Leere und Sinnlosigkeit, aus der ihnen nur die Aussicht auf neuerliche Ausschweifungen Entkommen versprach. An dieser Melancholie krankte wie kein zweiter der König, und Aufgabe der Favoritin war es, ihn seinen Überdruss vergessen zu machen, das unerträgliche Übermaß an Zeit mit rastloser Betriebsamkeit zu füllen, um sein Gemüt vor der nie endenden Langeweile zu schützen, die in Versailles zwischen einem Morgen und einem Abend lag.

Dies war der Pompadour in der Vergangenheit gelungen wie noch keiner Favoritin Ludwigs je zuvor. Sie beschäftigte den Herrscher mit ihrem Körper und mit ihrem Geist, ohne ihm einen Augenblick zu gestatten, sich auf sich selbst zu besinnen. Täglich erfand sie neue Zerstreuungen und Amüsements, hielt jede düstere Wolke, jeden Schatten von ihm fern, betäubte und entspannte ihn mit ihren Reizen in einem bezaubernden Wirbel sinnlicher Verwirrungen, sodass der König sich umso mehr nach ihr verzehrte, je verschwenderischer sie ihn verwöhnte. Doch in dieser unaufhörlichen Spirale künstlicher Begierde, in welcher der Kitzel die Wollust ersetzte, drohten ihre Kräfte zu erlahmen. Mochte ihr Geist noch so willig sein, Ludwig der Apathie zu entreißen, war ihr Fleisch doch zu schwach, um jedes Mal aufs Neue jenes Feuer zu entfachen, dessen er bedurfte. Die Falten auf seiner Stirn waren ihr letzte Nacht nicht entgangen, und sie hatte zu den gewagtesten Mitteln der Liebeskunst greifen müssen, um sie zu vertreiben. Sollte ihre Zeit schon abgelaufen sein? Um der Zukunft ihrer Tochter willen war sie zu allem bereit, einem solchen Ende entgegenzuwirken.

Vielleicht bot Pater Radominskys Ansinnen ihr dazu Gelegenheit? Bei seinem Besuch hatte der Beichtvater der Königin ihr ein Licht aufgesteckt. Um Einfluss auf Menschen zu nehmen, gab es nicht nur die Liebe. Wissen, so hatte die Pompadour seiner Rede entnommen, schien eine ebenso starke Macht zu sein, vielleicht sogar eine noch stärkere. Denn wer es besaß, besaß nicht nur Macht über die wandelbaren Leidenschaften der Menschen, sondern auch Macht über ihr Denken, über ihre Köpfe, Herzen und Seelen.

Doch da war schon ihr Gast – im Spiegel trat er ihr entgegen: ein junger, leicht untersetzter, rotgesichtiger Mann in kastanienfarbenem Rock mit großen Taschen, das Spitzenjabot mit Schnupftabakresten bestreut.

»Monsieur de Malesherbes«, rief sie und erhob sich von

ihrem Frisierstuhl. »Was für ein Betragen! Man mag eine Frau betrügen, aber überraschen sollte man sie niemals!«

»Welchem Umstand verdanke ich den Vorzug Ihrer Einladung, Marquise?«, fragte er, ohne auf die kleine Koketterie einzugehen.

Die Pompadour streckte ihm mit einem Lächeln die Hand entgegen, sorgfältig darauf achtend, dass das Negligee ihre Reize nicht allzu sehr verbarg. War dies der geeignete Mann, um ihre Position bei Hofe zu festigen? Ein Verbündeter gegen die vielen Neider, die sie in den Augen des Königs herabzusetzen trachteten? So ungelenk, wie er sich über ihre Hand beugte, ohne auch nur einen Blick auf ihren wohlgeformten Körper zu verschwenden, wäre kein Mensch auf den Gedanken verfallen, dass Malesherbes der Sohn des Kanzlers und Spross einer der mächtigsten Familien Frankreichs war, der es mit noch nicht dreißig Jahren bereits zum Parlamentsrat und Generalstaatsanwalt gebracht hatte. Doch die Pompadour war selber zu erfahren in der Kunst, falsche Eindrücke zu erzeugen, um sich von seinem Gebaren in die Irre führen zu lassen. Malesherbes spielte nur den Bescheidenen, so wie er den Gleichgültigen spielte, tatsächlich war er ein intelligenter Karrierist, der sich von niemandem in die Karten schauen ließ. Sie beschloss, ihn einem kleinen Examen zu unterziehen.

»Warum ich Sie zu mir rief? Ach ja, ich wollte mich nach Ihren Tanzübungen erkundigen. Haben sie die gewünschten Fortschritte gebracht?«

Malesherbes verzog das Gesicht. »Mein Tanzlehrer hat mir gestern erklärt, ich sei hoffnungslos unbegabt für das Parkett.«

»Dafür bewegen Sie sich umso sicherer auf dem viel glatteren

Boden der Politik. Ach«, seufzte sie, »könnte mir doch nur jemand erklären, wie ich hier meine Füße setzen soll. Ich fürchte, bei jedem Schritt zu straucheln.«

»Eine vollendete Tänzerin wie Sie, Madame? Die Politik unterscheidet sich doch kaum von der Tanzkunst. In beiden Fällen geht es darum, andere Menschen zu führen. Freilich nicht, wohin sie wollen, sondern wohin sie sollen.«

»Einem Mann mag das leicht fallen, er ist zur Führung geboren. Doch was raten Sie einer Frau?«

»Das kommt darauf an. Die Politik ist das einzige Gebiet, auf dem der Charakter eines Menschen seiner Karriere nicht im Wege steht. Einer dummen Frau würde ich darum raten, stets ihrem Mann zu folgen – eine kluge dagegen sollte sich auf ihren Instinkt verlassen. Politik ist ja nichts weiter als die Kunst, zwischen Freund und Feind zu unterscheiden.«

»Wenn das nur so einfach wäre«, sagte die Pompadour. »Wie soll man all die Parteien am Hof und in der Stadt unterscheiden? Sie wirken auf mich wie ein außer Rand und Band geratenes Menuett. Das Parlament widersetzt sich dem Willen des Königs, in der Kirche bekriegen sich die Jesuiten und die Jansenisten wie Füchse und Wölfe, diese unterstützen den Staatsrat, jene das Parlament – es kann einem schwindlig davon werden.«

»Auch hier ist es wie beim Tanzen. Schwindlig wird einem nur, wenn man über die einzelnen Schritte den Sinn und Zweck des Ganzen vergisst. Der aber ist in der Politik stets derselbe: für viele möglichst wenig, und für wenige möglichst viel zu erreichen, im Zweifel aber alles für sich selbst.«

»Was unterscheidet dann die eine Partei von der anderen?«

»Ihr Verhältnis zur Wahrheit«, erwiderte Malesherbes. »Es

gibt Parteien, die tatsächlich glauben, was sie sagen. Andere, und sie sind in der Mehrzahl, tun das nicht. Gefährlich sind nur die Ersten.«

Die Pompadour forderte ihn mit einer Geste auf, von dem Kaffee zu nehmen, den ein Diener ihnen auf einem Tablett reichte. Während Malesherbes mit spitzen Lippen einen Schluck von dem heißen schwarzen Gebräu schlürfte, nahm sie wieder vor dem Spiegel Platz, wobei sie für eine Sekunde ihre rosafarbene Wade sehen ließ.

»Und zu welcher Partei würden Sie die Philosophen zählen? Wie ich höre, planen sie eine Enzyklopädie, ein Wörterbuch von noch nie da gewesener Gelehrsamkeit.«

Malesherbes setzte die Tasse ab, als habe er sich die Zunge verbrannt. »Die Philosophen«, antwortete er, »gehören zweifellos zur Partei derjenigen, die die Wahrheit für sich reklamieren. Ob sie sie auch befördern, steht auf einem anderen Blatt.«

»Das heißt, die Enzyklopädie ist ein gefährliches Unternehmen?«

»Lassen Sie mich in einem Bild antworten, Madame. Die Enzyklopädie, sofern sie zustande kommt, gleicht einem Messer – damit kann man Brot schneiden oder einen Menschen umbringen. Es kommt allein darauf an, was man damit macht.«

Die Antwort gefiel ihr, doch hielt sie ihr Lächeln noch zurück.

»Was würden Sie tun, Monsieur de Malesherbes, wenn Sie solche Macht besäßen?«

Sie schaute ihn prüfend an, während sie wie unabsichtlich ein Pantöffelchen von ihrem niedlichen Fuß gleiten ließ.

Er erwiderte ihren Blick, ohne die geringsten Anstalten zu machen, den Pantoffel aufzuheben, und mit einem ironischen

Lächeln sagte er: »Ich würde sie einer schönen Frau zu Füßen legen – schließlich bin ich Franzose.«
Jetzt brauchte sie ihr Lächeln nicht länger zurückzuhalten. »Monsieur de Malesherbes«, sagte sie, auf die Wirkung ihrer zwei Grübchen vertrauend, »ich würde Sie gern Seiner Majestät für ein wichtiges Amt vorschlagen. Die königliche Hofbibliothek braucht einen neuen Direktor. Mir scheint, Sie wären der geeignete Mann für diese Aufgabe.«
»Ihr Vertrauen ehrt mich«, erwiderte er. »Doch welche Gegenleistung erwarten Sie dafür?«
Seine Direktheit grenzte an Unverschämtheit, und fast bereute sie das Entgegenkommen, das sie ihm gezeigt hatte. Unwillig streifte sie den Pantoffel über ihren nackten Fuß. Doch sollte sie wegen seines ungehörigen Benehmens darauf verzichten, das Amt des Zensors mit einem Mann ihrer Wahl zu besetzen?
»Walten Sie einfach Ihres Amtes, so gut Sie es vermögen!«, sagte sie schließlich. »Sorgen Sie dafür, dass ich alle gefährlichen Druckschriften erhalte, die in Paris kursieren, frisch von der Presse – solche und solche«, fügte sie in Erinnerung an die Kummerfalten auf der königlichen Stirn hinzu, mit einem so unschuldigen Gesicht, dass Malesherbes sich unmöglich täuschen konnte, was sie mit dieser Zweideutigkeit meinte.

10

Zu Beginn eines jeden dritten Monats wurde Paris von einer angstvollen Unruhe erfasst, wie vor einer drohenden Heimsuchung oder Plage. Die sonst übervollen Kaffeehäuser schienen zu veröden, erwachsene Männer erbleichten beim Anblick des Kalenders, Hausfrauen verkauften Küchengeräte und Möbel. Denn am Achten des Monats wurde die Miete fällig, und diese Zahlung duldete keinen Aufschub. Wer den Zins nicht zahlte, fand sich auf der Straße wieder.

Von all der Aufregung drang jedoch nichts an Diderots Ohr. Was kümmerten ihn die Sorgen des Alltags? Er hatte das Glück der ganzen Welt vor Augen! Unberührt vom Kommen und Gehen im Treppenhaus, vom Gezänk der Hauptmieter und Untermieter, von den Drohungen der Hausbesitzer und Gerichtsvollzieher, saß er in seiner Schreibstube unter dem Dachstuhl und arbeitete, mit all seinen Sinnen versunken in die Welt, die seiner Feder entströmte.

Noch keinen Monat war es her, da hatte er den Plan für das größte und wichtigste Buch seines Lebens, vielleicht sogar des ganzen Jahrhunderts gefasst: ein Buch, das alles enthielt, was die Menschheit wusste. Mit diesem Buch würde er, Denis Diderot, die Menschheit in den Stand versetzen, das Paradies auf Erden zu erschaffen!

Die Arbeit kam gut voran. Während sein Verleger Le Bréton sich um das königliche Privileg zum Druck des Werks bemühte, korrespondierte sein Mitherausgeber d'Alembert mit den bedeutendsten Köpfen Frankreichs, um sie als Autoren zu gewinnen. Der berühmte Naturforscher Buffon hatte seine Mitarbeit bereits zugesagt, ebenso der in ganz Europa bekannte Rechtsgelehrte Montesquieu – sogar der große Voltaire, der unermüdlich der Vernunft seine Stimme lieh, um zum Sturm auf sämtliche Bastionen des Aberglaubens und der Willkür zu rufen, war bereit, sich in den Dienst der Sache zu stellen.

Diderots Aufgabe war es, Themen und Ideen für die Artikel zu sammeln. Nichts tat er lieber als das! Was immer es unter der Sonne und in den Köpfen der Menschen zu entdecken gab, erregte seine Neugier, und die Grenzen der Erkenntnis und des Wissens zu erörtern war ihm nicht Arbeit, sondern Vergnügen. Dabei überließ er seinen Geist einfach sich selbst, folgte aufs Geratewohl der erstbesten Idee, die sich einstellte, wie ein Müßiggänger im Palais Royal, der einer Kurtisane nachstieg, um sie gleich darauf wegen einer anderen Schönen zu verlassen. So wanderten seine Gedanken von einem Gegenstand zum anderen, von der Politik über die Philosophie zur Gerechtigkeit, von der Glückseligkeit über den Geschmack zur Liebe.

Ja, die Liebe – sie sollte in der Enzyklopädie einen besonderen Platz einnehmen. War sie nicht die schönste Verheißung auf das Paradies, Vorahnung und Erfüllung irdischer Glückseligkeit zugleich? Diderot legte die Feder beiseite und lehnte sich zurück. Gestern Abend hatte Sophie zum ersten Mal das Wort in seiner Gegenwart ausgesprochen. Wie sie ihn dabei angeschaut hatte mit ihren grünen Augen … Er hatte schon befürchtet, dass die Zeit der Liebe für ihn abgelaufen sei, dass er all die herrlichen Gefühle, die dieser Zustand in der Seele und im Körper eines Mannes auslösen konnte, für immer verbraucht hatte. Aber jetzt, im Alter von vierunddreißig Jahren, hatte er in diese grünen Augen geschaut, und seit diesem Augenblick spürte er wieder jenes

wunderbare Begehren, das jeden noch so grauen Alltag zum Feiertag erhob.
Was war Sophie für eine Frau? Zweimal war sie seinen Fragen ausgewichen, der nach ihrer Herkunft und der nach ihren Angehörigen, doch ihr Schweigen erhöhte nur den Zauber, den sie auf ihn ausübte – das Geheimnis umhüllte sie wie ein Kleid aus feiner, zarter Spitze. Was war es, das sie vor ihm verbarg? Hatte es mit ihrer Angst vor Büchern zu tun? Wie konnte sie sich vor Büchern fürchten, wenn sie so klug und einfühlsam über Bücher sprach? Er würde ihr diese Angst nehmen, die Angst vor der Magie der Worte, um sie darin einzuweihen wie in eine Religion. Oder hatte ihre Angst einen anderen Grund? Hatte sie etwa Angst vor ihm? Oder vor Madame de Puisieux? Sophie hatte sich so plötzlich von ihm abgewandt, dass er den Zweifel, der plötzlich zwischen ihnen stand, nicht hatte auflösen können.
Madame de Puisieux ... Beim Gedanken an seine Mätresse verdüsterte sich seine Stimmung. Wie überdrüssig war er dieser Frau geworden! Er hatte mit ihr der Enge des Alltags entfliehen wollen, doch wie viel enger waren die Fesseln, in denen er sich nun wiederfand. Immer verlangte sie nach Geld, Geld und noch mehr Geld. Vor ihm lag ein Manuskript, das er ihr zuliebe begonnen hatte: der Anfang eines erotischen Romans, für den Le Bréton ihm fünfzig Louisdor versprochen hatte – tausendzweihundert Livres. Doch die Aufgabe inspirierte ihn so wenig wie Madame de Puisieux – das sicherste Zeichen, dass seine Liebe zu ihr erloschen war. Sobald er die verfluchten Seiten sah, erlahmte seine Inspiration wie ein alter, müder Droschkengaul.
Ob Sophie seine Gefühle erwiderte? Ach, wenn sie nur

wüsste, wie es um ihn bestellt war! Es war ja alles ganz anders, als sie dachte. Viel einfacher und gleichzeitig viel komplizierter. Ob er ihr die Wahrheit sagen sollte? Allerdings, wer weiß, vielleicht gab es ja irgendwo in Paris einen jungen Mann, dem sie versprochen war, einen braven, fleißigen Handwerker oder Arbeiter. Durfte er dann um ihre Liebe werben? Die Vorstellung, dass sie einem anderen Mann ihre Blicke, ihr Lächeln und ihr Lachen schenkte, brannte wie Säure in seiner Seele. Er schob das Manuskript für Le Bréton beiseite, nahm die Feder zur Hand und schrieb auf einen frischen Bogen Papier den Titel: *Die Prinzessin Mirzoza und der Sultan Mongagul.*

Kaum fing er an zu schreiben, löste die Säure in seiner Seele sich auf. Wenn Diderot eine Frau liebte, inspirierte sie ihn – und noch keine Frau hatte ihn je so inspiriert wie Sophie. Nein, keinem fremden, namenlosen Handwerker war sie versprochen, sondern ihm selbst, und er war frei, seiner Liebe ohne Rücksicht auf falsche Realitäten, die doch nur ein Versehen waren, nachzuspüren, um all die zärtlichen, all die wunderbaren, schon verloren geglaubten Empfindungen auszukosten, die sie ihm eingab. Die Gedanken sprudelten so rasch aus ihm hervor, dass seine Feder kaum nachkam, sie festzuhalten. Es war, als würde die Geschichte sich selber erfinden; er brauchte gar nicht zu überlegen, wie sie weitergehen sollte, musste nur in sich hineinhorchen, den Regungen seines Herzens folgen, damit sie Seite um Seite wuchs.

Als er das Anfangskapitel abgeschlossen hatte, fasste er einen Entschluss. Er würde Sophie erst wieder besuchen, wenn er diese Geschichte zu Ende erzählt hatte. Denn was er hier schrieb, war kein Roman, den man für fünfzig Louisdor ver-

kaufte, sondern ihrer beider eigene, unentrinnbare Wirklichkeit, die über jeden Zweifel erhaben war.
Die wollte er Sophie schenken, um sie gemeinsam mit ihr zu erleben.

11

Die Erleichterung war im Café »Procope« zu spüren wie ein plötzlicher Wetterumschwung. Die Zeitungsleser raschelten wieder mit den Journalen, an den schweren Eichentischen schrien die Philosophen sich ihre Meinungen in die Ohren, als hätten sie Wochen in Schweigeklausur verbracht, und die Schachspieler lachten, selbst wenn der eigene König fiel. Nach langen Tagen der Entbehrung, während der jeder jeden Sou hatte zusammenkratzen müssen, konnte man endlich wieder ins Kaffeehaus gehen. Denn die Miete war bezahlt, von welchen Geldern auch immer, und damit stieg der Kredit bei Monsieur Procope, um erneut anschreiben zu lassen.
Nur ein Gast im Lokal konnte das frühlingshafte Hochgefühl nicht teilen: Antoine Sartine. Der Staatsrat Malesherbes, der neue Günstling der Marquise de Pompadour, hatte ihm einen heiklen Auftrag erteilt: Sartine sollte »interessante« Literatur aufspüren. Der Kriminalleutnant hegte keinen Zweifel, was damit gemeint war. Die pornografischen Schmierereien, mit denen die meisten der so genannten Schriftsteller sich den Lebensunterhalt verdienten, kursierten ja allerorten. Gott sei Dank, dass endlich jemand kam, den Schweinestall auszumisten!

Antoine Sartine wollte mit Freuden dabei helfen. Kopfzerbrechen bereitete ihm allerdings die Tatsache, dass er nun zwei Herren diente: Pater Radominsky war ein Mann der Kirche, Malesherbes ein Mann des Staates. Mit feinem Gespür für das Spiel der Kräfte fürchtete Sartine, dass solche doppelte Abhängigkeit auf Dauer nicht gut gehen konnte. Denn fast immer, wenn es im Mahlwerk der Macht zwischen den großen Rädern knirschte, gingen dabei die kleinen Rädchen zu Bruch. Und noch eine zweite Sorge lastete auf seiner Seele, die, obwohl privater Natur, nicht weniger schwer wog als die erste: Sophie hatte ihm immer noch keine Antwort gegeben. Sie wich ihm aus, vermied es, auch nur eine Sekunde mit ihm allein zu sein. Spürte sie sein Unvermögen? Hatte er sich durch sein zögerliches Verhalten verraten? War sie doch wie alle anderen Frauen?

»Wo ist Diderot? Ich muss ihn dringend sprechen! Auf der Stelle! Sofort!«

Ein Gast hielt Sophie am Arm und sprach auf sie ein: Jean-Jacques Rousseau, der Schweizer Komponist und Musikschriftsteller. Seine Augen flackerten wie die eines Bußpredigers, er war wie immer außer sich. Sartine wusste von ihm nicht viel mehr, als dass er an zwei chronischen Leiden litt, an Kopfschmerz und Harnzwang, und dass er gerade fürchterlich mit einer Oper durchgefallen war, *Les Muses galantes*.

»Tut mir Leid«, erwiderte Sophie. »Aber Monsieur Diderot war seit einer Woche nicht mehr da. Er ist wie vom Erdboden verschwunden.«

»Vom Erdboden verschwunden? Unsinn! Glaub ja nicht, du kannst ihn vor mir verstecken!«

»Ich? Monsieur Diderot verstecken? Wie kommen Sie darauf?«

Während sie sprach, fiel ihr Blick auf Sartine. Im selben Moment schoss ihr das Blut ins Gesicht, und so eilig, als brenne auf dem Herd die Milch an, verschwand sie in der Küche. Ein paar unverständliche Laute stammelnd, lümmelte Rousseau sich auf einen Stuhl, mit einem so grimmigen Gesicht, dass die anderen Gäste am Tisch sich abwandten oder hinter ihren Zeitungen verschwanden.

Sartine achtete nicht weiter auf ihn. Der eine Blickkontakt mit Sophie hatte genügt, um seine Befürchtung zu bestätigen. Diderot! Sie brauchte nur seinen Namen zu hören, und schon war sie nicht wieder zu erkennen. Vor einer Woche hatte sie bei seiner Ankunft im Café das Geschirr fallen lassen, sie verwechselte die Bestellungen ihrer Gäste – gestern hatte sie Sartine sogar ein Rührei vorgesetzt, das mit Zimt und Vanille bestreut war. Und ständig schaute sie zur Tür, als würde sie jemanden erwarten. Sollte das ein Zufall sein?

Sartine zählte sechs Sou ab, um seinen Tee zu bezahlen, da schoss vor ihm Rousseau in die Höhe.

»Hast du deine Seele also doch verkauft! An den Blutsauger Le Bréton?«

In der Tür stand Diderot, ein Manuskript unter dem Arm. Er schien alles andere als glücklich, seinen Freund hier zu treffen.

»Meine Seele sitzt genau dort, wo sie hingehört, in der Zirbeldrüse«, erwiderte er und legte das Manuskript auf Rousseaus Tisch. »Setz dich, ich lade dich ein. Was möchtest du trinken?«

»Willst du mich bestechen?« Rousseau blickte ihn an, als sei ihm übel. »Wie tief bist du gesunken! Romane wolltest du schreiben, Dramen, Pamphlete – und jetzt ein Wörterbuch? Das ist Verrat! Das wirst du dein Leben lang bereuen!«

Er machte ein solches Geschrei, dass das ganze Lokal zu ihm herüberschaute. Diderot packte ihn am Arm und schleppte ihn zur Tür hinaus. Sartine konnte sich ein kleines, schadenfrohes Lächeln nicht verkneifen.

Während die zwei auf der Straße verschwanden, stand Sartine eilig auf. Doch als er seinen Stock nahm, fiel sein Auge auf das Manuskript, das Diderot hatte liegen lassen. Wie eine stumme Aufforderung blickte der einsame Stapel ihn an. War das eine Gelegenheit? Ein Wink? Bei dem Gedanken, dass der Packen Papier vielleicht die Schweinereien enthielt, nach denen Malesherbes fahndete, spürte Sartine so etwas wie Erregung in seinem bedürfnislosen Leib. Ganz von allein griff seine Hand nach dem Manuskript.

»Gehört das nicht Monsieur Diderot?«

Sophie schaute ihn an wie einen Taschendieb, der gerade eine Börse stahl.

»Ich ... ich wollte das nur in Gewahr nehmen. Aber bitte sehr, wenn lieber Sie ...«

Ohne den Satz zu Ende zu sprechen, reichte Sartine ihr das Manuskript, als wäre es ihr Eigentum. Dann legte er die sechs Sou für seinen Tee auf den Tisch, um das Lokal zu verlassen.

Als er die Tür erreichte, hatte er sich wieder gefasst. Die Klinke in der Hand, drehte er sich noch einmal um und sagte: »Was meine Frage angeht, Mademoiselle Sophie – bitte treffen Sie bis Ende des Monats Ihre Entscheidung. Ich ... ich kann nicht länger warten.«

12

»Du wolltest die Seelen der Menschen anrühren, sie zum Lachen und Weinen bringen, sie aufklären und wachrütteln – alles, was man mit Büchern vermag. Womit? Mit einem Artikel über das Suppenhuhn? Einer Abhandlung über die Taschenuhr? Dass ich nicht lache!«

Diderot hätte gern etwas erwidert, aber das war aussichtslos. Wenn Rousseau einmal in Rage war, gab es kein Halten. Sie waren inzwischen durch die halbe Stadt gelaufen, aber noch im Tuileriengarten, wo hinter den Taxushecken, kaum verborgen vor den Augen von Marquisen und Herzoginnen, die Flaneure in Ermangelung öffentlicher Toiletten ihre Notdurft verrichteten, wollte Rousseau sich nicht beruhigen. Er tat, was er immer tat: Er sprach, predigte, forderte.

»Freundschaft, Liebe – zählen unsere Ideale nicht mehr? Tugend, Freiheit, Fortschritt – alles überflüssig, nur weil Monsieur Le Bréton sich mit seinem Wörterbuch bereichern will? Dafür opferst du deine Bücher? Und so was nennt sich Dichter!«

Rousseaus ganzer Körper vibrierte vor Erregung. Er war kleiner als Diderot, reichte ihm kaum bis zur Schulter und wirkte an seiner Seite fast wie ein Jüngling. Obwohl sie einander schon mehrere Jahre kannten, beide aus der Provinz stammten, beide fast gleich alt und beide Söhne von Handwerkern waren, empfand Diderot seinen Freund stets als den Älteren und Erfahreneren, vor allem aber als den Überlegenen. Er bewunderte die Unversöhnlichkeit, mit der Rousseau von jedermann Umkehr und Abkehr verlangte, und die durch nichts zu erschütternde Überzeugung von sich und seinen

Ideen. Eher mochte die Welt untergehen, als dass er von ihnen abrückte. Nicht einmal von dem fauligen Gestank, der über den Terrassen der Tuilerien schwebte, als wäre der königliche Vergnügungsgarten ein einziger Abort, ließ er sich beeindrucken.

»Ich weiß nicht«, sagte Diderot unsicher, »ob ich wirklich ein Dichter bin. Ein Dichter ist jemand, der seine Bestimmung ganz aus sich selber schöpft, um das Rätsel des Daseins zu lösen. Wenn ich das wäre – hätte ich dann meine Romane und Dramen nicht schon längst geschrieben?«

»Was soll das weibische Gewäsch? Du hast alle Gaben, die man braucht, um Großes zu erschaffen. Gefühl, Vernunft, Zorn!«

»Zorn? Auf wen?«

»Das fragst du nicht im Ernst! Auf die Gerichte, auf den Hof, auf die Pfaffen – auf die ganze korrupte Gesellschaft. Du selbst hast immer wieder den Wunderglauben kritisiert, die Verderbnis der Sitten entlarvt.«

»Nichts anderes verfolge ich mit der Enzyklopädie.«

»Soll ich dir sagen, was du mit ihr verfolgst? Eine jährliche Rente – das ist dein einziges Interesse. Pfui Teufel!«

Rousseau blieb stehen und schüttelte den Kopf wie ein Lehrer über seinen missratenen Schüler. Und wie ein missratener Schüler fühlte Diderot sich unter dem vorwurfsvollen Blick seines Freundes. Für einen Moment schwand sein ganzer Mut dahin. Hatte Rousseau vielleicht Recht? War die Entscheidung für die Enzyklopädie in Wirklichkeit Verrat an seinem eigenen, noch ungeschriebenen Werk?

»Es ist nicht das Geld«, sagte Diderot lahm. »Die Enzyklopädie ist ein Sturmgeschütz der Vernunft, eine Armada der Philosophie, eine Kriegsmaschine der Aufklärung ...«

»Mir machst du nichts vor«, unterbrach ihn Rousseau. »Du

hast deine Nanette, ich habe meine Thérèse, ich weiß, wovon ich spreche. Jedes Jahr wird sie schwanger, und ich muss die Bälger ins Findelhaus bringen.« Er wandte sich ab und ging weiter. »Ein Mann von deinem Talent! Ein Genie, das allein mit seiner Feder Geschichte machen kann! Verrät sein Werk für ein paar Silberlinge! Was für ein erbärmlicher Gedanke!«

»Was soll ich deiner Meinung nach tun?«

»Was fragst du mich? Frag doch deinen geliebten d'Alembert.«

Während er den Namen aussprach, verzog Rousseau das Gesicht, als würde er jetzt erst den Gestank wahrnehmen, der von den Taxushecken ausströmte. Diderot stutzte: War das der wahre Grund von Rousseaus Aufregung? Weil Le Bréton nicht ihm, sondern Diderot und d'Alembert die Herausgeberschaft der Enzyklopädie angetragen hatte?

»Wie wäre es, wenn du die Artikel zum Thema Musik schreiben würdest?«, fragte Diderot vorsichtig. »Du könntest dein neues System der Notenschrift darin vorstellen, die ganze Welt würde davon erfahren.«

Rousseau winkte ab. »Le Bréton ist ein Verleger, und die Verleger hassen mich. Sie sind zu dumm, um mich zu verstehen. Meine Ideen überfordern diese Geldsäcke.«

»Die Enzyklopädie bietet allen großen Ideen Asyl. Voltaire hat schon zugesagt, außerdem Buffon und Montesquieu.«

»Voltaire?«, schnaubte Rousseau. »In zehn Jahren wird sich kein Mensch an den alten Schwätzer erinnern!«

Ohne weitere Erklärung verschwand er hinter einer Hecke, so abrupt, dass Diderot nichts anderes übrig blieb, als ihm zu folgen.

»Herrgott, womit habe ich das verdient?« Rousseau stand leise fluchend in einer Ecke und versuchte, seine ewig gereizte

Blase zu entleeren. »Ah – endlich ...« Diderot hörte ein leises Plätschern. »Hat sie wenigstens große Brüste?«, fragte Rousseau über die Schulter.

»Große Brüste? Wen meinst du?«, fragte Diderot überrascht zurück.

»Die Frau, für die du deine Seele verkaufst. Große Brüste sind wichtig. In Venedig hat mich mal eine Hure bezaubert, mit allen Künsten ihres Metiers, aber als ich sie nackt sah, schlug ich die Hände vors Gesicht und weinte. Nicht, was du glaubst«, erklärte er unwirsch, als Diderot grinste. »Ich hielt eine Missgeburt im Arm! Sie hatte eine Knabenbrust. Unfähig, ein Junges zu säugen. *Dagegen* hat mein Körper revoltiert!«

Es plätscherte ein letztes Mal.

Während Rousseau den Hosenlatz zuknöpfte, sagte er plötzlich: »Wenn ich bei dieser Enzyklopädie je mitmachen sollte, dann nur unter einer Bedingung ...«

Diderot horchte auf. »Nämlich?«

»Dass du mich darum bittest, als Freund. Ich würde es nicht fertig bringen, dich im Stich zu lassen.«

»Dann bitte ich dich hiermit feierlich«, rief Diderot. »Und wenn du willst, falle ich vor dir auf die Knie.«

Er machte Anstalten, seinen Worten Taten folgen zu lassen, doch Rousseau hielt ihn großmütig zurück.

»Am besten«, sagte er, »ich schreibe die Vorrede zu dem Ganzen. Damit die Leser begreifen, worum es geht. Dass die Gesellschaft sich ändern muss, radikal, in allen Belangen, von Grund auf ...« Statt den Satz zu Ende zu sprechen, wechselte er abermals das Thema: »Kannst du mir vielleicht zehn Sous leihen? Als Vorschuss auf mein Honorar? Thérèse hat gesagt, ich soll Brot mitbringen.«

»Hier hast du eine Livre«, sagte Diderot glücklich und drückte ihm die Münze in die Hand.
»Glaub ja nicht, dass ich dir Dank dafür schulde«, erwiderte Rousseau, während er das Geld in seiner Tasche verschwinden ließ. »Ich habe dir nur Gelegenheit zu einer Wohltat gegeben. Aber sag mal, was war das eigentlich für ein Manuskript, das du im ›Procope‹ unterm Arm hattest?«

13

Der Nachhall von Millionen Wörtern hing noch zwischen den schwarzen Deckenbalken des Café »Procope«, und die niedrigen, pastellgelben Wände waren gesättigt von den Gedanken und Gesprächen des Tages, als Sophie die schweren, mit rotem Leder bezogenen Stühle auf die mächtigen Eichentische wuchtete. Die Lampen waren heruntergebrannt, und die letzten Gäste verließen das Lokal. Dann war Sophie allein in dem großen, dunklen Raum, in dem die Schatten nach und nach die Reste des Lichts verzehrten.
Wie lange hatte sie auf diesen Augenblick gewartet! Statt die Eichentür zu verriegeln, wie es ihre Aufgabe war, eilte sie an den Tresen, kaum dass der letzte Besucher auf der Straße war. Dort, in der Ablage unter der Arbeitsfläche, lag der Stapel Papier, der ihre Aufmerksamkeit auf sich zog wie ein Leimstreifen die Stubenfliegen. Immer wieder hatte sie während der Arbeit danach geschaut, um sich zu vergewissern, dass er noch an seinem Platz war, in panischer Angst, jemand könne

ihn an sich nehmen, und gleichzeitig hoffend, dass er sich in nichts auflöste.

Sollte sie oder sollte sie nicht? Als hätte sie eine Herdplatte berührt, brannte das Papier auf ihrer Haut, als sie nach dem Stapel griff. Mehrere hundert beschriebene Seiten, der größte Schatz, der je in ihre Hände gefallen war. Welche Geschichte mochten sie enthalten? Welche Geister hausten in den Buchstaben und Schriftzeichen, in den Sätzen und Wörtern?

Es war, wie wenn sie als Kind nach einem der Bücher griff, die ihr Vater Dorval aus seiner Kiepe hervorholte. Die Erinnerung erfüllte sie mit solcher Glückseligkeit, dass ihr angst und bange wurde. Nein, sie würde der Versuchung widerstehen. Statt das Manuskript in ihre Kammer zu tragen, legte sie es zurück in das Fach und beschloss, es gleich morgen früh Monsieur Procope zu geben, damit er es in Gewahrsam nahm. Sie wusste ja, wer all die Seiten geschrieben hatte. Niemals würde sie auch nur eine Zeile davon lesen!

Sie strich noch einmal über den Stapel – da verrutschte das Deckblatt, und schneller, als sie wegschauen konnte, sprang ihr der Titel entgegen: *Die Prinzessin Mirzoza und der Sultan Mongagul.* Beim Anblick der Buchstaben erfassten sie die widersprüchlichsten Gefühle; sie spürte ein süßes und gleichzeitig schmerzliches Dahinschwinden ihrer Willenskraft, eine Empfindung, die ihr früher im Kloster schon, in langen Nächten sehnsuchtsvoller Einsamkeit, manchmal die Sinne verwirrt hatte. Und ohne zu wissen, was sie tat, begann sie zu lesen.

»Der Palast des Sultans erhob sich in der Wüste der Traurigkeit, wo statt süßem Wasser salzige Tränen die Brunnen speisten, sodass der Herrscher Mongagul umso quälenderen Durst litt, je öfter er davon trank. Nur ein Lächeln würde ihn von diesem Fluch befreien. Doch vergeblich bemühten sich die Narren am Hof, ihn aufzuheitern, nicht einmal die reizendsten Jungfrauen seines Reiches, die der berühmte Magier Cucufa mit seinem Zauberring herbeibefahl, damit sie den Gebieter umgarnten, konnten Mongagul von dem großen Kummer erlösen. Eines Tages aber klopfte eine junge Prinzessin an die Pforte seines Palastes. Mirzoza war ihr Name, sie stammte aus der entferntesten Provinz des Reiches, der kleinsten und zugleich schönsten Provinz, der Provinz der Glückseligkeit. Ihr Haar loderte wie die Flammen eines Feuers, und bei sich trug sie eine dampfende Schale süßer Schokolade. Das war die Medizin ihrer Heimat, die wollte sie dem Herrscher bringen ...«

Mit klopfendem Herzen las Sophie weiter, Seite um Seite, tauchte ein in die Geschichte, während sie die Wirklichkeit rings um sich her vergaß, verzaubert von einer Welt, die ihre eigene war und ihr dennoch so fremd wie die Welt in einem Märchen. Sie merkte nicht, dass die Lampen im Lokal eine nach der anderen erloschen, spürte nicht die Kühle der Nacht, die allmählich durch die Ritzen der Fenster kroch, hörte weder das Knarren der Tür noch die nahenden Schritte. Während ihre Lippen die Worte und Sätze flüsterten, als spräche sie ein Gebet, erlebte Sophie am eigenen Leibe, in ihrem Herzen und in ihrer Seele, was in der Geschichte geschah, die Ereignisse, die Gefühle, sie hoffte und bangte mit der Prinzessin, als wäre Mirzoza niemand anderes als sie, teilte ihre Tränen und ihr Lachen, ihre Sorgen und ihre Lust, vor allem aber ihre Liebe.

»Du kannst ja lesen!«

Sophie schrak zusammen, als wäre ihr jemand im dunklen Keller begegnet. Vor ihr stand Diderot, ein freudiges Staunen im Gesicht.

»Lesen?«, stammelte sie, sein Manuskript in der Hand. »Ich? Wieso? Ja … nein … das heißt …«
Sie war so durcheinander, dass sie gleichzeitig nickte und den Kopf schüttelte. Diderot blickte sie an, mit seinen blauen Augen. Ohne ein Wort zu sagen, steckte er das Manuskript in seine Manteltasche, nahm sie bei der Hand und führte sie hinaus.
Draußen war eine mondhelle Nacht. Die Sterne schienen so klar und nah vom Himmel, als könne man sie mit Händen greifen. Schweigend gingen die zwei Seite an Seite in Richtung der Seine. Die Straßen waren fast menschenleer. Während sie sich dem Fluss näherten, wartete Sophie darauf, dass Diderot anfing zu sprechen, aber er tat es nicht. Er hielt einfach nur ihre Hand, ein warmer, fester Griff, als würden ihre Hände schon immer zusammengehören, hielt ihre Hand in der seinen und begleitete sie durch die Nacht. Und je länger sie nebeneinander gingen, desto ruhiger wurde sie.
Als sie die Seine vor sich im Mondschein schimmern sah, fragte Sophie: »Haben Sie schon viele solcher Geschichten geschrieben?«
»Nein«, sagte er. »Diese Geschichte ist nur für dich. Weil du sie mir geschenkt hast.«
»Ich? Ich habe in meinem ganzen Leben noch keine Geschichte erfunden!«
»Das ist ja der Zauber, die Magie. Ein Lächeln, ein Augenzwinkern von dir, und schon entsteht ein ganzer Roman.« Er blieb stehen und schaute sie an. »Warum hast du behauptet, du könntest nicht lesen?«
Sie schlug die Augen nieder und schwieg.
»Aus Angst vor den Büchern? Oder aus Angst vor mir?«
»Beides«, sagte sie leise.

»Aber das brauchst du nicht! Wer Angst vor Büchern hat, hat in Wirklichkeit Angst vor dem Leben!«

Sophie zögerte. War das der Moment, ihm die Wahrheit zu sagen? »Ich habe einmal einen Mann gekannt«, sagte sie schließlich, »ich weiß nicht, wie er hieß, ich erinnere mich nur, dass er einen Federhut trug. Er hat eine Frau angezeigt, weil sie Bücher besaß. Die Frau musste deswegen …«

»Trage ich etwa einen Federhut?«, unterbrach Diderot sie lachend. »Ich trage nicht mal eine Perücke. Also gibt es keinen Grund, Angst vor mir zu haben.« Er nahm ihre Hände und drückte sie. »Weißt du, warum ich Bücher schreibe? Weil ich glaube, dass kein Mensch vor irgendeinem anderen Menschen Angst haben sollte. Weil ich glaube, dass das Leben in Wirklichkeit viel schöner sein kann, als es für die meisten Menschen ist. Und weil ich glaube, dass jeder Mensch das Recht hat, schon auf dieser Welt glücklich zu sein, nicht erst im Jenseits.«

»Möchten Sie nicht wissen, wer die Frau war?«, fragte Sophie. »Und was mit ihr passierte?«

Er schüttelte den Kopf, dann streichelte er ihre Wange, so zart, dass er sie kaum berührte. »Vergiss, was früher war! Vergiss deine Angst vor den Büchern! Vergiss, was dieser Abbé dir erzählt hat! Die Priester warnen vor den Büchern, weil sie selber Angst vor ihnen haben. Weil die Bücher ihre Lügen entlarven.«

»Aber es war keine Lüge, sondern Gottes Wille! Ich habe selbst gesehen, wie die Frau damals …«

»Psssst«, machte er und legte seinen Finger auf ihre Lippen. »Glaubst du wirklich, dass alles, was geschieht, Gottes Wille ist? Wenn du im ›Procope‹ das Tablett fallen lässt? Oder ein Gast sich eine Pfeife ansteckt?«

»Aber«, wandte sie ein, »Gott ist doch der Allmächtige. Da kann es doch gar nicht sein, dass etwas ohne seinen Willen geschieht.«

»Das behaupten die Leute, die möchten, dass alles so bleibt, wie es ist.« Diderot schüttelte erneut den Kopf. »Wir haben keine Ahnung, wer Gott ist und was er will. Wenn wir ihn sehen oder hören oder wenigstens ertasten könnten – auf der Stelle würde ich vor ihm niederfallen und sagen: ›Dein Wille geschehe!‹ Aber so? Wir wissen ja nichts von ihm, wir kennen nur unsere eigenen Ideen, die Bilder, die wir uns von ihm machen. Hat er wirklich einen so langen weißen Bart, wie auf den Gemälden in den Kirchen? Oder könnte es vielleicht sein, dass er sich jeden Morgen rasiert?«

»Wie der Sultan Mongagul seinen Schokoladenbart?«

»Siehst du?«, sagte Diderot, als er ihr Lächeln sah. »Egal, wie wir uns Gott vorstellen, es ist immer ein bisschen komisch. Die Bilder, die wir uns von ihm machen, sind nicht wahrer oder falscher als irgendwelche erfundenen Romane oder Geschichten. Und darum glaube ich, dass Gott, wenn es ihn gibt, uns die Wahl lässt. Wir dürfen selber entscheiden, wie wir leben wollen. Wir müssen nur den Mut haben, unser Leben selbst in die Hand zu nehmen.«

Er zog sein Manuskript aus der Manteltasche und reichte es ihr.

»Ich möchte, dass du das nimmst.«

»Aber …«, stammelte sie, überrascht von dem plötzlichen Geschenk, »ich … ich kann doch gar nicht …«

»Natürlich kannst du!«, erwiderte er. »Es ist unsere Geschichte. Sie gehört dir. Ich möchte, dass du sie liest.«

Als sie seine Aufzeichnungen in die Hand nahm, war es, als sei es ihr eigenes Leben. Plötzlich sah sie ihre Mutter vor sich, ihre Gestalt, sogar Konturen ihres Gesichts, verschwommen zwar, doch unverkennbar: ihre Augen, ihr Mund, das letzte Wort auf ihren Lippen: »Glück …« Hatte sie die Botschaft all die Jahre über missverstanden? Wollte ihre Mutter sie damals nicht vor dem Glück warnen, sondern zu ihrem Glück ermutigen? Dass sie keine Angst haben sollte? Weder vor den Büchern, noch vor der Liebe?

Als würde er ihre Gedanken erraten, sagte Diderot: »Das Leben ist schöner als jeder Himmel. Soll ich es dir beweisen?«

Dabei kam er ihr mit seinem Gesicht so nahe, dass sie die Wärme seiner Haut zu spüren glaubte. Die Mücken in ihrem Nacken summten, als sie in seine hellen Augen schaute.

»Wie?«, fragte sie leise, obwohl ihr Körper es längst wusste.

Statt einer Antwort küsste er sie. Dann geschah alles von allein. Als seine Lippen sie berührten, schloss sie die Augen, und auf einmal war es, als würden ihm tausend Arme wachsen, um sie zu umfangen, tausend Hände, um sie zu liebkosen, tausend Münder, um sie zu küssen. Die Welt schwand zugleich mit ihren Sinnen, sie lebte nur noch in diesem einen Kuss: Sie war im Paradies.

»Was hat das zu bedeuten?«

Eine schrille, scharfe Stimme holte sie in die Wirklichkeit zurück. Sophie schlug die Augen auf. Vor ihr stand eine blonde Frau, hübsch wie ein Posaunenengel, doch wütend wie ein Fischweib. Auf dem Arm trug sie ein schlafendes Kind.

»Madame de … Puisieux?«, fragte Sophie, nachdem sie ihre Sprache wiedererlangt hatte.

Diderot schüttelte den Kopf. Seine breiten Lastenträgerschultern waren eingefallen, sein kleiner Kopf ruckte wie der eines Vogels vor einem Gewitter. Er wagte kaum, ihren Blick zu erwidern.

»Madame de Puisieux? Seine Mätresse?«, kreischte die Fremde. »Wie? Was?« Sie trat Diderot ans Bein und stieß ihn mit der Faust vor sich her. »Los, sag der kleinen Metze, wer ich bin, vorwärts, damit sie Bescheid weiß! Oder soll ich es ihr sagen?«
»Das ist«, stotterte er schließlich, »das ist – meine Frau.«
Obwohl die Straßenlaternen immer noch brannten, war es auf einmal finstere Nacht. Der Boden unter Sophies Füßen schwankte, die Sterne am Himmel schienen zu tanzen, und plötzlich trug Diderot einen Hut, aus dem eine bauschige Feder in die Höhe wuchs.
Ohne ein Wort warf sie ihm sein Manuskript vor die Füße.

14

»Hier treibst du dich rum! Mit fremden Weibern! Die ganze Stadt habe ich nach dir abgesucht!«
Die Vorwürfe, mit denen Nanette ihn überschüttete, trafen Diderot wie ein Schwall kaltes Wasser.
»Bis Mitternacht habe ich auf dich gewartet, im Kaffeehaus nach dir geschaut, aber da war alles dunkel. Der Hausbesitzer war da, er will seine Miete! Er droht mit dem Gerichtsvollzieher!«
»Warum denn das? Wir haben die Miete doch bezahlt …«
»Die erste Rate! Weil ich meinen Morgenmantel verkauft habe, während du dich in deine Dachkammer verkrochen hast. Auf der Straße würden wir sitzen, wenn ich mich nicht um alles kümmern würde. Was bist du nur für ein gemeiner Mensch!«

Ihre Stimme brach in einem Schluchzen. Diderot wollte den Arm um sie legen. Doch kaum berührte er ihre Schulter, flammte Nanettes Zorn wieder auf. Sein schlechtes Gewissen schien ihr neue Kraft zu geben.
»Seit wir verheiratet sind, betrügst du mich! Alle Versprechungen hast du gebrochen! Dein eigener Vater würde dich verfluchen, wenn er das Elend sähe, das du über uns gebracht hast!«
Von dem Geschrei wachte das Kind auf ihrem Arm auf und begann zu weinen. Während Nanette versuchte, ihren Sohn zu beruhigen, bückte sich Diderot, um die Blätter seines Manuskripts aufzusammeln. Das war seine Geschichte, die da im Nachtwind davonzuwehen drohte – die einzig wahre Geschichte seines Lebens. Sollte er sie für den Schundroman seiner Ehe opfern?
Während er den losen Seiten nachsetzte, brach das ganze Elend mit Nanette in ihm auf. Wie hatte er um diese Frau gekämpft! Er hatte sie im Geschäft ihrer Mutter kennen gelernt, einer Weißnäherin, und noch am selben Tag drei Hemden bei ihr gekauft, obwohl er sich das Geld dafür im Pfandhaus hatte leihen müssen. Wegen ihrem hübschen Putzmacherinnengesicht hatte er sich mit seinem Vater zerstritten, den er verehrte wie keinen zweiten Mann auf der Welt, hatte ihn hintergangen, um Nanette in aller Heimlichkeit zu heiraten. Für ihre Zärtlichkeiten hatte er sich als Kanzleischreiber verdingt, seine Feder an Missionare und Zeitungsschmierer verkauft, nur damit sie sich nicht mehr für fremde Leute die Finger zerstechen musste. Und wozu? Ihre Dummheit stieß ihn im selben Maße ab, wie ihr körperlicher Liebreiz ihn anzog, so dass sich ihre Liebe in atemlosen nächtlichen Umarmungen erschöpfte, für die er sich am Morgen selbst verfluchte. Fast

wünschte er sich, die Natur hätte sie weniger großzügig bedacht.

»Nicht mal deinen Namen darf ich tragen!«, keifte sie. »Obwohl ich dir drei Kinder geboren habe! Was für eine Schande! Bin ich nicht gut genug für dich? Nachdem ich alles für dich aufgegeben habe? Meinen Beruf! Das Geschäft meiner Mutter! Nur wegen deiner Eifersucht musste ich den Laden schließen! Weil du es nicht ertragen konntest, wenn ein Kunde mich anlächelte!«

»Du hast dich den Kunden an den Hals geworfen«, erwiderte Diderot, immer noch die losen Blätter auflesend. »Du hast um sie gebuhlt, mich bei den Leuten lächerlich gemacht ...«

»Eingesperrt hast du mich! Wie eine Nonne! Kaum, dass ich auf die Straße durfte – immer nur Arbeit, Arbeit, Arbeit! Sieh her, meine Hände, lauter Schwielen und Blasen! Hände wie ein Waschweib!«

»Nicht einen Sou behalte ich für mich! Alles Geld, das ich verdiene, gebe ich dir!«

»Deinen Weibern schenkst du es, und ich weiß nicht, wie ich unsere Kinder satt kriegen soll. Zwei sind schon gestorben, weil wir nichts zu essen haben! Aber Monsieur trinkt Schokolade im Café, wie ein vornehmer Herr.« Wieder brach ihre Stimme, und schluchzend fuhr sie fort: »Anderen versprichst du das Paradies auf Erden, und uns machst du das Leben zur Hölle. Ich werde deinem Vater schreiben und ihn bitten, uns in sein Haus aufzunehmen.«

Endlich hatte Diderot die letzte Seite seines Manuskripts aufgehoben. Als er sich aufrichtete, sah er seinen Sohn: Das Gesicht von Tränen verschmiert, streckte der Kleine die Händchen nach ihm aus. Ein Augenblick seiner Kindheit fiel ihm ein. Es war über zwanzig Jahre her, doch er erinnerte sich, als wäre es gestern gewesen. Er war von der Schule nach Hause gekommen, über und über mit Preisen beladen, auf den Schultern trug er einen viel zu großen Lorbeerkranz. Sein Vater arbeitete gerade am offenen Fenster. Als er ihn von weitem sah, ließ er sein Werkzeug liegen und weinte vor Freude. Diderot musste schlucken. War das nicht alles, was er im Leben wollte? Ein guter Sohn sein, ein guter Vater? Ohne die Vorwürfe zu hören, die Nanette ihm entgegenschleuderte, breitete er die Arme aus, um seinen Sohn an sich zu drücken – da erblickte er Madame de Puisieux. Sie kam mit gerafften Röcken aus der Richtung des »Procope« gelaufen.

Diderot wusste, was nun geschehen würde, doch unfähig, sich zu rühren, konnte er das Schauspiel nicht verhindern. Wie zwei Furien fielen die beiden Frauen übereinander her, zogen sich an den Kleidern und Haaren, während sie sich mit den hässlichsten Worten beschimpften, ohne Rücksicht auf das Kind, das vor Angst laut aufkreischte.

Plötzlich packte Diderot die Wut. Warum versuchte er immer wieder, es allen Menschen recht zu machen, nur nicht sich selbst?

15

»Credo in unum Deum. Patrem omnipotentem, factorem coeli et terrae …«

Voller Inbrunst sprach Sophie die Gebete ihrer Kindheit, das Vaterunser und das Credo, das Bekenntnis ihres katholischen Glaubens, aber sie konnte den Ausgang aus dem Labyrinth nicht finden. Jede neue Gasse führte noch tiefer in den Irrgarten hinein, dieses unentflechtbare Gewirr ineinander verschlungener Pfade, das ihr Leben war, ohne dass sich irgendwo eine Lichtung auftat.

Während sie mit bloßen Füßen auf dem Boden kniete, wie sie es als Kind schon beim Beten getan hatte, drangen von draußen Katzenlaute in ihre Kammer. Doch dies war nicht das Miauen eines verliebten Katers, sondern das Wehgeschrei eines verendenden Tieres. Fast jede Nacht quälten die Druckerlehrlinge in der Nachbarschaft streunende Katzen, weil die Tiere sie mit ihrem Gejaule um den Schlaf brachten, stießen sie vom Dach oder schlugen sie tot.

»... visibilium omnium et invisibilium. Et in unum Dominum Jesum Christum ...«

Sophie hörte nicht auf, die fremden und gleichzeitig vertrauten Laute zu flüstern, ihre ganze Verzweiflung strömte darin ein. Wie konnte nur passieren, was passiert war? Sie wusste doch, hatte es immer gewusst, was mit Frauen geschah, die sich in solche Männer verliebten. Diderot war gefährlich, so gefährlich wie ihr Vater Dorval, ein verheirateter Mann, der Geschichten erfand und sogar eigene Bücher schrieb. Und dann dieses Gerede von Gott und vom Himmel, vom Paradies und von der Liebe und vom Glücklichsein ... Hatte ihre Mutter sie nicht genau vor solchen Männern gewarnt?

Draußen schrie die Katze zum letzten Mal. Dann war alles still. Sophie schaute auf, aber sie sah nur ihr eigenes Gesicht in der Spiegelscherbe, die sie an der Wand befestigt hatte: rotes Haar und Sommersprossen ... Sollte sie so werden wie ihre Mutter? Eine Frau, die sich gegen alle Gesetze auflehnte, weil sie versuchte, ein verbotenes Glück zu erlangen? Um am Ende doppelt und dreifach bestraft zu werden?

»... Et in unum Dominum Jesum Christum, Filium Dei unigenitum. Et ex Patre natum ante omnia saecula ...«

Sophie schlug sich an die Brust. Sie war nach Paris gekommen, um hier Gerechtigkeit zu finden, in der Stadt, aus der einst der Freispruch für ihre Mutter gekommen war. Hier hatte sie gehofft, Antwort auf all die Fragen zu erlangen, die sie seit ihrer Kindheit bedrängten, die sie im Kloster schon verfolgt hatten und später dann in Dijon und in Langres und in Roanne, auf allen Stationen ihres Lebens. War dies nun die Antwort? Die Gerechtigkeit, nach der sie suchte? Dass sie genauso verflucht und verdammt war wie ihre Mutter?

Auf der Stiege wurden Schritte laut, eilige, stolpernde Schritte. Gleich darauf klopfte es an der Tür.

»Mirzoza!«

Sophie fuhr zusammen. Sie faltete erneut die Hände und schloss die Augen.

»Deum de Deo, lumen de lumine, Deum verum de Deo vero ...«

»Mirzoza! Mach auf! Ich muss mit dir sprechen! Bitte – Sophie!«

Wieder und wieder rief er nach ihr, rief und klopfte und rief. Sophie hielt sich die Ohren zu, mit ihren Händen und mit der Kraft ihres Gebets. Nein, sie war nicht ihre Mutter, sie hatte ihr Beispiel begriffen! So laut sprach sie die Worte des Glaubens, dass sie sein Rufen nicht mehr hörte. Und doch konnte sie nicht die Bilder verbannen, die vor ihr inneres Auge traten, Bilder von seinem Gesicht, von seinem Kopf, von seinem Hut, aus dem eine bauschige Feder zu wachsen schien ...

»... Et in Spiritum Sanctum ... et unam, sanctam Catholicam et Apostolicam Ecclesiam. Confiteor unum baptisma in remissionem peccatorum. Et expectio resurrectionem mortuorum. Et venturi saeculi ...«

Wieder und wieder sprach sie das Gebet. Doch während ihre Lippen den Glauben bekannten, hatte sie nur noch Angst, fühlte sie nur noch Angst, war sie nur noch Angst.
Wie konnte sie sich nur aus dieser Angst befreien?

16

Sektkorken knallten. Weiß schäumte der Champagner in die Gläser, die Le Bréton von allen Seiten entgegengestreckt wurden. Das halbe »Procope« scharte sich um den Verleger, der aus zwei Flaschen gleichzeitig einschenkte, während er sprach: »Mit der Geburt Moses begann die Zeitrechnung der Juden, mit der Geburt Jesu die Zeitrechnung der Christen, und mit der Geburt des Propheten die Zeitrechnung der Mohammedaner. Diese Geburtstage sind von heute an Geschichte. Denn heute beginnt eine neue Zeitrechnung – die Zeitrechnung der Philosophen!« Er stellte die Flaschen ab und hielt eine Urkunde in die Höhe, triumphierend wie eine Trophäe. »Hier ist das Privileg des Königs, die Druckerlaubnis für die Enzyklopädie!« Er schmatzte einen Kuss auf das Pergament, dann las er feierlich den Text vor: »Für ein auf Vernunfterkenntnis gegründetes Universallexikon der Wissenschaften, der Kunst und des Handwerks, übersetzt aus den Wörterbüchern von Chambers, Harris und Dyche, vermehrt um weitere Beiträge, herausgegeben von einer Gesellschaft von Gelehrten …«
Seine Worte gingen in dem Ruf nach mehr Champagner unter. Es war, als strömten alle Dachstuhlschreiberlinge

von Paris gleichzeitig aus ihren Höhlen ins »Procope«, um Le Bréton zu huldigen. Wie ein König hielt der Verleger Hof, flankiert von seinen Teilhabern und Geldgebern, die sich zur Feier des Tages ausnahmsweise in dem Kaffeehaus blicken ließen.

»Ich gebe zu«, sagte d'Alembert mit einem verlegenen Lächeln, »bis heute habe ich nicht wirklich geglaubt, dass es gelingen könnte. Aber wenn der König Ihnen sein Privileg gibt« – kindliches Staunen füllte seine rehbraunen Augen –, »das heißt ja, er erlaubt die Enzyklopädie nicht nur, sondern er drückt ihr den offiziellen Stempel seiner Billigung auf, empfiehlt sie damit allen Franzosen zur Lektüre ...«

»Zum Kauf!«, verbesserte ihn der Verleger mit verzücktem Walrossgesicht.

»Wie haben Sie das nur geschafft?«

»Man muss eben wissen, wie man mit den Leuten redet – der Kanzler des Königs ist auch nur ein Mensch.« Le Brétons faltenreiche Visage ersoff in selbstgefälliger Glückseligkeit. »Der Kanzler hatte nur eine Sorge: So wenig Theologie wie möglich! Die Pfaffen machen ihm sonst die Hölle heiß. Da konnte ich ihn trösten. Eine halbe Stunde habe ich ihm von Ackerbau und Viehzucht erzählt, wie nützlich die Enzyklopädie für die französische Landwirtschaft sei, bis er vor Langeweile zu gähnen anfing. Ackerbau und Viehzucht – die Herrschaften werden sich wundern!«

»Und wir haben wirklich die Freiheit«, fragte d'Alembert, »die englische Vorlage abzuwandeln?«

»Je stärker, desto besser, dann brauche ich den Engländern keine Tantiemen zu zahlen«, erwiderte Le Bréton glucksend. Er hob sein Glas und prostete seinen Gästen zu. »Aber wo zum Teufel steckt Diderot? Er war doch eben noch da?« Er stellte sich auf die Zehenspitzen, um nach seinem Herausgeber Ausschau zu halten. Schließlich entdeckte er ihn am Tresen im Gespräch mit dem Wirt. »He, worauf warten Sie? Kommen Sie endlich zu uns! Wir wollen anstoßen!«

Diderot hob die Hand. »Einen Augenblick!« Noch während er antwortete, wandte er sich wieder dem Patron zu. »Ja, Sophie meine ich, die Kellnerin mit den roten Haaren. Ich muss sie unbedingt sprechen. Ist sie in der Küche?«

Monsieur Procope schüttelte missmutig den Kopf. »Sie hat heute frei, ausgerechnet, bei dem Betrieb!«

»Frei? Wieso denn das?«

Als Diderot die Antwort hörte, wurde er blass.

»Sie hat heute Morgen geheiratet, einen Stammgast, er sitzt meistens dort drüben am Eingang. Ich glaube, er heißt Sartine – kennen Sie ihn vielleicht?«

17

Sophie war vor ihrem Mann zu Bett gegangen. Bis zum Hals hatte sie die Decke hochgezogen, um ihre Blöße zu verhüllen – darunter war sie nur mit einem Hemd bekleidet. Was würde passieren, wenn Sartine zu ihr kam? Mit Herzklopfen wartete sie, dass er sich an ihre Seite legte.

Was für ein Tag! Es war alles so schnell gegangen, dass Sophie es selbst noch nicht begreifen konnte. Ein junger Vikar hatte sie nach der Morgenmesse in Saint-Germain-des-Prés getraut, und jetzt lag sie in einem teuren, weichen Federbett statt auf ihrem Strohlager in der Dachkammer über dem »Procope«. Sartines Wohnung hatte zwei Zimmer, eine Küche und einen Schlafraum und sogar einen eigenen Abtritt auf dem Zwischengeschoss, den sie sich nur mit drei anderen Parteien teilen mussten. Was für ein Luxus! Die Bettwäsche, die Laken – alles war neu. Sophie hatte gedacht, sie würden die Aussteuer auf dem Heilig-Geist-Markt besorgen, dem Trödelmarkt auf der Place de Grève, wo sonst die Hinrichtungen stattfanden. Doch Sartine wollte keine gebrauchten Sachen und hatte darauf bestanden, alle für den Haushalt nötigen Dinge in ordentlichen Ladengeschäften zu kaufen, von den Handtüchern bis zu den Wischlappen.

Er hatte über das ganze Gesicht gestrahlt, als sie ihm endlich ihr Jawort gegeben hatte. Für Sophie war seine Freude immer noch ein Rätsel. Warum wollte er ausgerechnet sie zur Frau? Sie war arm, nicht hübscher als tausend andere Mädchen und brachte keine Mitgift in die Ehe. Sartine hatte eine Repetieruhr, einen gerahmten Spiegel und Seidenstrümpfe, vor allem aber ein festes Einkommen. In jeder Straße, in jedem Haus gab es Dutzende Frauen, die ihn vom Fleck weg geheiratet hätten. Was würde der Preis sein, den er von ihr verlangte?

Aus der Küche kamen Geräusche, wie wenn Wasser in eine Wanne geschüttet würde. Das Getuschel der Mädchen im Kloster fiel ihr ein, dunkle Ahnungen, was eine Frau in der Nacht ihrer Hochzeit erwartete, und sie spürte eine unbestimmte Sehnsucht in ihrem Leib. Doch wonach? Die Nonnen hatten immer nur von Schmerzen gesprochen, dass es wehtun würde und bluten und man darum am besten die Augen schließen sollte, um leise zu beten, bis es vorüber war. Plötzlich bekam sie eine Gänsehaut. Sie kannte Sartine ja überhaupt nicht, wusste nur, dass er ein Staatsdiener war und am liebsten Tee trank. Mit diesem Mann würde sie nun ihr ganzes weiteres Leben teilen. Ob er wohl aus dem Mund roch? Nichts widerte sie mehr an als fauliger Atem. Die Kutscher und Kloakenreiniger in der Tabakschenke von Saint-Marceau hatten so ekelhaft gestunken, dass es sie oft gewürgt hatte, wenn sie sie bediente.

Sie stieß einen leisen Seufzer aus. Nein, sie wusste nichts von ihrem Mann. Aber welche Frau kannte schon den Mann, den sie heiratete?

Als Sartine in die Kammer trat, stellte sie sich für einen Augenblick vor, es wäre Diderot. Aber das war nur ein Gedanke, und er war schon wieder fort, als ihr Mann sich zu ihr auf die Bettkante setzte. Er trug ein weißes, bis zum Boden reichendes Hemd, doch seltsam, er sah darin immer noch so ordentlich aus wie bei Tage in seinem Anzug, und sein Gesicht blickte so freundlich wie im Café »Procope«, wenn sie ihm seinen Tee brachte. Erleichtert bemerkte Sophie, während er seine Uhr aufzog, wie gut er roch, ganz sauber und frisch, als hätte er soeben gebadet.

»Hast du Angst?«, fragte er und legte die Uhr beiseite.

Sie nickte, ohne ihn anzuschauen.

Behutsam berührte er ihre Schulter. »Das brauchst du nicht. Ich werde dir nicht wehtun. Wir müssen heute nicht – ich meine, wenn es das ist, wovor du Angst hast.«

Sie spürte an seiner Hand, dass er genauso nervös war wie sie, und sein Gesicht drückte fast Dankbarkeit aus, als sie sein Lächeln erwiderte.

»Ich werde dich nie zu etwas drängen, was du nicht möchtest. Das verspreche ich dir. Du ... du kannst es selbst bestimmen, wenn du so weit bist.« Er öffnete die Schublade des Nachtkastens und holte daraus einen kleinen silbernen Ring hervor.

»Darf ich?«, fragte er und nahm ihre Hand. Und während er ihr den Ring über den Finger streifte, sagte er: »Ich habe nur eine Bitte: Dass wir einander respektieren, wie es sich für Eheleute gehört, und dass keiner dem anderen einen Schimpf antut.«

»Dann wollen Sie nichts tun, was die Liebe verlangt?«, fragte Sophie, unsicher, ob sie ihn richtig verstanden hatte.

Sartine schüttelte den Kopf. »Die Liebe ist kein guter Ratgeber. Ich habe zu viele Menschen gesehen, die ihr gefolgt sind, um im Elend zu enden. Nein, ich bin mehr als reichlich damit beschenkt, dass ich dich zur Frau habe.«

Er beugte sich über die Nachttischkerze und löschte das Licht. Dann legte er sich zu ihr.

Sophie wagte kaum zu atmen, als sie seinen Körper an ihrer Seite spürte. Sartine bewegte sich ebenfalls kaum, gleichmäßig ging sein Atem, und doch wusste sie, dass auch er noch nicht schlief. Warum hatte er sie nicht berührt? Es war doch das Mindeste, was er von ihr verlangen konnte. Draußen rasselte hin und wieder eine Kutsche vorbei, mit verspäteten Theaterbesuchern und Spielern, die sich erst jetzt auf den Heimweg machten. Nacht für Nacht weckte das Geratter der Räder schlafende Bürger, und Sophie wusste, dass mancher Pariser diesem Lärm sein Leben verdankte, weil er nicht wenige Paare an den Vollzug ihrer Ehe erinnerte, der ihr in dieser Nacht erspart geblieben war.

»Bist du noch wach?«, fragte er so leise, dass sie die Worte mehr ahnte als hörte.

»Ja«, flüsterte sie.

»Ich kann dir gar nicht sagen, wie glücklich ich bin.«

Dabei nahm er ihre Hand, und obwohl es das erste Mal war, dass er es tat, schien ihr diese Berührung so vertraut, als

würden sie schon seit Jahren zusammengehören. Ein warmes Gefühl breitete sich in ihr aus, ein Gefühl von Sicherheit und Geborgenheit, ein Gefühl, das sie für alle Zeiten verloren geglaubt hatte. Mit einem Seufzer erwiderte sie den zarten Druck seiner Hand. Nein, er war kein Fremder, er war ihr Mann, und sie fühlte sich ihm näher als jedem anderen Menschen, seit ihre Mutter nicht mehr am Leben war.
Plötzlich hatte Sophie das Bedürfnis zu reden, ihm ihre Geschichte zu erzählen, ihm zu sagen, wer sie war, und bevor sie wusste, was sie tat, fing sie an zu sprechen, leise flüsternd, wie zu sich selbst, während draußen der Nachtwächter sein müdes Lied sang. Vom Tag ihrer ersten heiligen Kommunion sprach sie, von dem Prozess, den man ihrer Mutter gemacht hatte, weil sie den Leib Christi erbrochen hatte, von dem Mann mit dem Federhut ... Und später, tief in der Nacht, als die Straßenlaternen längst erloschen und die letzten Kutschen vorübergerollt waren, erzählte sie vom schlimmsten Tag ihres Lebens, dem Tag, an dem man ihre Mutter hingerichtet hatte, erzählte von der großen Einsamkeit, die Madeleine umgeben hatte, als sie im Schandlinnen auf dem Richtplatz stand, an beiden Händen gefesselt und für immer von Sophie getrennt, erzählte von dem bunten Tuch am Hals ihrer Mutter, das wie zum Spott im Wind flatterte, von der Katze, die in weiten Sätzen von dem Gerüst floh, als würde sie von tausend Teufeln gehetzt, während die Flammen in die Höhe schlugen.
Sartine unterbrach sie kein einziges Mal; schweigend und aufmerksam hörte er ihr zu, bis sie zu Ende gesprochen hatte.
»Bist du darum nach Paris gekommen?«, fragte er sie dann.
»Ich weiß nicht«, sagte Sophie, überrascht von seiner Frage. »Aber vielleicht, ja, ich glaube, Sie haben Recht. Es war wie

ein Zwang, ich musste einfach nach Paris, seit ich von zu Hause fort bin. Aber wie konnten Sie das wissen?«

»Vielleicht kann ich dir helfen«, sagte er.

»Helfen? Wie? Es ist doch alles so lange her, und meine Mutter ...« Sie stockte, dann fügte sie hinzu: »Es war Gottes Wille, was damals geschehen ist.«

»Mag sein«, erwiderte er. »Aber ist es nicht auch eine Frage der Gerechtigkeit?« Er richtete sich neben ihr auf, und obwohl sie ihn in der Dunkelheit nicht sehen konnte, wusste sie, dass er sie anschaute. »Gerechtigkeit kennt keine Zeit. Ich könnte dir helfen, den Mann zu finden, der gegen deine Mutter ausgesagt hat, den Mann mit dem Federhut. Es muss Akten geben, Berichte, Protokolle ...«

»Das wollen Sie für mich tun? Wirklich? Aber ich habe doch gar nichts getan, womit ich das verdiene?«

»Sag nicht länger Sie zu mir, Sophie! Du bist jetzt meine Frau.«

Ohne ein Wort zu sagen, drückte sie seine Hand. Dann spürte sie seine Lippen auf ihrer Wange – ein leiser, ganz zarter Kuss in der Finsternis.

»Auf welcher Seite möchtest du liegen, um einzuschlafen?«, fragte er.

»Auf der linken«, flüsterte sie glücklich und drehte sich auf die Seite.

Ja, dachte sie, als sie endlich die Augen schloss, sie habe den richtigen Mann gefunden, einen einfachen, rechtschaffenen Mann, der sie lieb hatte und bereit war, das Leben mit ihr zu teilen. So wohlig, als hätten Engel sie gebettet, schlief sie ein, Rücken an Rücken mit Antoine Sartine, Leutnant der Pariser Kriminalpolizei, der immer noch ihre Hand in der seinen hielt.

Nur einmal, für eine Sekunde, sah sie Diderots Gesicht. Aber das war schon im Traum.

18

Diderot fand in dieser Nacht keinen Schlaf. Während der große Krake Paris satt und träge dem neuen Tag entgegendämmerte, fühllos für die Reizungen und Blähungen in seinem Gedärm, saß Diderot in seinem scharlachroten Morgenmantel an seinem Schreibtisch, den Gänsekiel in der Hand, die Augen blank von Tränen. Denn es war weder das Geratter der Kutschen noch das Rufen der Nachtwächter, das ihn zu so später Stunde noch wach hielt, sondern die bittere Erkenntnis, dass die Liebe die gemeinste, die heimtückischste, die niederträchtigste aller Illusionen war, Blendwerk des Himmels oder der tierischen Körpersäfte im Menschen, einzig dazu erfunden, jeden in die Irre zu führen, der ihr anheimfiel. Es gab keine Liebe, es gab nur Liebschaften oder Überdruss – die Liaison mit Madame de Puisieux oder die Ehe mit Nanette. Wer anderes behauptete war ein Märchenerzähler.
In einer Mischung aus Wut und Enttäuschung nahm Diderot ein Manuskript hervor, das befleckt war vom Staub der Straße: *Die Prinzessin Mirzoza und der Sultan Mongagul.* Er barg so viele Geschichten in sich, die alle zur Wirklichkeit drängten, und er hatte seinen Geist, seine Energie, seine ganze Lebenskraft an die falsche vergeudet, in dem Wahn, hier seine wahre Geschichte gefunden zu haben, den einen großen Roman, den das Schicksal allein ihm vorbehalten hatte, eine Liebe,

wie sie in keinem Buch sonst geschrieben stand. Aber Sophie war nicht Mirzoza, so wenig wie er ein orientalischer Sultan war – sie hatte ihn verraten!
Wie hat er sich nur so in dieser Frau irren können? Sophie – eine Prinzessin? Eine kleine Metze war sie, die sich dem Erstbesten an den Hals warf! Tausende gab es von ihrer Sorte in den Kaffeehäusern von Paris. Am selben Tag, an dem sein großer Traum in Erfüllung gegangen, die Enzyklopädie vom Kanzler des Königs zum Druck freigegeben worden war, an dem Tag, an dem dieses Buch, mit dem er die Welt verändern wollte, tatsächlich konkrete Gestalt annahm, hatte sie einen Polizeioffizier geheiratet, einen Spitzel und Spion.
Er schlug sich gegen die Stirn, dass es schmerzte. Was für ein Idiot war er gewesen! Zum Narren hatte er sich gemacht! Auf fünfzig Louisdors hatte er sogar verzichtet, weil er wie ein lustkranker Kater an die Chimäre namens Liebe hatte glauben wollen, wider alle Vernunft und Philosophie. Was war die Liebe denn schon? Nichts weiter als der Austausch zweier Launen und die Berührung zweier Häute!
Plötzlich hatte er eine Idee. Er kannte nun die Wahrheit dieser Frau und beschloss, ihren Roman von Grund auf umzuschreiben. Er würde Sophie vor aller Welt entlarven, ihre Seele entblößen, ihre ganze widerliche Geschichte so erzählen, wie sie es verdiente. Mit Hilfe eben jenes Organs, aus dem allein die Weiber zu kurieren waren. Er zerriss die Seiten seines Romans und schrieb einen neuen Titel auf ein Deckblatt: *Die geschwätzigen Kleinode.* Er würde das Honorar gerecht teilen: Zwanzig Louisdor für die Miete und seine Frau, dreißig für seine Mätresse und das Vergnügen.
Mit dem Gefühl, endlich wieder ein Mann zu sein, fing er an zu schreiben.

19

»Es ist die Krankheit dieser Zeit, den Glauben vor den Richterstuhl der Vernunft zu zerren. Doch wer in das Himmelreich eingehen will, muss die Vernunft in den Dienst des Glaubens stellen. Der Glaube allein weist uns die Richtung und das Ziel ...«

Sollte doch alles zu einem guten Ende kommen? Groß und erhaben wie das Himmelreich, von dem Pater Radominsky mit mächtiger Stimme kündete, war die Kathedrale von Notre-Dame, in der Sophie an diesem Sonntagmorgen der heiligen Messe beiwohnte. Unweit der Kanzel saß sie in ihrer Bank, Auge in Auge mit dem Prediger, dessen Blicke und Worte wie Blitz und Donner auf sie herabfuhren. Seine Rede traf sie, als würde er direkt in ihr Herz schauen und all die Anfechtungen sehen, die sie in den letzten Wochen heimgesucht hatten und denen sie beinahe erlegen war.

»Hört ihr nicht immer noch das Zischeln der Schlange, wenn ihr zaudert, ob ihr dem Herrn folgen sollt oder aber euren Gelüsten? Vergesst nicht, das Begehren des Fleisches richtet sich gegen den Geist. Beide stehen sich als Feinde gegenüber, sodass ihr nicht imstande seid, das zu tun, was Gottes Wille ist ...«

Sophie öffnete ihr Ohr und ihr Herz, damit die Worte Einlass in ihr fanden, um die letzten Zweifel ihrer Seele zu ersticken. Denn heute, am ersten Sonntag nach ihrer Heirat mit Antoine Sartine, würde sie endlich zum Tisch des Herrn gehen. Sie fuhr sich mit der Hand in den Nacken, um den Mückenschwarm zu vertreiben, den sie bei den Worten des Predigers zu spüren glaubte. War ihr an der Seite ihres Ehemannes doch ein kleines Glück beschieden?

»Wenn ihr nach dem Fleisch lebt, müsst ihr sterben. Wenn ihr aber durch den Geist die Sünde tötet, werdet ihr leben. Die Wollust ist der Stachel im Fleische. Alles im Fleische nährt sie, euch zur Sünde zu verleiten. Darum sollt ihr die Wollust hassen wie die Sünde selbst ...«

Die Stimme des Paters füllte das gewaltige Gotteshaus. Klar und deutlich trug er seine Predigt vor, jedes Wort schien mit dem Meißel aus dem Fels der ewigen Wahrheit geschlagen. Wie wohltuend unterschied sich diese Rede von dem Geschnatter und Geschwätz, das Sophie sonst zu hören bekam, von den atemlosen, aufgebrachten Wortwechseln auf der Straße und im Café. Der Pater rollte das R, wie sie es tat. Auch er war kein Pariser, sein Dialekt würde im »Procope« so fremd und falsch klingen wie der ihre. Aber war das nicht ein Zeichen? Dass dies die Sprache der Wahrheit war, die Sprache des ewigen Gottes?

»Wer einer Frau gefallen will, kümmert sich um die Dinge der Welt, wer Gott gefallen will, der kümmert sich um die Sache des Herrn. Jeder aber hat seine Gnadengabe von Gott, der eine so, der andere so. Wegen der Gefahr der Unzucht soll also jeder seine Frau haben und jede ihren Mann. Doch glaubt darum nicht, die Ehe sei ein Ort, um der fleischlichen Begierde nachzugeben. Im Gegenteil! Die Ehe ist eine Arznei gegen das Übel, ein Mittel gegen die Wollust, auf dass ihr gemeinsam ablasst von der Sünde ...«

Sophie fing an zu begreifen. War dies der Grund, warum Sartine sie in der Hochzeitsnacht unberührt gelassen hatte? Wollte er ihr mit seinem Beispiel vorangehen, den Stachel im Fleisch zu überwinden? Wie dankbar war sie, dass der

Himmel ihr einen solchen Mann geschickt hatte. Während der Priester von der Kanzel stieg, um zur heiligen Wandlung zu schreiten, versprach sie leise flüsternd ihrem Gott, Sartine auf dem Weg des Heils zu folgen. Voller Andacht wartete sie auf die Kommunion.

»Lamm Gottes, du nimmst hinweg die Sünden der Welt, erbarme dich unser!«

Endlich war der Augenblick da, auf den sie seit so vielen Jahren wartete. Das Schellengeläut ertönte, und mit gefalteten Händen verließ Sophie die Bank, um an den Tisch des Herrn zu treten, zum ersten Mal seit dem Tag ihrer Erstkommunion.

Als sie vor dem Altar niederkniete, hob Radominsky die Hostie in die Höhe.

»Der Leib Christi!«

»Amen!«, sagte Sophie, den strengen Blick des Paters fest erwidernd.

Dann schloss sie die Augen, und während sie die Hostie empfing, betete sie zu Gott, dass sie Denis Diderot nie wieder sehen würde.

ZWEITES BUCH

VOM BAUM DER ERKENNTNIS
1749

I

Den Schenkeln eines Engels, so hieß es, entsprang der große Fluss, der wie die Zeit selbst durch Paris strömte. Bis zu dreimal hundert Meter breit teilte er die Hauptstadt des Landes und verband sie zugleich mit dem Rest des Königreichs. Täglich beförderte er Tausende von Schiffen und Kähnen, die für einen nie endenden Zustrom von Nahrung und Waren sorgten, und trug so erheblich zum Wohlergehen der Kapitale und ihrer Bevölkerung bei.

An manchen Tagen aber, wenn der Wind plötzlich schwieg und die Temperaturen unter den Taupunkt sanken, kam es zu einem gefährlichen Austausch zwischen den Wasserfluten und den darüber liegenden Schichten der Luft. Es begann mit einer harmlosen Trübung der Atmosphäre, aufgrund der Ausscheidung von Dampf in feinen Tröpfchen, doch dieser Dunst verdichtete sich alsbald zu einem undurchdringlichen Nebel, der sich zwischen den Hügelketten zu beiden Seiten des Flusses wie in einer Waschküche zusammenballte. Während der Schiffsverkehr nach und nach zum Erliegen kam, krochen die Nebelschwaden ans Ufer und wälzten sich aufs Land, vermehrten sich dort wie eine helle Finsternis, um schließlich die ganze Stadt in ihren Besitz zu nehmen. In immer gewaltigeren Massen waberten sie durch die Straßen und Gassen, breiteten sich auf den Plätzen aus und hüllten die Gebäude ein, die Kirchen und Paläste ebenso wie die einfachen Häuser der Bürger, sodass es manchmal schien, als wäre der Wolkenhimmel auf die Erde herabgesunken.

Dann lag der Krake Paris wie unter einem gigantischen Leichentuch da, ohne sich zu rühren, und das Leben in seinem

Gedärm drohte zu ersticken. Denn der Nebel vermischte sich mit dem ewigen Rauch, der überall in der Stadt aus den Schornsteinen drang – Myriaden Partikel von Staub und Ruß, die zwischen den hohen Häuserzeilen schwebten –, und bildete mit ihm einen so dichten Brodem, dass man nicht einmal die Fackeln mehr erkennen konnte, die zur Markierung der Wege an den Straßenecken brannten. Der sonst unerträgliche Lärm der Stadt schien wie von einem riesigen Geistermaul verschluckt, und während alle Laute nur gedämpft und wie aus weiter Ferne an die Ohren drangen, stießen die Menschen auf offenen Plätzen zusammen, weil sie im undurchdringlichen Dunst einander nicht bemerkten, traten zur Tür des Nachbarn ein statt im eigenen Haus, und die Kutscher kletterten von den Böcken und betasteten mit den Händen die Prellsteine, wenn sie mit ihren Gefährten vor- oder zurücksetzen mussten.

Hatte der Nebel dieses gespenstische Ausmaß erreicht, rief der Magistrat die Blinden vom Hospiz Quinze-Vingts zu Hilfe, die dort mit ihren Sammeltassen hockten, eintönig ihre Bitten um Almosen näselten und mit ihren Stöcken die Beine der Passanten examinierten. Durch den Verlust des Augenlichts an ewige Finsternis gewöhnt, fanden sie sich nun in dem Gewirr der Gassen besser zurecht als selbst die Topografen, die den Plan von Paris gezeichnet hatten. Solange der Nebel herrschte, bekamen sie täglich pro Kopf fünf Livres zugeteilt. Ihr Auftrag dafür war, die Bürger sicher durch die verhangene Stadt zu führen.

Ohne zu klagen, nahmen die Pariser diese Beeinträchtigung des Lebens und ihrer Geschäfte hin. Wer eine Besorgung zu erledigen hatte, fasste einen Blinden am Rockschoß und ließ sich von ihm über die Straßen und Kreuzungen leiten. Der

Bäcker, der das Brot auslieferte, der Arzt, der zu einem Patienten eilte, die Hausfrau, die ihre Einkäufe machte, der Richter, der den Justizpalast suchte, selbst der Pfarrer auf dem Weg zu seiner Kirche – sie alle vertrauten sich der Führung durch die Blinden an. Die Beziehungen zwischen den einzelnen Punkten der Stadt vermochten sie dabei so wenig zu erkennen wie Ameisen, die sich durch die unterirdischen Stollen und Gänge ihres aufgehäuften Staates bewegten. Wozu auch – war in den wabernden Nebelschwaden nicht jede Wahrnehmung nur ein trügerischer Spuk?

Ja, es war erstaunlich, mit welchem Gleichmut die Pariser sich in ihr Schicksal fügten. Sie nahmen den Nebel hin wie einen unabänderlichen Umschwung des Wetters, wie Regen, Schnee oder Sonnenschein. Nur einige wenige murrten auf, forderten Maßnahmen des Magistrats und der Regierung. Denn sie sahen in den seltsamen und bedrohlichen Vorgängen, die der Nebel an solchen Tagen in ihrer Stadt auslöste, die Verfassung des ganzen französischen Königreichs widergespiegelt.

Wie musste es um einen Staat bestellt sein, so ihre sorgenvolle Frage, in dem die Blinden die einzigen Sehenden waren?

2

»Was haben Sie uns heute mitgebracht, Monsieur de Malesherbes?«

Aufmerksam musterte Madame de Pompadour den Direktor der königlichen Hofbibliothek, der ihr wie an jedem Mittwochmorgen zum Lever seine Aufwartung machte, um sie mit den neuesten Druckerzeugnissen aus Paris zu versorgen. Zwei Jahre waren vergangen, seit sie den jungen Parlamentsrat in sein heikles Amt eingesetzt hatte. Sie wusste, wer dieses Amt bekleidete, lief Gefahr, es sich mit allen Parteien am Hofe gleichzeitig zu verderben – oder es gelang ihm, sich alle Parteien gleichzeitig zu verpflichten. Dem Anschein nach war Malesherbes entschlossen, es im letzteren Sinn zu nutzen.

»Etwas sehr Interessantes«, erwiderte er, während er eine Prise Schnupftabak nahm. »Einen *Brief über die Blinden, zum Gebrauch der Sehenden.*«

»Wie bitte?«

»So lautet der Titel, Madame. Er stammt von einem anonymen Verfasser und richtet sich an eine gewisse Frau von Puisieux.«

»Eine medizinische Abhandlung?«

»Wenn man so will. Der Autor beschreibt den Fall eines englischen Mathematikers, der in seiner Kindheit das Augenlicht verlor, später aber dennoch Professor wurde und obendrein Optik lehrte.«

»Das ist allerdings bemerkenswert. Doch warum erscheint ein solches Buch anonym?«

»Der medizinische Aspekt dient nur zur Tarnung. In Wahrheit sind nicht wirkliche Blinde gemeint, vielmehr ist von einer ganz anderen Blindheit die Rede: vom Unvermögen der Menschen, die Wahrheit zu erkennen. Dabei wagt der Autor sich in gefährliche Regionen vor. Zum Beispiel fragt er, welche Vorstellungen von Gott ein Mensch überhaupt haben kann.«

»Und wie lautet die Antwort?«, wollte die Pompadour, hellhörig geworden, wissen.

»Dass wir wie die Blinden im Dunkeln tappen. Um Aussagen über Gott zu machen, so die These des Buches, müssten wir ihn tasten können.«

»Oh, ich begreife. Einer von diesen Deisten, die behaupten, an Gott zu glauben, ohne am Sonntag zur Messe zu gehen. Lassen Sie mir bitte das Buch da! Ich werde es noch heute an Père Radominsky weiterleiten. Ich bin sicher, meine Freundin, die Königin, wird es Ihnen danken. Übrigens«, fügte sie hinzu, als er den Band auf ihre Frisierkommode legte, »Sie haben neulich auf dem Maskenball eine ausgezeichnete Figur beim Tanz gemacht.«

»Zum Glück kommt man auch beim Tanzen voran«, seufzte er. »Selbst wenn man sich nur im Kreise dreht. Doch ist meine kleine Kunst nichts im Vergleich zu den Fortschritten, die Sie auf dem Parkett der Politik verzeichnen. Wie ich hörte, soll Alexandrine auf allerhöchsten Wunsch den Herzog von Picquigny heiraten?«

Die Tochter der Pompadour, die in einer Ecke des Ankleidezimmers leise für sich spielte, hob bei der Nennung ihres Namens den blonden Lockenkopf und strahlte. Obwohl noch keine fünf Jahre alt, war sie mit ihrem hübschen Puppengesicht das vollkommene Ebenbild ihrer Mutter.

»Erst nach ihrem dreizehnten Geburtstag«, erwiderte die Marquise. »Bevor die Familie des Herzogs allerdings in die Ehe einwilligt, muss der König noch den Vater des Bräutigams zum Erzieher des Dauphins ernennen.«

»Habe ich nicht gesagt, die Politik ist die Fortsetzung des Tanzes mit anderen Mitteln?«, fragte Malesherbes. »Hier wie dort kommt es darauf an, widerstreitende Bewegungen zu einer harmonischen zu verbinden.«

»Da haben Sie Recht«, seufzte sie. »Und in beiden Fällen

geht es darum, einem Esel klar zu machen, dass er keiner ist. Aber wie ich sehe, haben Sie uns noch etwas mitgebracht?«

»Hatten Sie mir nicht aufgetragen«, fragte er mit einem zweideutigen Lächeln zurück, während er ihr einen kleinen Oktavband reichte, »nicht nur *solche* Bücher für Sie aufzuspüren, sondern auch *solche?«*

»Allerdings«, erwiderte sie streng. »Seine Majestät legt größten Wert darauf, alles zu erfahren, was im Land vor sich geht.«

»Glücklich das Volk, dessen König sich persönlich mit den Geheimberichten der Polizei befasst!«, sagte Malesherbes. »Und glücklich der König, dem es vergönnt ist, sich auf diese Weise die Langeweile zu vertreiben.«

Entschlossen, seine Bemerkung zu überhören, nahm sie den Band entgegen. *»Die geschwätzigen Kleinode?«*, fragte sie und blätterte in den Seiten. »Ich muss sagen, die Titel, die Sie mir heute präsentieren, werden immer kurioser.«

»Eine abscheuliche Geschichte«, erwiderte Malesherbes. »Es fiel mir selten so schwer, ein Buch zu Ende zu lesen. Die Handlung, falls man von einer solchen sprechen kann, spielt am Hof eines orientalischen Herrschers und seiner Favoritin.«

»Ein Märchen aus Tausendundeiner Nacht?«

»Eher eine Tollheit im Stil des *Decamerone.«*

»Derlei Bücher sind mir unbekannt«, antwortete die Pompadour, obwohl ein Exemplar der berüchtigten Novellensammlung stets unter ihrem Kopfkissen lag. »Bitte befreien Sie mich von meiner Unwissenheit.«

»Auf die Gefahr hin, Ihr Zartgefühl zu verletzen«, sagte Malesherbes mit einer Verbeugung. »In dem Roman geht es um eine äußerst delikate Wette. Der Sultan behauptet, dass nicht *eine* Frau an seinem Hofe imstande sei, ihrem Mann die

Treue zu halten. Sie können sich vielleicht denken, welcher Art die Beweisführung ist?«

Dabei blickte er sie so unverwandt an, als wäre die Rede von ihr.

»Woher sollte ich? Ich fürchte, ich kann mir die Folter Ihres Berichts nicht ersparen. – Alexandrine!«, rief sie und klatschte in die Hände. »Höchste Zeit für den Unterricht! Dein Tanzlehrer wartet schon!«

Während ihre Tochter mit einem vollendeten Hofknicks den Raum verließ, nahm Malesherbes eine weitere Prise aus seiner Tabaksdose, bevor er begann, den Inhalt des Romans zu resümieren. Die Pompadour hörte aufmerksam zu, nur manchmal unterbrach sie ihn mit einer Bekundung ihres Abscheus. Tatsächlich aber verspürte sie, je länger sie lauschte, eine kribbelnde Erregung in ihrem jungen Leib. Was für ein entzückender kleiner Roman! Kleinode, die der Sprache mächtig waren? Selten hatte sie von einer so charmanten Caprice gehört ... Der Verfasser musste ein Genie sein!

»Nun? Was ist? Warum fahren Sie nicht fort?«, fragte sie ungeduldig, als Malesherbes plötzlich innehielt.

»Ich weiß nicht, ob ich Ihnen noch mehr zumuten darf«, sagte der Staatsrat mit besorgter Miene. »Auch wenn ich nur berichte, was ein fremder Geist ersann, fürchte ich doch, die Mätresse des Königs zu beleidigen.«

»Sie haben ihr schon solche Ungeheuerlichkeiten zugemutet, dass sie sich keine weitere Steigerung mehr vorstellen kann. Nun, worauf warten Sie?«

Wie um seinen Widerwillen zu überwinden, schnäuzte er sich, bevor er sich zu ihr neigte, um ihr den Rest ins Ohr zu flüstern. Als sie seine Worte vernahm, gingen ihr vor Staunen die Augen über.

»Die Favoritin des Sultans? Wie eine Matrone in einem dieser Häuser? Sie sehen mich erröten, Monsieur«, rief sie, als Malesherbes zu Ende gesprochen hatte.

»Hatte ich Sie nicht gewarnt?«

»Gewiss, gewiss. Doch musste ich nicht meiner Pflicht gehorchen? Wie auch immer, um des Wohls des Landes willen habe ich die Folter gern auf mich genommen.«

Die Pompadour sprach die lautere Wahrheit. Denn was ihr Gast ihr gerade ins Ohr geflüstert hatte, inspirierte sie zu einer Idee, auf die noch keine Mätresse des Königs verfallen war. Dieser entzückende kleine Roman, so sagte ihr eine innere Stimme, bedeutete vielleicht die Lösung all ihrer Probleme. Noch heute, beschloss sie, würde sie Anordnungen treffen, ihre Idee in die Tat umzusetzen.

Laut sagte sie: »Bitte sorgen Sie für die nötigen Ermittlungen. Wir können solche Bücher unmöglich dulden. – Apropos«, unterbrach sie sich, um das Thema zu wechseln, »was machen eigentlich unsere Enzyklopädisten?«

3

Denis Diderot saß zu dieser Stunde wie jeden Morgen an seinem Schreibtisch, ohne einen Gedanken an den fraglichen kleinen Roman zu verschwenden, den er vor so vielen Monaten aus einer Laune heraus zu Papier gebracht hatte. Umgeben von zwanzig großen Pappkartons, die bis zum Rand mit Notizzetteln, Kopien und Exzerpten gefüllt waren, schrieb er einen neuen Artikel für die Enzyklopädie. Dabei war er so tief

in die Arbeit versunken, dass er noch nicht einmal daran gedacht hatte, seinen scharlachroten, von zahllosen Tintenflecken übersäten Schlafrock gegen einen ordentlichen Anzug zu tauschen.
Mit jedem Tag nahm das große Werk deutlichere Gestalt an. Wenn alles nach Plan ging, sollte der erste Band im nächsten Jahr erscheinen; er selbst hatte bereits den Prospekt mit der Ankündigung verfasst. Le Bréton trommelte unterdessen in ganz Frankreich Drucker und Setzer zusammen und hortete in seinem Verlagshaus in der Rue de la Harpe Unmengen an Papier. Glänzende Geschäfte zeichneten sich ab. Die Subskription, die der Verleger in den Pariser Zeitungen ausgeschrieben hatte, war so erfolgreich verlaufen, dass er die ursprünglich kalkulierte Auflage von eintausendsechshundertfünfundzwanzig Exemplaren schon vor Druckbeginn um mehrere hundert hatte erhöhen müssen. Seitdem bewegte Le Bréton seinen massigen Leib nur noch in einer Sänfte durch die Stadt.
Seinen Herausgebern Diderot und d'Alembert zahlte er einhundertvierundvierzig Livres pro Mann und Monat, genug, um ihre Existenz zu sichern, und doch nicht zu viel, um ihren Eifer zu bremsen. Rund um die Uhr waren die zwei im Dienst. Wie die Rekrutenwerber am Pont Neuf, die Soldaten für das Heer des Königs aushoben, sammelten sie unter den Philosophen und Schriftstellern ihre Kombattanten für die Schlacht. Während Diderot in den Kaffeehäusern für ihre Armada warb, frequentierte d'Alembert die literarischen Salons und antichambrierte bei Staatsministern und Gerichtspräsidenten. Um die Reputation der Enzyklopädie zu stärken, mussten sie möglichst viele Gelehrte in offizieller Stellung gewinnen, königliche Räte, Mitglieder der Sorbonne und der

Akademien. Zum Glück hatte inzwischen eine stattliche Reihe berühmter Männer ihre Mitwirkung zugesagt, außer Voltaire, Buffon und Montesquieu auch Marmontel und Turgot – sogar der steinalte Fontenelle, der schon auf die hundert zuging, wollte einen Artikel schreiben. In ihrem Gefolge wuchs ein ganzes Heer namenloser Autoren heran: Experten für Medizin und Theologie, für Chemie, Chirurgie und Grammatik, für Geografie, Rhetorik und Architektur, für Gartenbau und Militärwesen. Nur das Thema Musik war bereits erschöpfend behandelt. Jean-Jacques Rousseau, Diderots alter Freund, hatte in einem unglaublichen Kraftakt dreihundertneunzig Artikel aufs Papier geflammt – in weniger als drei Monaten. Die Frage allerdings, wer die Vorrede zu dem Gesamtwerk schreiben solle, hatten die Herausgeber noch nicht entschieden.

Diderot tunkte ein letztes Mal seinen Gänsekiel ins Tintenfass und setzte seinen Namen unter das Manuskript. Wieder war ein Artikel fertig. Welchen Gegenstand würde er als nächsten vornehmen? Während er das Material in den Pappkartons sichtete, fühlte er sich wie ein Bergsteiger am Fuß eines riesigen Gebirges. Tausende von Fragen warteten auf ihre Antwort. Doch so groß die Anstrengung auch sein mochte, die immer noch vor ihm lag, er hatte den Gipfel fest im Blick. Wissen war Macht – wie konnte er es beschaffen? Das Feld der menschlichen Kenntnisse war grenzenlos – welches Wissen aus welchen Bereichen musste er aufnehmen?

Er war entschlossen, in der Enzyklopädie nicht nur den herkömmlichen Schulweisheiten Platz einzuräumen. Ebenso wichtig waren die mechanischen Künste, die neuen Techniken und Verfahren, die in immer mehr Betrieben und Manufakturen ihren Einzug hielten. Diderot wusste, hier war eine

Revolution im Gange, die die Welt von Grund auf verändern würde. Er wollte Zeichner verpflichten, die imstande waren, mechanische Vorgänge präzise wiederzugeben, mit Handwerksmeistern sprechen, um von ihnen die Fachbegriffe der Gewerbe zu lernen. Die Leser der Enzyklopädie sollten nicht nur begreifen, wie das Sonnensystem funktionierte, sondern auch, wie ein Schuh oder ein Werkzeug entstand. Schon heute freute er sich auf den Tag, da er seinem Vater den Band mit dem Artikel über die Messerschmiedekunst vorzeigen konnte. Der Alte würde so stolz auf ihn sein wie früher, wenn der Sohn mit einem Lorbeerkranz auf den Schultern von der Schule nach Hause gekommen war.

Auf der Straße wurden Stimmen laut. Was war das für ein Lärm? Als ob zwei Marktweiber sich bekriegten. Nichts Gutes ahnend, stand Diderot vom Schreibtisch auf und trat ans Fenster. Schon wieder! Dort unten waren seine Frau und seine Mätresse aneinander geraten: Xanthippe und Messalina – die eine so dumm wie die andere hässlich. Sie wurden von Straßenhändlern und Passanten umringt, die neugierig ihren Streit verfolgten.

»Sie? Seine Frau? Er hat mir selbst gesagt, dass er Sie am liebsten gar nicht mehr sehen würde.«

»Und wovon bin ich dann schon wieder schwanger? Vielleicht vom Heiligen Geist?«

Plötzlich sprang ein Wasserträger aus der Menge hervor und schüttete einen Eimer über die zwei. Während die Zuschauer sich bogen vor Lachen, schloss Diderot das Fenster. Sollten sie machen, was sie wollten – ihn ging das nichts an. Dank Le Brétons Wechsel konnte Nanette pünktlich zu jedem Achten die Miete zahlen, und Madame de Puisieux bekam, was am Ende des Monats übrig blieb. Damit war seine Pflicht getan.

»Was ist das denn? Ein Artikel über Schokolade? Jetzt fehlt nur noch das Suppenhuhn!«

Diderot drehte sich um. An seinem Schreibtisch stand Rousseau, das Manuskript in der Hand, das er gerade abgeschlossen hatte. Sein Freund zog ein Gesicht, als müsse er dringend den nächsten Abort aufsuchen, während er von dem Blatt zu lesen begann.

»›Ist der Zucker gut mit der Kakaomasse vermischt, so füge man ein feines Pulver aus zerstampften und gesiebten Vanilleschoten und Zimtstängeln hinzu …‹« Kopfschüttelnd legte er das Manuskript beiseite und blickte Diderot an. »Kannst du mir sagen, weshalb du damit deine Zeit vergeudest?«

»Das ist keine Zeitvergeudung«, widersprach Diderot. »Ich will meinen Lesern nur mitteilen, was mir selber täglich Genuss bereitet. Außerdem ist Schokolade ein wertvolles Nahrungsmittel. Eine Tasse kostet sechs Sous – die angenehmste und billigste Möglichkeit, sich bis zum Abend bei Kräften zu halten.«

»Was für eine kolossale Weisheit«, höhnte Rousseau. »Woher hast du sie? Von Plato? Von Aristoteles? Oder von deiner Krämerin an der Ecke?«

»Alles gehört zusammen, Jean-Jacques, die philosophische Aufräumarbeit in den Köpfen genauso wie solche kleinen Dinge, die das Leben leichter machen.«

»Und dein eigenes Werk? Dein Genie? Wie viel Pfund Schokolade ist es wert?«

Die plötzliche Erinnerung an die Romane und Dramen, die er wegen der Enzyklopädie nicht schrieb, verdarb Diderot für einen Moment die Laune. Doch er hatte die passende Antwort parat.

»Hast du den *Blindenbrief* vergessen? Voltaire hat ihn schon gelesen und mir geschrieben. Er überschüttet mich mit Lob und lädt mich zu einem Philosophenessen ein.«

»Wer hat dem alten Schwätzer dein Buch geschickt? D'Alembert?« Misstrauisch wie eine eifersüchtige Ehefrau schielte Rousseau ihn an. »Wenn du die Einladung annimmst, kündige ich dir die Freundschaft.«

»Bist du mich deshalb besuchen gekommen?«

»Natürlich nicht! Ich wollte mit dir ins ›Procope‹ gehen, um über die Vorrede zu sprechen. Ich habe gestern einen Entwurf gemacht, du wirst begeistert sein. Aber was ziehst du auf einmal für ein Gesicht?«

Die Frage war berechtigt. Diderot war so irritiert, als hätte ihm jemand saure Milch in die Schokolade geschüttet.

»Ins ›Procope‹?«, fragte er. »Nein, auf keinen Fall. Gehen wir ins ›Régence‹, von mir aus auch ins ›Gradot‹, aber nicht ins ›Procope‹.«

»Und warum nicht? Früher musste es immer das ›Procope‹ sein, als gebe es kein anderes Café in Paris.« Verärgert runzelte Rousseau die Stirn. Dann aber ging ihm ein Licht auf. »Ach so – immer noch wegen der kleinen Serviererin?«

4

»Noch ein Stück Braten?«, fragte Sophie.

Ihr Sonntagsgast, Monsieur Cocheron, schüttelte den Kopf und wischte sich mit dem Ärmel seines Rocks das Fett von den Lippen. Sophie war der Mann, der jeden Sonntagabend bei ihnen zu Tisch saß, von ganzem Herzen zuwider. In seiner

Nähe verschlug es ihr fast den Atem, so streng roch er aus den Poren – wie ein brunftiger Eber.
»Aber Sie können unmöglich schon satt sein!«, rief Sartine. »Kommen Sie, nehmen Sie noch eine Portion! Sonst denkt meine Frau, Sie mögen nicht, was sie kocht.«
»Unmöglich.« Cocheron stieß einen Rülpser aus und stand auf. Sophie räumte den Tisch ab. Ihr Mann war auf die Idee gekommen, sonntags einen Kostgänger zu Tisch zu laden, der ihnen zehn Livres im Monat zahlte. Auf diese Weise ein wenig Geld zu verdienen war nichts Ungewöhnliches; viele Leute taten das. Trotzdem störte es Sophie: Wo war Sartines Großzügigkeit geblieben, zumal er inzwischen zum Kriminalinspektor befördert worden war? Vor allem aber störte es sie, dass an ihrem einzigen freien Abend ein fremder Mensch bei ihnen am Tisch saß.
»Bis nächste Woche«, sagte Cocheron in der Tür.
»Bis nächste Woche«, erwiderte Sartine. »Und bringen Sie ein bisschen mehr Appetit mit!«
Endlich waren sie allein! Sophie legte ihre Schürze ab und öffnete das Fenster, um zu lüften. Die Straße draußen war voll von Menschen, die wie jeden Sonntagabend von ihren Ausflügen zurückkehrten, Familien mit Großeltern, Dienstboten und Kindern, dazu Scharen junger Leute, Arbeiter und Handwerker, die ihre Mädchen in den Armen hielten, müde vom Tanzen und Feiern, doch mit roten, lachenden Gesichtern. Während Sophie die frische Luft einatmete, die mit den Ausflüglern vom Land nach Paris zu strömen schien, blickte sie zu ihrem Mann hinüber.
Wie würden sie den Rest des Abends verbringen? Ob Sartine heute einmal seine Scheu überwand? Sie hatte sich extra für ihn das Haar gewaschen, in aller Herrgottsfrühe, noch bevor

er aufgewacht war. Vielleicht sollte sie ihn bitten, ihr beim Aufwickeln der Wolle zu helfen, damit er es bemerkte. Bis zur Nachtruhe hatten sie noch mehrere Stunden Zeit.

»Machst du bitte das Fenster zu?«

Wie immer, wenn sie allein waren, schien Sartine sich plötzlich unbehaglich zu fühlen. Während er mit ihr sprach, wich er ihrem Blick aus, griff nach seiner Zeitung, die vor ihm auf dem Tisch lag, faltete sie umständlich auseinander und begann zu lesen. Als wollte er sich vor ihr verstecken.

»Möchtest du eine Tasse Tee?«, fragte sie und schloss das Fenster.

»Ja, gerne.«

Er schaute einmal kurz über den Rand der Zeitung, so freundlich und gleichzeitig schuldbewusst, dass es ihr einen Stich versetzte. Während er wieder hinter seinem Journal verschwand, stellte sie den Wasserkessel auf den Herd und gab einen Löffel von dem Tee in die Kanne, den der Wirt des »Procope« ihr als Teil des Lohns mit nach Hause gab.

Was war das nur für ein Mann, den sie geheiratet hatte? Sophie hatte keinen Grund zum Klagen. Sartine war ein fürsorgender Gatte; zu Beginn jeder Woche gab er ihr Haushaltsgeld, er machte ihr sogar hin und wieder kleine Geschenke – ein paar Bonbons, ein Haarband oder eine bunte Schleife –, und in zwei Jahren Ehe hatte er nie die Hand gegen sie erhoben. Und doch fiel es Sophie mit jedem Tag schwerer, ihre Zuneigung zu bewahren. Sie war jetzt zwanzig Jahre alt – genau das richtige Alter, um Kinder zu gebären. Doch nichts geschah. Ihre Kolleginnen im »Procope« verspotteten sie schon, weil sie nicht schwanger wurde. Aber wie sollte sie auch? In all den Monaten hatte Sartine sie nicht ein Mal berührt, obwohl sie ihm längst zu verstehen gegeben hatte, dass sie bereit war,

die Dinge mit ihm zu tun, die Eheleute für gewöhnlich miteinander taten. Doch sie war immer noch Jungfrau, wie die heilige Maria.
Wollte er sein Leben lang das Versprechen halten, das er ihr bei der Heirat gegeben hatte?
Manchmal las er des Abends in einem Buch, das er in einer Schublade vor ihr verschloss, bevor er sich zu ihr legte. Dann küsste und streichelte er sie und nahm ihre Hand. So lagen sie da, ohne sich zu rühren, ihre Hand in seiner Hand, während er stumm in die Dunkelheit starrte, nur hin und wieder leise seufzend, und wenn sie ihn zärtlich drängte, ihm mit kleinen Gesten und Liebkosungen anzudeuten versuchte, wonach sie selbst sich sehnte, begann er von seiner Zeit als junger Unterleutnant zu sprechen, als er noch mit der Verfolgung der Unzucht beauftragt gewesen war, von den schrecklichen Dingen, die er bei den Dirnen und ihren Freiern gesehen hatte. Als wollte er sie damit von ihrer Sehnsucht kurieren wie mit einer bitteren Medizin.
»Hier, bitte, dein Tee.«
»Danke, das ist sehr lieb von dir.« Er legte die Zeitung beiseite und berührte mit seiner Hand ihren nackten Arm.
Sophie spürte ein heftiges Kribbeln auf ihrer Haut. Wenn er sie doch nur einmal richtig berühren würde! Wie sehr hoffte sie, dass seine Hand sich bewegte, jeder Fleck, jede Pore ihrer Haut verzehrte sich danach, schrie, winselte, flehte, dass er ihren Arm streichelte, ihre Schulter, ihren Hals, ihren Nacken, ihre Brüste. Dieses Sehnen in ihrem Leib, das sich in warmen Wellen von ihrem Schoß ausbreitete, war kaum noch zu ertragen.
»Habe ich dir eigentlich schon gesagt, dass ich sehr glücklich bin, dich zur Frau zu haben?«

Sartine zog seine Hand zurück. Die Berührung hatte keine Sekunde gedauert.

»Ja.« Sie nickte. »Und ich freue mich auch darüber.«

Wie oft hatte er ihr das schon gesagt, fast jeden Tag, seit sie verheiratet waren. Aber wie viel lieber wäre es ihr gewesen, er würde es sie spüren lassen! Wenn er sie einfach nehmen und küssen, sie an sich drücken und pressen würde, bis sie keine Luft mehr bekam! Stattdessen hob er wieder seine Zeitung vors Gesicht. Die Stille im Raum legte sich um ihren Hals wie eine riesige Hand. Während der Straßenlärm draußen von dem geschlossenen Fenster abprallte wie das schwache Echo weit entfernter Freuden, war hier drinnen nur das Rascheln der Zeitung zu hören und hin und wieder das leise Klappern und Schlürfen, wenn Sartine einen Schluck Tee zu sich nahm.

Resigniert wandte Sophie sich ab, um das Geschirr zu waschen. Nein, sie war ihrem Mann nicht böse, sie war nur traurig. Und diese Trauer saß so tief und fest in ihr, dass sie sich nicht vorstellen konnte, je davon erlöst zu werden.

»Können wir nächsten Sonntag nicht auch mal aufs Land? Was meinst du?«

»Aufs Land? Ja, warum nicht, ich will darüber nachdenken.«

Sartine zog seine Repetieruhr aus der Tasche und blickte auf das Zifferblatt. »Was, so spät?«, sagte er dann, plötzlich in Eile. Er trank einen letzten Schluck Tee, faltete die Zeitung zusammen und stand auf. »Ich muss noch mal fort.«

»Heute? Am Sonntagabend? Ich dachte, wir würden vielleicht …«

»Ein wichtiger Einsatz, leider.« Er streichelte ihre Wange, so flüchtig, dass sie die Berührung kaum spürte. »Übrigens, man hat mir versprochen, wenn ich mich weiter wie bisher bewähre, bekomme ich in diesem Jahr vielleicht eine Woche Urlaub. Dann könnte ich nach Beaulieu fahren, für dich.«

Er gab ihr einen Kuss auf die Wange. Sie wollte die Arme um ihn schlingen, um seinen Kuss zu erwidern, mit einem richtigen Kuss, doch er wehrte sie ab, ebenso sanft wie entschieden.

»Jetzt nicht!« Und mit einem müden Kopfschütteln: »Tut mir wirklich Leid.«

Wenig später hörte sie, wie er im Treppenhaus die Stiege hinabging, hörte jeden seiner Schritte, Stufe für Stufe, so deutlich, dass sie ihn dabei vor sich sah, seine Haltung, sein Gesicht.

Ob er jetzt erleichtert war, nicht mehr in ihrer Nähe sein zu müssen?

Nein, es war nicht Geldgier, weshalb Sartine auf die Idee verfallen war, sonntags einen Kostgänger an ihren Tisch zu laden. Er wollte nur vermeiden, allein mit ihr zu sein. Das war die einfache Wahrheit, Sophie hatte es längst erkannt. Aber warum? Was hatte er gegen sie? Sie wusste nicht, wie lange sie das noch aushalten würde, ohne wahnsinnig zu werden.

Als sie sich umdrehte, fiel ihr Blick auf die Kommode, in der ihr Mann das Buch versteckt hielt, in dem er manchmal las, bevor sie sich zum Schlafen niederlegten.

Was war das für ein Buch, das er dort vor ihr verbarg?

Kaum stieg die Frage in ihr auf, befiel sie jenes drängende, unabweisbare Gefühl, das sich früher, als sie noch alleine lebte, in so vielen Nächten ihrer bemächtigt hatte wie eine Versuchung, in ihrer Kammer über dem »Procope«, wenn sie vor ihrem Schatzkästlein saß, der kleinen Kiste voller Buchstaben und Schriftzeichen, und sie nicht wusste, ob sie es öffnen sollte oder nicht.

5

In dem Gewühl der Ausflügler war fast kein Vorwärtskommen. Was für eine liederliche Gesellschaft, dachte Sartine, während er sich mühsam seinen Weg bahnte. Überall blickte er in die Gesichter von Liebespaaren, die in der Abendsonne selig von den viehischen Vergnügungen in den Dorfkneipen leuchteten, wo Männer und Frauen sich sinnlos betranken und barfuß im Kreise tanzten und dabei so viel Staub aufwirbelten, dass man die Hand vor Augen nicht mehr sah. Nach solchen Vergnügungen sehnte sich seine Frau ... Bei der Erinnerung an Sophies trauriges Gesicht schmerzte das schlechte Gewissen Antoine Sartine wie ein krankes Herz, und einmal mehr verfluchte er seinen elenden Körper.

Aber gab es nicht Wichtigeres, was ein Mann für seine Frau tun konnte, als sie am Sonntagnachmittag auszuführen? Er hoffte, dass er endlich Urlaub bekam – er würde alles daransetzen, um Licht in Sophies Vergangenheit zu bringen. Damit sie nicht länger unter den fürchterlichen Ereignissen ihrer Kindheit zu leiden brauchte, die sie mit sich durchs Leben schleppte wie einen großen schweren Sack, der an ihrem Rücken festgenäht war.

Wenn sie nur bereit wäre, ihm zu helfen! Nach ihrer Heirat

hatte er Sophie aufgefordert, Augen und Ohren im »Procope« offen zu halten und ihm alles zu melden, was ihr verdächtig erschien. Aber sie hatte ihm nie etwas berichtet, obwohl es in dem Café von Aufrührern nur so wimmelte. Weshalb nicht? Weil sie ihre Gäste nicht bespitzeln mochte? Er konnte in solchen Ermittlungen nichts Schlechtes erkennen, sie dienten dem Wohl von Kirche und Staat. Er selbst besorgte sich seine Informationen ja auch aus den verschiedensten Quellen, erkundigte sich bei Hauswirtinnen und Beichtvätern, befragte Nachbarn von Verdächtigen, verschmähte Geliebte, zornige Söhne und vernachlässigte Gattinnen. Trotzdem respektierte er das Verhalten seiner Frau. Weil er sie liebte.

Sartine überquerte die Place Royale. Vor ihm erhob sich die dreigeschossige, Ehrfurcht gebietende Fassade der Kirche Saint-Paul-Saint-Louis, unter deren Kuppel sich die Pariser Jesuiten versammelten. Hier fand die Lagebesprechung statt, zu der man ihn gerufen hatte. Eilig stieg er die wenigen Stufen zu der Kirche empor, wo ihn zwei Mönche empfingen, um seine Legitimation zu prüfen. Nachdem er seinen Namen und seine Mission genannt hatte, traten sie beiseite und öffneten das Portal.

Wie ein Ruf des Allmächtigen scholl ihm eine Stimme entgegen, als er das Gotteshaus betrat. Auf der Kanzel unweit des weiß schimmernden Marmoraltars stand Père Radominsky und predigte zu einer kleinen Schar Zuhörer, die sich zu seinen Füßen bereits versammelt hatte. Sartine schlug das Kreuzzeichen und rückte in eine Bank.

»Die Philosophen machen mobil«, rief der Jesuitenpater und hob einen gebundenen Prospekt in die Höhe. »Mit dieser Schrift hier, gedruckt in achttausend Exemplaren, fordern sie zur Subskription ihrer Enzyklopädie auf. Acht Textbände und sechshundert Bildtafeln kündigen sie an, die ohne Unterbrechung aufeinander folgen sollen.«

Sartine schaute sich um. Die Worte des Paters machten auf seine Kollegen offenbar keinen großen Eindruck. Aber war das verwunderlich? Nur wenige der Inspektoren und Sergeanten gingen ihrer Arbeit aus innerer Überzeugung nach; für die meisten von ihnen war der Polizeidienst ein Broterwerb wie jeder andere. Ob sie Philosophen oder Prostituierte verfolgten, machte in ihren Augen keinen Unterschied, geschweige denn in den Augen der Spitzel und Zuträger, die Seite an Seite mit den königlichen Staatsbeamten saßen, käufliche Groschenjungen, die für ein paar Sous ihre eigenen Eltern verraten würden. Sartine verachtete sie. Sie waren kaum besser als das Gesindel, das sie überwachten.

»Die Philosophen«, fuhr Radominsky fort, »versprechen den Lesern ihrer Enzyklopädie, ein allgemeines Bild von den Leistungen des menschlichen Geistes zu geben, auf allen Gebieten und in allen Jahrhunderten. Sie rühmen sich, ein Werk zu schaffen, wie es noch keines zuvor gegeben habe, lehrreicher als alle Bücher dieser Welt. Sie nennen es gar ein Heiligtum, in dem sie die Kenntnisse der Menschheit vor den Stürmen der Zeit schützen und bewahren. Tatsächlich aber haben sie nichts anderes im Sinn, als eben solche Stürme selber zu entfachen. Was die Philosophen planen, ist eine Revolution! Eine Aufkündigung aller Werte! Eine neue Ordnung der Dinge! Im Himmel und auf Erden!«

Sartine hörte dem Prediger aufmerksam zu, jedes seiner Worte sorgfältig prüfend. Pater Radominsky war, daran gab es keinen Zweifel, ein Mann, der in der Erfüllung seiner Pflicht ganz und gar aufging. Er glaubte, was er sagte, und sagte, was er glaubte. Er war ein Soldat, geradlinig und unbeirrbar, und kein persönlicher Vorteil würde ihn dazu bewegen, seine Sache zu verraten. Unwillkürlich musste Sartine an Malesherbes denken. War der neue Chef der Zensurbehörde ein ebenso unbestechlicher Charakter? Sartine wusste es nicht, doch sollte er je gezwungen sein, sich zwischen diesen beiden Männern zu entscheiden – er würde nicht lange zögern, um seine Wahl zu treffen.

Er räusperte sich und hob die Hand.

»Sie haben eine Frage?« Verwundert unterbrach Radominsky seine Rede.

Sartine spürte, wie alle Augen sich auf ihn richteten. Er musste sich ein zweites Mal räuspern, bevor er sprach.

»Welche Grundlage haben wir, um gegen Diderot und seine Komplizen vorzugehen? Die Enzyklopädie ist ein legales Unternehmen. Der König hat ihr sein Druckprivileg erteilt.«

»Sie haben Recht«, erwiderte der Pater. »Doch wenn der König die Gefahr verkennt, müssen wir umso wachsamer sein. Sie, die Soldaten der Polizei, sind aufgerufen, es uns Beichtvätern gleichzutun! Hören Sie alles an, aber behalten Sie alles für sich! Sie kennen die Menschen und ihre Verbrechen, ihre Versuchungen und ihre Laster, Sie wissen, wozu sie imstande sind. Ihr Misstrauen darf Sie niemals verlassen, Ihr Zweifel niemals ruhen.«

»Was erwarten Sie von uns, *mon père?*«

»Hinweise, Spuren, Beweise – vor allem aber Verhaftungen! Jeden, der mir einen Enyzklopädisten liefert, werde ich persönlich belohnen.«

Radominsky schaute ihn so eindringlich an, als würden seine Worte ihm ganz allein gelten. Sartine erwiderte den Blick.

War das die Chance, auf die er schon seit langem wartete? Die Chance, sich vor seinem Dienstherrn auszuzeichnen? Für seine Frau – für Sophie?

6

Sophies Hände zitterten, während sie das Buch wie einen kostbaren Schatz betrachtete. *Die geschwätzigen Kleinode* ... Was für ein seltsamer Titel! Welche Geschichte sich wohl dahinter verbarg? Mit klopfendem Herzen schlug sie den Deckel auf. Endlos lange Minuten hatte sie der Versuchung widerstanden und das Buch immer wieder in die Schublade zurückgelegt, in der Sartine es vor ihr verbarg, doch als die Dämmerung anbrach, war ihr Widerstand dahingeschwunden. Gierig wie ein Branntweintrinker, der nach allzu langer Enthaltsamkeit das erste Glas leert, sog sie die Buchstaben in sich auf.

»Es war im Erdenjahr 150 000 003 200 001, als die Herrschaft Mongaguls begann. In weniger als zehn Jahren erwarb der Sultan sich den Ruf eines bedeutenden Mannes. Er führte Schlachten, befestigte Städte, vergrößerte sein Reich und befriedete die Provinzen. Und nicht weniger beliebt als auf dem Thron erwies er sich in seinem Serail: Er war sanft, galant und voller Liebreiz. Die Reize und Vorzüge der jungen Mirzoza aber aufzuzählen muss ich mir versagen, würde ein solches Werk doch kein Ende nehmen ...«

Sophie traute ihren Augen nicht: Was sie da las, war *ihre* Geschichte, der Roman, den Diderot ihr geschenkt hatte.

Sie schaute auf den Einband – der Verfassername fehlte, nur der Druckort war angegeben: Kythera. Was hatte das zu bedeuten? Die Figuren in der Geschichte waren dieselben, die sie kannte, der Sultan Mongagul und die Prinzessin Mirzoza, ebenso der Herrscherpalast, alles stimmte mit ihrer Erinnerung überein, sogar der Magier Cucufa tauchte wieder auf. Irritiert las sie weiter.

»›Hätte es dem Himmel, der mich auf diesen Thron gesetzt hat, einst gefallen, dass ich von niedriger Herkunft wäre – wäret Ihr dann‹, fragte Mongagul die Favoritin, ›zu mir herabgestiegen, um mir die Krone zu reichen?‹ – ›Sollte Mirzoza‹, erwiderte die Favoritin, ›die wenigen Reize, die man an ihr erkennen mag, einst verlieren, würde Mongagul sie immer noch lieben?‹«

Sophie entzifferte die Buchstaben, die Wörter, die Sätze, ohne ihren Sinn zu verstehen. Ja, es war dieselbe Geschichte, die sie da las. Und doch, wie sehr hatte sich alles verändert! Die Liebe zwischen Mongagul und Mirzoza war erkaltet, das Feuer der Favoritin ganz und gar erloschen. Sie war so wenig bereit, die Zärtlichkeiten des Sultans zu empfangen, wie dieser geneigt schien, ihr welche entgegenzubringen. In der Ödnis ihrer Zweisamkeit riefen sie den Magier herbei, der dem Sultan und seiner Favoritin Auskunft über die Liebesabenteuer der Hofdamen geben sollte, um sie aus ihrer Langeweile zu erlösen. Cucufa schenkte Mongagul einen Zauberring, dessen Edelstein, sobald er auf das Kleinod einer Frau gerichtet wurde, dieses dazu brachte, alle ihre Affären zu enthüllen. Was aber war mit dem Kleinod einer Frau gemeint? Sophie hatte eine dunkle Ahnung, hätte sich am liebsten die Antwort erspart, doch der Roman ließ keinen Zweifel, wovon die Rede war, so wenig wie die Bilder, die sie nun entdeckte, Bilder von entblößten Leibern, die sich um- und ineinander wanden. Es war, als würden die Kleinode das Leben jeder Frau bestimmen.

»Die Spröde: Sie tut so, als würde sie ihr Kleinod nicht hören. Die Galante: Ihr Kleinod verlangt viel von ihr, und sie gewährt ihm noch mehr. Die Kokette: Ihr Kleinod ist stumm oder findet kein Gehör; doch flößt sie allen Männern, die sich ihr nähern, die Hoffnung ein, dass ihr Kleinod eines Tages reden und sie sich dann nicht taub stellen könne.«

Dunkle Nacht senkte sich über die Stadt, doch Sophie merkte es nicht. Im Schein einer Lampe las sie weiter, Seite um Seite, ganz im Bann dieser Geschichte, die einst die ihre gewesen war. Was für eine kalte, berechnende Frau war aus der zartfühlenden Mirzoza geworden! Um Mongagul für alle Zeit an sich zu binden, richtete sie ihm einen Harem ein mit tausend Gespielinnen. So konnte sie die Favoritin des Sultans bleiben, ohne selbst den Liebespflichten nachzukommen, nach denen es sie nicht mehr verlangte: eine Kupplerin wie die Matronen jener Häuser, von denen Sophie aus ihrer Zeit im Faubourg Saint-Marceau wusste, Häuser in der Nachbarschaft ihrer Tabakschenke, wo alte Frauen Männern junge Mädchen zuführten, je nach Geschmack und Belieben.

»Alcine war lebhaft und hübsch. Der Hof des Sultans besaß kaum eine reizendere Frau und bestimmt keine galantere. Mongagul richtete seinen Ring auf sie, und augenblicklich vernahm man ein Raunen unter ihren Röcken … In rascher Folge richtete Mongagul seinen Ring auf alle Frauen außer auf Mirzoza, und alle Kleinode gaben eines nach dem anderen Antwort: ›Ich werde häufig besucht, ich bin beschädigt, verlassen, parfümiert, erschöpft, schlecht bedient, gelangweilt …‹«

Die Buchstaben verschwammen vor Sophies Augen, während Tränen an ihren Wangen herabliefen. Immer scheußlicher, immer widerwärtiger wurden die Geschichten, die der Ring des Magiers den Kleinoden der Frauen entlockte. Noch nie hatte Sophie von solchen Dingen gehört: Paare, die sich unter freiem Himmel liebten, in öffentlichen Bädern und vor fremden Augen, zu zweit, zu viert, im Dutzend ... Gegen ihren Willen spürte sie das Kribbeln in ihrem Nacken, fühlte, wie die Lust ihren sehnenden Leib mehr und mehr in Besitz nahm, jenes drängende, unabweisbare Verlangen, das seinen Ursprung zwischen ihren Schenkeln hatte, um sich von dort in ihrem ganzen Körper auszubreiten wie ein warmer Strom, als wären die ungeheuerlichen Fantasien, die den Buchstaben vor ihren Augen entstiegen, Antwort auf all die Enttäuschungen und Entbehrungen, die sie in den zwei Jahren ihrer Ehe erfahren und erlitten hatte. Oder als würde ihr eigenes Kleinod zu reden anfangen.

»Was tust du da?«

Sophie hatte nicht gehört, dass ihr Mann zurückgekehrt war. Sartine schaute sie an, als wäre sie eine Fremde. Sein sonst so freundliches Gesicht war ausdruckslos, seine Augen blickten hart und kalt. So musste er aussehen, wenn er jemanden verhaftete.

»Das ist nichts für dich«, sagte er und nahm ihr das Buch aus der Hand. »Oder willst du dich an den Bildern schadlos halten?«

»Schadlos? Wofür?« Vollkommen durcheinander flüsterte sie: »Ich begreife das alles nicht.«

»Was begreifst du nicht?«, fragte er scharf.

»Alles«, stammelte sie. »Die ganze Geschichte hat sich verändert, die Menschen, was sie tun ... Nichts ist mehr so, wie es war. Die Prinzessin, Mirzoza, wie konnte sie so werden? Sie hat den Sultan doch geliebt ...«

Ohne die Tränen zu spüren, die an ihren Wangen herabrannen, ohne die Worte zu hören, die sie selber sagte, starrte sie Sartine an, griff nach seinen Händen, als suche sie bei ihm Halt.

Ihr Mann aber rührte sich nicht.

»Woher weißt du, wie die Prinzessin heißt?«, fragte er. »Woher kennst du überhaupt die Geschichte? Du kannst doch gar nicht lesen!«

»Die Geschichte gehört mir«, sagte sie, gefangen im Dunkel ihrer Gefühle. »Er hat sie mir doch geschenkt ...«

»Er? Wer ist *er?«*

»Diderot ...«, flüsterte sie.

Erst jetzt verlor Sartine seine Fassung.

»Was sagst du da?«, fragte er, das Gesicht voll ungläubigem Staunen. »Diderot? Soll das heißen, *er* hat diese Schweinereien geschrieben?«

7

»Manchmal frage ich mich, was Sie wirklich wollen, Diderot. Ein Nachschlagewerk oder eine Kriegsmaschine?«

»Ist das nicht dasselbe? Jedes Wort, das der Wahrheit entspringt, ist eine Waffe, jeder Artikel ein Sturmgeschütz des Geistes gegen den Aberglauben.«

»Mag sein.« D'Alembert wog nachdenklich den Kopf. »Doch wenn das so ist, haben wir doppelten Grund zur Vorsicht.

Wir dürfen den Bogen nicht überspannen. Ein Stirnrunzeln des Zensors, und wir landen in der Bastille. Alles hängt von den Grenzen ab, die wir ziehen, von der Ordnung, die wir den Dingen geben. Sie darf uns auf keinen Fall verraten.«

Umgeben von Diderots Zettelkästen, brüteten die Herausgeber der Enzyklopädie über der schwierigsten Aufgabe des ganzen Werks. Unendlich war das Meer des Wissens, durch das sie navigierten. Nach welchen Prinzipien konnten sie es gliedern? Erst eine völlig neue Ordnung der Dinge, die systematische Verkettung allen Wissens, würde den eigentlichen Wert ihres Werkes ausmachen. Darin waren sie sich beide einig. Die Enzyklopädie sollte im Unterschied zu gewöhnlichen Wörterbüchern, die einzelne Begriffe gesondert für sich definierten, eine vollständige Weltkarte des menschlichen Geistes werden, die nicht nur die verschiedenen Bereiche der Erkenntnis abbildete, sondern zugleich auch ihre Lage und Größe wiedergab, ihre wechselseitige Abhängigkeit sowie ihre Verbindungen untereinander – wie die Länder auf einer geografischen Karte. Doch wie war es um diese Beziehungen bestellt? Wie verhielt sich die Wissenschaft zur Kunst? Wie die Kunst zum Handwerk? Wie das Handwerk zur Technik? Wie die Technik zur Philosophie? Wie die Philosophie zur Theologie? Seit Wochen rangen die beiden schon um Antworten auf diese Fragen, ordneten, gliederten, verwarfen, um immer wieder von vorn zu beginnen.

»Ist letztlich nicht jeder Versuch, die Wirklichkeit in ein System zu pressen, vollkommen willkürlich?«, fragte Diderot mit einem Anflug von Verzweiflung. »Die Wirklichkeit bietet uns ja nur beliebige Einzeldinge, ohne feste Unterteilungen.

Alles fließt, geht ineinander über, unmerklich, in kaum wahrnehmbaren Nuancen. Wie können wir da hoffen, die wahren Verhältnisse zu treffen?«

»Wissenschaftlich betrachtet haben wir nur eine Möglichkeit«, erwiderte d'Alembert. »Wir müssen Tabula rasa machen, ganz von vorn anfangen, bei den allerersten Ursprüngen, wie auf einer blank gewischten Schiefertafel. Erst dann können wir die einzelnen Ergebnisse der Wissenschaften und Künste darauf eintragen, in methodischem Fortgang, nach den Prinzipien der Mathematik, *clare et distincte.*«

»Das klingt ja wie ein Lehrbuch der Geometrie! Wo bleibt da das wirkliche Leben?«

Der Ton des Gesprächs wurde plötzlich gereizt. Diderot hasste die herablassende Art, mit der d'Alembert ihn manchmal belehrte; umgekehrt wurde d'Alembert jedes Mal angst und bange, wenn Diderot sich auf das »wirkliche Leben« berief. Sie waren wie ein altes Ehepaar: Sie brauchten einander, ohne sich jedoch zu lieben.

»Leben ist Chaos«, erklärte d'Alembert, »Denken ist Ordnung! Das wusste schon Bacon.«

»Und was ist dabei herausgekommen? Die ganze Geschichte der Philosophie ist nichts als ein fortwährendes geistiges Möbelrücken. Statt das Gebäude selbst zu renovieren, hat man nur die Einrichtung immer wieder hin und her geschoben. Das menschliche Wissen im Prokrustesbett von Logik und Metaphysik.«

Diderot nahm einen Bogen Papier und skizzierte darauf einen Baum mit einem mächtigen Stamm und einer noch mächtigeren Krone mit zahlreichen Verästelungen und Gabelungen, die unterschiedlich große Kreise miteinander verbanden. In diese trug er einzelne Begriffe ein: Himmelskunde, Chirurgie, Malerei, Wollproduktion, schwarze Magie – in jeden Kreis der Baumkrone einen Begriff.

D'Alembert hob die Brauen. »Der Baum des Wissens?«

»Ja. Wie bei Ihrem verehrten Francis Bacon. Das ganze Wissen als ein organisches Ganzes, trotz der Verschiedenheit seiner Zweige.«

»Die Jesuiten werden behaupten, wir hätten Bacon kopiert.«

»Umso besser«, rief Diderot, »dann merken sie nicht, wenn wir ihn verändern! Bacon ist ein Heiliger, er macht uns unangreifbar. Solange wir uns auf ihn berufen, kann uns niemand in die Bastille werfen.«

Diderot nahm wieder die Feder zur Hand und kreuzte mehrere Kreise in der Baumkrone aus.

»Was soll das?«, fragte d'Alembert.

»Können Sie es nicht erraten?«, fragte Diderot zurück, während er weitere Kreise durchstrich.

»Oh, jetzt begreife ich.« Ein scheues Lächeln erhellte d'Alemberts Gesicht. »Sie meinen, statt den Wissensbaum zu verändern oder zu vergrößern, sollten wir ihn erst einmal stutzen?«

Diderot nickte. »Wahre Philosophie ist bescheiden. Sie lässt als Wahrheit nur gelten, was sich durch Vernunft und Erfahrung erschließt. Alle anderen Behauptungen sind Dogmen oder Vorurteile. Sie gehören in die Kirche, nicht in die Enzyklopädie.«

»Das bedeutet allerdings, dass wir das meiste, was den Menschen heilig ist, verstoßen müssen.« Aus d'Alemberts Augen sprach wieder die alte ängstliche Sorge. »Doch vom Standpunkt der Wissenschaft aus kann ich Ihnen nicht widersprechen.« Plötzlich verhärteten sich seine weichen Züge, und er

nahm Diderot die Feder aus der Hand. »Ich glaube, ich weiß jetzt, wo wir die Grenze ziehen müssen.«
»Dann sind Sie klüger als ich.«
»Sie haben es doch gerade selbst gesagt. Hier«, erklärte d'Alembert und zog einen Strich quer über das Blatt, »zwischen dem, was wir wissen, und dem, was wir nicht wissen können. Das ist unsere Grenze, die methodisch begründete Scheide zwischen gesicherter Erkenntnis und metaphysischer Spekulation.«
Diderot grinste ihn an.
»Aber Monsieur«, sagte er mit einer Mischung aus Spott und Bewunderung, »sind Sie noch bei Trost? Was wird Magister Bacon dazu sagen?«
D'Alembert ließ sich nicht beirren. »Bacon war noch in finsterster Nacht geboren, er musste erst die Ketten der Scholastik zerbrechen. Für uns. Wenn wir seinen Baum verwenden, ist es unsere Pflicht, ihn neu zu zeichnen, nach bestem Wissen und Gewissen.« Mit zunehmender Sicherheit trug er seine Korrekturen in die Skizze ein. »Wenn wir das Ganze als ›System der menschlichen Kenntnis‹ bezeichnen, dann steht über allen einzelnen Bereichen der Verstand. Stimmen Sie mir darin bei?«
»Mit Vergnügen. Doch was kommt unter dem Verstand?«
»Woraus leiten wir unsere Kenntnisse ab?«, fragte d'Alembert zurück. »Aus den Dingen selbst? Aus der Offenbarung?« Er schüttelte den Kopf. »Ich würde sagen, aus unseren eigenen Fähigkeiten. Sie prägen und formen alles, was wir wissen.«
»Das verstehe ich nicht. Geben Sie mir ein Beispiel.«
»Nehmen Sie die Geschichte. Sie ist das Resultat unseres Erinnerungsvermögens, unseres Gedächtnisses. Ganz ähnlich verhält es sich mit der Philosophie – sie gründet in unserer

eigenen Vernunft. So wie wir die Poesie unserer Einbildungskraft verdanken.« Er schrieb die drei Begriffe unter die Wurzel des Baumes. »Damit wären meiner Meinung nach die Hauptstränge benannt.«

D'Alemberts braune Augen glänzten, als würde er in seinem Innern alles bereits vor sich sehen – *clare et distincte.* Diderot konnte nur staunend versuchen, seinen Gedanken zu folgen.

»Sie meinen, Gedächtnis, Vernunft und Einbildungskraft sind die drei großen Kategorien?«

»Ja. Sie bilden zusammen den Stamm des Wissensbaums, aus dem alle anderen Äste und Zweige hervorgehen.«

»Aber wo bleibt die Theologie? Wenn wir die unterschlagen, sind wir geliefert!«

»Auch in der Theologie leiten sich die Tatsachen von der Geschichte ab und beziehen sich auf das *Gedächtnis*, sogar die Prophezeiungen. Sie sind ja nur Geschichte, bei der die Erzählung dem Ereignis vorausgeht. Die Mysterien, die Dogmen, die Gebote sind ewige Philosophie und göttliche *Vernunft*, und die Gleichnisse der Bibel entspringen der *Einbildungskraft.*«

Diderot ging ein Licht auf. »Sie haben absolut Recht – eins folgt aus dem anderen.« Er nahm d'Alembert den Federkiel aus der Hand und führte die Zeichnung dort weiter, wo der andere sie unterbrochen hatte. »Demnach würde sich die Geschichte gliedern in Kirchengeschichte, weltliche Geschichte, Naturgeschichte usw.; die Philosophie in Wissenschaft von Gott, Wissenschaft vom Menschen, Wissenschaft von der Natur; die Poesie in erzählende Dichtung, dramatische Dichtung, allegorische Dichtung.«

»Genau! Und so gelangen wir«, fuhr d'Alembert fort, »zur

Theologie, Physik, Metaphysik, Mathematik, ferner zur Meteorologie, Hydrologie usw.«

»Nicht zu vergessen«, ergänzte Diderot, »zur Mechanik, Astronomie, Optik ...«

»Natürlich. Und die verschiedenen Wissenszweige können wir miteinander verbinden, durch Querverweise zwischen den einzelnen Artikeln, aus denen sich das Ganze zusammensetzt wie die Natur aus den einzelnen Phänomenen ...«

»Durch die Verflechtung der Wurzeln mit den Zweigen. Um zu zeigen, wie sie ineinander wirken und sich gegenseitig erklären ...«

»Weil man die einzelnen Teile des Ganzen unmöglich erkennen kann, ohne sich mit den höher und tiefer gelegenen zu beschäftigen ...«

Während ihre Ideen immer schneller aufeinander folgten, wuchs auf dem Blatt vor ihnen der neue Baum des Wissens, der die Summe der menschlichen Kenntnisse in revolutionärer, noch nie da gewesener Weise gliederte. Theologie und Metaphysik, die den alten Wissensbaum mit ihrem welken Laub so sehr überwuchert hatten, dass die anderen Disziplinen darunter sich kaum entfalten konnten, verkümmerten nun zu ein paar dürren Ästen und Zweigen, während die Philosophie und Naturerkenntnis zusammen mit den Handwerken und mechanischen Künsten sich immer weiter ausbreiteten, in immer neuen Verästelungen und Verzweigungen.

Als sie mit der Zeichnung fertig waren, war draußen ein neuer Tag angebrochen. Vollkommen übermüdet, doch immer noch wie im Rausch, betrachteten sie ihr Werk. Nach wie vor prangte die Wissenschaft von Gott hoch oben über allen anderen Wissenschaften und Künsten, nicht anders als vormals bei Bacon, als wäre sie weiterhin die unumschränkte Herrscherin;

tatsächlich aber hatte ein Heer einst namenloser Kenntnisse und Fertigkeiten den neuen Wissensbaum fast vollständig für sich erobert.

Die zwei schauten sich an. Hatten sie es geschafft, den Gordischen Knoten durchschlagen?

»Ich glaube, wir können uns gratulieren«, sagte Diderot und reichte d'Alembert die Hand.

»Francis Bacon möge uns beschützen!«, seufzte der andere und erwiderte sein Lächeln.

Als er in die hingestreckte Hand einschlug, wurden im Treppenhaus eilige Schritte laut.

»Was ist los?«, fragte d'Alembert irritiert. »Haben Sie Ihren Mietzins nicht bezahlt?«

»Weiß der Teufel«, fluchte Diderot. »Der neue Monat hat doch noch gar nicht angefangen.«

Da flog die Tür auf. Im nächsten Moment standen zwei Fremde im Raum.

»Wer von Ihnen ist der Schriftsteller Denis Diderot?«

»Ich«, sagte dieser, ohne zu begreifen. »Womit kann ich Ihnen dienen?«

»Polizei«, erwiderte der eine Fremde und hielt ihm ein amtliches Siegel vor die Nase. »Sie sind verhaftet!«

8

Es war alles so schnell gegangen, dass Diderot, als er Stunden später in der Hauptwache der Pariser Polizei auf seine Vernehmung wartete, die Ereignisse immer noch nicht begriff.

Gegen neun Uhr waren die Beamten wie aus dem Nichts bei ihm aufgetaucht, um ihn in einem vergitterten Kutschwagen hierher zu verschleppen. Was in aller Welt warf man ihm vor? Seiner Frau Nanette hatte er, zu ihrer und zu seiner eigenen Schonung, nur gesagt, er würde in Geschäften ausgehen und wahrscheinlich auswärts zu Mittag essen – wenn sie bis zum Abend nichts von ihm höre, solle sie Nachricht bei seinem Verleger Le Bréton einholen.

Zum Glück hatten sie d'Alembert laufen lassen und sein Arbeitszimmer nur flüchtig durchsucht. Nicht auszumalen, wenn sie in den Pappkartons mit all den Notizen und Unterlagen gewühlt hätten! Der Inhalt war der reinste Sprengstoff. Diderot rieb sich den Arm. Er schmerzte noch von dem Schlag, den einer der Beamten ihm bei der Verhaftung versetzt hatte, um ihn an der Annahme der Korrekturfahnen zu hindern, mit denen ein Druckerlehrling gerade angekommen war, als sie das Haus verließen. Der Beamte hatte den Text an sich genommen – Diderot hoffte nur, dass es nicht der *Blindenbrief* war, den er von Le Bréton angefordert hatte, um ein paar Passagen zu korrigieren, bevor die zweite Auflage in Druck ging. Wenn der blaue Fleck an seinem Arm der einzige Schaden war, den er an diesem Morgen davontrug, wollte er sich glücklich preisen.

Ungeduldig schaute Diderot sich um. Herrgott, wann würde er endlich erfahren, was sie mit ihm vorhatten? Auf dem Flur der Hauptwache herrschte trotz der frühen Stunde bereits reger Betrieb. Die Soldaten der Nachtbrigade, die mit ihren Spitzeln bis zum Morgengrauen in den Straßen und Gassen unterwegs gewesen waren, um nach verdächtigen Individuen zu spähen, führten ihre Verhafteten vor, zumeist kleine Diebe oder Ganoven, die des Nachts die Hauptstadt unsicher machten. Außerdem bevölkerte ein Dutzend Dirnen, die in irgendeinem Bordell aufgelesen worden waren und jetzt vor Müdigkeit gähnten, den Gang. Ein kleinwüchsiger Kommissar mit heller Kinderstimme, der ständig auf den Fußballen wippte, teilte sie in zwei Gruppen ein: Die einen schickte er ins Hospiz zur Behandlung, die anderen in die Bastille zur Besserung.

Ab und zu ging eine Tür auf, und Diderot erhaschte einen Blick auf den Sekretär des Generalleutnants. Wer ins Gefängnis ging und für wie lange, entschied allein dieser Mann. Dutzende von Menschen umstanden ihn, um ihre Klagen und Anliegen vorzubringen. Die Gesuche auf seinem Tisch stapelten sich in solchen Massen, dass die Bürodiener, die sie einsammeln wollten, sie kaum zu schleppen vermochten, während vor Furcht zitternde Bittsteller ihn mit »Euer Gnaden« anredeten. Man bedrängte ihn, schob ihm Geschenke zu und flüsterte ihm ins Ohr. Er aber antwortete stets nur mit wenigen Worten oder einer Geste. Diderot spürte, wie die Wut in ihm hochkochte. Wie konnte die Freiheit so vieler Menschen von einem einzigen Mann abhängen! Scheinbar ohne nachzudenken, entschied der Sekretär in Sekunden über jeden Fall, den ihm die Ankläger vortrugen. Die Bastille verschlang alles, was da kam, auch wenn die meisten von denen, die in das gefürchtete Gefängnis gerieten, verdorbener als zuvor von dort zurückkehrten.

»Mitkommen!«

Ein Gardist führte Diderot in einen kleinen, finsteren Raum, in dessen Rückwand als Fenster nur ein winziges Loch eingelassen war. In der Düsternis konnte er kaum etwas erkennen.

»Bitte nehmen Sie Platz!«

Jemand zündete eine Kerze an. Diderot drehte sich um, verwundert über den höflichen Ton der Anrede. Erst jetzt sah er den Tisch in der Mitte des Raums, und dahinter den Beamten, der ihn verhören würde. Als dieser den Kopf zu ihm wandte, blickte er in ein vertrautes Gesicht.

»Monsieur Sartine?«, fragte er ungläubig.

»Ganz richtig«, erwiderte dieser ohne eine Regung, während er mit der Hand auf einen Stuhl vor seinem Tisch wies.

»Aber«, stammelte Diderot, »wir ... wir kennen uns doch ...«

»Das tut nichts zur Sache.«

Diderot wusste, dass er eine vollkommen unsinnige Bemerkung gemacht hatte, und verfluchte sich dafür. Tausend Gedanken schossen ihm durch den Kopf, als er Platz nahm. Was hatte das zu bedeuten, dass ausgerechnet dieser Mensch ihn vernahm? Hatte Sartine seine Verhaftung veranlasst? Wollte er sich etwa an ihm rächen? Wegen Sophie?

Bevor er eine Frage stellen konnte, zeigte Sartine ihm seinen Verhaftungszettel: ein paar wenige, flüchtig hingekritzelte Zeilen. Diderot konnte nur den Namenszug entziffern. Er stammte von d'Argenson, dem Vizekanzler und Siegelbewahrer.

»Am besten wird es sein, Sie bekennen sich zu Ihrer Schuld.«

»Wie denn? Ich weiß ja nicht einmal, was man mir vorwirft!«

»Nicht?« Sartine hob verwundert die Brauen. »Hat man Ihnen das nicht mitgeteilt? Das ist natürlich eine Unkorrektheit, für die ich mich entschuldigen muss. Die Anklage lautet auf Verbreitung sittengefährdender Schriften.«

»Da müssen Sie sich irren. Ich habe mir nichts dergleichen vorzuwerfen.«

»Bitte lassen Sie das! Sie wurden zweifelsfrei als Autor eines pornografischen Romans identifiziert.« Sartine schob eine

Akte beiseite und hob ein Buch hoch. »Das haben Sie doch geschrieben, nicht wahr?«

Diderot erkannte sofort ein Exemplar der *Geschwätzigen Kleinode*.

»Wenn Sie Ihre Schuld zugeben, wird Ihr Geständnis bei der Urteilsbemessung Berücksichtigung finden. Wenn Sie leugnen, schaden Sie sich selbst.«

»Ich kann nur wiederholen, was ich bereits sagte: Ich habe nichts mit diesem Buch zu tun.«

»Wirklich nicht?«

Diderot schüttelte den Kopf.

»Nun gut. Wenn Sie nicht wollen, werden wir den Fall auf unsere Weise klären.«

Sartine hob ein Glöckchen vom Tisch und läutete. Gleich darauf betrat einer der Beamten, die Diderot verhaftet hatten, den Raum.

Sartine gab ihm das Buch und sagte: »Bitte gehen Sie damit zu dem Verleger Le Bréton in der Rue de la Harpe und fragen Sie ihn nach dem Namen des Verfassers. Sollte er sich weigern, ihn zu nennen, machen Sie ihn darauf aufmerksam, dass wir dann ihn selbst anstelle des Autors zur Rechenschaft ziehen werden. Gedruckt in Kythera – dass ich nicht lache! Wir haben genügend Hinweise, dass dieses Buch aus seiner Werkstatt stammt. Also los, beeilen Sie sich! Worauf warten Sie noch?«

»Da ist noch etwas, das wir bei der Verhaftung heute Morgen konfisziert haben.« Der Beamte hob die Druckfahnen in die Höhe, die Le Brétons Lehrling hatte abgeben wollen. »Wahrscheinlich eine philosophische Abhandlung. Ich habe jedenfalls kein Wort verstanden.«

»Wie lautet der Titel?«

»Brief an die Blinden, oder so ähnlich.«
»Interessant! Zeigen Sie mal her!«
Der Beamte reichte ihm die ungebundenen Seiten.
»Mein Kompliment, Monsieur Diderot«, sagte Sartine, während er in dem Korrekturabzug blätterte. »Ich wusste gar nicht, was für ein vielseitiger und produktiver Autor Sie sind. – Oh, was sehe ich da? Der Brief richtet sich an Madame de Puisieux?« Sartine gab die Bogen seinem Beamten zurück. »Gut gemacht, Konstabler! Wenn Sie mit dem Verleger sprechen, überprüfen Sie die Herkunft dieses Textes gleich mit!«
Sartine erhob sich, dann ging er mit dem Beamten hinaus. Diderot hörte, wie ein Schlüssel umgedreht wurde. Allein in dem Raum, hielt es ihn nicht länger auf seinem Stuhl. In was für eine Sache war er da hineingeraten? Er spürte förmlich, wie sich die Schlinge um seinen Hals immer enger zuzog. Sartine schien sogar von seiner Mätresse zu wissen ... Jetzt kam alles auf seinen Verleger an. Aber konnte er sich auf das Walross verlassen? Einerseits war Le Bréton auf ihn angewiesen, andererseits ... Diderot schloss die Augen. Falls Sartine ihm nachweisen konnte, dass er den *Blindenbrief* verfasst hatte, würde er für Jahre in die Bastille wandern. D'Alembert würde sich einen neuen Mitherausgeber für die Enzyklopädie suchen, und andere würden sein Werk vollenden, während er in seiner Zelle vermoderte. Und Nanette musste mit dem Sohn aus der Wohnung ausziehen und sich ein Zimmer in der Vorstadt suchen.
Diderot stieß einen Fluch aus. Dieser elende kleine Roman ... Seinen rechten Daumen würde er hergeben, könnte er ihn dadurch ungeschrieben machen.
Um sich abzulenken, zog er die Bücher aus seinem Rock, die er bei der Verhaftung eilig eingesteckt hatte, die *Verteidigung*

des Sokrates und das *Verlorene Paradies.* Doch er war viel zu nervös, um sich auf die Lektüre zu konzentrieren. Wer hatte Sartine nur verraten, dass *Die Geschwätzigen Kleinode* auf sein Konto gingen? Ein neidischer Schreiberling aus dem »Procope«? Das war ziemlich unwahrscheinlich. Wenn es gegen die Polizei ging, hielten die Autoren gewöhnlich zusammen, auch wenn sie untereinander spinnefeind waren. Irgendein Spitzel oder Denunziant? Schon eher. Es wimmelte in den Cafés von solchen Kreaturen – sogar unter den Druckern und Setzern gab es Verräter, die für ein paar Sous ihr Wissen verkauften.

Oder – Diderot wagte den Gedanken kaum zu denken – Sophie?

Es dauerte keine Stunde, bis die Tür wieder geöffnet wurde und Sartine zurückkehrte, zusammen mit zwei Wachsoldaten, die Diderot bisher noch nicht gesehen hatte.

»Ganz wie ich vermutet hatte«, sagte der Inspektor. »Der Verleger Le Bréton hat Ihre Urheberschaft an dem Roman zweifelsfrei bestätigt. Und ebenso an den Druckfahnen, die heute Morgen bei Ihnen beschlagnahmt wurden.« Kopfschüttelnd schaute er Diderot an. »Für solchen Schund gefährden Sie ein Werk wie die Enzyklopädie?«

Für eine Sekunde schöpfte Diderot Hoffnung. War der Inspektor ein heimlicher Sympathisant?

Doch bevor er den Mund aufmachen konnte, drehte Sartine sich zu den zwei Gardisten in der Tür herum und rief: »Abführen!«

9

Sartines Bericht an seine Vorgesetzten führte zu einem Streit, der unter den schönsten Augen von Frankreich ausgetragen wurde, den Augen der Marquise de Pompadour. Ohne diese Frau wurde in Versailles keine Frage von Belang mehr entschieden. Seit sie ihrem Herrscher nach dem Vorbild eines kleinen erotischen Romans ein veritables Serail eingerichtet hatte, in dem immer wieder andere, immer wieder neue Gespielinnen sich um das Glück Seiner Majestät bemühten, war ihre Stellung am Hof unantastbar. Pläne und Bittschriften, die ihr unterbreitet wurden, bedachte sie nur noch mit einem majestätischen »Wir werden sehen«. Mit diesem »Wir«, das ihr von den Lippen floss, als sei sie mit dem Pluralis Majestatis geboren, schien sie das ganze Königreich unter ihren Befehl zu stellen, und ihre Tochter Alexandrine, die sie wie eine Prinzessin erziehen ließ, nannte sich, wie bei echten Prinzessinnen üblich, nur mit ihrem Taufnamen.

»Der Roman stellt einen gefährlichen Angriff auf die Moral dar. Wenn das Volk die Auffassungen der Liebe und Ehe praktiziert, die in diesem abscheulichen Opuskulum dargestellt werden, löst sich die Gesellschaft auf.«

»Meinen Sie nicht, dass Sie übertreiben? Die *Kleinode* sind doch eine Lappalie. Abgesehen davon, sitzt der Verfasser seit diesem Morgen in einer Zelle und bereut seine Taten. Ich habe ihn auf höchste Anordnung ermitteln und wegsperren lassen.«

»Lappalie? Der Roman beschreibt das Treiben in einem orientalischen Harem! Es reicht nicht, dass dieser Diderot für ein paar Wochen hinter Gitter kommt. Sie müssen ihn ein für alle Mal aus dem Verkehr ziehen!«

»Soll ich mich lächerlich machen? Wenn ich so mit allen Autoren verfahren würde, die irgendwann in ihrem Leben einen schlüpfrigen Roman geschrieben haben, müsste ich halb Frankreich ins Gefängnis stecken. Wer weiß, vielleicht käme ich gar in die Verlegenheit, mich selbst zu verhaften.«

Père Radominsky musste sich beherrschen, um seinen Zorn zu unterdrücken. Statt dass der Direktor der königlichen Hofbibliothek ihn unterstützte, die Arretierung Diderots zum Wohl von Kirche und Staat zu nützen, machte er sich über sein Anliegen lustig. Der Pater hatte zunehmend Zweifel, dass der Sohn des Kanzlers der richtige Mann für das Amt des obersten Zensors von Frankreich war. Dieser Malesherbes war ein intelligenter Bursche, keine Frage, aber ohne jeden Charakter, ein geistreicher Opportunist, der für ein gelungenes Bonmot die Zukunft Frankreichs opfern würde. Es konnte einem übel davon werden! Mit einem gequälten Lächeln wandte Radominsky sich an Madame de Pompadour, die sie beide zu sich gerufen hatte.

»Was ist Ihre Meinung, Marquise? Kann die Regierung Zuchtlosigkeiten dulden, wie dieser Roman sie propagiert?«

Die Pompadour zögerte mit der Antwort. *»Quod licet Jovi, non licet bovi«*, sagte sie dann mit einem so unschuldigen Lächeln, als hätte sie von dem fraglichen Buch nie gehört. »Wenn zwei das Gleiche tun, ist es noch lange nicht dasselbe.«

»Bravo!«, rief Malesherbes. »Ein wahrhaft majestätisches Urteil!«

Radominsky stutzte. Was bedeutete der verständnisinnige Blick, den die Pompadour und Malesherbes gerade tauschten? Sollte am Ende wirklich wahr sein, was am Hof gemunkelt wurde? Dass der Hirschgraben, das neue Lustschloss des Königs … Bevor er etwas Falsches sagte, beschloss der Pater, seine Strategie zu ändern.

»Ich bewundere Ihr Latein, Madame, und noch mehr Ihren philosophischen Esprit. Aber wir dürfen uns keinen Leichtsinn erlauben. Dieser Diderot ist kein unbedeutender Schmierfink, der für ein paar Sous die Geilheit seiner Leser anstachelt, sondern der Herausgeber der Enzyklopädie, mit der die Philosophen uns den Krieg erklären. Wir haben jetzt die einmalige Möglichkeit, der ganzen Bande das Handwerk zu legen, bevor ihr Machwerk erscheint.«

»Ist die Enzyklopädie denn so gefährlich, dass wir davor erzittern müssen?«, fragte die Pompadour. »Meines Wissens handeln die meisten Artikel von Ackerbau und Viehzucht.«

»Dem Schein nach, ja«, erwiderte Radominsky. »Aber der Schein ist die Wirklichkeit des Teufels.«

»Man hat mir in der Jugend beigebracht«, sagte Malesherbes und nahm eine Prise Schnupftabak, »dass Ackerbau und Viehzucht überaus nützliche Dinge sind.«

»Der Teufel bevorzugt zwei Tarnungen«, entgegnete Radominsky, »die Schönheit und den Nutzen.«

»Oho? Wollen Sie unsere Gastgeberin beleidigen?«, fragte Malesherbes amüsiert. »Außerdem, was haben wir bislang in der Hand? Ein paar Dutzend Beiträge, die unsere Spitzel in der Druckerei kopiert haben. Das meiste davon ist todlangweiliges Zeug.«

»Dieser Diderot versteht sein Geschäft«, fuhr Radominsky unbeirrt fort. »Jeder Artikel dieses Wörterbuchs, und mag er scheinbar davon handeln, wie man Gemüse anbaut oder Korn mahlt, ist in Wahrheit eine Attacke auf die orthodoxen Lehren.«

»Fast könnte man meinen, Sie hegen insgeheim Bewunderung für die Philosophen. Mein Gott, was für eine Aufregung um ein Buch! Wenn ich mich nicht irre, wurde auch zu Jesu Lebzeiten Gemüse angebaut, und Korn mahlte man bereits im Alten Testament.«

»Wie hat Madame la Marquise gesagt? Wenn zwei das Gleiche tun, ist es noch lange nicht dasselbe. Begreifen Sie denn nicht? Es geht nicht um Gemüse und Getreide, sondern um die irdische Glückseligkeit. Diese stellen die Philosophen über den Glauben und die gottgewollte Ordnung der Dinge. Das ist der Ungeist, der die Enzyklopädie so gefährlich macht.«

»Dürfen wir darum die Realitäten aus den Augen verlieren? Der Verleger – wie heißt der dicke Mensch noch gleich? Ach ja, Le Bréton – hat angeblich achtzigtausend Livres in das Unternehmen investiert. Dieses Wörterbuch bringt Hunderte von Menschen in Arbeit und Brot. Mag sein, dass es ein paar Irrlehren enthält, aber wer weiß, vielleicht dient es uns mehr als den Herausgebern selbst. Vergessen wir nicht: Hungrige Untertanen sind schlechte Untertanen. Nur wenn sie satt sind, lieben sie den König und seine Regierung.«

»Auf jeden Menschen, den die Enzyklopädie satt macht, kommen Tausende, die sie aufhetzt. Sie schürt Aufruhr und Rebellion.«

»Die Enzyklopädie trägt zum Ruhm Frankreichs bei. Ich habe von unserem Gesandten in London gehört, der englische König sei jetzt schon wütend über die drohende Konkurrenz für seinen geliebten Chambers.«

»Der englische König ist ein Narr. Bildung ist ein Segen für einige wenige Auserwählte, für das Volk ist sie Gift – je mehr es weiß, desto größer werden seine Zweifel«, erwiderte Radominsky. »Wenn wir, die Vertreter der Kirche und des Staats, zulassen, dass die Philosophen ihre von Gott verdammten Lehren ausstreuen, betreiben wir unseren eigenen Untergang. Nein, es ist ein Geschenk des Himmels, dass Diderot der Polizei ins Netz gegangen ist. Und es wäre ein unverzeihlicher Fehler, ihn entkommen zu lassen.«

Er blickte die Pompadour an. Sie musste den Streit entscheiden. Ruhig wanderte ihr Blick, in dem sich schwarze Sündhaftigkeit und blaue Unschuld zu paaren schienen, zwischen den zwei Kontrahenten hin und her.

»Alles in allem sind wir der Meinung«, erklärte sie schließlich, »dass gegen den Herausgeber der Enzyklopädie nichts vorliegt, was eine dauerhafte Inhaftierung rechtfertigen würde – die wirtschaftlichen Interessen, die auf dem Spiel stehen, sind gar zu beträchtlich. Andererseits scheint es uns aber außer Frage, dass Monsieur Diderot einen Denkzettel verdient.«

»An welche Form der Bestrafung denken Sie?«, fragte Radominsky.

»Reden Sie mit Diderot, *mon père,* suchen Sie ihn in seiner Zelle auf. Vielleicht gelingt es Ihnen ja mit Gottes Hilfe, ihn auf den Pfad der Tugend zurückzuführen.«

»Und wenn nicht, Madame?«

»Nun ja, dann werden wir sehen.«

10

Frühabendliche Ruhe war im Café »Procope« eingekehrt. In der Schwebe zwischen Tag und Nacht schien die Zeit für eine Weile zwischen den gelben Wänden unter der verrauchten Balkendecke innezuhalten. An den dunklen Eichentischen wurden nur wenige Gespräche geführt; die meisten Gäste spielten Schach, andere blätterten in ihren Zeitungen, und einige hatten sich auf den wuchtigen, mit rotem Leder bezogenen Stühlen behaglich zurückgelehnt, um ein Nickerchen zu halten, bevor die Wortgefechte und Redeschlachten der neuen Nacht einsetzten.

Sophie nutzte die Pause, um die Arbeiten zu erledigen, die im hektischen Betrieb des Nachmittags liegen geblieben waren. Während sie am Tresen Gläser polierte und diese zusammen mit frisch gespülten Tassen und Tellern in die Regale einräumte, war sie in Gedanken bei ihrem Mann. Sartine war vor einer Stunde nach Beaulieu aufgebrochen. Er hatte am Mittag völlig überraschend Urlaub bekommen und die Nachtkutsche nach Dijon genommen, von wo aus er weiter in Richtung Süden fahren wollte. Wenn alles gut ging, würde er in zwei Tagen am Ziel sein.

Die Vorstellung, dass Sartine in ihrem alten Dorf Nachforschungen anstellte, erfüllte Sophie mit einer Mischung aus Nervosität und Hoffnung. Wer von den Menschen, die damals den Prozess gegen ihre Mutter miterlebt hatten, war wohl noch am Leben? Abbé Morel war schon ein alter Mann gewesen, als sie ihre Heimat verlassen hatte, und Baron de Laterre zählte auch kaum weniger Jahre. Und wenn sie noch lebten – würden sie bereit sein, Sartine Auskunft zu geben, um Licht in das Dunkel zu bringen? Damit Sophie endlich die Wahrheit über den Tod ihrer Mutter erfuhr, den Namen jenes fremden Zeugen, der Madeleine auf dem Gewissen hatte? Bei dem Gedanken, dass sie vielleicht bald schon wissen würde, wer der Mann mit dem Federhut war, wurde Sophie ganz seltsam zumute.

Plötzlich ging die Tür auf, und ein Mann stürzte herein, aufgeregt und außer Atem, als würde er von einer Meute Straßenhunde verfolgt. Sein Anzug sah aus, als wäre er seit Monaten nicht gereinigt worden, und seine runde Perücke war ihm halb vom Kopf gerutscht. Sophie kannte ihn, er war Stammgast im »Procope«, ein Mann mit einer seltsam kehligen Aussprache, der beim Reden manchmal ins Stottern geriet: der Schweizer Schriftsteller Rousseau.

»Sie ha-ha-haben Diderot verhaftet!«

Er rief die Nachricht so laut in das Lokal, dass alle Köpfe sich nach ihm umdrehten. Die Schachspieler schauten von ihren Tischen auf, die Zeitungsleser lugten über den Rand ihrer Blätter, und die Schläfer erwachten auf ihren Stühlen. Auf einmal war das ganze Kaffeehaus in heller Aufregung wie sonst nur am Monatsbeginn, wenn der Mietzins fällig wurde.

»Diderot, verhaftet?«

»Unmöglich! Ich hab ihn doch gestern gesehen!«

»Wann ist das passiert? Wo?«

»Heute Morgen«, rief Rousseau. »Mitten bei der Arbeit.«

Sophie legte ihr Geschirrtuch beiseite, während die Fragen und Rufe wie Hagel auf Rousseau niederprasselten, der Mühe hatte, mit den Antworten nachzukommen. Sophie spürte, wie ihr Herz klopfte. Fast zwei Jahre war es her, dass sie Diderot zum letzten Mal gesehen hatte.

»Einfach entführt?«

»Wie bei der Inquisition?«
»Aber warum? Was wirft man ihm vor?«
»Er soll irgendeinen albernen Roman geschrieben haben. Pornografisches Zeug, ein orientalisches Märchen – was weiß ich!«
»Und wo ist er jetzt?«
»Im Kerker. Sie haben ihn nach Vincennes gebracht. Im vergitterten Kutschwagen.«
»Nach Vincennes? Das ist ja schlimmer als die Bastille!«
»Ja, eine Katastrophe. Aber das ist nicht alles.« Rousseau hob beide Hände und wartete mit flackernden Augen darauf, dass der Lärm sich legte. Erst als kein Ton mehr zu hören und alle Aufmerksamkeit auf ihn gerichtet war, fuhr er fort: »Le Bréton hat ihn verraten – sein eigener Verleger!«
Ein empörtes Raunen ging durch das Kaffeehaus.
»Nein! Das ist nicht wahr!«
»Das würde er nie tun!«
»Doch! Die Polizei hat im Verlag überprüft, von wem der Roman stammt. Und das Schwein hat alles zugegeben.«
Die Nachricht verschlug den Zuhörern die Sprache. Ungläubig starrten sie Rousseau an, der nun den Hergang der Dinge berichtete, mit dem Akzent seiner Genfer Heimat, erst stockend, dann schneller und schneller, bis schließlich die Worte nur so aus ihm heraussprudelten, uferlos. Während er sprach, regte sich in Sophie ein kleiner, böser Verdacht, der mit jedem seiner Sätze größer und größer wurde: Hatte Sartine deshalb so unverhofft Urlaub bekommen? Als Belohnung?
Plötzlich, mitten im Redeschwall, verstummte Rousseau und schaute in die Runde, verunsichert und scheu, als hätte ihn jemand beleidigt.

Ohne zu überlegen, was sie tat, trat Sophie hinter dem Tresen hervor und sagte: »Entschuldigung, Monsieur ...«
»Was ist?«, herrschte Rousseau sie an. »Kannst du mit der Bestellung nicht warten, bis ich dich rufe?«
»Keine Bestellung. Nur eine Frage. Bitte.«
»Dann aber schnell! Was willst du wissen?«
Sophie musste schlucken, bevor sie sprechen konnte, so schwer fielen ihr die wenigen Worte. »Wie«, fragte sie leise, »wie heißt der Roman, wegen dem Monsieur Diderot verhaftet wurde?«

11

Der Turm der Festung Vincennes war in eine milchig graue Dunstglocke eingehüllt, und seine Zinnen schienen sich im Himmel zu verlieren, als Pater Radominsky aus der Kutsche stieg, die ihn zu dem berüchtigten Gefängnis vor den Toren der Stadt gebracht hatte. Hier wurden all jene Gesetzesbrecher in Haft gehalten, welche die Verliese der Bastille nicht mehr aufzunehmen vermochten, und außerdem solche, deren Vergehen nach besonders schwerer Strafe verlangten.
Der Direktor der Festung, ein rosagesichtiger Mann mit sorgfältig gepuderter Perücke, empfing Radominsky am Tor. Der Pater fröstelte, während er seinem Gastgeber einen kalten, feuchten Gang entlang folgte, der nur von einer Fackel beschienen war. Es roch nach Fäulnis und Verwesung. Hinter den Zellengittern links und rechts hausten wie Gespenster Scharen verdreckter, abgemagerter Gestalten, die alle Sün-

den und Verbrechen, zu denen Adams Nachkommen fähig waren, auf ihr Gewissen geladen hatten, und streckten die Hände nach ihnen aus. Am Ende des Ganges waren zwei Gefangene unter der Aufsicht eines Wärters damit beschäftigt, eine kaum verhüllte Leiche in eine aus rohen Bohlen gezimmerte Kiste zu legen: Auswurf der Schöpfung auf dem Weg zum Grabe,

»Friede deiner Seele!«

Radominsky hatte nur einen flüchtigen Blick für den Toten, dem er im Vorbeigehen den Segen spendete. Mit allen Sinnen fieberte er der Begegnung mit dem gefährlichsten Häftling entgegen, der zurzeit in dem Turm einsaß. Der Direktor geleitete ihn eine enge Treppe hinauf in einen von Tageslicht erhellten Raum, wo ein Kerkermeister mit einem riesigen schwarzen Hund, dessen bulliges Gesicht dem seines Herrn auf groteske Weise ähnelte, eine verriegelte Tür bewachte.

»Ich lasse Sie nun allein«, sagte der Direktor. »Aber keine Sorge – der Posten bleibt vor der Tür.«

Ungeduldig schaute Radominsky zu, wie der Kerkermeister die schweren Riegel entfernte. Gleich würde er dem Mann ins Gesicht schauen, der das teuflischste und zugleich großartigste Buch in Angriff genommen hatte, das in Frankreich je geschrieben worden war. Vor dem Disput mit seinem geistigen Gegner war der Jesuit so erregt wie ein Liebhaber vor der ersten Nacht mit einer schönen Frau. Würde es ihm gelingen, den anderen zur Aufgabe zu bewegen? Er wusste, vor ihm lag ein Auftrag, der eines Großinquisitors würdig war.

Mit lautem Knarren öffnete sich die Tür. Radominsky schloss eine Sekunde die Augen, um Gott um Beistand zu bitten. Dann betrat er die Zelle.

»Gelobt sei Jesus Christus!«

»Was wollen Sie? Ich habe niemanden gerufen.«

Radominsky hatte einen finsteren Saulus erwartet – jetzt blickte er in zwei unglaublich helle blaue Augen. Das also war der berühmte Denis Diderot: ein Mann in den besten Jahren, mit breiten Schultern und blondem Schopf, stämmig wie ein Sänftenträger, eingezwängt in einen groben, grauen Rock. An weltlichen Dingen schien sein Herz nicht zu hängen – seine Waden steckten in schwarzen billigen Wollstrümpfen, die mit weißen Fäden gestopft waren und sicher fürchterlich kratzten. Diderot erhob sich von der Pritsche, die das einzige Möbel in der Zelle war, und baute sich mit verschränkten Armen vor ihm auf.

»Wer sind Sie überhaupt?«

»Pater Radominsky, der Beichtvater der Königin. Ich bin gekommen, um Ihnen zu helfen.«

»Wollen Sie mir die Beichte abnehmen?«, erwiderte Diderot. »Da muss ich Sie enttäuschen. Ich habe nichts getan, wofür ich um Vergebung bitten müsste. Im Gegenteil. Ich protestiere ausdrücklich gegen meine Verhaftung. Sie ist ein Akt von Willkür und Freiheitsberaubung!«

»Frei ist allein die unsterbliche Seele, Monsieur Diderot, der Körper ist eine vergängliche Hülle.«

»Umso größere Eile ist geboten, dass diese Hülle hier wieder rauskommt. Es gibt keinen Grund, mich länger in dem Loch festzuhalten.«

»Wirklich nicht?« Radominsky musterte Diderot von Kopf bis Fuß. »Und was ist mit Ihren Schriften?«

»Sie meinen die *Kleinode?*«, fragte Diderot verächtlich. »Dass ich nicht lache! Die Pompadour hat nach dem Vorbild des Romans dem König einen Harem eingerichtet, das pfeifen die

Spatzen von den Dächern, und zum Dank dafür von Seiner Majestät sogar ein neues Lustschloss bekommen.«

Radominksy schüttelte den Kopf. »Sie wissen genau, weshalb man Sie eingesperrt hat. Nicht wegen dieses geschmacklosen kleinen Romans, sondern wegen Ihrer Mobilmachung gegen die Kirche und den Staat.«

»Ich bin getaufter Katholik und treuer Untertan des Königs.«

»Ihr *Blindenbrief* ist Ketzerei, ein materialistisches Manifest im Ungeist Spinozas!«

»Mein *Blindenbrief* ist eine medizinische Abhandlung. Ich schildere darin den wahren Fall des englischen Mathematikers Saunders.«

»Ihre Antwort verletzt meine philosophische Eitelkeit. Halten Sie mich wirklich für so dumm?« Da Diderot schwieg, fuhr Radominsky fort: »Dann erlauben Sie mir, Ihnen Ihre eigenen Thesen in Erinnerung zu rufen. In dem Brief behaupten Sie, der Geist könne weder Materie hervorbringen noch auf sie einwirken. Also müsse die Materie von Ewigkeit sein, und was wir Denken oder Wollen nennen, sei nur ein Modus, eine Art und Weise ihrer Existenz. Wie würden Sie diese Argumentation bezeichnen, wenn nicht als Materialismus?«

»Ich bin ein guter Staatsbürger. Ich sorge mich nur um die Dinge, die das Wohl der Gesellschaft und das Leben meiner Mitmenschen angehen.«

»Ich kenne dieses Gewäsch, Sie stellen es jeder Ihrer Abhandlungen voran. Damit können Sie vielleicht einen faulen Zensor täuschen, aber nicht mich.« Er trat einen Schritt auf Diderot zu und blickte ihn fest an. »Sie leugnen die Existenz Gottes, Monsieur! Um an Gott zu glauben, so Ihre Worte, muss man ihn tasten können.«

Diderot hielt seinem Blick stand. »Meine Philosophie«, erwiderte er, »ist nur der bescheidene Versuch, die Erkenntnisse des Menschen aus seinem eigenen Erkenntnisvermögen abzuleiten, aus den Sinnen und der Vernunft. Alles andere ist Spekulation.«

»Sie nennen das geoffenbarte Wort Gottes Spekulation?«

»Ich habe solches nie behauptet.«

»Sie tun weit Schlimmeres – Sie säen den Zweifel in den Herzen und Köpfen Ihrer Leser, sodass Sie nur zuzusehen brauchen, wie er dort aufgeht. Auf diese Weise untergraben Sie die Lehren der Kirche. Und als wäre das nicht genug, stellen Sie auch die Herrschaft des Königs in Frage.«

»Das ist eine unhaltbare Unterstellung!«

»Ach ja? Und was ist das?« Radominsky holte ein Notizbuch aus seiner Tasche: Sartines Aufzeichnungen aus dem Café »Procope«, vermehrt um Kopien noch ungedruckter Artikel für die Enzyklopädie, die ein Spitzel in Le Brétons Verlag besorgt hatte. Er brauchte nicht lange zu blättern, um ein passendes Zitat zu finden. »Hier, unter dem Stichwort ›Autorität‹ schreiben Sie: ›Kein Mensch hat von Natur aus das Recht erhalten, anderen zu gebieten … Die wahre und rechtmäßige Macht hat also zwangsläufig ihre Schranken … Es scheint, dass nur Sklaven, deren Geist ebenso beschränkt wäre wie ihre Gesinnung niedrig, anders denken könnten …‹ Und so geht es immer weiter – von der Blasphemie geradewegs zum Hochverrat. Alles Worte, die aus Ihrem Mund und Ihrer Feder stammen. Oder wollen Sie das leugnen?«

Diderot bückte sich, um sich an der Wade zu kratzen. Radominsky registrierte es mit Genugtuung.

»In wessen Auftrag kommen Sie?«, fragte Diderot.

»Im Auftrag Gottes, der höchsten Autorität im Himmel und

auf Erden. Und in Seinem Namen fordere ich Sie auf: Halten Sie ein, bevor es zu spät ist! Machen Sie sich nicht gemein mit dem Unrat der Menschheit, der in diesem Turm versammelt ist, mit Dieben, Mördern und Kirchenschändern. Deren Verbrechen, so scheußlich sie sein mögen, sind bei weitem nicht so gefährlich wie das Buch, das Sie planen. Denn wer solche Ideen verbreitet wie Sie, legt Lunte an ein Pulverfass, das die ganze Gesellschaft in die Luft sprengen kann.«

»Nichts liegt mir ferner als das. Ich liebe Frankreich und ich liebe die Monarchie. Aber«, fuhr Diderot mit leiser Stimme fort, »kann eine Gesellschaft auf Dauer bestehen, die sich gegen das Naturrecht wendet? Oder ist sie dann nicht dazu verdammt, sich selbst zugrunde zu richten?«

»Nicht die Natur – Gott selbst hat den König über seine Untertanen in sein Recht eingesetzt!«

»Nur wie einen Vater über seine Kinder! Und dessen Macht hört auf, wenn die Kinder in der Lage sind, sich selbst zu leiten. Die Macht aber, die durch Gewalt erlangt wird, ist Usurpation und dauert nur so lange, wie die Stärke des Gebietenden die der Gehorchenden übertrifft. Wahre und rechtmäßige Macht hat darum natürliche Grenzen. So steht es schon in der Heiligen Schrift: ›Eure Unterordnung sei vernünftig.‹«

»In der Heiligen Schrift steht aber auch: ›Alle Macht, die von Gott kommt, ist wohlgeordnet.‹«

»Heißt das, alle Macht, wie immer sie auch sei, kommt von Gott? Gibt es keine ungerechte Herrschaft? Haben die Usurpatoren Gott auf ihrer Seite? Wenn das so wäre, würde daraus nicht folgen, dass selbst die Macht des Antichrist, wo immer er sie erlangt, rechtmäßig wäre? Und müssten Enoch und Elias, die ihr widerstanden haben, dann nicht als Aufrührer und Unruhestifter gelten? Oder sind sie nicht vielmehr vernünftige, unerschrockene und vor allem fromme Männer, die wie Paulus denken, dass jede Macht nur von Gott stammt, solange sie gerecht und wohlgeordnet ist?«

Diderot sprach mit solcher Hingabe, mit solchem Eifer, dass Radominsky ihm seine Achtung nicht versagen konnte. Was für eine überbordende Bildung! Was für ein verschwenderischer Einfallsreichtum! Jedes seiner Worte begleitete er mit einer Geste, er ballte die Faust, um seine Argumente zu betonen, zeigte gar mit ausgestrecktem Arm auf sein Gegenüber, sodass sich seine Rede in ein Schwert zu verwandeln schien. Hier war ein Mann, der an das glaubte, was er sagte! Wie beseelt von seiner Botschaft, hielt ihn nichts an seinem Platz. Er ging in der Zelle auf und ab, setzte sich, sprang wieder auf, während die Worte aus ihm hervorsprudelten, als habe seine Zunge Mühe, all die Gedanken so schnell auszusprechen, wie sein Hirn sie gebar. Radominsky begriff: Statt diesen Mann in Gottes Namen zu vernichten, war es seine Pflicht, ihn für die Sache Gottes zu gewinnen.

»Ich erkenne mit Freuden«, sagte er, »dass Sie die Worte des Herrn zitieren. Auch wenn Stolz und Hochmut Ihnen vielleicht etwas anderes einflüstern, tief in Ihrem Innern wissen Sie es selbst: Sie sind einer von uns, doch Sie kämpfen auf der falschen Seite.«

»Ich kämpfe auf der einzig richtigen Seite – auf der Seite der Vernunft.«

»Vielleicht, aber warum begnügen Sie sich dann mit deren bloßen Widerschein, statt aus der Quelle selbst zu schöpfen?«

»Sie reden, wie es Ihrer Zunft entspricht, Hochwürden – in Rätseln.«

»Dann will ich mich klarer ausdrücken. Sie kommen zu spät, Monsieur Diderot – Ihre Enzyklopädie ist längst erschienen, verfasst von einem Autor, dem Sie das Wasser nicht reichen können.«

Diderot erblasste. Mit ungläubigen Augen blickte er den Pater an, wie ein Mann, der von einer Reise zurückkehrt und erfährt, dass während seiner Abwesenheit sein Haus ausgeraubt worden sei.

»Wo ist dieses Buch erschienen? In England? In Deutschland?«

»In allen Ländern der Erde, in Afrika und Asien und Amerika ebenso wie in Europa, ja sogar im eben erst entdeckten Australien. Es gibt keinen Fleck und keinen Winkel auf der Welt, den dieses Buch nicht schon erreicht hat.«

»Und warum«, fragte Diderot irritiert, »habe ich dann noch nicht von diesem Buch erfahren?«

»Weil Sie, der Sie nicht müde werden, die Sinne als Quelle der Erkenntnis zu preisen, Ihre eigenen Augen vor der Wahrheit wie mit Pech verschließen.« Er packte Diderot am Rock und führte ihn an das Zellenfenster. »Da, öffnen Sie die Augen! Die Welt selbst ist das Buch, von dem ich rede – das Buch der Schöpfung. Dieses Buch ist die einzige gültige Enzyklopädie, verfasst vom Heiligen Geist, es ist der ewig wahre Text, den Gott der Herr, der Archienzyklopädist, uns zu lesen aufgab.«

Draußen sahen sie die Wiesen und Felder, eingehüllt vom Dunst wie von einem feinen Gazeschleier.

»Dann haben wir vielleicht dasselbe Buch vor Augen«, sagte Diderot nach einer Weile. »Es gibt nur einen Unterschied: Sie nennen es das Buch der Schöpfung, ich nenne es das Buch der Natur. Und ich begreife es als meine Aufgabe, den Nebelschleier fortzureißen, der sich in Jahrhunderten über die Seiten dieses Buches gelegt hat, gewoben aus Irrlehren,

Dogmen und Vorurteilen, die uns daran hindern, die Worte richtig zu lesen.«

Radominsky schüttelte den Kopf. »Sie sind so nahe an der Wahrheit – und doch weigern Sie sich, sie zu fassen. Warum, Monsieur Diderot, diese Verstocktheit? Wollen Sie den Menschen denn ein blinder Blindenführer sein? Wenn wir das Buch der Schöpfung nicht lesen können, dann nur aus einem Grund: weil wir den Text mit unseren Sünden besudelt haben, der Perversion des freien Willens, in der wir Gott Tag für Tag zuwiderhandeln. Darum vermögen wir die Schrift nicht mehr zu entziffern, wir können die heiligen Worte nur noch erahnen, als Schemen im unendlichen Meer der Verderbnis, wie Tintenschrift, deren Buchstaben auf dem Papier zerfließen, wenn man Wasser darüber gießt.« Er wandte sich vom Fenster ab und legte Diderot eine Hand auf die Schulter. »Statt eine neue Enzyklopädie zu schreiben, die doch niemals an das Original heranreichen wird, ist es unsere Aufgabe, das Buch der Schöpfung wieder in seinen ursprünglichen Zustand zu versetzen, diese Heilige Schrift von den Fehlern und Entstellungen zu reinigen, die wir Menschen ihr zugefügt haben, auf dass wir darin wieder die offenbarte Wahrheit Gottes lesen. Das ist die Aufgabe, unsere gemeinsame Aufgabe, Ihre und meine, die wir Gott und unserem Seelenheil schulden. Um einzugehen in das Reich des Herrn, von dem die Schöpfung hier auf Erden nur ein blasser Vorschein ist.«

Diderot drehte sich zu ihm um. Aus seinen Augen sprach Verachtung.

»Sie meinen das himmlische Paradies? Im Jenseits nach dem Tod?«

»Mors porta vitae«, erwiderte Radominsky ernst, »der Tod ist das Tor zum Leben. Denn das wahre Leben beginnt erst,

wenn unsere vergängliche Hülle von uns abfällt. Ja, natürlich meine ich das Jenseits. Wo sonst gäbe es ein Paradies?«

Diderot trat einen Schritt zurück, wie um sich von Radominskys Nähe zu befreien, während die Verachtung in seinen Augen wachsender Empörung wich. »Woher nehmen Sie das Recht, die Menschen auf das Jenseits zu vertrösten? Wie können Sie das wagen, angesichts des Elends und der Not, die hier auf Erden herrschen?«

»Ich verstehe Ihr Mitleid für die Benachteiligten dieser Welt«, sagte Radominsky, »und glauben Sie mir, dass ich es teile. Aber ihr Leiden hat einen Sinn. Unser irdisches Dasein ist nur ein Dasein zur Bewährung. Es soll uns läutern für das ewige Leben. ›Mein Königreich ist nicht von dieser Welt‹, spricht der Herr. Wollen Sie an diesen Worten zweifeln?«

»Nein, aber Gott ist in Gestalt Seines Sohnes zur Erde herabgestiegen. Warum hat Er das getan, wenn nicht zu dem Zweck, dass wir Sein Werk gemeinsam mit Ihm vollenden?«

»›Das Wort ist Fleisch geworden und hat unter uns gewohnt.‹« Radominsky nickte. »Ja, Sie haben Recht, kein Wesen hat sich je so sehr erniedrigt wie Gott, der für uns Mensch geworden ist. Mehr noch, Er hat sogar für uns im Dreck gewühlt, um Adam aus einem Klumpen Lehm zu formen, hat ihm mit Seinem Mund den Odem des Lebens eingehaucht. Doch sollen wir Ihm diese Selbsterniedrigung danken, indem wir uns über Seinen Willen erheben, uns Ihm gleich wähnen, um einzugreifen in Seinen ewigen Schöpfungsplan?«

»Es ist nicht meine Absicht, mich über Gott zu erheben. Aber hat Gott den Menschen nicht einen klaren Auftrag gegeben? ›Füllet die Erde und machet sie euch untertan!‹ Statt auf das Jenseits zu hoffen, sind wir aufgerufen, Gottes Schöpfung fortzuführen und in einen Garten Eden zu verwandeln. Es ist darum nicht nur unser Recht, sondern sogar unsere Pflicht, mit Hilfe der Wissenschaft und aller Erfahrungen, die andere Menschen vor uns gemacht haben, das Leben auf Erden so einzurichten, dass wir uns selbst das höchste Gut bescheren können.«

»Und was soll dieses höchste Gut sein?«

»Glück!«, sagte Diderot, ohne eine Sekunde zu zögern. »Das Ende von Not und Entbehrung.«

»Das nennen Sie das höchste Gut?«, rief Radominsky und lachte. »Glauben Sie das wirklich?«

»Was sonst? Nur in dem Wunsch nach Glück sind sich alle Menschen einig.«

»Wir sind nicht auf der Erde, um glücklich zu sein. Wir sind auf der Erde, um Gott zu gehorchen.«

»Aber Gott selbst hat uns das Streben nach Glück eingegeben! Wozu?«

»Um uns zu prüfen!«

»Und warum verheißt er dann: ›Mein Volk soll meiner Gaben die Fülle haben‹? Ist das nicht die Verheißung des Glücks?«

»Alles zu besitzen ist ein Fluch, weit schlimmer als jede Not und Entbehrung«, erwiderte Radominsky unbeirrt. »›Ich will in dir übrig lassen ein armes und geringes Volk; die werden auf des Herrn Namen trauen.‹ Zephanja drei, Vers zwölf. Nach dem Gesetz der Gnade ist der Mensch viel glücklicher durch das, was er erhofft, als durch das, was er besitzt. Das Glück, das er auf Erden genießt, ist allenfalls der Keim für ein ewiges Glück.«

»Das behaupten immer nur diejenigen, die am meisten besitzen. Und aus welchem Grund? Um anderen Menschen eben das vorzuenthalten, was sie selbst nicht entbehren können.«

»Dann beantworten Sie mir eine einfache Frage«, sagte Radominsky. »Wer besitzt in diesem Land am meisten?«

»Der König natürlich.«

»Sehr richtig. Doch glauben Sie, er wünscht sich darum die unabänderliche Fortdauer seines Daseins, nur weil er alles hat? Nein, das einzige Glück des Königs ist es, sich selbst zu vergessen. Denn niemand empfindet so tief wie er: Wer alles hat, hat in Wahrheit das Wertvollste verloren – die Hoffnung auf Erlösung.«

Radominsky verstummte und sah Diderot an. Der erwiderte seinen Blick, doch ohne weiter zu protestieren. Nervös nestelte er an seinem Rock, als würde ihn etwas zwicken. Hatte er die Botschaft endlich verstanden?

»Kommen Sie auf unsere Seite, Monsieur Diderot!«, sagte Radominsky. »Helfen Sie uns, das Werk Gottes von den Flecken der Sünde zu reinigen! Zeichnen wir gemeinsam das Buch der Schöpfung nach! Wir zwei, Sie und ich, haben den Verstand und die Gnade, die einzige Enzyklopädie zu schreiben, die Gottes Willen entspricht, ein Kompendium der ewigen Wahrheit. Nicht für das gemeine Volk, sondern für die Elite, die Besten der Besten, die Auserwählten des Herrn.« Er reichte ihm seine Hand. »Schlagen Sie ein – und Sie sind ein freier Mann!«

Diderot schaute ihn an, als würde er ihn erst jetzt wirklich sehen.

Radominsky nickte ihm aufmunternd zu. »Worauf warten Sie? Bauen Sie mit mir die Hochburg des Heiligen Geistes!«

Nichts in Diderots Gesicht verriet, was in ihm vorging. Nach einer langen Weile, die dem Pater wie eine Ewigkeit erschien, öffnete er schließlich die Lippen.

»Habe ich Sie richtig verstanden? Sie bieten mir an, das Gefängnis mit Ihnen zu verlassen, wenn ich einschlage?«

»Ja. Gott hat Sie mit zu vielen Talenten gesegnet, als dass sie hier in diesem Turm verkommen dürfen.«

»Und all die anderen Gefangenen, die Gott bei ihrer Geburt weniger gütig bedacht hat – was ist mit denen?«

Radominsky zuckte die Schultern. »Es ist allein Ihre Entscheidung, Monsieur Diderot. Und wenn Sie mit mir kommen – wer weiß, vielleicht kann ich ja für den einen oder anderen Häftling …«

Die Worte zerfielen auf seinen Lippen wie modrige Pilze. Denn während er sprach, verengten sich Diderots Augen zu zwei Schlitzen, sein heller klarer Blick verfinsterte sich, als stünde vor ihm der Versucher, und so leise, dass seine Stimme kaum zu hören war, sagte er: »Verlassen Sie sofort diesen Raum!«

12

Kaum hatte die Zellentür sich hinter Radominsky geschlossen, schwanden Diderot die Kräfte. Müde wie ein alter Mann sank er auf seine Pritsche, und während die Schritte auf dem Gang sich entfernten, legte sich die Schwermut auf sein Gemüt wie draußen die Dämmerung auf den dahinschwindenden Tag. Er war am ganzen Körper betäubt, gelähmt, spürte nicht mal das Zwicken und Kratzen seiner dreckigen, stinkenden Kleider.

Ein Geräusch weckte ihn aus seiner Erstarrung. Die Türklappe ging auf, dahinter erschien das Bulldoggengesicht des Wärters.

»Da – für Sie! Eine Kerze.«

»Wozu brauche ich eine Kerze? Es ist Sommer, ich habe genug Licht.«

»Ich würde sie trotzdem nehmen«, sagte der Wärter und fletschte die Zähne. »Die Tage werden bald kürzer. Bis zum Winter dauert es nicht mehr lange.«

Die nächsten Wochen verbrachte Diderot in tiefer Niedergeschlagenheit. Nur ein Gedanke kreiste immer wieder durch seinen Kopf, ein Gedanke, der seit seiner Verhaftung wie eine Ratte an seiner Seele nagte. Hunderte Male hatte er ihn verscheucht, doch jetzt konnte er die Wahrheit nicht länger leugnen: Er war verhaftet worden, weil Sophie ihn verraten hatte.

Diese Wahrheit war schlimmer als jede Lüge. Stundenlang blieb er auf der Pritsche liegen, um reglos gegen die Decke zu starren, dann wieder lief er wie ein Tier im Käfig auf und ab, rannte gegen die Tür seiner Zelle und stieß mit dem Kopf gegen das Gitter, bis seine Stirn zu bluten begann. Doch nichts half ihm, die Wahrheit zu vergessen. Er verfluchte den Tag, da er Sophie begegnet war, verfluchte ihre Worte, ihre Blicke, mit denen sie ihn verführt hatte, verfluchte den Kuss, in den er zusammen mit ihr hinabgestürzt war. Sie hatte sein Leben zerstört: ihn selbst, seine Familie, sein Werk. Kein Kuss war einen solchen Preis wert.

Seine einzige Ablenkung waren die Kakerlaken. Während er jede Stunde, die er in Unfreiheit verbrachte, als Raub an seinem Leben empfand, suchten die Krabbeltiere, getrieben von einem dumpfen Instinkt, in immer größeren Scharen Zuflucht in seinem Kerker, als wäre das feuchte Gemäuer ihr

Paradies. Da man ihm Bücher und Schreibzeug abgenommen hatte, wurde es ihm in Ermangelung irgendwelcher Tätigkeiten bald zur quälenden Manie, die schwarzen Schaben zu beobachten, wie sie mit ihren flachen, eiförmigen, gepanzerten Körpern aus den Winkeln und Nischen gekrochen kamen, die Köpfe unter den großen Halsschilden verborgen, die Fühler lang und borstenförmig vorstreckend. Ihr Anblick versetzte ihn in Raserei, die von Mal zu Mal heftiger wurde. Er zertrat die Tierchen mit den Füßen, zerquetschte sie zwischen den Fingern und legte Köder aus – in Braunbier getränkte Lappen, für die er seinem Wärter horrende Bestechungsgelder bezahlte –, in der Hoffnung, dass die Käfer während der Dunkelheit unter dem Zwang ihrer Triebe der Geruchsspur folgen würden. Und wirklich, wenn er bei Nacht die Lappen fortnahm, entdeckte er im Schein seiner Kerze ein tausendfaches Gewimmel, auf das er in Anfällen unbeherrschbarer Genugtuung mit der flachen Hand einschlug, bis der Schmerz ihm Einhalt gebot. Doch welche List und Energie er bei der Verfolgung der Plage auch aufwandte, es war vergebens: Mit jeder Schabe, die er tötete, schien ein Dutzend neuer Larven aus den Eiern zu schlüpfen, um sich allüberall in der Zelle einzunisten.

Eines Morgens rasselten plötzlich Schlüssel, die Kerkertür ging auf, und herein kam seine Frau.

»Nanette!«, rief Diderot und sprang von seiner Pritsche auf, während der Wärter die Zellentür wieder absperrte. Seit dem Tag, da er sich in ihr hübsches Gesicht verliebte, hatte er sich nicht mehr so heftig gefreut, sie zu sehen: Nach dem Besuch des Jesuiten und drei Wochen Einzelhaft war sie das erste menschliche Wesen, das ihn besuchte.

»Wie du aussiehst!«, rief sie und schlug die Hände über dem

Kopf zusammen. »Dreckig wie ein Kloakenreiniger! Gibt es hier kein Wasser?«

»Willst du mich nicht küssen?«

»In was für einem Loch du haust! Nicht mal Tisch und Stuhl! Wenn dich dein Vater sehen könnte! Schämst du dich nicht?«

Er ließ die Arme sinken. Ihr Blick, ihre Miene, ihre Stimme – alles sagte ihm, dass ihr nicht nach Zärtlichkeiten zumute war. Ernüchtert beschloss er, das Thema zu wechseln.

»Hast du gehört, was mit der Enzyklopädie wird?«

»Deine Sorgen möchte ich haben! Statt dich nach deinem Kind zu erkundigen, fragst du nach deinen Büchern! Als wäre das Unglück noch nicht groß genug!«

»Wie geht es Didier?«, fragte er schuldbewusst. »Was macht sein Husten?«

»In Ohnmacht bin ich gefallen, als ich die Wahrheit erfuhr. Mein Mann im Gefängnis! Wie ein Verbrecher! Und mir hast du gesagt, du gehst zum Essen aus! Du hast mich angelogen!«

»Ich wollte nicht, dass du dir Sorgen machst.«

»Daran solltest du lieber denken, wenn du dein Schmuddelzeug schreibst! Zum Generalleutnant der Polizei bin ich gerannt, auf Knien habe ich ihn angefleht, dass er dich freilässt. Aber er kann nichts für dich tun.«

»Sprich mit d'Alembert! Er kennt wichtige Leute, vielleicht können sie helfen.«

»Wichtigere Leute als den Generalleutnant? Er hat gesagt, ich soll schauen, ob ich unter deinen Papieren eine weiße Taube finde. Was weiß ich denn von deinen Papieren?« Plötzlich hielt sie in ihrem Redeschwall inne. »Weiße Taube – was hat er damit eigentlich gemeint?«

Diderot zuckte die Schultern.

Voller Misstrauen schaute sie ihn an. »Hast du nur Bücher

geschrieben? Oder hast du noch mehr verbrochen?« Ihr Blick wurde so eindringlich, dass sie fast schielte. »Hast du vielleicht was geklaut? Oder jemanden umgebracht? Sag die Wahrheit!«

Diderot gab keine Antwort. Er sah nur ihr hübsches, vollkommen dummes Gesicht. War es wirklich möglich, dass er sich vor einer Minute noch danach gesehnt hatte, sie in die Arme zu schließen und zu küssen?

»Wann ist dein Prozess?«, fragte sie.

»Keine Ahnung. Manche Gefangene sind schon seit Jahren hier und warten immer noch auf die Anklage.«

»Jahre? Bist du verrückt geworden?« Sie fasste sich an den Bauch, der sich unter ihren Röcken wölbte. »Im Winter kommt das nächste Kind. Willst du, dass wir verhungern?«

»Niemand wird verhungern. Ihr habt ja Le Brétons Wechsel.«

»Das glaubst du!«, schnaubte Nanette. »Der Mistkerl zahlt uns keinen Sou! Er hat den Wechsel gekündigt.«

»Das ist nicht möglich! Wir haben einen Vertrag!«

»Und ob das möglich ist! Der Herr Verleger lässt sich in seiner Sänfte quer durch Paris tragen und schlägt überall Krach wegen deiner Verhaftung, aber uns lässt er verkommen. Stimmt es, dass er dich verraten hat?«

»Verraten«, stotterte Diderot, »ist nicht das richtige Wort. Ihm blieb nichts anderes übrig. Sie hätten ihm sonst das Druckprivileg genommen, und alles wäre aus gewesen. Außerdem wussten sie auch ohne ihn, dass ich …«

»Wie? Was? Du verteidigst ihn auch noch? Das ist nicht zu fassen!« Nanettes Stimme schnappte vor Empörung über. Plötzlich fasste sie sich, und leise sagte sie: »Dann haben wir nur eine Wahl.«

»Nämlich?«, fragte er, obwohl er die Antwort im Voraus wusste.

»Du musst deinem Vater schreiben. Er wird uns helfen.«
»Das hat keinen Zweck.«
»Warum nicht? Er ist dein Vater!«
»Weil es keinen Zweck hat!«, wiederholte er ungeduldig. Er zögerte eine Sekunde, doch als er ihr vollkommen verständnisloses Gesicht sah, packte ihn die Wut: »Warum soll er dir helfen? Er weiß ja gar nichts von dir! Nicht mal, dass du existierst!«
»Was soll das heißen? Er weiß nichts von mir?«, fragte Nanette, als hätte er chinesisch mit ihr geredet. »Er ist doch ... er hat doch ...« Dann, mit quälender Langsamkeit, als würde ihr innerstes Wesen sich dagegen sträuben, drängte sich verzweifeltes Begreifen in ihre Ahnungslosigkeit. »Willst du damit sagen ..., er weiß immer noch nicht ..., *dass wir verheiratet sind?«*
Die letzten Worte hatte sie laut geschrien, dann erstarb ihre Stimme. Tränen füllten ihre Augen, sodass ihr Blick verschwamm, während ihre Lippen, unfähig, noch ein Wort zu artikulieren, vor Erregung bebten.
Diderot schlug die Augen nieder. Ihr fassungsloses Schweigen, das nun die Zelle bis zum Bersten füllte, war noch schlimmer als ihr Gezeter zuvor.
Zum Glück dauerte Nanettes Sprachlosigkeit nicht an.
»Du musst dem Kanzler schreiben«, sagte sie. »Du musst ihn um Gnade bitten. Den Kanzler oder den König oder sonst einen wichtigen Menschen.«
»Nein«, sagte Diderot.
»Was – nein?«
»Nein«, wiederholte er und schaute sie an. »Sie können mich hier im Gefängnis behalten, aber ich lasse nicht zu, dass sie sich zu Herren über mein Leben aufschwingen.«

Draußen näherten sich Schritte. Schlüssel rasselten, und mit lautem Knarren ging die Tür auf. In der Öffnung erschien der Wärter mit seinem Hund.

»Die Besuchszeit ist vorbei.«

Nanette rührte sich nicht. Über ihr hübsches Gesicht rannen Tränen. Fast tat sie Diderot Leid.

»Was bist du nur für ein Mensch?«, flüsterte sie.

Plötzlich drehte sie sich um, und ohne ein weiteres Wort eilte sie davon.

Am Boden, vor seinen Füßen, kopulierten zwei Kakerlaken. Wie ein Idiot schaute Diderot den beiden Tieren zu.

Das Bild war so trostlos und unerträglich wie die Ewigkeit.

13

Wie lange würde das Geld reichen, das er bei seiner Verhaftung eingesteckt hatte? Obwohl seine Zelle so eng und feucht war wie ein Brunnenschacht und keine zehn Quadratfuß maß, war sie so teuer wie eine Nobelherberge mitten in Paris. Um nicht mit Mördern und sonstigem Gesindel eingelocht zu werden, hatte Diderot nach einer Einzelzelle verlangt, die ihn nun sechzig Livres im Monat kostete. Hinzu kamen die Ausgaben für seinen Lebensunterhalt, den er aus eigener Tasche bezahlen musste. Im Gefängnis kostete alles doppelt so viel wie draußen in der Freiheit, als würde am Klappfenster seiner Zellentür eine Sondersteuer eingetrieben. Mit einer Mischung aus Rotwein und Schiefer, den er zu Staub verrieb, fabrizierte er eine Art Tinte, und ein Zahnstocher diente ihm als Feder, mit der er einen Brief an seinen Vater schrieb. Darin schilderte er sein ganzes Unglück, gestand zugleich seine Heirat mit Nanette und bat schließlich um Unterstützung für seine Familie. Gegen den Wochenlohn eines Postillons erklärte sich sein Wärter bereit, den Brief für ihn aufzugeben.

Aus einigen Bemerkungen des Gefängnisdirektors konnte Diderot schließen, dass er im Zuge einer umfassenden Generalmaßnahme verhaftet worden war. Eine ganze Armee von Schriftstellern und Philosophen saß offenbar zusammen mit ihm in der Festung, Doktoren der Sorbonne und Journalisten, Versemacher und Broschürenschreiber, Juristen und Abbés, denen man allesamt vorwarf, den König beleidigt zu haben. Von Auflehnung war die Rede, von Verbreitung des Deismus und Verletzung der guten Sitten. Doch der eigentliche Grund, das wusste Diderot, war ein anderer: Die Regierung brauchte Sündenböcke für die Unruhe, die in der Bevölkerung schwelte wegen der immer schärferen Steuern, die der Staat erhob, um lauter Dinge zu finanzieren, die den Untertanen ein Dorn im Auge waren: das riesige Heer, den Luxus am Hof, die Verschwendungssucht der regierenden Favoritin Marquise de Pompadour. Da bot sich als bequeme Maßnahme an, alle Freidenker zu inhaftieren, deren man habhaft werden konnte. Sie wurden in der Öffentlichkeit als das Ungeziefer im Gebäude des Staates denunziert, das man ausmerzen konnte, wie es Diderot mit dem Ungeziefer in seiner Zelle versuchte.

Wie lange würde er das noch ertragen?

Er hockte gerade am Boden, wo er ein mit Sirup bestrichenes Brettchen als Steg an einen Topf anlegte, als er unverhofft Besuch bekam.

»Was machst du da?«, fragte Rousseau und starrte auf ihn herab.
»Ich baue eine Falle. Für die Kakerlaken.«
Rousseau trat mit dem Fuß gegen die Konstruktion.
»Hör zu! Ich brauche deinen Rat!«, sagte er, nachdem sie einander umarmt hatten. Sein Gesicht glühte, als habe er den Weg von Paris nach Vincennes im Laufschritt hinter sich gebracht.
»Ist wieder eine Oper von dir durchgefallen?«, fragte Diderot.
»Ich schreibe keine Opern mehr. Hier – lies selbst! Das stand heute im *Mercure.*« Rousseau zog eine Zeitung aus seinem Rock und hielt sie ihm vors Gesicht.
»Eine Preisschrift?«
»Von der Akademie in Dijon. Ob der Fortschritt der Wissenschaften und Künste zur Verderbnis oder zur Läuterung der Sitten beigetragen hat.«
»Ist das die Frage?«, erkundigte sich Diderot ohne wirkliches Interesse.
»Ja«, sagte Rousseau und nahm die Perücke vom schweißnassen Kopf. »Ich spüre, hier ruft mich die Vorsehung beim Namen.«
»Und wie willst du antworten?«
»Natürlich im Sinn des Fortschritts!«
»Du meinst, dass Wissenschaft und Kunst die Sitten befördern? Bist du dir da so sicher?«
»Du etwa nicht?«, fragte Rousseau zurück, vollkommen überrascht.
Diderot zuckte die Achseln. »Jeder Esel, der sich an dem Wettbewerb beteiligt, wird in die Fanfare des Fortschritts stoßen. Wo ist da der Witz? Wenn du den Preis gewinnen willst, musst du eine Partei ergreifen, die sonst keiner einnimmt.«

»Du rätst mir, mich gegen den Fortschritt zu stellen? Ausgerechnet du? Ich dachte, deine Enzyklopädie ist die Bibel der Zukunft!«

»Siehst du nicht, wohin der Fortschritt mich gebracht hat?«, erwiderte Diderot. »Direkt ins Gefängnis! Und ich bin nicht sein einziges Opfer. Alles, was die Menschen erfunden haben, hat die Gesellschaft gegen sie missbraucht. Die Wissenschaften, der Handel, die Schifffahrt – wurden sie nicht immer wieder zur Quelle des Elends und der Zerstörung? Der Kompass, die Bergwerke, das Schießpulver – haben sie nicht ebenso den Jammer der Menschen vermehrt wie ihre Glückseligkeit? Nein«, fuhr Diderot fort, als sein Freund protestieren wollte, »was wir Fortschritt nennen, ist meistens nur eine Folge von gefährlichen Irrtümern. Wirklicher Fortschritt ist nichts anderes als die Wiederherstellung der Dinge in ihren Naturzustand.«

»Was willst du damit sagen? Soll ich mir etwa einen Bart wachsen lassen?«

»Ich meine es Ernst«, sagte Diderot. Er dachte kurz nach, um einen passenden Vergleich zu finden, dann fuhr er fort: »Die Natur liegt vor uns wie ein aufgeschlagenes Buch, mit all ihren Gesetzen. Doch wir sind nicht imstande, in diesem Buch zu lesen. Und warum? Weil der Text darin im Laufe der Zeit immer unleserlicher geworden ist. Die Buchstaben sind kaum noch zu entziffern, verblasst und verschwommen wie Tintenschrift, über die man einen Becher Wasser gegossen hat.«

»Du meinst«, sagte Rousseau, allmählich begreifend, »der Fortschritt ist das Wasser, in dem die Schrift der Natur verschwimmt? Aber damit stellst du ja alles auf den Kopf, was wir bisher glaubten und dachten!«

»Und wenn schon«, erwiderte Diderot. »Nimm mich, schau mich an! Seit über einem Monat hause ich in diesem Loch!«
»Was hat das mit Fortschritt zu tun?«
»Begreifst du denn nicht? Bei der Geburt sind alle Menschen frei – der erste Zustand, den sie von Natur aus erwerben, ist der Zustand der Freiheit. Doch was wird daraus, wenn sie anfangen zu leben? Wohin man schaut, wird die Freiheit unterdrückt. Das habe ich hier begriffen. – Aber was hast du?«
Noch während er sprach, fing Rousseau an, sich so sonderlich zu benehmen, als würden seine sämtlichen Gebrechen ihn gleichzeitig befallen. Unverständliche Laute stammelnd, ging er in der Zelle auf und ab, fasste sich an den Kopf, ballte die Fäuste, das Gesicht voller Angst und Zorn, und seine Augen flackerten wie im Fieber. Am Fenster blieb er plötzlich stehen, seine Züge entspannten sich, und den geweiteten Blick hinaus in die Ferne gerichtet, als würde er dort eine fremde Landschaft erblicken, flüsterte er: »Der Mensch ist frei geboren, doch überall liegt er in Ketten … Was für ein Gedanke! Ich sehe wilde Tiere vor mir, die aus dem Urwald hervorbrechen, rieche das Feuer von Scheiterhaufen, auf denen die alte Ordnung verbrennt.« Fast schien er im Delirium. Doch so plötzlich, wie dieser entrückte Zustand über ihn gekommen war, fiel er wieder von ihm ab, und der abwesende Ausdruck verschwand aus seinem Gesicht. Mit einem Ruck drehte er sich um. »Ruf den Wärter! Ich will raus.«
»Weshalb? Musst du pinkeln? Der Abtritt ist hinter dem Vorhang.«
»Nein. Ich kann nicht länger bleiben. Ich muss zurück nach Paris. Auf der Stelle!«
»Aber du bist doch gerade erst gekommen!«
»Die Pflicht ruft. In mir entsteht ein neues Universum, ich

fühle es, spüre es, weiß es! Ich ... ich ... ich bin ein neuer Mensch!«

Ohne eine Antwort abzuwarten, rief er selbst nach dem Wärter.

»Übrigens«, sagte er, schon in der Tür. »Ich habe gestern Madame de Puisieux im ›Procope‹ gesehen.«

»Ja, und?«, fragte Diderot. »Kommt sie mich besuchen?«

»Besser, du wartest nicht auf sie. Sie betrügt dich. Sie hat einen anderen.«

»Anderen – was?«, stotterte Diderot.

»Liebhaber«, sagte Rousseau und grinste.

An diesem Abend zündete Diderot eine Kerze an und schrieb einen langen Brief. Es war der verlogenste Brief seines Lebens, und doch schrieb er ihn reinen Gewissens. Weil er die einzige Möglichkeit war, sein Leben zu retten.

14

Schnell wie der Wind raste die sechsspännige Diligence über die gepflasterte Chaussee dahin. Antoine Sartine hatte, um seine schmale Kasse zu schonen, mit einem der billigen Plätze auf dem Dach der Kutsche vorlieb genommen, wo wegen der atemberaubenden Geschwindigkeit die Passagiere alle Augenblicke in die Höhe flogen, sodass es beinahe ein Wunder war, wenn sie immer wieder zurück auf ihre Sitze und nicht daneben fielen. Trotzdem erfüllte ihn die Reise in die Heimat seiner Frau mit grenzenlosem Stolz auf das Land, in dem er lebte. Abgesehen vom Besuch bei einem Onkel in der Normandie in jungen Jahren, hatte er sich nie weiter als eine Tagesreise von Paris entfernt. Mit umso größerem Staunen erfuhr er nun, wie unermesslich groß das Königreich Frankreich war. Dörfer und Städte zogen an ihm vorbei, in fruchtbaren Tälern und auf anmutigen Hügeln gelegen, Gärten und Wiesen, Felder und Äcker, Wälder und Weinberge. Doch wohin auch immer Antoine Sartine seinen Blick schweifen ließ, überall erkannte er das tätige Werk von Menschen wieder, die mit der Arbeit ihrer Hände die Natur kultiviert hatten, um Gottes Schöpfung zu vervollkommnen.

Am meisten beeindruckte ihn das Streckensystem – ein Genie musste es ersonnen haben! Mit Basalt und Kalkstein befestigte Postrouten verbanden alle wichtigen Orte im Land, wobei die verschiedenen Strecken unterteilt und durch zentrale Knotenpunkte verknüpft waren. An diesen Relaisstationen wurden die Pferde gewechselt, und die Passagiere konnten eine Mahlzeit zu sich nehmen oder übernachten. Stundengenaue Abfahrtszeiten, die an den Billettschaltern aushingen, sowie pünktlich aufeinander abgestimmte Fahrpläne machten das Reisen in präzisester Weise planbar. Was für ein wunderbarer Fortschritt!

Erst in Roanne musste Sartine die Postkutsche verlassen, um die letzten Meilen bis Beaulieu auf einem Ochsenfuhrwerk zurückzulegen, das unerträglich langsam durch die Weinberge rumpelte, wo Bauern mit ihren Tagelöhnern in der noch warmen Oktobersonne die Reben ernteten. Auf dem holprigen Karren spürte Sartine mit seinem von der Reise lädierten Körper schmerzhaft jedes Schlagloch, doch als er nach einer Wegbiegung den Kirchturm von Beaulieu erblickte, der sich in den blauen Herbsthimmel erhob, fiel alle Mühsal von ihm ab. Endlich würde er Gelegenheit haben, Sophie seine Liebe

zu beweisen – eine Liebe, die unendlich wertvoller war als die viehischen Vergnügungen, die andere Männer mit ihren Frauen teilten. Er hoffte nur, dass der Dorfpfarrer noch lebte.
Noch bevor er eine Herberge bezog, suchte Sartine das Pfarrhaus auf. Mit klopfendem Herzen pochte er gegen die Tür. Kurz darauf hörte er schwere, schlurfende Schritte, dann ging die Tür auf. Vor ihm stand ein hoch gewachsener, grobknochiger Greis in einer abgewetzten schwarzen Kutte.
»Abbé Morel?«
»Wer bist du?«, fragte der Pfarrer. »Ich habe dich noch nie in meiner Kirche gesehen.«
»Ich soll Ihnen Grüße von Sophie Volland ausrichten. Sie hat früher in Ihrer Gemeinde gelebt.«
Bei der Nennung des Namens ging ein Leuchten über das lederne, runzlige Gesicht.
»Sophie Volland ... Ja, ich erinnere mich, ein aufgewecktes Mädchen. Sie konnte lesen wie ein Schriftgelehrter, viel besser als ich. Aber komm herein, mein Sohn! Du musst mir von ihr erzählen. Wo lebt sie? Was macht sie? Geht es ihr gut?«
Im Innern des Pfarrhauses stank es wie in einem Schweinestall, und in der Diele herrschte eine solche Unordnung, dass Sartine darauf achten musste, nicht über die Gegenstände zu stolpern, die überall auf dem Lehmboden verstreut lagen. Offenbar lebte der Abbé ohne weibliche Hilfe in dem niedrigen, dunklen Haus, denn er holte selbst eine Flasche und zwei Becher aus einem Schrank und schenkte ihnen ein.
»Pflaumenschnaps«, sagte er. »Selbst gebrannt. Den bekommen nur Ehrengäste.«
Seinen Ekel unterdrückend, setzte Sartine den schmutzigen Becher an die Lippen und kippte den Schnaps hinunter, während Abbé Morel sich weiter nach Sophie erkundigte.

Alles wollte er über sie wissen, ob sie regelmäßig die Messe besuche, ob sie verheiratet sei, ob sie Kinder habe.
»Wie?«, fragte er, als Sartine den Kopf schüttelte. »Gott hat eure Ehe noch nicht gesegnet? Vielleicht solltest du ihm ein bisschen nachhelfen?«
Er zwinkerte Sartine verschwörerisch zu. Dann begann er selber zu erzählen, in so breiter, umständlicher Ausführlichkeit, dass Sartine fast den Eindruck hatte, er wolle auf diese Weise andere Themen vermeiden: wie Sophie die Kinder im Dorf unterrichtet hatte, wie sie in der Katechismusstunde immer die Erste gewesen war, die den Finger hob und so kluge Antworten gab, dass auch Baron de Laterre auf sie aufmerksam wurde – ja, Abbé Morel glaubte sogar, sich an ihre Taufe zu erinnern. So dauerte es fast eine Stunde, bis Sartine endlich Gelegenheit fand, auf den eigentlichen Grund seines Besuchs zu sprechen zu kommen.
Im selben Augenblick verdüsterte sich die Miene des Pfarrers, und ernste Trauer füllte seine alten Augen.
»Mein Gott! Wie lange ist das her? Fast zehn Jahre! Es war der letzte Scheiterhaufen, der hier brannte, das ganze Tal war auf den Beinen.«
»Gibt es noch Unterlagen? Akten? Dokumente?«
»Komm mit, ich zeige sie dir.«
Mit müden, schleppenden Schritten, als laste die ganze Vergangenheit auf seinen Schultern, führte der Pfarrer Sartine in die Sakristei. Dort öffnete er einen riesigen Schrank, der von vergilbten Papieren überquoll. Sartine staunte, wie schnell der alte Mann in den ungeordneten Stößen die richtigen Dokumente fand.
»Hier, das müssen sie sein«, sagte Abbé Morel und legte ein dickes Bündel auf den Tisch. »Der Malefizprozess gegen die

Näherin Madeleine Volland. Eine schlimme Geschichte, aber Gott hat es so gewollt.«

»Was genau warf man ihr vor?«

»Sophie hatte den Leib des Herrn erbrochen – das arme Kind.« Die Stimme des Priesters zitterte, und mit seiner knochigen Hand wischte er sich über die Augen. »Danach beschuldigte man ihre Mutter der übelsten Vergehen. Angeblich hatte sie einen jungen Mann verhext, einen Gast des Barons. Er hat im Prozess gegen sie ausgesagt. Aus Rache, behaupteten manche später.«

»Aus Rache?«

Der Pfarrer nickte. »Es hieß, er habe ein Auge auf Madeleine gehabt, doch sie wollte seine Zuneigung nicht erwidern.«

Sartine horchte auf. Das war ein plausibles Motiv. Wenn eine Frau die Liebe eines Mannes verschmähte, war dieser zu allem imstande – wie oft hatte er das in seiner Laufbahn schon erlebt.

Mit vor Aufregung rauer Stimme sagte er: »Können Sie sich erinnern, Ehrwürdiger Vater, wie dieser Mann hieß?«

Abbé Morel schüttelte den Kopf. »Ich weiß es nicht, er war nicht von hier. Ein Edelmann aus Paris. Vielleicht kannst du es selbst herausfinden, hier steht alles aufgeschrieben, was damals geschah.«

Er zeigte auf die Akten, dann verließ er die Sakristei und ließ Sartine allein in dem kühlen kleinen Raum zurück.

Der Inspektor blies den Staub von dem Bündel, bevor er die Schnürung öffnete. Sorgfältig sichtete er das Material. Ja, es war alles da: die Anklageschrift, die Protokolle der Zeugenvernehmung, das Urteil. Er schichtete die Unterlagen in mehreren Stößen vor sich auf den Tisch, dann begann er zu lesen.

»Die Näherin Madeleine Volland, gebürtig und wohnhaft im

Kirchspiel Beaulieu, wird beschuldigt, gegen den Glauben und den gemeinen Nutzen des Staatswesens gehandelt zu haben, indem sie die schwarze Kunst an ihrer Tochter Sophie ausgeübt und diese durch Verabreichung eines magischen giftigen Tranks veranlasst hat, am Tage ihrer ersten heiligen Kommunion den Leib des Herrn zu erbrechen, in Gegenwart des amtierenden Pfarrers sowie der versammelten Gemeinde.«

Welche Tat hatte man Madeleine Volland zur Last gelegt? Hexerei oder Giftmischerei? Die Befragung der Angeklagten war so widersprüchlich wie die Anklage selbst.

»Warum hast du deiner Tochter Sophie den Trank vor der heiligen Kommunion verabreicht? Enthielt der Trank außer Kräutern auch Blut oder Gekröse toter Tiere? Warum und wozu brachtest du ihr das Lesen bei?«

Sartine stutzte: Von ihrer Mutter hatte Sophie also Lesen und Schreiben gelernt? Warum hatte sie ihre Kenntnisse so lange vor ihm verborgen? Weil sie mit Madeleines Tod verknüpft waren? Die Fragen des Gerichts nach dem Verhältnis der Angeklagten zu Sophies Vater schienen seine Vermutung zu bestätigen.

»Hat der Hausierer Dorval dich außer im Lesen und Schreiben auch in der schwarzen Magie unterwiesen? Mit welchen Körperteilen hat er dir deine Jungfräulichkeit geraubt? Wolltest du deine Tochter töten, um ungestört deiner Wollust zu frönen?«

Drei Tage, so ging aus den Akten hervor, hatte das Verhör gedauert, dann waren weitere Zeugen befragt worden, Nachbarn und Mitglieder der Gemeinde, um Widersprüche in den Aussagen der Angeklagten aufzulösen. Das Gericht hatte Ärzte und Theologen zu Rate gezogen, ein Viehdoktor hatte von der außerordentlichen Wirkungskraft mancher Kräutertränke und Salben berichtet, und Abbé Morel hatte zu Protokoll gegeben, dass die Näherin Volland seiner Einschätzung nach zwar eine gefährliche Aufrührerin sei, doch keine wirkliche Hexe – schließlich habe sie die Hostie, die er ihr gespendet habe, bei sich behalten, im Gegensatz zu ihrer Tochter Sophie.

Je länger Sartine in den alten Akten las, desto mehr wuchs seine Empörung. Welcher Abgrund von Unwissen und Aberglaube tat sich vor ihm auf! Es war erst zehn Jahre her, dass der Fall Madeleine Volland verhandelt worden war, doch das Gericht hatte den Prozess geführt wie zur Zeit der Inquisition. Beinahe schämte Sartine sich für seinen Staat, der mit veralteten Gesetzen ein solches Verfahren ermöglicht hatte. Doch moralische Betrachtungen waren jetzt nicht seine Aufgabe. Er hatte Sophie versprochen, ihr Antwort auf eine ganz bestimmte Frage zu geben: Wer war der Mann mit dem Federhut?

Mit dem sicheren Blick, den er in Ausübung seines Berufs erworben hatte, prüfte Sartine Seite um Seite. Dann endlich – draußen begann es schon zu dämmern – stieß er auf die entscheidende Akte. Da war er, der Mann, der Sophies Mutter auf den Scheiterhaufen gebracht hatte! Er hatte das Gericht regelrecht aufgehetzt. Auf sein Betreiben hatte man den Abort der Näherin Volland durchwühlt und dort im Kot eine weißliche Masse gefunden. Dieser Fund hatte als Beweis genügt, dass die Angeklagte die ihr gespendete Hostie unverdaut ausgeschieden hatte. Stand sie also mit dem Teufel im Bunde?

»Außerdem«, war in der Aussage des Zeugen zu lesen, »hat sie das schlimmste Verbrechen an mir begangen, das eine

Frau einem Mann zufügen kann. Sie hat mir einen gallig bitteren Trank eingeflößt und in meiner Gegenwart mit Nesteln einen Knoten geschürzt, wobei sie leise einen Knüpfspruch hersagte, beides zu ein und demselben Zweck ...«

Sartine befeuchtete mit der Zunge die Fingerspitze, um die nächste Seite aufzuschlagen.

»... nämlich, um mich zur Zeugung unfähig zu machen. Dieses ist ihr für den Zeitraum mehrerer Tage mit Hilfe des Teufels gelungen.«

Sartine ließ die Akte sinken. Wenn er noch einen Zweifel am Motiv des Zeugen gehabt hatte, so war der jetzt ausgeräumt. Mit vor Erregung zitternden Händen blätterte er weiter, bis ans Ende der Akte, wo der Schreiber die Identität des jungen Mannes, der vor Gericht offenbar keine Angaben zu seiner Person hatte machen müssen, für das Protokoll festgehalten hatte.

Als Antoine Sartine den Namen las, erstarrte er. Es war, als würden sich zwei Hände um seine Kehle schließen, um ihm die Luft abzudrücken.

15

»Sollen die Untertanen den Staat lieben oder fürchten?«, fragte Madame de Pompadour ihre zwei Ratgeber, von denen sie sich ebenso kontroverse wie anregende Auskunft erhoffte.

»Was mich betrifft, so plädiere ich für die Liebe«, sagte Malesherbes. »Die Liebe macht bekanntlich blind, das erleichtert der Regierung die Arbeit.«

»Mag sein«, erwiderte Pater Radominsky, »doch was geschieht, wenn die Menschen aus ihrer Verblendung erwachen? Nein, ich plädiere für die Furcht. Sie allein hält die Menschen in Zucht. Sie stählt die Seelen wie die Kälte das Eisen.«

»Da pflichte ich Ihnen bei, *mon père.*« Die Pompadour nickte. »Aber kann Furcht nicht in Hass umschlagen? Und erwächst daraus nicht eine ganz neue, viel größere Gefahr? Die Gefahr einer Revolution?«

»Ich habe den Eindruck, Madame«, sagte Malesherbes mit einem Lächeln, »Sie fragen nicht ohne Hintergedanken. Gibt es einen Anlass für Ihre Sorge?«

»Wie gut Sie mich doch kennen! In der Tat, heute Morgen erhielt ich diesen Brief.« Sie nahm ein Kuvert, das auf ihrer Frisierkommode lag, und öffnete es. »Von Monsieur Diderot, an den Polizeipräfekten von Paris sowie an den Kanzler des Königs. Sind die Herren interessiert?« Als ihre Gäste mit einer Verbeugung bejahten, reichte sie den Brief Radominsky. »Wenn Sie vielleicht so freundlich sein würden?«

Der Pater faltete das Blatt auf, und mit fester, klarer Stimme trug er den Inhalt vor:

Ein Ehrenmann, der das Unglück hatte, sich die Ungnade des Ministeriums zuzuziehen, fleht Sie um Milde und Beistand an. Von der Festung Vincennes aus, in der man ihn festhält und wo er im Begriff steht, seinen körperlichen Schmerzen und seelischen Qualen zu erliegen, wirft er sich Ihnen zu Füßen und bittet Sie um seine Freiheit.

Ich habe erlitten, was ein Mensch erleiden kann; ich bin erschöpft, niedergeschlagen, von Kummer verzehrt. Dennoch will ich Ihnen gestehen, dass ich tausendmal lieber hier sterben würde, als diesen Ort in Ihren, in meinen, in den Augen aller ehrbaren Menschen entehrt zu verlassen. Auch vermag ich nicht daran zu glauben, dass Sie mich genug verachten, um diesen Versuch mit mir anzustellen. Aber *Sie wollen zufrieden gestellt sein, und dies soll geschehen.*

Ihnen als meinen würdigen Beschützern gestehe ich also, was meinem Richter zu gestehen weder ein langer Gefängnisaufenthalt noch alle erdenklichen Leiden je über mich vermocht hätten: dass die Geschwätzigen Kleinode *sowie der* Brief über die Blinden *geistige Vermessenheiten darstellen, die meiner Feder entschlüpft sind.* Aber *ich kann Ihnen auf Ehre versichern (und ich besitze welche), dass es die Letzten sein werden und dass es die Einzigen sind.*

Was diejenigen betrifft, die an der Verbreitung dieser Werke beteiligt waren, so soll Ihnen nichts verborgen bleiben. Ich werde Ihnen mündlich ihre Namen mitteilen. Darüber hinaus will ich mich, sofern Sie es verlangen, verpflichten, diesen Leuten mitzuteilen, dass Ihnen ihre Namen bekannt sind, auf dass sie sich künftig ebenso wohl verhalten, wie ich es zu tun entschlossen bin.

Ich bitte Sie darum inständig, sich meiner anzunehmen und mir das Leben zu retten, indem Sie mir die Freiheit wiedergeben. Ich verspreche Ihnen, von beidem einen Gebrauch zu machen, der vergangene Fehler gutmacht, indem ich das Universalwörterbuch der Wissenschaften und Künste *fertig stelle, zu dessen Herausgebern ich zähle, an welchem ich seit vollen drei Jahren arbeite und für das ich mich in Unkosten gestürzt und unendliche Mühen auf mich genommen habe.*

Radominksy ließ den Brief sinken.

»Was kann diesen Diderot nur bewogen haben, so etwas zu schreiben?«, fragte Madame de Pompadour.

»Gewiss nicht die Liebe zum Staat«, erklärte Malesherbes. »Eher die Furcht vor einem aufgebrachten Eheweib.«

»Sind Sie der gleichen Meinung, *mon père?«*

Radominsky schüttelte den Kopf. »Ganz und gar nicht«, erwiderte er. »Ich glaube vielmehr, dass sehr wohl die Liebe dem Verfasser dieses Briefes die Feder führte.«

»Wie bitte?«, fragte Malesherbes mit erhobenen Brauen. »Ich muss gestehen, Sie überraschen mich, Monsignore. Welche Art Liebe sollte das sein?«

»Eine Art Liebe, die Ihnen vermutlich fremd ist, Monsieur – die Liebe zum Werk.«

»Und dafür wirft er sich in den Staub? Das scheint mir wenig überzeugend. Wie kann er sein Werk lieben, wenn er so wenig Selbstliebe zeigt?«

»Ich habe mit diesem Mann gesprochen, ich kenne ihn«, beharrte Radominsky. »Der Brief ist eine weiße Taube, ein Friedenssignal, um uns in Sicherheit zu wiegen.« Sein Ton wurde hart, fast verbittert. »Diderot hat diesen Brief geschrieben, um seine Enzyklopädie zu retten. Lieber verrät er sich selbst als sein Werk.«

Die Marquise de Pompadour kannte diesen Ton: So sprachen enttäuschte Liebhaber von den Frauen, die ihre Liebe verschmäht hatten.

»Wie lautet Ihre Entscheidung?«, fragte Malesherbes. »Was soll mit Diderot geschehen?«

»Welche Möglichkeiten habe ich?«

»Jede, die Ihnen gefällt, Madame.«

»Richtig«, bestätigte Radominsky. »Das Urteil liegt in Ihrem Ermessen.«

»Ob Sie Diderot die Freiheit schenken …«

»… oder ihn hinrichten lassen.«

Die Marquise runzelte die Stirn.

»Ist das die Alternative?«

Beide nickten, der eine mit einer angedeuteten Verbeugung, der andere ohne jede Regung im Gesicht. Prüfend sah sie die

zwei unterschiedlichen Männer an. Radominsky war der einzige Abbé am Hofe, der keine Perücke trug, und statt mit einer seidenen Soutane kleidete er sich wie ein gewöhnlicher Landpfarrer, obwohl er der Beichtvater der Königin war – das vollkommene Gegenteil Malesherbes', der mit feinem Lächeln, hinter dem er wie stets seine Empfindungen verbarg, gerade eine Prise aus seiner perlmutternen Schnupftabaksdose nahm.
»Sie meinen, Diderot liebt sein Werk mehr als sich selbst?«, fragte sie schließlich. »Nun, dann wird es am klügsten sein, dieses an seiner Stelle zu bestrafen. Vielleicht wird das dem Herrn eine Lehre sein.«

16

Sophie tunkte den Holzlöffel in die Sauce, um noch einmal abzuschmecken. Vielleicht ein bisschen mehr Portwein? Außerdem fehlte Rosmarin, und ein zusätzlicher Löffel Honig und Quittenmarmelade konnte auch nicht schaden.
Seit zwei Stunden schmorte die Ente auf dem Herd. Goldbraun brutzelte sie in der Kasserolle, und der süße, schwere Duft füllte die ganze Wohnung. Sophie hatte den Braten von ihrem Notgroschen gekauft, den geheimen Ersparnissen, die sie in ihrer Geldkatze unter der Matratze aufbewahrte und von denen nicht einmal ihr Mann wusste. Sie wollte Sartine bei der Rückkehr von seiner Reise mit einem so üppigen Festmahl überraschen, wie er noch nie eines genossen hatte, zubereitet mit sündhaft teuren Zutaten.
Einen solchen Empfang hatte Sartine sich redlich verdient.

Welcher Mann sonst hätte den ersten Urlaub, den er in seinem Leben bekam, für seine Frau geopfert? Lange Jahre hatte Sophie versucht, die Vergangenheit zu vergessen wie einen bösen Traum, den man beim Aufwachen nicht mehr wahrhaben will. Erst jetzt, da die Aufklärung des Rätsels nahe war, spürte sie, dass sie sich die ganze Zeit über Gewalt angetan hatte. Wie konnte sie leben, wenn sie nicht wusste, warum ihre Mutter hatte sterben müssen? Wie konnte sie glücklich sein, wenn der Mann, der Madeleine auf dem Gewissen hatte, in Freiheit war? Wenn Sartine den Namen herausgefunden hatte, würde sie diesen Mann suchen, und wer weiß, vielleicht konnte sie sogar dafür sorgen, dass ihrer Mutter doch noch Gerechtigkeit widerfuhr, wenigstens nach ihrem Tod. Innerlich bat Sophie ihren Mann um Vergebung für die dunklen Sehnsüchte, die sie manchmal überfielen, wenn sie des Nachts schlaflos an seiner Seite lag. Den Fahrplänen nach sollte seine Postkutsche noch vor dem Abend in Paris eintreffen. Hoffentlich hatte ihn der Nebel, der seit ein paar Tagen in immer dichteren Schwaden vom Fluss aufstieg, nicht auf der Reise behindert.

Im Treppenhaus hörte sie Schritte. Sollte er das schon sein? Eilig band Sophie sich die Schürze ab, um nachzuschauen. Als sie die Tür öffnete, machte ihr Herz vor Freude einen Sprung: Vor ihr stand Sartine. Mit einem Lächeln reichte er ihr eine Schachtel aus rotem Karton.

»Das ist für dich. Ein Geschenk aus deiner Heimat.«

»Aus Beaulieu? Für mich?« Sie gab ihm einen Kuss auf die Wange. »Aber komm, du musst ja ganz erschöpft sein von der Reise!«

Sie nahm seine Hand und führte ihn zu seinem Lieblingsplatz, dem Lehnstuhl.

»Wie das duftet«, sagte er und schnupperte in der Luft. »Und der Tisch! Du hast ja wie an einem Feiertag gedeckt. Nein, lass nur!«, wehrte er ab, als sie sich hinkniete, um ihm die Stiefel auszuziehen. »Willst du nicht lieber dein Geschenk aufmachen?«

Sie nahm das Päckchen und öffnete die Schleife. Als sie den Inhalt erblickte, stutzte sie: eine feingliedrige Silberkette mit einem kleinen geschnitzten Engel aus hellem, glatt poliertem Material, der sie an einen Totenkopf erinnerte.

»Was ... was ist das?«, fragte sie irritiert. »Elfenbein?«

»Ich dachte, du würdest es kennen. Ein Glücksbringer, sagen die Leute in Beaulieu. Es gibt ganz verschiedene davon. Freust du dich nicht?«

»Doch, natürlich, es ist sehr ... hübsch«, sagte sie und gab sich Mühe, ihre Irritation zu verbergen. »Wie lieb von dir.« Sie öffnete den Verschluss und legte sich die Kette um den Hals. »Hast du sie bei den Sachen von meiner Mutter gefunden?«

Sartine schüttelte den Kopf. Er nahm ihre Hände und schaute sie an. Sein sonst so sorgfältig rasiertes Gesicht war von Bartstoppeln übersät.

»Nein, Sophie, leider. Um dir die Wahrheit zu sagen: Ich habe überhaupt nichts gefunden. Gar nichts. Es gibt keine Sachen mehr von deiner Mutter. Die ganze Reise war – umsonst.«

»Umsonst? Aber warum? Hast du mit niemandem gesprochen? Abbé Morel, Baron de Laterre – sind sie alle schon tot?«

Sartine nickte. »Und was noch schlimmer ist – das Kirchenarchiv ist abgebrannt, mit allen Büchern, Urkunden, Dokumenten. Vor zwei Jahren ist es passiert.«

»Das heißt ...«, sagte Sophie, unfähig, den Satz zu Ende zu sprechen.

»Ja«, erwiderte er und drückte ihre Hand. »Es ist alles vernichtet. Wir werden die Wahrheit über deine Mutter – ich meine, über den Prozess – wohl nie erfahren.«

Sophie ließ seine Hand los, sie musste sich setzen.

»Wer weiß, wozu es gut ist«, sagte Sartine, während sie auf einen Stuhl sank. »Vielleicht ist es sogar besser so. Es ist ja alles schon sehr lange her, und außerdem ...«

»Außerdem was?«

»Ich meine, was hättest du davon, die alten Dinge wieder aufzurühren?«

Sophie blickte ihn verständnislos an. »Ich muss doch wissen, was damals passiert ist. Ich kann doch jetzt nicht einfach Ruhe geben und schweigen, nur weil alles verbrannt ist.«

»Wenn schon!«, rief er und warf seine Stiefel in eine Ecke. »Manchmal ist es besser zu schweigen – zu schweigen und zu vergessen.«

»Das rätst du mir? Das glaube ich nicht!«

»Sei doch vernünftig, Sophie!«, sagte er mit hörbarer Ungeduld in der Stimme. »Was passiert ist, ist passiert! Wir können die Dinge nicht wieder ungeschehen machen. Himmelherrgott, wo sind denn meine Hausschuhe?«

Als gäbe es gerade nichts Wichtigeres, bückte er sich, um sie zu suchen, schaute unter dem Tisch nach, unter dem Stuhl, unter dem Herd.

»Hier«, sagte Sophie und reichte sie ihm.

Statt die Schuhe zu nehmen, blickte er sie an, unsicher, fast verängstigt, doch gleichzeitig lauerte eine seltsame Wut auf dem Grund seiner Augen, wie eine Warnung. Sophie fröstelte – sie kannte diesen Blick: Genauso hatte er sie schon einmal angesehen, in der Nacht vor seiner Abfahrt, als er sie beim Lesen überrascht hatte. Und ohne dass sie wusste, warum, drängte sich ihr eine Frage auf, eine vollkommen unsinnige

Frage, die jetzt überhaupt nicht von Bedeutung war, doch die sie während seiner Reise die ganze Zeit unterdrückt hatte, und plötzlich hatte sie das Gefühl, dass sie ihrem Mann diese Frage vor allen anderen Fragen stellen musste, hier und jetzt, in diesem Augenblick.

»Wofür hast du Urlaub bekommen?«

»Weshalb willst du das wissen?«, erwiderte er, gleichzeitig verblüfft und gereizt. »Ich hatte dir doch gesagt, es war eine Belohnung, die mir schon lange versprochen war.«

»Ja, aber du hast nicht gesagt, wofür.«

»Für meine Arbeit, wofür sonst? Hauptsache ist, ich habe Urlaub bekommen.«

»Aber ich möchte wissen, wofür.«

»Wofür, wofür! Verdammt noch mal, ich reise durch halb Frankreich, nur für dich, gebe dabei ein Vermögen aus, und du stellst mir solche unsinnigen Fragen.«

»Sag mir bitte die Wahrheit.«

»Die Wahrheit, die Wahrheit! Wozu musst du die wissen? Ist das ein Verhör? Was geht dich die Wahrheit an! Das ist Berufsgeheimnis!«

»Bitte, Antoine.«

»Nein!«, rief er. »Ich denke nicht daran! Nicht im Traum! Ist das dein Dank? Nach allem, was ich für dich getan habe?«

»Ich bin dir wirklich sehr dankbar dafür, aber …«

»Aber, aber, aber! Immer sagst du aber! Hast du vergessen, dass du eine Frau bist? Tu deine Arbeit und halt den Mund! Was kann ich dafür, dass alles verbrannt ist? Ach was, gib lieber die Pantoffeln her!«

Wütend riss er ihr die Hausschuhe aus der Hand. Sophie biss sich auf die Lippen. So hatte er sich noch nie benommen. Sie hatte keinen Zweifel mehr, warum er so aufgebracht war.

»Die Wahrheit«, wiederholte sie fest. »Hast du dafür gesorgt, dass Diderot verhaftet wurde?«
»Woher weißt du von der Verhaftung?«
»Aus dem ›Procope‹. Da war von nichts anderem die Rede.«
»So? Ja? Tatsächlich?« Entgeistert schaute er sie an. Sein Mund klappte auf und zu, ohne dass er einen Ton sagte, dann aber brach die ganze Wut aus ihm hervor. »Ja, zum Teufel, ja«, schrie er. »Ja! Ja! Ja! In Dreiherrgottsnamen! Ich habe Diderot zur Anzeige gebracht, warum nicht? Er hat es nicht anders verdient. Oder was glaubst du, wofür man mich bezahlt? Damit solche Verbrecher dahin kommen, wohin sie gehören: hinter Schloss und Riegel.«
»Dann ist es also wahr«, flüsterte Sophie entsetzt. »Und ich habe dir seinen Namen gesagt ...«
»Ja und? Was soll daran schlecht sein? Freu dich lieber! Darauf kannst du stolz sein! Damit hast du einmal in deinem Leben etwas für mich getan, wenigstens dieses eine verfluchte Mal! Außerdem, wie kommst du dazu, mir Vorwürfe zu machen – ausgerechnet du? Die ganze Zeit hast du mich hintergangen und so getan, als könntest du nicht lesen, dabei ...«
Mitten im Satz verstummte er. Er riss die Augen auf, seine Nasenflügel bebten – wie ein Tier, das eine Gefahr wittert. Im nächsten Moment schoss er zum Herd und hob den Deckel von der Kasserolle.
»Eine Ente? Für uns?«, fragte er, plötzlich auf unheimliche Art beherrscht, mit kalter, scharfer Stimme. Er nahm die Flasche, die neben dem Herd stand. »Und Portwein? Sieh mal an! Woher hast du so viel Geld?«
»Das hatte ich gespart«, sagte Sophie. »Mein Notgroschen. Ich wollte dich überraschen.«
»Gespart? Du? Wovon?« Er lachte laut auf. »Gib dir keine

Mühe, ich weiß, woher das Geld stammt. Daher also deine Sorge, dein Mitgefühl.«

»Ich weiß nicht, wovon du redest.«

»Und ob du das weißt! Dieser Diderot hat dir das Geld gegeben! Er hat dich bezahlt!«

»Diderot?«, fragte Sophie, vollkommen fassungslos. »Mich bezahlt? Warum?«

»Weil du mit ihm unter einer Decke steckst. Weil du«, er machte eine Pause, bevor er den Satz zu Ende sprach, »weil du seine Hure bist!«

Sophie wollte etwas erwidern, doch diese unglaubliche, unfassbare Anschuldigung traf sie so unerwartet, dass ihr die Worte im Hals stecken blieben.

»Wenn du dich nur selber sehen könntest«, sagte er voll abgrundtiefer Verachtung. »Halt den Mund, du kannst dir die Antwort sparen, sie steht dir ins Gesicht geschrieben. – Ja, du bist seine Hure.«

17

Der Nebel war so dicht, dass Sophie keine zwanzig Schritt weit sehen konnte. Ohne Richtung und Ziel lief sie durch die von milchigen Schwaden verhangenen Gassen, hilflos irrend wie einst als Kind im Labyrinth des Barons de Laterre. Sie hatte nur einen Wunsch: Sie wollte fort, so rasch wie irgend möglich, fort von ihrem Zuhause, das nicht mehr ihr Zuhause war, fort von ihrem Mann.

Als blasse Schemen erhoben sich die Gebäude rings um sie

her, unwirklich wie im Traum, während der Nebel den Schall ihrer Schritte verschluckte wie die Rufe der Marktfrauen und Händler, der Wasserträger und Schuhputzer. Aus dem Nichts tauchten Fuhrwerke, Kutschen und Sänften vor ihr auf, und immer wieder stieß sie mit fremden Menschen zusammen, die richtungslos wie sie selbst umherirrten, während die Fackeln, die an den Hausecken brannten, die weiße Finsternis nur noch zu vermehren schienen. Bald würde man die Blinden vom Hospiz Quinze-Vingts holen, damit sie die Sehenden durch die Stadt führten.

Am Pont Neuf überquerte Sophie die Seine. Wenig später hörte sie ein ersticktes Johlen und Schreien, das offenbar ganz nahe war, doch nur gedämpft an ihr Ohr drang, wie durch eine Wand von unsichtbaren Lappen und Tüchern. Brandgeruch lag in der Luft, der scharf in ihre Nase stieg. Wo war sie? Einen Steinwurf entfernt musste das Châtelet sein, der Sitz des Gerichts, vor dessen Fassade sich tanzende Schatten im Nebel erhoben. Rasch ging sie weiter, doch plötzlich, als hätte jemand einen Schleier fortgezogen, erblickte sie ein Feuer, dessen Flammen hoch in den Himmel schlugen, umringt von einer hundertfachen Menschenmenge.

Sophie beschleunigte ihre Schritte. Nein, das wollte sie nicht sehen! Wann immer sie konnte, mied sie diesen Platz, auf dem die Verbrecher der Stadt hingerichtet wurden: Diebe und Giftmischer, Kirchenschänder und Totmacher. Doch sosehr sie sich beeilte, wieder in den alles verhüllenden Nebel einzutauchen, konnte sie den Blick doch nicht von dem Feuer abwenden.

Was waren das für sonderbare Dinge, die da geschahen?

Eine Prozession schwarz gewandeter Richter kam aus dem Nebel gezogen, gefolgt von einem Schinderkarren. Doch kei-

ne gefesselten Gefangenen flehten hinter den Gitterstäben um Gnade, stattdessen türmten und stapelten sich dort Bücher über Bücher, in solchen Massen, wie Sophie noch nie welche gesehen hatte. Einer der Richter griff in den Bücherberg hinein und nahm einen Band, dann stieg er die Stufen zum Justizpalast hinauf und reichte das Buch einem Henker, der dort oben auf der Freitreppe in seinem Kapuzenmantel wartete. Ein Knecht rief mit lauter Stimme: »Denis Diderot!«
Als Sophie den Namen hörte, erschrak sie, wie wenn der Ruf ihr selber gälte. Was hatte das zu bedeuten? Für einen Augenblick glaubte sie durch die Schwaden von Nebel und Rauch ihre Mutter zu sehen, hoch oben auf dem Gerüst, mit kahl geschorenem Kopf, in ihrem Schandlinnen, an Händen und Beinen gefesselt – genauso wie sie sie zum letzten Mal gesehen hatte. Das Entsetzen schnürte ihr die Kehle zu.
Totenstille herrschte auf dem Platz. Der Henker hielt das Buch in die Höhe, um es den wartenden Menschen zu zeigen, die mit lüsternen Blicken zu ihm aufschauten.
»Im Namen Seiner Majestät des Königs übergebe ich die Schriften von Denis Diderot dem Feuer! Die *Geschwätzigen Kleinode*, die *Philosophischen Gedanken* und den *Brief über die Blinden*.«
Mit einer einzigen Bewegung seiner gewaltigen Arme zerriss er das Buch, das ihm der Richter übergeben hatte, in zwei Teile, ging zu dem brennenden Scheiterhaufen und warf die Seiten in die lodernden Flammen. Wieder sah Sophie ihre Mutter, ihre Blicke trafen sich, es war, als würden Madeleines Lippen sich noch einmal bewegen, um ein Wort zu formen, eine letzte Botschaft, die sie ihr zurufen wollte.
»Aaaaahhhhhh …«
Wie eine Erlösung aus hundert und aberhundert Kehlen er-

hob sich ein Raunen. Sophie wollte fliehen, den schaurigen Ort verlassen, doch sie war unfähig, sich von der Stelle zu rühren, so wie sie unfähig war zu begreifen, was hier vor ihren Augen geschah. Die Richter brachten dem Henker weitere Bücher, wieder und wieder, mehr und mehr. Jeden Autor, jeden Titel verkündeten sie dem Volk, das johlend Beifall zollte, während das Feuer sich gierig weiterfraß, Buch um Buch, mit züngelnden, tänzelnden Flammen, als wollte es alles Leben vernichten, das in den Büchern aufgezeichnet war. Wie gelähmt stand Sophie da und schaute der Hinrichtung zu. Sie roch nicht den Geruch des Feuers, spürte nicht die Nässe in ihrem Gesicht, sah nur vor sich Dinge, die ihr Begreifen überstiegen. Sie musste bleiben, bis zum Ende, mit eigenen Augen sehen, wie all die Gedanken, all die Geschichten, all die Fragen und Antworten von Menschen, die diese Bücher erdacht und niedergeschrieben hatten, in den Flammen verbrannten, verloren für alle Zeit. Eine Katze floh in weiten Sätzen von der Treppe des Justizpalastes, als würde sie von unsichtbaren Teufeln gehetzt. Sophie griff neben sich, nach einem Halt, nach einem Arm, nach einer Hand.

»Warum weinst du?«

Als sie die Worte hörte, erwachte sie aus ihrer Lähmung. Durch den Schleier ihrer Tränen sah sie das Gesicht eines Mannes. Es war ihr so fremd und vertraut wie ihr eigenes Leben.

18

Der Nebel umfing die beiden wie ein weißes, fließendes Zelt, gesponnen aus unzähligen glitzernden Spinnweben, ohne Anfang und ohne Ende, während sie immer tiefer in die helle Finsternis eintauchten, die sie schützte und barg wie die Ewigkeit.

Sie waren die einzigen Menschen auf der Welt.

»Ich habe dich verraten«, sagte Sophie irgendwann, das Gesicht noch tränennass. »Ich weiß nicht, wie es geschah. Auf einmal hatte ich deinen Namen gesagt.«

»Es war meine Schuld«, sagte Diderot und nahm ihre Hand, die sie ihm ohne nachzudenken überließ. »Ich bin der Verräter, ich habe unsere Geschichte verraten.«

»Ich war so verwirrt, als ich las, was aus Mirzoza geworden war. Sie war so kalt, so berechnend. Es gab keine Liebe mehr zwischen ihr und dem Sultan.«

Er blieb stehen und schaute sie an.

»Hast du die Geschichte zu Ende gelesen?

Sie schüttelte den Kopf.

»Aber dann weißt du ja gar nicht, wie sie ausgeht! Mirzoza besteht die Probe, sie ist die einzige Frau am Hofe, die ihren Mann wirklich liebt. Mongagul erfährt es erst ganz zum Schluss.«

»Das hast du geschrieben?«, flüsterte sie und blickte in seine hellen blauen Augen.

»Ja, Sophie, ich konnte nicht anders.« Er zog sie an sich, ganz dicht. »Es geschah von allein, fast gegen meinen Willen. Am Anfang, ich gebe es zu, wollte ich, dass der Zauberring auch Mirzoza verrät. Aber es ging nicht, mein Arm, meine

Feder weigerten sich, ein solches Ende niederzuschreiben.«

»Ach, warum habe ich das nicht gewusst? Kannst du mir je verzeihen?«

»Es gibt nichts zu verzeihen, Sophie. Ich habe meine Strafe tausendfach verdient!« Er nahm ihren Kopf zwischen seine Hände, tat es ohne zu zögern, so einfach und selbstverständlich, als könnte es gar nicht anders sein. »Nur eins musst du mir sagen. Warum hast du geheiratet? Es war, als hätte mir jemand ein Messer ins Herz gestoßen.«

»Hast du es nicht gewusst?«, fragte Sophie.

»Nein. Ich habe immer wieder darüber nachgedacht, aber keine Antwort gefunden. Bitte, sag es mir, ich muss es wissen.«

Sophie zögerte. Ganz leise, wie aus weiter Ferne, hörte sie die Wellen der Seine ans Ufer schlagen. Dann sagte sie: »Weil ich Angst vor dir hatte, Denis.«

»Angst? Vor mir?«

Sophie nickte stumm.

»Aber weshalb?«

»Weil … weil ich dich liebe …«

Er schaute sie an, ohne ein Wort zu sagen, doch seine Augen gaben ihr Antwort auf alle Fragen, die noch in ihr waren. Ohne die Augen von ihr zu lassen, beugte er sich zu ihr, um sie zu küssen.

»Wie kann man nur Angst vor der Liebe haben?«, flüsterte er, ehe ihre Lippen sich berührten.

Er schloß sie in die Arme und fing sie auf, während sie tiefer und tiefer zu fallen glaubte und gleichzeitig himmelwärts schwebte. Er bedeckte ihr Gesicht mit Küssen, Worte der Liebe und des Wahnsinns stammelnd, streichelte ihre Arme, ihre Schultern, ihren Hals. Ja, ja, ja! Seine Hände glitten über ihren Rücken, ihre Taille, ihre Hüften, so leicht und sanft wie eine Verheißung und dabei so sicher und kraftvoll, dass sie keinen anderen Halt mehr wollte als diesen. Bei jeder Berührung zuckte sie zusammen, bei jeder Berührung öffnete sie sich. Mit einem Seufzer schloss sie die Augen. Alles Sehnen, das in ihr gebrannt hatte, Tag für Tag, Monat für Monat, Jahr für Jahr, schien ein Ende zu haben, um doch erst jetzt seinen wirklichen Anfang zu nehmen, in diesem unwirklichen Moment, da sie ihn spürte, da sie sich selber spürte wie noch nie zuvor. Sie war nur noch Haut, Fühlen und Empfinden, war nur noch Fleisch, Wollen und Begehren. Ihre Brüste, ihre Schenkel – ihr ganzer Körper, der nach dieser Lust gedürstet hatte, war für ihn bereit, mit jeder Pore, um ihn aufzunehmen, um mit ihm zu verschmelzen, um eins zu werden mit ihm, jetzt und für alle Zeit.

19

Keine zehn Schritt von ihnen entfernt, verborgen in den Nebelschwaden, die unaufhörlich von der Seine aufstiegen, als wollten die Fluten sich mit dem Himmel vermählen, stand Antoine Sartine und starrte in die Undurchdringlichkeit. Wie ein Sehender den Blinden, wenn alle Sicht unmöglich ist, war er den Liebenden gefolgt, vom Châtelet bis hierher, hinunter zum Fluss.

Er konnte sie weder sehen noch hören, nur ab und zu, wenn

der Dunst sich für einen Wimpernschlag zu lichten schien, erhaschte er einen Blick auf die zwei, und von den Worten, die sie tauschten, drangen Laute an sein Ohr. Und doch sah er alles, hörte er alles, fühlte er alles – viel deutlicher und schärfer, als es mit gewöhnlichen Sinnen möglich war. Denn jedes Bild, jeder Ton paarte sich mit den Ahnungen, die aus der klaffenden Wunde seines Herzens strömten. Mit brennender Seele durchlebte, durchlitt er die Vereinigung, die sich da vor ihm vollzog, nur einen Ruf entfernt, und die er doch nicht verhindern konnte. Er kannte das Gesicht dieser Frau, jeden Fleck, jede Sommersprosse auf ihrer Haut, kannte die Stimme des Mannes, die in den Kaffeehäusern von Paris den Aufruhr predigte. Gequält von unsäglichem Schmerz, ahnte Antoine Sartine, wie die zwei einander umfingen, wie sie sich streichelten und küssten und sich im Schutz des Nebels zu entkleiden begannen, ahnte es voller Ohnmacht und Entsetzen in der immer deutlicheren, immer fürchterlicheren Gewissheit, dass seine Ehe ein katastrophaler Irrtum war, dass er es hätte wissen müssen, dass ein gutes Ende gar nicht möglich gewesen war, niemals, zu keiner Zeit, dass vielmehr alles hatte kommen müssen, wie es sich nun in diesem Augenblick erfüllte ... Ein Seufzer, dann ein Schrei, in dem sich alle Lust entlud, zerriss den Nebel. Das war die Frau, der er ein Heim geboten hatte, in selbstloser Liebe, ohne etwas von ihr zu verlangen, die Frau, die ihm geschworen hatte, ihm nie einen Schimpf anzutun und die ihn nun so schändlich verriet, in den Armen seines Feindes ... Er sah ihr rotes Haar wie Flammen in dem weißen Dunst, sah die Schönheit ihres Leibes, die er selber nie genossen hatte, spürte ihr Verlangen, ihre Begierde, die grenzenlose Wollust ihres Fleisches, die zu entfachen ihm nie vergönnt gewesen war und die nun in einem letzten

Seufzer verebbte, um ihm für immer die Freude am Leben zu nehmen.
Unsäglich war die Wut, die Antoine Sartine erfasste: Wut auf seinen elenden, nutzlosen Körper, Wut auf die Frauen dieser Welt.
Vor allem aber Wut auf Sophie.

Drittes Buch

Die verbotene Frucht
1751–1752

I

Ein herrlicher Junitag brach an, ein Tag so strahlend schön, als wäre die Welt an diesem Morgen erst erschaffen worden. Von einem leuchtend blauen Himmel, an dem keine einzige Wolke den Blick auf die Unendlichkeit verstellte, schien die Sonne in so verschwenderischer Fülle auf Paris herab, als wolle sie die Stadt in ihrem Glanz ertränken. Auf den Giebeln der Kirchen und Häuser jubilierten Heerscharen von Spatzen und priesen den jungen Tag, während die Fluten der Seine in Millionen und Abermillionen Lichtreflexen den hellen Glanz der Sonne widerspiegelten.

Wohlig räkelte sich der Krake Paris in den wärmenden, Leben spendenden Strahlen, strotzend vor Kraft und Schaffenslust. Schon um neun Uhr in der Frühe schien die ganze Stadt auf den Beinen. An den Straßenecken versorgten Schankfrauen mit großen Weißblechkannen die vorübereilenden Arbeiter und Handelsgehilfen für zwei Sous mit gesüßtem Milchkaffee, den diese aus irdenen Töpfen im Stehen tranken. Selbst die Gassen des Quartier Latin, das seinen Namen daher hatte, weil hier im Schatten der alten, ehrwürdigen Universität Sorbonne die Studenten und Professoren in lateinischer Sprache das Wissen der Menschen bewahrten und mehrten, waren bereits zu dieser frühen Stunde von so rastloser Tätigkeit erfüllt, als gelte es, ein neues Buch des Lebens zu schreiben.

»Obacht! Aus dem Weg!«

Nur mit einem beherzten Satz konnte ein Mann auf der Place Michel sich vor einem Kabriolett in Sicherheit bringen, das über den Platz jagte, ohne Rücksicht auf den übrigen Verkehr. Wütend reckte er dem davonrasenden Einspänner die Faust hinterher, während die Passanten sich verwundert nach ihm umdrehten. Denn sein Äußeres zog noch größere Aufmerksamkeit auf sich als seine drohende Gebärde. Gekleidet in eine armenische Tracht, trug er trotz der sommerlichen Wärme eine Bärenfellmütze auf dem Kopf, und seine zornigen Augen blitzten aus dem Gestrüpp eines dunklen Vollbarts hervor, das sein Gesicht fast vollständig bedeckte.

Schon seit dem frühen Morgen, kaum dass die ersten Boutiquenbesitzer ihre Läden geöffnet hatten, streifte er durch das Quartier, in dem die Bibliotheken und Buchverleiher, die Verleger und Drucker beheimatet waren. Selber Literat von einiger Reputation, beäugte er voller Argwohn die Menschenmenge, die sich von der Werkstatt des Verlegers Le Bréton in der Rue de la Harpe bis auf die Gasse zurückstaute. All die Professoren und Studenten, die Schriftsteller und Abbés, die Advokaten und Philosophen, die so heftig miteinander disputierten, als stehe ein neues Zeitalter bevor, hatten nur ein Thema: Der erste Band der Enzyklopädie – seit über einem Jahr angekündigt, von manchen gefürchtet wie eine Sendschrift des Antichrist, von anderen herbeigesehnt wie eine zweite Offenbarung – wurde an diesem Morgen erstmals an die Subskribenten ausgeliefert.

Während ein Dutzend Lehrlinge mit frisch gedruckten Bogen durch das Gewühl hastete, tippte der Armenier einem Studenten auf die Schulter.

»Ich habe gehört, das Werk enthalte revolutionäre Artikel zum Thema Musik. Sogar von einer völlig neuen Notenschrift soll die Rede sein.«

Der Student drehte sich um und schaute ihn an, als käme er geradewegs aus dem Orient.

»Wen interessiert schon Musik?«, fragte er. »Auf die Vorrede kommt es an! Da werden Ketten zerbrochen! Vorhänge zerrissen! Doktrinen zerschlagen! Zitadellen geschleift!«

»Woher wollen Sie das wissen? Die Bogen sind doch gerade erst gedruckt!«

»Das weiß doch jeder«, erwiderte der Student und sah ihn mitleidig an. »Aber ich will es selber lesen. Mit meinen eigenen Augen.«

Der Armenier kannte die Vorrede selber längst auswendig – ein Text wie ein Schlachtruf. Der Neid fraß wie Säure in seinen Eingeweiden: Warum hatte man nicht ihn, wie vor langer Zeit vereinbart, die Vorrede schreiben lassen? Statt des albernen Fortschrittswahns, der nun darin gepriesen wurde, hätte er der Menschheit die Wahrheit verkündet: dass alles, was die Gesellschaft je hervorgebracht hatte, nun gegen die Natur missbraucht wurde; dass die Errungenschaften der Wissenschaften und Künste immer wieder zu Quellen des Elends und der Zerstörung geworden waren, dass der Kompass, die Bergwerke und das Schießpulver den Jammer der Menschen ebenso vermehrt hatten wie ihre Glückseligkeit … Aber man hatte ihm nicht vertraut … Diesen Verrat konnte er Denis Diderot nicht verzeihen, auch wenn der Herausgeber der Enzyklopädie sich zehnmal sein Freund nannte.

»Vorsicht! Aus dem Weg!«

Diesmal kam die Warnung zu spät. Eine riesige Dogge, die der Equipage ihres Herrn vorauseilte, rannte den Armenier über den Haufen. Ohne dass der Eigentümer des Gefährts ihn eines Blickes würdigte, lag der Gefallene am Boden, hilflos wie ein Käfer auf dem Rücken. Der Student reichte ihm seine Hand.

»Sie könnten sich wenigstens bedanken«, sagte der junge Mann, als der andere wieder auf den Beinen stand.
»Ich habe Sie nicht um Hilfe gebeten!«, erwiderte der Armenier gereizt und klopfte sich den Staub von seiner Tracht. »Jean-Jacques Rousseau hat noch nie einen anderen Menschen gebraucht!«

2

»Hat sie es tatsächlich geschafft!«, zischte die Königin und blickte mit angstvollen Augen von dem Folianten auf, der aufgeschlagen auf ihrem Schoß lag. »Obwohl ihr Vater noch vor dem Galgen ins Ausland fliehen musste!«
»Wie belieben, Majestät?«, fragte ihre Freundin, die uralte Herzogin de Luynes, und hielt ihr Hörrohr ans Ohr, während ihr Bruder, der nicht weniger alte Kardinal de Luynes, der mit seiner spitzen Nase in dem weißen, faltigen Gesicht sowie den rosa gepuderten Wangen ihr vollkommenes Ebenbild war, leise schnarchend in einem Sessel an ihrer Seite schlief.
»Die Pompadour!«, brüllte die Königin, ohne Rücksicht auf ihre schlafende Gesellschaft. »Der neue Hofalmanach führt erstmals ihre Tochter Alexandrine auf. Wie eine echte Prinzessin. Jetzt steht ihrer Heirat mit dem Herzog von Picquigny wohl nichts mehr im Wege.«
»Gott bewahre!«
Während die Königin und ihre Freundin gleichzeitig das Kreuzzeichen schlugen, wandte Pater Radominsky, der ein wenig abseits an einem Kamin saß, sich wieder seiner eigenen

Lektüre zu. Der Hofalmanach, der alljährlich aufs Neue erschien, verzeichnete zwar den gesamten Adel des Landes, die Götter dieser Erde, die Minister und Marschälle, die Prinzessinnen und Herzoginnen, alle Günstlinge des Glücks, doch der Pater wusste, dass der Foliant, den er gerade in Händen hielt, ein druckfrisches Exemplar der Enzyklopädie, das sein Buchbinder ihm am Morgen gebracht hatte, von ungleich größerer Bedeutung für die Zukunft des Königreichs war als jenes Kompendium der Eitelkeiten, das ja nur über Wohl und Wehe der Hofgesellschaft entschied.

»Die Philosophen haben es gewagt«, las er in der Vorrede, »das Joch der Scholastik abzuschütteln und mit ihm die Autorität, die Vorurteile und Barbarei. Sie haben als Erste den Mut aufgebracht, sich gegen eine despotische und willkürliche Macht zu erheben, in Vorbereitung einer Revolution, die den Grund zu einer gerechteren und glücklicheren Regierung legte ...«

Jedes Wort war ein Aufruf, die Bastionen von Kirche und Staat zu stürmen. Radominsky schwankte zwischen Bewunderung und Entsetzen. Der neue Baum der Erkenntnis, der das Vorsatzblatt zierte, war ein genialer Entwurf – und zugleich die Bestätigung, wie gefährlich das ganze Unternehmen war. Im System der Enzyklopädisten waren Vernunft und Erfahrung an die Stelle der göttlichen Offenbarung als Quelle aller Erkenntnis getreten, die Theologie aber, seit Jahrhunderten die höchste aller Wissenschaften, war in dem neuen Wissensbaum zu einem kleinen unscheinbaren Ast verdorrt. Jenseits der Zweige dieses Baumes, so lautete die unverhüllte Botschaft, gab es kein gesichertes Wissen mehr. Damit waren die Lehren der Kirche hinter die Grenzen überprüfbarer Wissenschaft verbannt, und die neuen Grenzwächter, die als Hüter der Wahrheit die Theologen abzulösen suchten, waren keine anderen als die Philosophen. Radominsky rieb sich mit den Fingerspitzen die Schläfen. Was für ein großer, fehlgeleiteter Geist! Was hätten er und Diderot gemeinsam leisten können! Stattdessen musste er nun mit den verhassten Jansenisten gemeinsame Sache machen, den alten Widersachern der Jesuiten in der Kirche, am Hof und im Parlament, um die von den Philosophen drohende Gefahr abzuwenden. Er warf einen skeptischen Blick auf die Königin und ihren ältesten Sohn Louis-Stanislas, den Dauphin, der mit frommem Pferdegesicht in sein Gebetbuch vertieft war. Die zwei waren seine wichtigsten Verbündeten. Würde es mit ihrer Hilfe gelingen, das nötige Bollwerk zu errichten?

Radominsky tat einen tiefen Seufzer. Worauf sollte eine solche Hoffnung gründen? Der König war ein willenloses Geschöpf in den Händen einer Hure, die offen mit den Ideen der Aufrührer kokettierte und auf schamlose Weise die Libertinage des Geistes mit der des Fleisches verknüpfte. Um dem Schicksal ihrer Vorgängerinnen zu entgehen, die sich jeweils nur wenige Monate der Gunst des Herrschers hatten erfreuen dürfen, hatte die Pompadour den Liebesdienst an Ludwig unter vollkommener Hintanstellung ihrer eigenen Bedürfnisse organisiert. Dabei ersetzte sie ihr mangelndes natürliches Feuer durch strenge Wissenschaftlichkeit. Es war am ganzen Hof bekannt, dass ihr Leibarzt, Dr. Quesnay, ihr allerlei Mittel verabreichte, um ihre Leidenschaft zu entfachen, und zusammen mit ihrem königlichen Buhlen las sie die obszönsten Werke, die in Paris gedruckt wurden und mit denen Malesherbes in seiner Eigenschaft als oberster Zensor des Reiches sie jeden Mittwoch versorgte. Ja, sie hatte Ludwig sogar ein regelrechtes Serail eingerichtet oder, wie sie

selbst es ungeniert nannte, ein Laboratorium der Liebeskunst.
Noch keine Mätresse des Königs war je auf diesen Ausweg verfallen, die Unzulänglichkeiten des eigenen Leibes mit Hilfe fremder Liebesdienerinnen auszugleichen. Im Hirschgraben, einem kleinen Pavillon von Versailles, scharte die Pompadour die lüsternsten Geschöpfe um sich, die ihr Leibkammerdiener aus Paris besorgte wie der Küchenmeister Wildbret aus den Wäldern der Umgebung für die Speisekammer des Hofes. Zierliche und Große, Aufgeputzte und Bescheidene, Gefügige und Widerspenstige, Niedliche und Stolze, Hitzige und Bleiche – alle Metamorphosen Evas waren in dem neuen Lustschloss versammelt, das wie kein zweites diesen schändlichen Namen verdiente. Mit Hilfe dieses Serails behielt die Pompadour die Herrschaft über den König und Frankreich in ihren schlanken Händen; der Eintrag ihrer Tochter in den Hofalmanach war nur eine von vielen Bestätigungen.
Dieser Machtfülle der Favoritin stand die Königin ganz und gar ohnmächtig gegenüber. Sieben Jahre älter als ihr Gemahl, hatte Maria Leszczynska Frankreich zehn Kinder geschenkt und war vollkommen verblüht. Mit ihren fast fünfzig Jahren verriet sie nichts mehr von dem wenigen Liebreiz, den Gott ihr einst vielleicht verliehen hatte. Nach anfänglichem Kummer wegen der Affäre ihres Mannes hatte sie sich damit abgefunden, nicht die einzige Frau in Ludwigs Leben zu sein, und sich ganz vom Lärm des Hofes zurückgezogen – die weltlichen Vergnügungen, so hatte sie Radominsky anvertraut, seien nicht für sie geschaffen. Eingeschlossen in ihren Gemächern inmitten des von fiebernden Frivolitäten erfüllten Palastes, folgte ihr Dasein dem gleichförmigen Stundenablauf einer Klosteruhr. Sie verbrachte die Vormittage mit

Gebeten und erbaulicher Lektüre, anschließend malte sie ein wenig, ging sodann zur Messe und besuchte ihren Gemahl. Am Nachmittag fertigte sie Handarbeiten für Bedürftige an, bevor am Abend der Höhepunkt ihres Tages kam: Verlassen von allen jungen Leuten ihres Gefolges, die in die Appartements ihrer Rivalin flohen, versammelte sie ihren kleinen Hof um sich, der aus greisen Kardinälen, verwelkten Jungfern und ihrem frommen Sohn bestand. Wie sollte es dieser Königin gelingen, ihren Mann aus den Fängen der Pompadour zu befreien?

Der Kardinal von Luynes wachte mit einem so lauten Schnarcher auf, dass Radominsky aus seinen Gedanken aufschrak. Schuld an der Unruhe war Monsieur de Malesherbes, der von einem Lakaien in den Raum geführt wurde und nun mit einer Verbeugung der Königin seine Referenz bezeugte.

»Ihr untertänigster Diener, Majestät.«

Er war noch über Marias Hand gebeugt, als sein Blick auf Radominsky fiel.

»Was lesen Sie da, *mon père?* Die Enzyklopädie? Respekt! Ich habe mein Exemplar noch nicht einmal aufgeschnitten.«

»Dann wird es höchste Zeit«, erwiderte der Pater. »Anstatt die Aufforderung zu seiner eigenen Vernichtung mit aller Strenge zu verfolgen, zeichnet der Staat sie mit dem königlichen Druckprivileg aus. Wenn irgendein Wirrkopf diese Hetzschrift zu lesen bekommt – die Folgen sind nicht auszudenken!«

»Ich bedaure«, antwortete Malesherbes, »aber mir sind die Hände gebunden. Die Herausgeber haben die Enzyklopädie dem Comte d'Argenson gewidmet, dem Vizekanzler und Siegelbewahrer des Königs.«

»Und der hat sich nicht geweigert«, fragte die Königin, »ein so gotteslästerliches Werk unter seinen Schutz zu nehmen? Sie hatten mir doch berichtet«, wandte sie sich an ihren Beichtvater, »dass es darin von Angriffen auf unsere heilige Kirche nur so wimmelt.«

War das seine Chance? Radominsky richtete seinen Blick fest auf das welke Gesicht seiner Königin und sagte: »Meines Wissens hatte der Comte d'Argenson die Zueignung bereits abgelehnt, doch nach einer Unterredung mit Ihrer Freundin, der Marquise de Pompadour, hat er sich anders besonnen.«

»So?«, fragte Malesherbes überrascht. »Das ist das Neueste, was ich höre!«

»Ich war persönlich bei der Unterredung zugegen«, beteuerte Radominsky, fest darauf vertrauend, dass Gott ihm diese Korrektur der Wahrheit im Dienst der guten Sache verzeihen würde. »Erst auf Veranlassung der Marquise hat der Vizekanzler den Enzyklopädisten seine Erlaubnis erteilt.«

»Das ist ja wirklich unerhört!« In ihrer Aufregung sprang die Königin von ihrem Sessel auf, sodass der Hofalmanach zu Boden fiel und dabei fast ihren Schoßhund Tintamarre erschlug, einen kleinen graubraunen Mops, der zu ihren Füßen geschlummert hatte und nun kläffend ans andere Ende des Raumes floh. »Monsieur de Malesherbes, was gedenken Sie zu unternehmen?«

»Wie gesagt, mir sind die Hände gebunden, Majestät.« Das Lächeln auf den Lippen des Zensors verzog sich zu einer verlegenen Grimasse, doch als die Königin den Blick nicht von ihm ließ, fügte er hinzu: »Es sei denn, ich bekomme Beweise, die ein Verbot des fraglichen Werkes im Interesse des Staates unumgänglich machen.«

Bereits am folgenden Tag scharte Pater Radominsky seine Truppen in der Jesuitenkirche Saint-Paul-Saint-Louis um

sich: Kommissare und Nachtbrigadiers, Inspektoren, Sergeanten und gemeine Spitzel.
»Besorgt mir alles, was ihr von den Philosophen zu hören oder zu lesen bekommt«, rief er von der Kanzel herab. »Ich will jeden Artikel, ob handschriftlich oder gedruckt, jeden Gedanken, den die Aufrührer verbreiten. Kein Buch, kein Satz, kein Wort – nicht einmal ein Semikolon darf uns entgehen!«

3

Und Sophie? Glückliche Sophie!
Sie war jetzt zweiundzwanzig Jahre alt, und zum ersten Mal in ihrem Leben hatte sie das Gefühl, jenem Labyrinth, in das sie sich so oft verirrt hatte, für immer entkommen zu sein. Zusammen mit Diderot erlebte sie eine Zeit, die ihr wie im Märchen erschien, als hätte ihr Vater Dorval eine Geschichte erfunden, und sie war das Aschenputtel, dessen Leben eine gute Fee wie mit einem Zauberstab verwandelt hatte. Obwohl sie auch weiterhin für jedes Stück Brot, das sie aß, für jeden Schluck Wasser, den sie trank, arbeiten musste wie fast alle anderen Menschen sonst auf dieser Welt, empfand sie jeden neuen Tag, an dem sie aufwachte, wie eine wunderbare Verheißung, gleichgültig, ob es regnete oder schneite oder die Sonne vom Himmel schien. Fremde Menschen, die ihr auf der Straße begegneten, lächelten ihr zu, auch wenn sie sie nie zuvor gesehen hatten.
War dies das Glück? Hatte sie tatsächlich die Lichtung des Labyrinths erreicht? Sophie wusste es nicht. Sie spürte nur:

Es war der Aufbruch zu einem neuen, anderen Leben, zu einem Leben, von dem sie keinerlei Vorstellung besaß. Sie fühlte sich wie am Beginn einer großen Reise, erfüllt von grenzenloser Sehnsucht, die seltsamerweise immer stärker wurde, je weiter sie sich auf dieser Reise vom alten Ufer fortbewegte und sich auf das offene Meer des Ungewissen vorwagte.
Kaum ein Tag verging, ohne dass sie Diderot sah und in ihren Armen hielt. Meistens trafen sie sich in Le Bretons Verlag, wo Diderot ein Arbeitszimmer hatte, mit einer eigenen Schlafstatt, die durch einen Vorhang vom übrigen Raum getrennt war. Doch wann immer sie konnten, verließen sie das Haus, um sich unter freiem Himmel zu lieben. Sie liebten sich am Ufer der Seine, im Park der Tuilerien, im Bois de Boulogne, und an den Sonntagen zogen sie hinaus in die Faubourgs vor den Toren der großen Stadt, nach Montmartre oder Vaugirard, wo sie Wein tranken und barfuß im Kreis tanzten, bis ihnen schwindlig wurde. Sobald Sophie ihren Geliebten sah, ja nur an ihn dachte, rief ihr Kleinod nach ihm, und wenn er sie verließ, hörte es nicht auf, zärtlich von ihm zu träumen. Dieses herrliche Gefühl der Zugehörigkeit, das auch in den Stunden fortbestand, da sie voneinander getrennt waren, erfüllte sie mit einer Art innerer Musik: Wo immer sie ging oder stand, was immer sie anfing oder tat – es war, als würde sie einen Jubelchor hören, den niemand sonst vernahm.
Wie hatte sie nur so viele Jahre anders leben können?
Nachdem Sophie ihren Ehemann verlassen hatte, war sie nie wieder in seine Wohnung zurückgekehrt. Sie hatte ihm den silbernen Ring, den er ihr in der Hochzeitsnacht geschenkt hatte, mit der Post geschickt, zusammen mit anderen Wertsachen, die aus ihrer Ehe stammten. Nur den Glücksbringer

aus Beaulieu, die Kette mit dem geschnitzten Engel, der ein bisschen wie ein Totenkopf aussah, hatte sie behalten – es war der einzige Gegenstand, der sie mit ihrer Heimat verband. Sie bewahrte die Kette zwischen ihrer Wäsche auf.

Ihre Anstellung im Café »Procope« hatte sie aufgegeben. Sie arbeitete nun als Zofe im Haus eines Monsieur Poisson, seines Zeichens Generaldirektor für das Bauwesen und die Künste in Paris; ihr alter Patron hatte sie empfohlen, Sophie kannte Monsieur Poisson bereits aus dem Kaffeehaus. Obwohl noch keine dreißig Jahre alt, machte er mit seiner ebenso eleganten wie fülligen Figur den Eindruck eines Mannes, dessen Ehrgeiz sich darin erschöpfte, dreimal am Tag gut zu speisen. Sophie hätte es besser nicht treffen können. Ihr neuer Herr behandelte sie mit einer Freundlichkeit, die manchmal wie Schüchternheit wirkte, und mehr noch als ihr Geschick im Haushalt und in der Küche schätzte er ihre Gabe, aus Romanen und Dramen vorzulesen. Mit sichtlichem Wohlbehagen lauschte er ihrer Lektüre, manchmal ganze Abende lang, und konnte darüber sogar die Mahlzeiten vergessen. Zur Belohnung entband er Sophie weitgehend von den gewöhnlichen Pflichten im Haus, sodass sie fast täglich mehrere Stunden mit ihrem Geliebten verbringen konnte.

Diderot hatte sich nach seiner Entlassung aus dem Gefängnis von Madame de Puisieux getrennt, doch lebte er weiter bei seiner Familie in der Rue de l'Estrapade. Der kleine Didier war im Winter an einer fiebrigen Erkältung gestorben. Zur Beerdigung war Diderots alter Vater aus Langres angereist, zum ersten Mal, seit der Sohn die Heimat verlassen hatte, und hatte ihm an Didiers Grab das Versprechen abgenommen, immer für seine Familie zu sorgen. Auch wenn die Heiligkeit der Ehe dahin war, sollte doch der Anstand gewahrt bleiben –

so hatte der Alte es verlangt. Diderots größter Wunsch, den er in einer zärtlichen Stunde Sophie anvertraute, aber war, dass sie ihm einen neuen Sohn schenkte.
»Für einen Sohn von dir«, sagte er, »würde ich alles hingeben, sogar mein Werk, sogar die Enzyklopädie.«
Sophie schloss ihn in die Arme, zutiefst berührt von seinen Worten. Konnte es einen größeren Beweis seiner Liebe geben?
»Ja, mein Liebster«, flüsterte sie. »Du sollst einen Sohn von mir haben. Das verspreche ich dir.«
Eines Tages fragte Diderot sie, ob sie ein Manuskript für ihn ins Reine schreiben könne – einen Text über die Zubereitung von Schokolade. Glücklich über sein Vertrauen, nahm sie die Seiten an sich. Im Haus von Monsieur Poisson hatte sie eine eigene Dachkammer, wo sie ungestört arbeiten konnte. Bereits am nächsten Tag gab sie Diderot die fertige Abschrift zurück.
»Hast du alles lesen können?«, fragte er.
»Sogar die Fehler«, erwiderte sie mit einem Lächeln.
»Fehler?«, fragte er verdutzt.
»Du hast die Mengenangaben von Vanille und Zimt verwechselt. Es stört dich doch nicht, dass ich sie korrigiert habe?«
Es dauerte nicht lange, und Sophie wurde zu einer festen Mitarbeiterin der Enzyklopädie. Sie kopierte Manuskripte für den Druck, exzerpierte aus wissenschaftlichen Werken, korrigierte Fahnenabzüge und verglich sie mit den Vorlagen. Was für wunderbare Welten taten sich ihr auf! Da gab es Tiere und Pflanzen, deren Namen sie noch nie gehört hatte, Berge, die unter ewigem Schnee und Eis begraben lagen, Flüsse, die breiter waren als Meeresarme. Gleichzeitig lernte sie die Ideen der Philosophen kennen, früher als jeder Subskribent. Wissbegierig sog sie die neuen Lehren

in sich auf, über die Rechte und Pflichten der Menschen, über die Formen ihres Zusammenlebens, vor allem aber über ihr Recht auf Glück. Dabei ordnete sich in Sophies Kopf auf wunderbare Weise das Chaos der verstreuten Kenntnisse, das sie in den vielen Jahren wahlloser Lektüre von allem Gedrucktem angesammelt hatte. Als würden die zahllosen Zettel und Seiten, die Bruchstücke und Fragmente von Gedichten und Traktaten, von Dramen und Flugblättern, die sie im »Procope« gefunden und in ihrem Schatzkästlein aufbewahrt hatte, sich nun in ihr zu neuen Mustern formen, Mustern mit klaren, erkennbaren Konturen, wie Eisenspäne auf einem Blatt Papier, wenn plötzlich ein Magnet auf sie einwirkte.

»Glauben heißt«, so las sie im Entwurf eines Artikels, »von der Wahrheit einer Tatsache überzeugt sein, ohne sie überprüft zu haben. Man ist aber nur selten zufrieden mit sich selbst, wenn man keinen Gebrauch von seiner Vernunft gemacht hat. Wer glaubt, ohne einen Grund zum Glauben zu haben, fühlt sich darum immer schuldig, eben weil er das wichtigste Vorrecht seiner Natur vernachlässigt hat.«

Die Worte trafen Sophie wie eine persönliche Anklage. War das der Grund ihres Unbehagens, wenn sie an ihre Vergangenheit dachte? Hatte nicht auch sie fremden Behauptungen Glauben geschenkt, ohne sie im Licht ihrer eigenen Vernunft zu überprüfen? Der Verdacht wühlte sie so sehr auf, dass sie die ganze Nacht keinen Schlaf fand.

Als sie Diderot am nächsten Tag traf, fasste sie sich ein Herz. Sie musste über ihr früheres Leben sprechen, Antwort finden auf die eine große Frage ihrer Kindheit, die sie immer noch quälte.

»Warum musste meine Mutter sterben?«

Diderot hob ihr Kinn und sah sie an. »Weißt du es nicht selber?«
»Der Pfarrer in meinem Dorf hat gesagt, sie sei an ihren eigenen Sünden zugrunde gegangen. Weil sie Gott versucht und sich mit den Mächten des Bösen eingelassen hat.«
»Der Aberglaube ist die schrecklichste Plage der Menschheit«, erwiderte Diderot. »Er wirkt wie ein Zauber, den die Furcht auf die Seele ausübt. Er ist ein Tyrann, der die Menschen in Angst und Schrecken hält, um sie zu unterdrücken.«
»Du meinst, es war nicht die himmlische Verdammnis?«
»Gott ist nicht der Scharfrichter der Pfaffen. Es ist ein Verbrechen, wenn Menschen in seinem Namen andere Menschen ermorden.«
»Aber die Hostie, die ich bei meiner Erstkommunion erbrochen habe? War das kein Zeichen?«
»Der Kräutertrank, den deine Mutter dir gegeben hat, musste auf deinen leeren Magen wie ein Brechmittel wirken. Was soll daran ein Zeichen sein? Höchstens, dass deine Organe in natürlicher Weise reagiert haben.«
Aufmerksam lauschte Sophie seinen Worten. Als er zu Ende gesprochen hatte, schwieg sie eine Weile. Dann sagte sie: »Weißt du, wie ich mich fühle? Als hätte ich jahrelang in einer engen, dunklen Stube verbracht, und plötzlich stößt jemand eine Tür auf, und ich betrete einen hellen, lichtdurchfluteten Raum.« Sie nahm sein Gesicht zwischen ihre Hände und küsste ihn. »Ich danke dir.«
So überwand Sophie den Aberglauben ihrer Kindheit, die Vorurteile und Schreckenslehren, mit denen sie aufgewachsen war und die für sie die Welt bedeutet hatten. Sie aß vom Baum der Erkenntnis, doch ohne Angst, weder vor der Liebe noch vor den Büchern, und auch nicht vor dem Leben. Denn

wovor sie sich so lange gefürchtet hatte, war längst Wirklichkeit geworden: Sie lebte das Leben ihrer Mutter, liebte und las und dachte und folgte dabei nur ihrem eigenen Herzen und ihrem eigenen Verstand. Doch kein Blitz fuhr auf sie herab, um sie zu strafen – im Gegenteil. Das menschliche Glück, das Diderot und die Philosophen in der Enzyklopädie verkündeten, war kein Märchen, sondern mit Händen zu greifen. Hier auf Erden schon!

Nur manchmal, wenn Sophie nach einer dieser Begegnungen zurückkehrte in ihre Kammer bei Monsieur Poisson, kam ihr Diderots Frau in den Sinn, und ein kleiner, gemeiner Zweifel nagte an ihr.

Hatte Diderot diese Frau nicht einmal ebenso geliebt wie sie?

4

Das Verlagshaus in der Rue de la Harpe summte wie ein Bienenkorb. Die Arbeiten für den nächsten Band der Enzyklopädie waren im vollen Gang. Trotz seiner enormen Leibesfülle, die ebenso stetig zuzunehmen schien wie das große Werk selbst, war Le Bréton überall gleichzeitig zu finden. Mit flinken Augen überprüfte er die Bestände – Pressen, Lettern, Druckerschwärze, Leder für die Farbballen, Kerzen, Kiele, Ausschließplatten, Satzschiffe, Rahmen und hundert andere Dinge mehr –, während er über die Schulter seinen Angestellten unentwegt Anweisungen und Befehle zurief. Die Arbeit war schmutzig und laut. Die Pressen kreischten und stöhnten,

die Meister schrien die Gesellen an und die Gesellen die Lehrlinge, während die Druckballen, die mit uringetränkter Wolle gefüllt waren, den Gestank eines gigantischen Pissoirs verbreiteten. Um sich zu betäuben, nahmen die Männer immer wieder einen kräftigen Schluck Wein aus ihren Flaschen, und zwischendurch schlugen sie mit ihren Winkelhaken nach den Katzen, von denen es in den filzigen Papierabfällen nur so wimmelte.
Le Bréton verfolgte ein ehrgeiziges Ziel. Er wollte mit der Enzyklopädie noch glänzendere Geschäfte als mit dem Hofalmanach machen, den er als erster ordentlicher Buchdrucker des Königs in Auftrag hatte. Dieser Adelskalender trug ihm dreißigtausend Livres jährlicher Rente ein – mehr, als die *Odyssee* und die Bibel zusammen. Um sein Ziel zu erreichen, achtete Le Bréton bei der Enzyklopädie wie beim Almanach auf beste Qualität bei Druck und Satz. Zu stark geschwärzte oder verunreinigte Seiten musterte er ebenso aus wie zu blass geratene, die kaum noch zu lesen waren. Außerdem hatte er ein ausgeklügeltes System entwickelt, das ihm ermöglichte, die Enzyklopädie in ganz Frankreich anzubieten. Er selbst verkaufte Subskriptionen an die Buchhändler, und die Buchhändler verkauften sie an die einzelnen Kunden, wobei er den Buchhändlern, um sie zu besonderen Anstrengungen zu bewegen, erhebliche Anteile am Erlös zubilligte, gestaffelt nach der Höhe ihrer Umsätze. Seine größte Hoffnung aber setzte Le Bréton auf die Werbung, welche die Jesuiten mit ihren Angriffen auf die Enzyklopädie für das Werk betrieben: Diese Angriffe würden nach der Auslieferung des ersten Bandes so sicher erfolgen wie das Amen in der Kirche.
Sorge bereitete dem Verleger nur die Beschaffung der Arbeitskräfte. Männer, die Wasser aus dem Brunnen ziehen

konnten, gab es genug, nicht aber solche, die in der Lage waren, den Pressbengel zu bedienen. Drucken war ein Wandergewerbe – die Männer gingen dahin, wo sie Arbeit fanden, sodass sie den größten Teil ihres Lebens auf der Landstraße verbrachten. Um Arbeitskräfte in der nötigen Menge zu rekrutieren, hatte Le Bréton eine Armee von Werbeagenten unter Vertrag genommen, die sich über das ganze Königreich verteilten: einen Buchhändler in Marseille, der für ihn die Wirtshäuser der Hafenstadt durchstreifte, einen Beamten in Straßburg, einen ehemaligen Schmuggler in Dijon, einen Fuhrhändler und Schriftgießer in Lyon ... Sie alle lockten Drucker, die einen brauchbaren Eindruck machten, mit einem üppigen Reisegeld nach Paris.

Während im Erdgeschoss unter Le Brétons Aufsicht die Druckballen eingefärbt wurden, um die Presse für einen neuen Bogen vorzubereiten, empfing Diderot in seinem Redaktionsbüro einen wichtigen Gast aus Deutschland. Melchior Grimm, so sein Name, war Journalist und verdiente sein Geld damit, dass er die Königs- und Fürstenhöfe Europas über das geistige Leben in der französischen Hauptstadt unterrichtete. Die neue Ausgabe seiner bereits berühmten *Litterarischen Korrespondenz* wollte er ausschließlich dem Erscheinen der Enzyklopädie widmen.

»Wie wollen Sie, Monsieur Diderot«, fragte er, kaum dass er seinen Dreispitz abgelegt hatte, »in einem so rückständigen Staat wie Frankreich ein so aufklärerisches Werk publizieren? In kaum einem Land hat die Zensur größere Vollmachten als hier bei Ihnen.«

Der Abbé de Prades, ein junger Doktor der Theologie und seit wenigen Monaten Mitarbeiter der Enzyklopädie, blickte mit seinem mageren, pockennarbigen Gesicht vom Schreibtisch auf, wo er gerade einen Text redigierte, während Diderot seinem Gast ein Glas Wein einschenkte.

»Manchmal«, erwiderte der Herausgeber mit einem Lächeln, »muss man die Menschen in die Irre leiten, um die Wahrheit zu verbreiten.«

»Ich bilde mir ein, Ihre Sprache einigermaßen zu sprechen, doch das verstehe ich nicht.«

»Täten Sie es, so hätte ich etwas falsch gemacht.« Diderot setzte die Flasche ab, griff nach einem Exemplar der Enzyklopädie und schlug den Band auf. »Nehmen Sie zum Beispiel diesen Artikel hier: ›Anthropophagie‹.«

»Über ›Menschenfresserei‹?«, fragte sein Gast verwundert. Diderot genoss einen Moment das Unverständnis in Grimms Gesicht, bevor er ihm Aufklärung verschaffte.

»Sehen Sie hier den kleinen Pfeil? Er führt zu den eigentlichen Aussagen und Thesen, um die es uns geht.«

»Siehe ›Eucharistie‹, ›Kommunion‹, ›Altar‹«, murmelte Grimm. Plötzlich schien er zu begreifen. »Mein Gott, sind Sie des Teufels? Wenn das die Zensoren entdecken!«

»Die Gefahr ist nicht allzu groß«, meldete sich de Prades zu Wort. »Bei meinem Rigorosum haben die Herren Professoren so tief geschlafen, dass sie nicht einmal aufwachten, als die Glocke der Sorbonne sie zum Angelus rief. Dabei enthält meine Dissertation mehr Sprengstoff als das Arsenal von Paris. Sie haben mir den Doktorhut aufgesetzt, ohne eine einzige Zeile zu lesen. *Jerusalem coelesti* – das ›himmlische Jerusalem‹ im Titel genügte, um die Herren ruhig schlafen zu lassen. Sie haben mir sogar zu meinem schönen Latein gratuliert. Die Arbeit sei voller poetischer Bilder und Metaphern.«

»Ja«, bestätigte Diderot, »die Arroganz der Macht wird nur von ihrer Ignoranz überboten.«

Melchior Grimm blickte die zwei mit ungläubigem Staunen an.
»Trotzdem«, sagte er schließlich, »haben Sie keine Angst, dass die Sache irgendwann auffliegt?«

5

In jeder freien Minute widmete sich Sophie der Enzyklopädie. Sobald Monsieur Poisson sie für ein paar Stunden entließ, machte sie sich auf den Weg in die Rue de la Harpe, um sich mit Diderot zu treffen, oder sie stieg, wenn sie ihren Geliebten nicht sehen konnte, hinauf in ihre Kammer. Was für ein Glück, dass sie ein eigenes Zimmer hatte! Möblierte Zimmer waren schmutzig, von den Wänden hingen verfaulte Tapeten herab, und durch die Fenster pfiff der Wind. In ihrer Mansarde dagegen konnte sie ruhig und ungestört arbeiten. Hier hatte sie sich ein richtiges Büro eingerichtet, mit einem großen Brett als Schreibtisch und mehreren kleinen Brettern als Regal, auf dem sich Dutzende von Manuskripten stapelten, in sauberen Stößen und alphabetisch sortiert, zusammen mit dem ersten Band der Enzyklopädie. Wenn sie dieses Regal sah, musste sie immer noch staunen. War es nicht ein Wunder? Das Wissen dieser Welt in ihrer kleinen Kammer! Nur manchmal, wenn sie plötzlich Schritte im Treppenhaus hörte, beschlich sie eine Frage: Was würde ihr Herr wohl sagen, wenn er zu lesen bekäme, was sie da unter seinem Dach aufbewahrte?
Sie war gerade mit der Reinschrift eines Artikels beschäftigt,

als die Tür aufging. Robert steckte seinen Kopf durch den Spalt, der Leibdiener Monsieur Poissons, ein Mann von fast vierzig Jahren, mit dunklen Haaren und noch dunklerem Blick. Sophie mochte ihn nicht besonders leiden; morgens ging Robert zur Messe und abends betrank er sich, außerdem verbeugte er sich immer einen Kopf tiefer vor der Herrschaft als nötig – ein Lakai durch und durch. Instinktiv bedeckte sie das Manuskript mit ihren Händen, doch während sie noch versuchte, die Seiten vor seinen Blicken zu schützen, griff er einfach in das Regal, nahm die Enzyklopädie und begann darin zu lesen.

»Wenn die Natur irgendeine Autorität geschaffen hat, so ist es die väterliche Macht; aber die väterliche Macht hat ihre Grenzen, und im Naturzustand würde sie aufhören, sobald die Kinder in der Lage wären, sich selbst zu leiten.«

»Stell das sofort wieder hin!«, rief Sophie und sprang auf.

Robert machte nur einen Schritt zurück und las weiter: »Gibt es denn keine ungerechte Macht? Gibt es nicht Autoritäten, die keineswegs von Gott stammen, sondern gegen seine Gebote und seinen Willen geschaffen werden? Haben die Usurpatoren etwa Gott für sich?« Erst jetzt ließ er den Band sinken und schaute Sophie an. »Was ist das für ein Buch?«

»Wozu willst du das wissen?«

»Weil es mich interessiert. Hast du daraus Monsieur schon vorgelesen?«

»Willst du mich verraten?«

Sophie erwiderte seinen Blick. Die anderen Dienstboten nannten ihn »Robert der Teufel«, weil er manchmal fürchterliche Wutanfälle bekam, vor allem, wenn er betrunken war. Doch jetzt sah er eher traurig aus, als hätten Sophies Worte ihn verletzt.

»Ich würde einfach gerne wissen, was das für ein Buch ist«, wiederholte er. »Ich ... ich lese nämlich auch recht gern.«

»Ein Wörterbuch«, sagte Sophie unwillig. An seinem Gesicht erkannte sie, dass er mit ihrer Auskunft nichts anfangen konnte. Also fügte sie hinzu: »Darin werden Begriffe erklärt, woher sie stammen und was sie bedeuten. Dinge, die man nicht weiß, aber wissen sollte.«

Roberts dunkle Augen leuchteten auf. »So ein Buch habe ich mir schon immer gewünscht.« Er zögerte kurz, dann sagte er. »Würdest du es mir vielleicht leihen?«

»Wie bitte?«, fragte Sophie überrascht.

»Nicht für lange, ich meine, nur wenn du es gerade nicht brauchst. Weil, ich würde gern mehr darin lesen.«

Sophie sah, wie schwer es ihm fiel, seine Bitte zu äußern. Er nagte an seiner Lippe, während er vor lauter Verlegenheit von einem Bein auf das andere trat. Plötzlich schämte sie sich. Hatte sie sich in Robert getäuscht? Ihm Unrecht getan? Weil sie dem Tratsch und Klatsch im Haus blindlings vertraut hatte, statt sich ihr eigenes Urteil zu bilden?

»Bitte«, sagte er leise. »Es war immer mein größter Wunsch, zu lernen und zu studieren. Aber ich habe nie die Möglichkeit dazu gehabt.«

»Na gut«, sagte Sophie. »Aber du musst mir versprechen, keine Flecken und Eselsohren zu machen.«

»Versprochen!«, rief er und strahlte.

So behutsam, als wäre es ein Säugling, nahm er das Buch und barg es an seiner Brust. Sophie musste lächeln. Hatte sie einen neuen Freund gewonnen? Für sich und für die Enzyklopädie?

»Ach ja«, sagte er über die Schulter, als er ihre Kammer verließ. »Monsieur lässt dich rufen. Du möchtest bitte in den Salon kommen. Jetzt gleich!«

6

Monsieur Poisson erwartete Sophie in Gesellschaft einer fremden Frau, mit der er angeregt plauderte. Ihr Teint war von blendendem Weiß, ihre Lippen schimmerten blassrosa, und ihre Augen waren von einer unbestimmbaren Farbe, eine Mischung von Blau und Schwarz. Als Sophie den Raum betrat, unterbrach sie das Gespräch mit Monsieur Poisson und drehte sich zu ihr um.

»So, du bist also Sophie.«

Mit einem Lächeln, das makellos weiße Zähne offenbarte und zwei Grübchen auf ihre Wangen zauberte, trat sie ihr entgegen, wobei die Bewegungen ihres Körpers sowohl Lebendigkeit als auch Grazie auszudrücken schienen. Sophie blickte sie an wie eine Erscheinung: Noch nie in ihrem Leben hatte sie eine so schöne Frau gesehen.

»Das ist meine Schwester«, sagte Monsieur Poisson, »Marquise de …«

»Der Name spielt keine Rolle«, unterbrach sie ihn.

»Ich hatte zufällig von dir erzählt, und Madame, ich will sagen, meine Schwester ist heute eigens gekommen, um dich anzuschauen, beziehungsweise, um dich kennen zu lernen.«

Poisson hielt in seiner Rede inne, unschlüssig, als wisse er nicht, was er weiter sagen oder tun solle, während seine Wangen sich rosa färbten. Sophie fiel die Ähnlichkeit der Geschwister auf. Bevor er füllig geworden war, musste Monsieur von ebenso edler Schönheit gewesen sein wie seine Schwester.

Poisson räusperte sich und setzte erneut an zu sprechen, doch klappte sein Mund nur einmal wie bei einem Fisch auf und zu. »Ich denke, ich lasse euch besser allein«, sagte er dann unvermittelt, und ohne eine weitere Erklärung verließ er den Salon.

»Ich freue mich wirklich, dich zu sehen«, sagte die fremde Dame, als die Tür sich schloss. »Mein Bruder hat dich in den höchsten Tönen gepriesen. Nun, ich muss gestehen, er hat nicht übertrieben.«

»Mit Verlaub«, erwiderte Sophie irritiert und machte einen Knicks, wie man es ihr beigebracht hatte.

Die Fremde musterte sie aufmerksam mit ihren schwarzblauen Augen, während sie einmal im Kreis um sie herumging. Unter den prüfenden Blicken fühlte Sophie sich zunehmend unbehaglich. Was wollte man von ihr?

»Eine herkömmliche Schönheit bist du nicht«, sagte die Frau, mehr zu sich selbst als an Sophie gewandt. »Aber das ist kein Fehler, Allerweltsschönheiten gibt es mehr als genug. Du hast das gewisse Etwas. Die roten Haare, die Sommersprossen … Sehr hübsch, sehr reizvoll – eine richtige Raubkatze.«

»Wenn Sie mir sagen würden, womit ich Ihnen dienen kann?«

»Warum nicht?« Die Frau lachte. »Also hör zu, ich will dir einen Vorschlag machen. Ich möchte, dass du in Zukunft für mich arbeitest. Mein Bruder hat dich lang genug für sich allein gehabt.«

»Um Gottes willen«, erschrak Sophie. »Ist Monsieur nicht mehr mit mir zufrieden?«

»Davon kann keine Rede sein.«

»Aber warum soll ich dann fort? Ich fühle mich bei Monsieur sehr wohl.«

»Daran habe ich keinen Zweifel. Mein Bruder ist ja auch ein Mensch, mit dem man auskommen kann. Wenn ich mir selbst allerdings manchmal wünschen würde, er träte ein wenig energischer auf.« Plötzlich ernst, sagte sie: »Ich unterhalte ein kleines Lustschloss bei Versailles. Dort wohnen lauter hübsche junge Mädchen wie du. Ich würde mich freuen, wenn du bald dazu gehören würdest, mein Kind.«

»Ein Lustschloss?«, fragte Sophie unsicher. »Ihr Vorschlag ehrt mich, Madame – aber … aber was wird Monsieur dazu sagen?«

»Darum mach dir keine Gedanken! Ich habe schon mit meinem Bruder gesprochen. Er lässt dich zwar nur ungern gehen, aber im höheren Interesse ist er grundsätzlich bereit …« Sie unterbrach sich und nahm Sophies Hand. »Komm mit mir, es wird dir bei uns gefallen. Ihr Mädchen habt keine andere Aufgabe, als einen hohen Gast zu verwöhnen, der uns hin und wieder besucht.«

Mit jedem Wort, das die fremde Dame sagte, wuchs Sophies Verwirrung. Was war das für ein seltsames Angebot? Sie hatte keine Vorstellung, was es bedeuten konnte, und wusste darum nicht, was sie erwidern sollte. »Und was muss ich dabei tun?«, fragte sie schließlich, um irgendetwas zu sagen.

»Das habe ich doch eben erklärt.« Wieder lachte die Frau. »Es geht darum, einem hohen Herrn den Aufenthalt bei uns zu versüßen – ihm ein bisschen angenehm sein, seine Wünsche erfüllen, ihn zerstreuen, damit er sich von seinen Geschäften erholt. Du weißt doch sicher, wie man einen Mann glücklich macht, oder?« Sie zwinkerte Sophie zu. »Es soll dein Schaden nicht sein.«

Als Sophie dieses Zwinkern sah, fiel es ihr wie Schuppen von den Augen. So hatte ihr schon einmal jemand zugezwinkert – damals im Faubourg Saint-Marceau. Eine dicke, grell geschminkte Frau hatte sie bei ihrer Arbeit in der Tabakschenke angesprochen, eine Matrone, die in der Nachbarschaft ein öffentliches Haus betrieb und alle Mädchen, die außer einem hübschen Gesicht eigene Schuhe und einen weißen Unterrock besaßen, zu überreden versuchte, in ihrem Etablissement zu arbeiten. Sophie konnte es kaum glauben: Sollte die Schwester ihres Herrn eine solche Matrone sein? Ihr Lustschloss ein Freudenhaus?

Ohne weiter über die Antwort nachzudenken, schüttelte sie den Kopf. »Nein«, sagte sie, »ich möchte lieber in Monsieurs Diensten bleiben.«

Sie wollte der anderen ihre Hand entziehen, doch die hielt sie fest.

»Sei nicht dumm! Du wirst es gut bei mir haben. Du bekommst Schmuck und herrliche Kleider und brauchst nie wieder zu arbeiten.«

Sophie schüttelte erneut den Kopf, obwohl sie sich immer unsicherer fühlte.

»Hör auf, dich zu zieren!«, sagte die Dame, und ihr Ton wurde mit einem Mal scharf. »Oder sehnst du dich vielleicht zurück nach Saint-Marceau? Da kommst du doch her, nicht wahr?«

»Das wissen Sie?«, fragte Sophie und spürte, wie ihr vor lauter Unsicherheit plötzlich Tränen in die Augen schossen. Sie biss sich auf die Lippen, um sich nichts anmerken zu lassen, aber das machte ihre Unsicherheit nur noch schlimmer.

»Natürlich weiß ich das, und auch, dass du zuletzt im Café ›Procope‹ gearbeitet hast. Glaubst du, ich hole mir jemanden ins Haus, ohne zu wissen, mit wem ich es zu tun habe?«

Sophie schluckte, um ihre Tränen zu unterdrücken.

»Ich warne dich!« Die blauschwarzen Augen, die eben noch so freundlich zu lächeln schienen, blickten jetzt hart und kalt auf sie herab. Mit einer heftigen Bewegung ließ die

Frau Sophies Hand los. »Ein Wort von mir, und mein Bruder wirft dich auf die Straße. Also entscheide dich! Entweder du kommst mit mir, oder du kannst sehen, wo du bleibst.«

Sophie schlug die Augen nieder. Tausend Gedanken stürzten auf sie ein. Sie sah wieder ein möbliertes Zimmer vor sich, den Dreck und den Müll, der sich im Treppenhaus türmte, roch den fauligen Gestank, spürte die feuchte, zugige Kälte, die selbst im Sommer nicht aus den Mauern wich. Und sie sah die Gäste in der Tabakschenke, die Gerber und Kutscher und Latrinenreiniger, die mit schmutzigen Händen nach ihr griffen, roch ihren Schweiß und ihren Atem, spürte ihre Leiber, die sich gierig an sie drängten.

Während die Tränen an ihren Wangen herabflossen, schüttelte Sophie zum dritten Mal den Kopf.

»Bitte verzeihen Sie mir, Madame, aber ich kann nicht mit Ihnen kommen.«

»Du kannst sehr wohl – du willst nur nicht!«

»Nein, Madame, ich kann nicht.« Sophies Stimme zitterte, aber ihr Entschluss stand fest. »Mein Herz ... mein Herz gehört schon einem Mann.«

Als sie den Blick hob, erwartete sie, in ein wütendes Gesicht zu sehen. Doch alle Härte, alle Kälte war aus den blauschwarzen Augen gewichen. Nachdenklich, fast liebevoll schaute die fremde Dame sie an, und während sie langsam, kaum merklich nickte, schien ihr Blick hinter einem feuchten Glanz zu verschwinden.

»Ich glaube, ich weiß, was du fühlst«, sagte sie schließlich mit einer Stimme, die wie aus weiter Ferne klang. »Ich habe auch einmal so für einen Mann empfunden, vor vielen, vielen Jahren, genauso wie du, aber ich habe mich anders entschieden.«

Sie nahm Sophies Hand und drückte sie fest, ihr Gesicht war voller Mitgefühl. »Ich wünsche dir alles Glück der Welt.«
Dann wandte sie sich ab und ging. In der Tür drehte sie sich noch einmal um.
»Was muss das für eine wunderbare Liebe sein, dass du sie der Liebe des Königs vorziehst.«
Vollkommen irritiert, in einer Mischung aus Verständnislosigkeit und überwundener Angst, blieb Sophie zurück.
Die Liebe des Königs?
Es dauerte bis zum späten Abend, ehe sie Antwort auf ihre Frage bekam. Robert sollte das Rätsel lösen. Sie fand ihn in der Küche, wo er im Schein einer Kerze las, das Kinn in beide Hände gestützt, ganz und gar vertieft in seine Lektüre. Auf dem Tisch vor ihm lag die aufgeschlagene Enzyklopädie.
Als Sophie ihn ansprach, blickte er mit glühenden Wangen auf.
»Das war Madame de Pompadour, die Mätresse des Königs!«, sagte er, Zorn und Abscheu im Gesicht. »Hast du denn nicht gewusst, dass diese Hure die Schwester unseres Herrn ist?«

7

Als Sophie allein in ihrem Zimmer war, fühlte sie sich so aufgewühlt, dass sie unmöglich schlafen konnte. Alles in ihr sehnte sich nach ihrem Geliebten, doch Diderot war nach Fontainebleau gereist, um einen Autor zu treffen, den er für die Enzyklopädie gewinnen wollte.
Sie öffnete das Fenster und schaute hinaus in die Nacht. Der

Lärm des Tages war verstummt. In der Ferne sah sie das breite, glänzende Band des Flusses, der im Mondlicht zu schlafen schien. Ein sanfter Hauch strich über ihre Wangen, während irgendwo das Rollen einer Kutsche sich in der Lautlosigkeit verlor.

Der Friede der träumenden Stadt beruhigte Sophie, und es war, als weite sich ihr Herz, als sie am offenen Fenster stand und einfach nur da war und atmete. Sie schloss die Augen und sah das Gesicht ihres Geliebten, wie er sie ansah und lächelte, als wolle er sie grüßen und ihr sagen, dass er bei ihr war, immer und ewig, auch wenn noch so viele Meilen sie trennten.

Sophie nickte. Ja, dieses Herz gehörte schon einem Mann …

Plötzlich überkam sie ein wahnsinniges Glücksgefühl. Sie spürte seinen Atem, die Wärme seiner Haut, seine Lippen auf ihrem Mund, einen vollen tiefen Kuss, der sich in sie hinabsenkte, in ihre Adern und in ihr Mark, und ein so geheimnisvolles Schaudern ergriff sie, dass ihr Herz zu vergehen schien, überflutet von fiebernder Freude und unendlicher Zärtlichkeit.

Ohne nachzudenken, was sie tat, trat Sophie an ihren Schreibtisch und nahm eine Feder. Sie wollte, sie musste diesen Augenblick festhalten, ihre Gefühle in Worte fassen. Es war die einzige Möglichkeit, ihrem Sehnen Ausdruck zu verleihen und es zugleich zu stillen.

»Die Liebe ist, wo immer sie auftritt, stets die Gebieterin. Sie bildet die Seele, das Herz und den Geist, je nach ihrer Art. Nicht nach dem Herzen und dem Geist, den sie erfüllt, ist sie klein oder groß, sondern nach dem, was sie an sich selbst ist; und es scheint, als sei die Liebe tatsächlich für die Liebenden das, was die Seele für den Körper dessen ist, den sie erfüllt …«

Sophie hatte sich viele Male gefragt, wie wohl ein Text entstand. Was musste in einem Menschen vorgehen, dass sich unter seiner schreibenden Hand die Worte zu einem Sinn zusammenfügten? Es war ihr immer wie ein Wunder erschienen. Doch jetzt merkte sie, es war kein Wunder dabei, in Wirklichkeit war es ganz einfach. Die Worte mussten nur aus dem Herzen kommen.

»Wer fähig ist zu lieben, der ist tugendhaft. Ich wage sogar zu behaupten, dass jeder, der tugendhaft ist, auch fähig ist zur Liebe. So wie es ein Fehler für den Körper ist, wenn er unfähig ist zur Zeugung, so ist es ein solcher für die Seele, die nicht zu lieben vermag …«

Sophie hörte weder die dunkle Glocke, die in der Ferne zur Mitternacht schlug, noch den monotonen Gesang des Nachtwächters, der unter ihrem Fenster mit seiner Laterne vorüberzog. Die Worte und Sätze flossen wie von allein auf das Papier, die tiefe, verborgene Wahrheit ihrer Seele, die sich in diesem Strom der Zeichen unaufhaltsam in die Wirklichkeit ergoss.

Irgendwann setzte sie die Feder ab und las noch einmal, was sie geschrieben hatte. O doch, es war ein Wunder! All ihre Gefühle und Empfindungen, ihr ganzes Sehnen und Drängen, das sie mit solcher Macht zu ihrem Geliebten zog, stand nun da, und jeder Mensch, der eine Seele hatte und später diese Buchstaben und Worte und Sätze las, musste spüren, dass aus diesen Zeichen ihrer Schrift nichts als ihre Liebe sprach.

Nur eines fehlte noch. Sie nahm den Gänsekiel und fügte den letzten Gedanken hinzu.

»Ebenso wenig wie das Feuer kann die Liebe ohne fortwährende Bewegung überdauern, und sie erlischt, sobald sie aufhört zu hoffen oder zu fürchten. Dennoch fürchte ich von

Seiten der Liebe nichts für die guten Sitten; sie kann sie nur vervollkommnen. Denn wer liebt, hat sich daran gewöhnt, seinen Willen dem Wunsch des Geliebten anzuverwandeln. Daraus aber folgt, dass die wahre Liebe äußerst selten ist. Mit ihr verhält es sich wie mit Geistererscheinungen: Alle Welt spricht davon, aber nur wenige haben welche gesehen.«

Nachdem Sophie das letzte Wort niedergeschrieben hatte, nahm sie eine Büchse vom Regal und streute Sand auf die Seite, damit die Tinte trocknete. Ohne den Text noch einmal zu lesen, faltete sie den Bogen zusammen.

So müde und zufrieden, wie ein Mensch nur sein kann, wenn er etwas ganz und gar richtig gemacht hat, stand sie auf und trat ans Fenster. Am Himmelsgewölbe, das unmerklich hell geworden war, verblassten gerade die Sterne. Irgendwo erklang auf einem Dach ein schwacher Vogelschrei, ein zaghaftes Zwitschern antwortete, wurde kühner, schallte laut und fröhlich zurück und sprang von Dach zu Dach.

Sophie fühlte sich plötzlich in helles Licht getaucht, und als sie den Kopf hob, musste sie die Augen schließen, geblendet vom Leuchten der Morgenröte. Ein Gebirge von purpurnen Wolken warf seinen blutroten Schein auf die erwachende Stadt. Langsam stieg der riesige flammende Ball empor, durchbrach die berstende Wolkenwand und besprengte das Häusermeer von Horizont zu Horizont mit seiner Glut.

In diesem Augenblick fasste Sophie einen Entschluss, mit derselben inneren Gewissheit, die ihr zuvor die Feder geführt hatte, und obwohl sie zugleich wusste, dass dieser Entschluss sie eines Tages vielleicht vernichten konnte, war sie so sicher wie selten im Leben: Sollte einer von ihnen, Diderot oder sie, je aufhören, den anderen so zu lieben, wie sie es in dieser Nacht getan hatte, würde sie ihren Geliebten verlassen.

8

Am nächsten Tag las Sophie Monsieur Poisson aus Montesquieus *Persischen Briefen* vor. Obwohl der Roman, in dem zwei orientalische Standesherren auf die komischste Weise ihre Eindrücke von einer Reise nach Frankreich austauschen, sonst zu ihren Lieblingsbüchern gehörte, war ihr die Lektüre noch nie so lang erschienen wie an diesem Nachmittag. Sie konnte es gar nicht erwarten, Diderot ihren Text zu zeigen.

Als Poisson sie endlich entließ, war draußen bereits die Abenddämmerung angebrochen. Eilig lief Sophie in die Rue de la Harpe. Das Redaktionsbüro war leer, doch auf dem Schreibtisch stand eine Tasse dampfender Schokolade. Er konnte also nicht weit sein. Rasch legte Sophie das gefaltete Blatt mit ihrem Manuskript neben die Tasse, gerade rechtzeitig, bevor Diderot den Raum betrat. Sie war so aufgeregt, dass ihre Hand zitterte.

»Was ist das?«, fragte er, nachdem sie sich begrüßt hatten, und nahm den Bogen vom Tisch. »Ein Artikel über die Liebe?«

»Keine Ahnung.« Sophie zuckte die Achseln. »Vielleicht hat einer von deinen Autoren den Text gebracht, als du nicht da warst.«

Während Diderot zu lesen begann, klopfte das Blut in Sophies Adern so laut, dass sie glaubte, es müsse im ganzen Raum zu hören sein. Diderot las ihr Manuskript, den ersten eigenen Text, den sie in ihrem Leben geschrieben hatte! Ruhig und konzentriert folgten seine blauen Augen den Zeilen, doch seine Miene gab mit keiner Regung zu erkennen, was er von dem Inhalt hielt. Schließlich ließ er das Blatt sinken.

»Großartig«, sagte er, die Stimme voller Bewunderung. »Ein Meisterwerk!«
Sophie hätte am liebsten laut gejubelt, doch so schwer es ihr fiel, beherrschte sie sich. So harmlos wie möglich fragte sie: »Ja, findest du?«
Diderot nickte. »Jedes Wort ist zutiefst empfunden, und gleichzeitig ist alles ganz klar und rein. Wie glücklich muss ein Mensch sein, der solche Liebe erfährt. Aber wer zum Teufel hat das geschrieben?«
»Hat der Verfasser denn nicht unterzeichnet?«
Er blickte auf das Blatt in seiner Hand, wendete es und schüttelte den Kopf. »Nein. Kein Name, kein Kürzel – nichts.«
Sophie konnte ein Lächeln nicht länger unterdrücken. »Ich glaube, dann bleibt uns nichts anderes übrig, als es zusammen herauszufinden. Vielleicht erkennst du ja den Stil.« Sie schlang die Arme um seinen Hals und küsste ihn, und während ihre Münder sich fanden, wiederholten ihre Lippen, ihre Zunge noch einmal, was sie ihm längst gesagt hatte, mit solcher Hingabe und Leidenschaft, dass es keinen Zweifel mehr gab. »Weißt du jetzt«, flüsterte sie, als ihre Lippen sich voneinander lösten, »wer den Artikel geschrieben hat?«
Diderot schaute sie ungläubig an. »Willst du etwa sagen …«
»Ja, Liebster, letzte Nacht. Du warst so weit fort, und ich wusste nicht, wie ich es aushalten sollte ohne dich.«
Sie wollte ihn noch einmal küssen. Doch er wehrte ihre Umarmung ab.
»Was hast du?«, fragte sie irritiert.
Diderot wirkte plötzlich sehr ernst. »Dein Artikel ist wunderbar, einer der besten, die ich bisher überhaupt bekommen habe. Aber …«

Statt den Satz zu Ende zu sprechen, schaute er sie an. Aus seinen blauen Augen war jede Zärtlichkeit verschwunden.

»Aber *was?*«, wollte Sophie wissen. »Los, sag schon!«

Diderot zögerte. »Ich kann den Artikel nicht drucken«, erklärte er dann.

»Das ist nicht dein Ernst!«, rief sie und versuchte zu lachen.

»Doch«, erwiderte er. »Die Leser würden eine Frau als Verfasserin niemals akzeptieren.«

Das Lachen blieb ihr im Hals stecken. Tatsächlich, es war sein Ernst, sie sah es an seinem Gesicht. Sophie musste schlucken. Sie hatte insgeheim gehofft, dass Diderot das Zeugnis ihrer Liebe in die Enzyklopädie aufnehmen würde, doch er dachte gar nicht daran. Noch nie hatte er sie so enttäuscht.

»Eben hast du noch den Menschen beneidet, der solche Liebe erfährt«, sagte sie leise.

Er nahm ihre Hand. »Du musst das verstehen«, sagte er. »Ich habe die Enzyklopädie schon einmal fast ruiniert, mit meinem Roman – wir sind nur um ein Haar davongekommen. Ein solcher Fehler darf sich nicht wiederholen. Gerade jetzt nicht, wo wir so großen Erfolg haben.«

»Ist der Erfolg das Einzige, was zählt?«

»Herrgott, Sophie – red doch nicht wie ein Kind! Ich habe alles für die Enzyklopädie geopfert, kaum noch etwas anderes geschrieben, seit ich damit angefangen habe, meine ganze Kraft steckt darin. Verstehst du das denn nicht?« Und als sie schwieg, fügte er hinzu: »Die Enzyklopädie bedeutet mir alles, mehr als mein Leben.«

»Dann ist mein Manuskript also nichts wert?«, rief Sophie. »Mein Manuskript – und meine Liebe?« In ihre Enttäuschung mischte sich Wut. Das Glück, das sie eben noch empfunden hatte und von dem sie glaubte, es mit ihm zu teilen, hatte er einfach fallen lassen wie ein unachtsamer Gast im Kaffeehaus ein Glas, und nun lag es zerbrochen am Boden. Sie war nicht bereit, das hinzunehmen, auch auf die Gefahr hin, dass sie sich mit ihm streiten musste. Wenn er Streit haben wollte – bitte sehr, dann sollte er ihn haben!

Sie machte sich von ihm los und trat einen Schritt zurück.

»Wenn das so ist, tut es mir Leid, dass ich dir den Text überhaupt gezeigt habe ...«

»Pssst ...!«, machte er und legte ihr einen Finger auf die Lippen.

Statt einer Antwort biss sie zu.

»Bist du verrückt geworden?«

»Wenn du mir den Mund verbieten willst!«

»Jetzt hör erst mal zu, verdammt noch mal! Ich glaube, ich habe eine Idee.«

»Wirklich? Da bin ich aber gespannt.«

»Also, eine Frau kommt als Autorin der Enzyklopädie nicht in Frage. Dabei bleibt es, keine Diskussion! Aber«, fuhr er fort, als er sah, dass sie protestieren wollte, »müssen wir denn den Lesern verraten, dass eine Frau den Artikel geschrieben hat?«

»Wie stellst du dir das vor? Soll ich mich etwa verkleiden?«

»Du dich nicht, aber was ist mit deinem Namen?«

»Ich verstehe kein Wort!«

Diderot betrachtete seinen Finger. »Wie wäre es, wenn dein Artikel unter dem Namen eines Mannes erscheint? Irgendeines meiner Mitarbeiter? Wie gefällt dir zum Beispiel der Name Jaucourt?« Er blickte von seinem Finger auf und grinste sie an. »Was meinst du, wäre das eine Lösung?«

9

Von diesem Tag an schrieb Sophie regelmäßig Artikel für die Enzyklopädie.

Bei der Auswahl der Themen ließ Diderot ihr freie Hand. Er meinte, die beste Voraussetzung, um andere Menschen für ein Thema zu interessieren, sei das eigene Interesse. Also beschäftigte Sophie sich mit solchen Fragen, über die sie selbst gern mehr erfahren wollte. Sie schrieb über die Arbeit von Hebammen und über die Mode, über Eifersucht und über das Schnarchen. Dabei legte sie so großes Talent an den Tag, dass Diderot ihr mit der Zeit immer bedeutendere Aufgaben anvertraute, und da sie in ihren Beiträgen eine außergewöhnliche Sicherheit in Ausdruck und Stil bewies, zog er sie bald auch zur Redaktion fremder Beiträge heran. Sie überarbeitete Artikel über die Nächstenliebe, über das Hübsche und das Hässliche – und schließlich sogar Artikel über Fragen der Philosophie und Theologie.

Als sie ihm eines Tages eine umfangreiche Abhandlung mit dem Titel »Gewissheit« zeigte, die sie in nächtelanger Arbeit redigiert hatte, sagte er zunächst kein Wort.

Sie lagen im Bett, beide nackt, schweißnass von der gerade genossenen Lust. Bäuchlings in die Kissen geschmiegt, spürte sie den Wellen nach, die in ihrem Körper verebbten, während er auf ihrem Rücken, den er wie ein Pult benutzte, den Artikel las. Wenn er eine Seite weiter blätterte, kitzelte das Papier auf ihrer Haut wie eine herrliche Erinnerung.

Voller Anspannung wartete sie auf sein Urteil. Sie hatte den Beitrag mit mehreren eigenen Zusätzen versehen und handschriftlich in das Manuskript eingefügt.

»Und – was sagst du?«, fragte sie schließlich, als sie es nicht länger aushielt, und drehte den Kopf zu ihm herum.

»Du behauptest also, dass es keine Wunder auf Erden gibt, die wir Menschen als Zeichen des göttlichen Willens deuten könnten?« Er ließ das Blatt sinken und schaute sie an. »Bist du dir darüber im Klaren, was das heißt? Du stellst hier etwas in Frage, was zu den Grundfesten der Religion gehört. Das kann uns Kopf und Kragen kosten.«

»Ich habe nur die Lehren aus allem gezogen, was ich bisher gelernt habe, aus der Philosophie und aus meinem eigenen Leben, aus der Vernunft und aus der Erfahrung, wie es im Baum der Erkenntnis vorgezeichnet ist. Aber warum schaust du mich so seltsam an?«

Statt ihr eine Antwort zu geben, machte Diderot ihr das schönste Kompliment, das sie sich vorstellen konnte. Er beugte sich zu ihr, gab ihr einen wunderbar zärtlichen Kuss und sagte: »Du bist wirklich eine Philosophin.«

Sophie schlang die Arme um seinen Hals. »Du wirst den Artikel also drucken?«

»Habe ich eine andere Wahl?«, fragte er mit einem zärtlichen Lächeln zurück.

Sie stieß vor Freude einen Jauchzer aus und zog ihn zu sich, mit jeder Pore ihres Leibes bereit, ihn noch einmal in sich aufzunehmen.

»Bist du glücklich?«, fragte er.

»Ja«, sagte sie und umfing ihn in ihrem Innern, so fest sie nur konnte. »Ja, Denis, Geliebter – das bin ich ...«

Dann schloss sie die Augen, um nur noch seine Liebe zu spüren.

Der Mann mit dem Federhut gehörte für immer der Vergangenheit an.

10

Wie jeden Morgen begann Antoine Sartine seinen Dienst im Hauptkommissariat der Pariser Polizei Punkt neun Uhr. Seit seiner Beförderung zum Sekretär des Generalleutnants, die vor wenigen Monaten erfolgt war, hatte er ein geradezu herrschaftliches Dienstzimmer. Wenn die Ausübung seines Amtes ihn nicht zwang, außer Haus zu ermitteln, verbrachte er fast sämtliche Stunden des Tages in diesem Raum, den die anderen Beamten inzwischen als seine persönliche Sphäre respektierten und niemals betraten, ohne zuvor anzuklopfen. Ja, wer diesem Staat mit dem schuldigen Eifer diente, konnte es sehr weit bringen – das hatte Sartine schon immer gewusst. Seine Wohnung dagegen benutzte er nur noch zum Schlafen. Die Einsamkeit dort schnürte ihm die Kehle zu.

Zum Glück ließ ihm die Arbeit keine Zeit, sich mit seinen Gefühlen zu beschäftigen. Er war für die Überwachung des gesamten Pariser Buchhandels zuständig – eine Aufgabe, die ebenso viel bürokratische Gründlichkeit wie literarisches Fingerspitzengefühl erforderte. Im ganzen Land brodelte und gärte es. Die Bevölkerung murrte über die Steuerreform, in der Kirche stritten die Jesuiten mit den Jansenisten, welcher Weg zum wahren Seelenheil im Himmel und zu den fettesten Pfründen auf Erden führte, und auch die Auseinandersetzungen zwischen der Krone und dem Parlament um die Macht im Staat wollten kein Ende nehmen. In dieser aufgeheizten Atmosphäre konnte ein Funke genügen, um das Pulverfass in die Luft zu jagen.

Antoine Sartine tat alles, was in seiner Macht stand, um das zu verhindern.

In den Regalen seines Büros reihten sich fast fünfhundert Dossiers, die er persönlich verfasst hatte. Darin fand sich sein Urteil zu Montesquieus *Vom Geist der Gesetze* ebenso wie zu Rousseaus *Abhandlung über die Wissenschaften und die Künste* oder Buffons *Naturgeschichte*, vor allem aber zu zahllosen kleinen und großen Skandalschriften aus dem Bereich der Theologie, der Philosophie und Rechtswissenschaft. Die Verfasser waren so unterschiedlich wie ihre Ergüsse. Die meisten kämpften bloß darum, eine Rezension im *Mercure* zu ergattern, der wichtigsten Zeitung der Stadt, einige wenige bemühten sich um den Einzug in die Comédie Française oder einen Sitz in der Akademie. Wovon sie lebten, war schleierhaft, manche hatten eine kleine Rente oder Sinekure, der Rest lebte von der Hand in den Mund. Sie kamen aus allen Schichten des Volkes und allen Winkeln des Königreichs, veröffentlichten Gedichte und gewannen Stipendien, um in der Regel doch als Rechtsanwälte oder Staatsdiener zu enden. Es sei denn, sie konnten sich im Sold eines Buchhändlers als Berufsschriftsteller über Wasser halten – wie zum Beispiel Diderot.

Beim Gedanken an diesen Mann entwand sich Sartines Brust ein Seufzer. Das Erscheinen der Enzyklopädie empfand er als eine persönliche Niederlage – eine Niederlage, die man hätte vermeiden können. Nach Sartines Auffassung wurde die Zensur viel zu lax gehandhabt; noch schlimmer aber als die allgemeine Schludrigkeit war ein Fehler in der Prozedur selbst: dass nämlich nicht die gedruckten, sondern die handschriftlichen Texte die Grundlage der Überprüfung bildeten. Gab es darin etwas zu beanstanden, konnte der Zensor zwar Korrekturen verlangen, doch was damit geschah, stand in den Sternen – den fertig gesetzten Fahnenabzug bekam er nie zu sehen. Es genügte also allein das Versprechen des Autors oder des Verlegers, eine angemahnte Änderung vorzunehmen, um die Zensur zu unterlaufen. Diese Schwäche des Systems hatte Diderot beim ersten Band der Enzyklopädie schamlos ausgenutzt. Jetzt war die Enzyklopädie im Handel und enthielt tausend und abertausend Verstöße und Irrlehren, doch versehen mit der Zueignung des Vizekanzlers und Siegelbewahrers, war sie gegen jeden Angriff gefeit.

Es klopfte an der Tür.

»Herein!«

Ein Arbeiter betrat den Raum, die Mütze in der Hand.

»Ich hätte da wieder was für Sie«, sagte er und deutete grinsend auf seine Tasche.

Sartine kannte den Mann, er stand auf der Liste derer, die regelmäßig Lohn von ihm bekamen, doch leiden mochte er ihn nicht – eine widerwärtige Spitzelvisage.

»Leg die Sachen auf den Tisch da drüben!«

Während der Arbeiter die Tasche öffnete und mehrere Druckbogen auspackte, zückte Sartine sein Portemonnaie.

»Da«, sagte er und warf ihm eine Münze zu. »Und mach die Tür hinter dir zu!«

Kaum war der Arbeiter hinaus, eilte Sartine an den Tisch, um die Beute zu inspizieren: ein Dutzend neuer Artikel der Enzyklopädie. Die Bogen rochen noch nach Druckerschwärze, sie kamen frisch von der Presse. Er nahm ein Messer und schnitt sie auf. Ob sie wohl etwas Brauchbares enthielten? Pater Radominsky hatte Auskunft über alles verlangt, was die Philosophen verbreiteten, über jedes Buch, jeden Satz, jedes Wort – ja über jedes Semikolon. Sartine war entschlossen, die nötigen Beweise zu liefern. Auch wenn sein Privatleben nichts mit seinem beruflichen Eifer zu tun hatte, sein Urteil als Soldat der Polizei nie von persönlichen Gefühlen beeinflusst werden durfte – es würde ihm ein Vergnügen sein, Diderot zu überführen, den Mann, der ihm seine Frau und sein Lebensglück geraubt hatte.

Sartine trug die aufgeschnittenen Seiten zu seinem Schreibtisch und begann zu lesen. Gegen seinen Willen nötigte die Lektüre ihm Bewunderung ab. Was für ein gerissenes System hatten die Enzyklopädisten ersonnen, um die Obrigkeit zu täuschen! Alle Artikel mit verdächtigen Titeln, ob religiösen oder politischen Inhalts, gaben unanfechtbare Lehrmeinungen wieder; scheinbar harmlose Beiträge aber wie »Hirsch« oder »Adler«, auf die kein normaler Zensor je ein Auge werfen würde, strotzten nur so von gemeingefährlichen Thesen, zu denen der Leser durch ein ausgeklügeltes Verweissystem geleitet wurde. Doch Sartine war nicht umsonst ein Leben lang Kriminalbeamter gewesen – ihn führte man nicht an der Nase herum! Beinahe genüsslich verfolgte er die Spuren kreuz und quer durch das Werk. »Anthropophages«, lautete ein Artikel, »Völker, die sich von Menschenfleisch ernähren. Siehe ›Eucharistie‹, ›Kommunion‹, ›Altar‹.« Allein die Aneinanderreihung der Begriffe war eine Gotteslästerung! Als wäre der Empfang der Hostie eine Form von Menschenfresserei … Doch leider war ein Querverweis nicht strafbar.

Plötzlich stutzte Sartine. Was las er da? »Die Wunder der Bibel können nur historische Wahrheit beanspruchen; selbst die wundersamen Heilungen Jesu Christi haben keine wirkliche Wunderkraft, teilen sie doch viele Merkmale mit den gewöhnlichen Heilungen eines Äskulap …« Obwohl Sartine kein Theologe war, begriff er sofort, dass dieser Satz gefährlichster Sprengstoff war: Hier wurde die Heilige Schrift als Gottes Offenbarung geleugnet. Er ging mit dem Zeigefinger zurück bis zum Anfang der Spalte, um die Quelle zu prüfen. Der fragliche Satz stand in einem Artikel mit dem Titel »Gewissheit«, gezeichnet von einem Autor namens de Prades. Sartine hob die Brauen. De Prades? Den Namen kannte er doch!

Er verließ den Schreibtisch und trat an sein Regal. Wie es sich gehörte, war das Dossier unter dem Buchstaben P eingeordnet. Sartine zog die Akte hervor und schlug sie auf. Nein, sein Gedächtnis hatte ihn nicht getäuscht. Dieser de Prades hatte ein ganz übles Machwerk verfasst, eine Skandalschrift, die gespickt war mit den schlimmsten Verunglimpfungen des christlichen Glaubens, und dann auch noch die Stirn gehabt, die Arbeit als Dissertation an der theologischen Fakultät der Sorbonne einzureichen. Dumm und faul, wie Professoren waren, hatten sie keinerlei Grund zur Beanstandung gefunden und de Prades zum Doktor der Theologie promoviert. Sartine hatte den Fall gemeldet.

Noch am selben Tag machte er sich auf den Weg zur Place Royale. Vor dem Portal von Saint-Paul-Saint-Louis stieg er aus der Kutsche und klopfte an die Pforte eines unscheinbaren Hauses im Schatten der prachtvollen Jesuitenkirche.

»Erinnern Sie sich an einen Autor namens de Prades?«, fragte er Radominsky, nachdem der Pater ihm in seinem Arbeitszimmer einen Platz angeboten hatte.

»Natürlich – *Jerusalem coelesti.* Er hat in seiner Dissertation eine Unzahl von Dogmen verletzt. Ich habe bereits ein Verfahren gegen ihn eingeleitet, damit sich die philosophische Fäulnis nicht weiter im Tempel der orthodoxen Lehre ausbreitet. Aber warum fragen Sie? Ist der Mann schon wieder aufgefallen?«

»Allerdings«, erwiderte Sartine. »Offenbar arbeitet er inzwischen für die Enzyklopädie. Ich habe soeben einen Fahnenabzug gelesen, der …«

»De Prades?«, fragte Radominsky und beugte sich vor, mit beiden Händen die Lehnen seines Stuhls umklammernd, als müsse er sich daran festhalten, um nicht aufzuspringen. »Der Kerl ist ein Mitarbeiter der Enzyklopädie?«

»Ja, ehrwürdiger Vater, ein unerhörter Skandal.«

»Und ob das ein Skandal ist! Und eben darum ein unerhörter Glücksfall!«

»Wie bitte? Ich fürchte, ich verstehe nicht ganz.«

Radominsky lehnte sich wieder in seinem Stuhl zurück. »Etwas Besseres konnte uns gar nicht passieren«, sagte er leise, fast zu sich selbst. Um seine Lippen spielte ein feines, kaum merkliches Lächeln, während er die Fingerspitzen vor seinem Gesicht aneinander legte. »Ich glaube, jetzt haben wir sie. Das wird den Herren Philosophen das Genick brechen.« Er schloss die Augen und atmete einmal durch, wie um seine Worte tief im Innern zu genießen. Dann hob er den Blick und sagte: »Gut gemacht, Sartine – sehr gut sogar. Haben Sie zufällig die Unterlagen dabei?«

11

Der letzte Tag des Jahres 1751 dunkelte bereits, doch das Verlagshaus in der Rue de la Harpe war noch hell erleuchtet. Während im Erdgeschoss die Druckpressen auch an diesem Abend kreischten und stöhnten, als wollten sie das Lärmen und Schießen übertönen, mit denen draußen in den verschneiten Straßen vermummte Gestalten die Dämonen des alten Jahres vertrieben, stieß man im Redaktionsbüro unter dem Dach auf einen Erfolg an, der jede Geisterbeschwörung und Zukunftsdeutung, wie sie an diesem Tage Brauch waren, überflüssig zu machen schien.

»Messieurs, auf die Enzyklopädie!«

»Prosit!«, erwiderte d'Alembert den Trinkspruch des Verlegers. »Auf dass wir das Werk zu einem guten Ende bringen.«

»Über das letzte Jahr können wir uns nicht beklagen«, meinte Diderot.

»Allerdings«, bestätigte Le Bréton, und ein Strahlen verklärte sein Walrossgesicht. »Selbst heute sind wieder dreizehn Subskriptionen eingegangen. Und morgen erfolgt die Freigabe des zweiten Bandes. Ich habe sichere Nachricht, dass Malesherbes bereits seine Unterschrift ...«

Er unterbrach seine Rede, denn im Treppenhaus wurden Schritte laut. Im nächsten Moment flog die Tür auf, und herein eilte Grimm, der deutsche Journalist, hochrot im Gesicht und völlig außer Atem.

»Jerusalem ist gefallen!«, keuchte er und warf sich auf einen Stuhl.

»Haben Sie den Verstand verloren?«, fragte Le Bréton. »Wir sind in Paris, nicht im Morgenland.«

»Die Sorbonne hat de Prades die Doktorwürde aberkannt und ihn aus der theologischen Fakultät entfernt. *Horruit sacra facultas.*«

»Was?«, rief d'Alembert. »Das ist nicht möglich! Er wurde mit *summa cum laude* promoviert.«

»Und ob das möglich ist! Sie sind ihm auf die Schliche gekommen. Man wirft ihm Verteidigung der natürlichen Religion und sensualistische Irrlehren vor.«

»Ist das alles?« Le Bréton atmete auf.
»Das ist eine ernste Sache«, erwiderte Grimm. »Sie behaupten, dass de Prades die Wunder Jesu leugnet.«
Diderot zuckte zusammen. »Wer sagt das?«
»Der Dekan der Fakultät. Die Professoren sind außer sich, sie haben sich bis auf die Knochen blamiert. Der Ruf der Sorbonne steht auf dem Spiel.«
»Wo ist de Prades jetzt?«, fragte d'Alembert, sichtlich nervös.
»Er hat sich irgendwo außerhalb von Paris versteckt.«
»Um Gottes willen! Steht es schon so schlimm, dass sie ihn suchen?«
»Noch viel schlimmer! Die Jesuiten verbreiten das Gerücht, dass hinter de Prades ein ganzes Komplott steckt.«
»Ein Komplott?« Le Bréton stellte sein Glas ab, sein Gesicht war plötzlich ernst.
»Ja, sie reden von einer Verschwörung.«
»Und aus wem soll die bestehen?«
»Aus den Herausgebern und den Autoren der Enzyklopädie. Als Beweis führen sie Parallelen zwischen der Dissertation und einem Artikel im nächsten Band des Wörterbuchs an.«
»Woher zum Teufel wollen sie wissen, was darin steht? Der zweite Band ist doch noch gar nicht erschienen!«
»Was weiß ich? Auf jeden Fall sind sie dadurch auf die Idee gekommen, sich das ›Himmlische Jerusalem‹ genauer anzuschauen. Und dabei sind ihnen offenbar die Augen übergelaufen.«
»Sie schießen auf de Prades, um uns zu treffen.« D'Alembert wurde blass, und seine braunen Augen weiteten sich, während er Diderot vorwurfsvoll ansah. »Ich habe gleich gewusst, es ist unverantwortlich, einen so wichtigen Beitrag einem so unerfahrenen Mann wie de Prades zu überlassen.«

Le Bréton drehte sich zu Diderot um, der schuldbewusst schwieg und im Stillen bereits seinen Leichtsinn verfluchte, den Text mit Sophies Ergänzungen in den Druck gegeben zu haben, statt ihn zu entschärfen.
»Von was für einem Artikel ist hier die ganze Zeit die Rede?«, fragte der Verleger. »Ich bin wohl der Einzige, der nicht Bescheid weiß. Aber was stehen Sie hier rum? Tun Sie was, verdammt noch mal! Es muss etwas geschehen!«

12

Noch in derselben Nacht schrieb Diderot einen Brief an Madame de Pompadour.
Eine Gesellschaft arbeitsamer Männer, die keinen anderen Anspruch erhebt, als anderen nützlich zu sein, widmet sich seit mehreren Jahren der Redaktion eines Wörterbuchs, welches ein Depot der menschlichen Kenntnisse werden soll. Das Gebäude erhebt sich, und Europa bewundert es. Allein, es wird von obskuren Verfolgern angegriffen, die ihm umso gefährlichere Stöße versetzen, als seine Mitarbeiter es verschmähen, die Verdächtigungen zurückzuweisen. Indessen beginnt man, unsere Mäßigung als Schwäche auszulegen … Wir wollen keine Verteidiger, wir wollen nur Richter. Seien Sie der unsrige, Madame …
Während Diderot auf die Antwort der Marquise wartete, holten seine Widersacher zum großen Gegenschlag aus. Kaum war am Neujahrstag der zweite Band der Enzyklopädie freigegeben worden, nahm das »Journal de Trévoux«, die Zeitschrift der Jesuiten, die keine andere Aufgabe hatte, als gegen

die Philosophen zu hetzen, den Artikel »Gewissheit« zum Anlass, öffentlich zu fragen, ob die Zensur das Wörterbuch überhaupt prüfe, bevor sie das Imprimatur erteile. Mit inquisitorischer Strenge wies das Journal den Herausgebern und Autoren der Enzyklopädie sämtliche Irrlehren nach, die sie bisher verbreitet hatten: dass die Vorrede die Prinzipien der Kirchenväter kritisiere; dass sowohl den Königen wie den Heiligen der ihnen gebührende Platz in dem Werk verweigert werde; dass der Artikel *»Aius Locutius«* die Redefreiheit fordere und der Artikel »Autorität« die Grundfesten des Staates untergrabe.

»Die Hölle hat ihr Gift ausgespien«, rief der Pariser Erzbischof von der Kanzel von Notre-Dame, »Tropfen um Tropfen.«

Wie ein Strafgericht brachen die Angriffe über die Philosophen herein. Am neunundzwanzigsten Januar verdammte die Generalversammlung der Bischöfe das Wörterbuch. In ganz Paris wurden Plakate angeschlagen, um die Heiligkeit der Wunder Jesu zu bestätigen und die Ketzereien der Enzyklopädisten zu verurteilen – man warf ihnen Gotteslästerung, Aufruhr und Ruchlosigkeit vor. Jetzt schaltete sich auch das Pariser Parlament ein, das oberste Gericht im Land. Vergessen war der jahrzehntealte Streit zwischen den Jansenisten, die mit dem Parlament gegen den König opponierten, und den Jesuiten, die auf Seite der Krone standen – der gemeinsame Feind einte die Widersacher wie ein himmlischer Schlachtruf. Die Arretierung de Prades' wurde angeordnet. Der Abbé protestierte, doch vergebens. Um seine Haut zu retten, floh er schließlich außer Landes, erst nach Holland, dann nach Berlin, wo er mit Voltaires Hilfe Zuflucht in Sanssouci fand, am Hof des Preußenkönigs Friedrich II.

»Hat die Pompadour endlich geantwortet?«, wollte Le Bréton eine Woche später wissen.
Diderot schüttelte den Kopf.
»Dann muss ich wohl nach Canossa«, seufzte der Verleger. »Jetzt kann uns nur noch Malesherbes helfen.«
»Soll ich Sie begleiten?«
»Bleiben Sie um Himmels willen, wo Sie sind! Sie haben schon genug Schaden angerichtet!«
Zum Zeichen seiner Bußfertigkeit verzichtete Le Bréton sogar auf seine Sänfte, als er sich auf den Weg machte. Es gab nur ein Argument, um den Staatsrat Malesherbes gnädig zu stimmen: Geld. Wenn die Enzyklopädie verboten würde, bekäme ganz Paris die Folgen zu spüren – Hunderte von Menschen würden ihre Arbeit verlieren.
Doch der Direktor der königlichen Hofbibliothek und Oberaufseher des Buchhandels empfing den Verleger nicht einmal. Stattdessen erließ er am siebenten Februar eine Ratsverfügung, in der er die bereits erschienenen Bände des Wörterbuchs offiziell verdammte und die Publikation der weiteren mit sofortiger Wirkung untersagte:
»Seine Majestät hat festgestellt, dass die Enzyklopädie Maximen enthält, die darauf abzielen, die königliche Autorität zu zerstören, den Geist der Unabhängigkeit und Revolte zu befördern und den Irrtum, den Sittenverfall, die Irreligion und den Unglauben zu schüren.«
Totenstille kehrte nun in der Rue de la Harpe ein. Die Druckpressen standen still, die Setzkästen waren verwaist, in den Wasserbecken schwammen faulige Zellulosereste, während die Papierballen in den Lagerräumen sich nutzlos bis zur Decke stapelten. Das Stöhnen und Kreischen der Maschinen schien für immer verstummt, genauso wie das Fluchen der

Arbeiter. Das ganze Verlagsgebäude wirkte wie ein Geisterhaus, durch das nur ab und zu eine Katze strich.

»Dahinter steckt Rousseau«, erklärte Le Bréton, der wie ein geschlagener General nach der Schlacht die Reste seiner Truppen inspizierte. »Es heißt, Malesherbes habe einen Narren an dem verfluchten Neidhammel gefressen.«

»Unmöglich!«, widersprach Diderot. »Rousseau ist mein Freund, er liebt mich wie ein Bruder.«

»Was will das heißen?«, fragte Le Bréton. »Waren Abel und Kain etwa keine Brüder?«

Ein Laufbursche kam in die Druckerei gestolpert, in der Hand hielt er einen Brief.

»Für Monsieur Diderot! Ihre Frau hat mich geschickt. Sie sagt …«

»Gib schon her!« Während der Laufbursche wieder verschwand, blickte Diderot auf das Kuvert – es war mit einem roten Siegel verschlossen. »Von Madame de Pompadour!«

»Gott sei Dank!«, rief Le Bréton. »Endlich eine gute Nachricht!«

13

»Obacht! Aus dem Weg!«

Mit einem Dutzend fluchender Passanten suchte Sophie in einem Hauseingang Zuflucht, während das Wasser unter den Rädern einer vorüberrasselnden Kutsche aufspritzte. Der verharschte Schnee, der ganz Paris wochenlang wie mit einer Schicht aus grauem Zuckerguss bedeckt hatte, war in einem

Dauerregen geschmolzen. Ein Bach teilte die Straße in zwei Hälften, sodass man nur hüpfend zur anderen Seite hinübergelangte.

Ohne auf ihre Schuhe und Strümpfe zu achten, eilte Sophie durch das Gewühl. Sie war wütend – wütend und enttäuscht. Eine Woche war Madame Diderot nun schon in Langres, um ihren Schwiegervater zu besuchen, und trotzdem hatte ihr Geliebter keine Zeit für sie. Tag um Tag hatte sie sich beherrscht, jetzt war ihre Geduld am Ende. Und wenn er hundertmal Schwierigkeiten hatte – war das ein Grund, so zu tun, als existiere sie nicht mehr? Seit fünf Wochen, drei Tagen und siebzehn Stunden hatte Sophie ihren Geliebten nicht mehr in sich gespürt, und jede Minute davon empfand sie als eine Minute zu viel. Ihr Kleinod verzehrte sich nicht weniger nach ihm als ihr Herz.

Die freie Zeit verbrachte sie meist mit Robert, dem Leibdiener ihres Herrn. Er hatte die Enzyklopädie inzwischen so gründlich gelesen, dass er manche Artikel auswendig konnte. Er war als Kind eines Bauern geboren, doch sein Vater war bald nach der Geburt des Sohnes verarmt. Robert war darum bei einem Onkel aufgewachsen. Er hatte gehofft, ein Handwerk zu erlernen, aber um zu überleben, hatte er arbeiten müssen, erst als Bursche bei einem Offizier, dann in einem Jesuitenkolleg als Gärtner und Pförtner. Die Patres hatten ihn von seiner Frau getrennt, die er kurz zuvor geheiratet hatte, und sie als Dienstmagd in die Provinz geschickt. Seitdem hasste er die Jesuiten und war zum glühenden Jansenisten geworden, der jeden Morgen die Messe besuchte, auch wenn er sich am Vorabend bis zur Besinnungslosigkeit betrunken hatte. Wenn er mit Tränen in den dunklen Augen flüsterte, sein größter Wunsch sei, einmal den König zu treffen, damit dieser erfahre, wie viel Unrecht in seinem Land geschehe, überkam Sophie solches Mitleid, dass sie ihn am liebsten in den Arm genommen hätte.

Aber was sollte sie mit Robert? Sie wollte Diderot!

Es hörte gerade auf zu regnen, als sie den Hügel von Sainte-Geneviève erreichte. Sie überquerte den Vorplatz der Kirche und bog in die Rue de l'Estrapade ein. Im Erdgeschoss des hohen Gebäudes befand sich ein Kurzwarenladen. Sophie hatte Diderot nur ein einziges Mal hier besucht, als seine Frau auf dem Land gewesen war. Sie hatte das Zimmer sehen wollen, in dem er arbeitete, doch er war so nervös gewesen, dass sie den Besuch nie wiederholt hatte.

Durch den Hintereingang betrat sie das Haus und eilte die Treppen hinauf. Vor seiner Tür blieb sie stehen und holte Luft. Er sollte nicht merken, in welcher Verfassung sie war. Dann öffnete sie die Tür.

»Du?« Er stand über eine offene Kiste gebeugt, einen Packen Bücher in der Hand, und blickte sie an wie ein Gespenst. »Um Himmels willen, was machst du hier? Wenn man dich sieht!«

Sie überhörte seine Bemerkung. »Wohnt hier der große Herrscher Mongagul?«, fragte sie, so unbekümmert sie konnte.

»Ach Sophie, was soll denn das?«

»Ich wollte mich nur erkundigen, ob er Mirzoza ganz vergessen hat? Sie hat ihn seit Wochen nicht mehr gesehen und weiß gar nicht mehr, wie ein Kuss von ihm schmeckt.«

Sie ging auf ihn zu, um ihn zu umarmen, doch er rührte sich nicht.

»Du weißt doch selbst, was los ist«, sagte er und fuhr fort zu packen.

»Komm, leg deine Bücher hin, nur für einen Augenblick! Ich bleibe nicht lange.«

»Ich habe keine Zeit, wirklich nicht.«

»Nicht mal für einen Kuss? Hat man dafür nicht immer Zeit?« Er ließ die Bücher in die Kiste fallen und reichte ihr einen Brief.

»Da, lies selbst! Die Antwort der Pompadour.«

Sophie nahm das Schreiben und überflog die wenigen Zeilen. Als sie ans Ende gelangt war, kehrte sie noch einmal zu der entscheidenden Stelle zurück:

Ich vermag in der Sache des enzyklopädischen Wörterbuchs nichts zu tun. Man behauptet, das Werk enthalte Grundsätze, die der Religion und der Autorität des Königs widersprechen. Verhält es sich so, dann muss es verbrannt werden.

»Aber, das ist ja fürchterlich ...«

»Begreifst du mich jetzt?«, fragte er.

Entgeistert ließ Sophie das Schreiben sinken. Ihre Wut war erloschen. Sie empfand nur noch Scham.

»Ich könnte mich ohrfeigen«, sagte sie. »Es ist alles meine Schuld. Wenn ich nicht ...«

»Nein«, widersprach er, »ich bin der Herausgeber. Ich habe die Verantwortung, wer welche Artikel schreibt – und wer sie redigiert.«

»Trotzdem, ich habe sie erst auf die Fährte gebracht. Ohne meine Zusätze hätte kein Mensch an dem Artikel Anstoß genommen.«

»Das macht keinen Unterschied. Was geschehen ist, ist geschehen.« Er streichelte ihre Wange, und seine Stimme klang endlich wieder so zärtlich wie früher. »Es tut mir Leid, wenn ich in letzter Zeit ...«

»Psssst«, sagte sie, »ich weiß doch, was alles passiert ist!«

»Trotzdem, ich hätte es nicht an dir auslassen dürfen«, sagte er und beugte sich zu ihr. »Das war gemein und ekelhaft und widerwärtig und …«

Sophie schloss die Augen. Sie spürte seine Lippen auf ihrem Gesicht, während er, zärtliche Entschuldigungen flüsternd, die Regentropfen von ihrer Haut und ihren Haaren küsste.

»Mag Mirzoza den Sultan trotzdem noch leiden?«

»Was ist das für eine dumme Frage? Er muss nur aufpassen, dass er sich nicht nass macht.«

Sie schlang ihre Arme um seinen Hals, und voller Leidenschaft erwiderte sie seinen Kuss. Zum ersten Mal seit langer Zeit begannen die Mücken in ihrem Nacken wieder zu summen.

»Aber sag, wozu packst du Bücher?«, fragte sie, als ihre Lippen sich getrennt hatten. »Willst du fliehen?«

»Voltaire hat mich zu sich nach Preußen eingeladen.« Er nahm ihr Gesicht zwischen seine Hände und schaute sie an. »Würdest du mit mir kommen, wenn ich dich darum bitte?«

»Das wünschst du dir? Wirklich?«

Das Herz klopfte ihr vor Überraschung und Freude bis zum Hals. Eine Reise mit Diderot! In ein fremdes Land! Die Vorstellung war schöner als jedes Märchen. Doch bevor sie antworten konnte, beschlich sie plötzlich ein merkwürdiges Gefühl. Es war so ähnlich, wie wenn sie einen Artikel, den sie selbst verfasst hatte, mit einem falschen Namen unterschrieb.

»Und dann?«, fragte sie. »Was soll dann werden?«

»Keine Ahnung. Ich weiß nur, hier kann ich nicht bleiben. Der Prediger von Notre-Dame hat letzten Sonntag auf der Kanzel behauptet, dass es de Prades gar nicht gebe, sondern dass *ich* die verfluchte Dissertation geschrieben hätte. Die Jesuiten versuchen, sich die Enzyklopädie unter den Nagel zu reißen, um sie selber herauszugeben. Das musst du dir vorstellen! D'Alembert denkt schon laut darüber nach, mir die Mitherausgeberschaft zu kündigen. Herrgott, ich hatte so sehr gehofft, dass die Pompadour ...«

Er sprach den Satz nicht zu Ende und schaute Sophie an. Alle Hoffnung war aus seinem Gesicht verschwunden. Resigniert schüttelte er den Kopf.

»Wie soll ich im Ausland Autoren finden? Wer wird die Texte drucken? Wie sollen die Bücher zurück nach Frankreich gelangen?«

»Ich weiß es nicht«, sagte Sophie und nahm seine Hand. »Ich weiß nur – du darfst jetzt nicht aufgeben! Mongagul würde das jedenfalls nicht tun, und die Prinzessin Mirzoza würde es nie erlauben.«

»Was soll ich denn machen? Ich habe doch alles versucht.« Wieder schüttelte er den Kopf. »Ich glaube, das ist das Ende.«

»Nein, Denis! Du darfst so nicht reden!«

»Machen wir uns nichts vor, Sophie! Das ist die Wirklichkeit, kein Märchen aus dem Orient. Wenn sogar Voltaire rät, zu fliehen, dann heißt das doch ...«

»Hör nicht auf Voltaire! Es geht um *dein* Leben, Denis! Seit ich dich kenne, lebst du für dieses Buch. Du darfst nicht fort! Du musst es zu Ende bringen, und das kannst du nur hier! Du hast es eben selbst gesagt!«

»Aber wenn ich in Paris bleibe, verhaften sie mich. Und ich weiß nicht, ob ich das noch einmal überstehe.« Seine Stimme war nur noch ein leises Flüstern. »Letzte Nacht konnte ich nicht schlafen, und da kamen sie wieder, aus allen Löchern krochen sie herbei, Kakerlaken, riesengroß und schwarz ...«

Sophie sah in seine Augen – diese wunderbaren, unglaublich

blauen Augen, die sonst so hell leuchteten wie der Himmel an einem Frühlingstag. Jetzt schienen sie so dunkel wie eine Nacht voller Angst.
Auf einmal hatte Sophie eine Idee.
»Versprich mir, noch etwas zu warten«, sagte sie. »Nur ein paar Tage.«
»Warten? Wozu?«
»Frag jetzt nicht, mein Liebster, hab einfach Vertrauen!«

14

Ein Aufschrei ging durch Europa, über alle Grenzen hinweg. Die Enzyklopädie war verboten worden! In Holland, in Genf, in England – in allen Ländern, wo die Freiheit regierte, wurden Proteste laut. Und in Russland und Preußen, wo es keinerlei Freiheit gab, protestierten sogar die Herrscher gegen das Verdikt aus Paris.
Während der Kontinent sich empörte, stand Sophie unschlüssig im Haus ihres Herrn vor der Tür zum Salon, den Finger zum Anklopfen bereit. Doch je länger sie zögerte, desto mehr sank ihr Mut. Auf der anderen Seite der Tür hörte sie die Stimme ihres Herrn – und die Stimme seiner Schwester, der Marquise de Pompadour.
»Wenn Sie nur einen Funken Ehrgeiz hätten, Monsieur! Sie könnten Staatsrat werden, vielleicht sogar Minister.«
»Ich fühle mich aber wohl, wie ich jetzt lebe, liebe Schwester, sehr wohl sogar.«
»Ihre Bescheidenheit ist empörend! Als wären Essen und

Trinken ein Beruf! Es geht nicht um Ihr Wohlergehen, sondern um die Zukunft Ihrer Nichte!«

Sophie war so aufgeregt, dass ihr übel war. Sie hatte Diderot gesagt, er solle ihr vertrauen. Und jetzt, da die Gelegenheit da war, auf die sie seit Tagen gehofft hatte, bekam sie weiche Knie und ihr Magen krampfte sich zusammen. Was war nur in sie gefahren, ihrem Geliebten ein solches Versprechen zu geben? Die Halle erschien ihr plötzlich größer als die Kathedrale von Notre-Dame, und sie selber fühlte sich darin so klein und verloren wie ein Insekt.

Wieder wurden im Salon die Stimmen laut.

»Sie müssen sich standesgemäß etablieren. Wenn Sie schon nicht arbeiten wollen, dann sollten Sie wenigstens heiraten!«

»Eine Ehe ist eine entsetzlich mühsame Sache. Erst muss man zwei Wochen Leidenschaft heucheln, um sich dann jahrelang miteinander zu langweilen.«

»Ich verlange es nicht für mich, Monsieur, sondern für Alexandrine. Als künftige Herzogin von Picquigny braucht sie eine Familie. Ich gebe Ihnen eine Woche Zeit.«

Im selben Moment ging die Tür auf. Eilig machte Sophie einen Schritt zurück. Vor ihr stand Madame de Pompadour, so schön wie der lichte Tag. Doch ihre Stirn war umwölkt.

»Du lauschst an der Tür?«

»Bitte verzeihen Sie, Madame«, stammelte Sophie. »Ich … ich hatte auf Sie gewartet.«

»Oh, hast du es dir anders überlegt? Nun, das wäre immerhin erfreulich.«

»Nein, nein«, erwiderte Sophie erschrocken. »Ich möchte im Dienst von Monsieur bleiben.«

»So? Was willst du dann? Sprich schon! Ich habe nicht den ganzen Tag Zeit!«

Unter dem ungeduldigen Blick der schwarzblauen Augen wurde Sophie immer nervöser.

»Ich möchte Sie um Hilfe bitten«, brachte sie mühsam hervor. »Weil, ich habe Ihren Brief gelesen.«

»Ich schreibe täglich mehrere Dutzend Briefe, doch kann ich mich nicht entsinnen, dass je einer davon dir galt.«

»Ich meine Ihren Brief an Monsieur Diderot.«

»Wie bitte?«

»Es ... es geht um die Enzyklopädie, das enzyklopädische Wörterbuch.«

Endlich war es heraus! Vorsichtig hob Sophie die Augen. Die Pompadour schien darauf zu warten, dass sie weitersprach. Also fasste sie sich ein Herz.

»Ich wollte Sie bitten, ob Sie ... ob Sie sich vielleicht Ihr Urteil noch einmal überlegen könnten. Sie dürfen nicht zulassen, dass man das Wörterbuch verbrennt!«

»Und warum nicht?« Das Gesicht der Pompadour zeigte für einen Moment Verwunderung und Amüsement. »Kannst du mir das verraten?«

Sophie konnte es nicht. Was sollte sie erwidern? Dass es in der Enzyklopädie um das Glück der Menschheit ging? Um die Zukunft Frankreichs und der Welt?

Schneller, als sie denken konnte, sagte sie: »Weil ich Monsieur Diderot liebe.«

»Ach, *so* ist das«, sagte die Pompadour, während Sophie spürte, wie ihr das Blut ins Gesicht schoss. »Ist er also der Mann, dem dein Herz gehört?«

Sophie nickte.

»Und ich habe mich bereits gefragt, seit wann Zofen sich mit philosophischen Problemen befassen.« Dann wurde das Gesicht der Pompadour wieder ernst. »Wie dem auch sei –

du kennst meine Entscheidung. Ich habe ihr nichts hinzuzufügen.«

Sie wandte sich zum Gehen.

»Gibt es denn keine Möglichkeit, dass Sie sie ändern?«, fragte Sophie verzweifelt.

»Warum sollte ich?«

»Weil – Monsieur Diderot hat alles für dieses Wörterbuch geopfert, sein ganzes Wissen, seine ganze Kraft.« Sophie stockte, dann fügte sie hinzu: »Die Enzyklopädie bedeutet ihm mehr als sein Leben. Wenn Sie das Buch verbieten, ist es wie ein Todesurteil.«

Die Pompadour zuckte die Schultern. »Tut mir Leid. Aber die Sache ist entschieden«, erklärte sie und ließ Sophie stehen.

Robert, der stumm neben dem Portal gewartet hatte, öffnete die Flügeltür, während ein Lakai der Marquise sich beeilte, seiner Herrin hinaus auf die Freitreppe zu folgen.

»Oder, das heißt ...« Die Pompadour hatte bereits die Tür erreicht, als sie sich noch einmal umdrehte. »Vielleicht gibt es doch eine Möglichkeit.«

Ein kleiner Funke Hoffnung erwachte in Sophie.

»Bitte sagen Sie, was ich tun muss. Ich bin zu allem bereit. Was immer Sie verlangen.«

»Was immer ich verlange? Wirklich?«

»Ja, Madame. Wenn Sie nur Ihr Urteil aufheben.«

»Nun gut. Du hast es selbst in der Hand.« Die Pompadour machte einen Schritt zurück in die Halle. »Wenn du mein Angebot annimmst und mit mir kommst, will ich mir die Sache noch einmal überlegen. Und ich verspreche dir, du wirst mit dem Ergebnis zufrieden sein.«

Sophie begriff nicht sogleich. »Mitkommen? Wohin?« Dann

sah sie das Zwinkern im Gesicht der anderen. »Sie meinen«, fragte sie entsetzt, »nach Versailles?«
»Richtig, in mein kleines Lustschloss.«
Wieder dieser blauschwarze Blick. Plötzlich fühlte Sophie sich wie am Tag ihrer ersten heiligen Kommunion: Wie damals hing alles von ihrer Antwort ab. Doch wie sie sich auch entschied – es würde in beiden Fällen das Falscheste sein, was sie sich nur vorstellen konnte.
Sie schlug die Augen nieder.
»Nein«, flüsterte sie. »Das kann ich nicht.«
»Wie? Du weißt, was du tun musst, um Monsieur Diderot und sein Wörterbuch zu retten, und trotzdem weigerst du dich?«
Sophie brachte kein Wort heraus. Ihre Knie waren ganz weich, und der Magen drehte sich ihr um. Ihr war so übel, dass sie glaubte, sich jeden Moment übergeben zu müssen.
»Hast du nicht eben selbst gesagt, die Enzyklopädie bedeutet Monsieur Diderot mehr als sein Leben? Willst *du* nun sein Todesurteil aussprechen?«
»Ich … ich kann es nicht«, wiederholte Sophie nur leise, während die Tränen an ihren Wangen herabflossen. »Auch wenn ich es wollte …«
»Dein letztes Wort?«, fragte die Pompadour.
Sophie hob die Augen und nickte stumm. Ihr Kopf war so schwer wie ein Mahlstein.
Sie schwiegen beide eine lange Weile, während die Diener reglos am offenen Portal warteten.
Dann sagte die Pompadour: »Mein Gott, du scheinst ihn wirklich zu lieben.«
Durch den Schleier ihrer Tränen sah Sophie verschwommen das Gesicht.
Fast schien es, als würde die Pompadour lächeln.

15

Es war eines von jenen zahllosen Soupers in Versailles, die weniger der Nahrungsaufnahme als vielmehr dem Zweck dienten, die Langeweile des Herrschers zu vertreiben. Pater Radominsky, der zwischen Maria Leszczynska und Madame de Pompadour an der königlichen Tafel saß, empfand die Konversation als ebenso zäh wie das Ragout, das er gerade auf seinem Teller zerteilte. Es ging einmal mehr um die Frage, wann die Königin die Favoritin ihres Gemahls endlich zu ihrer Hofdame ernennen würde.

Während die Pompadour lächelnd ihre Bosheiten austeilte, die ihre königliche Freundin mit einfältiger Dankbarkeit quittierte, dachte Radominsky über sein weiteres Vorgehen nach. Das Schicksal der Enzyklopädie war besiegelt – von dem Schlag, den er den Philosophen versetzt hatte, würden diese sich so schnell nicht erholen. Doch er wollte sich mit diesem Triumph nicht begnügen. Seine Absicht war es, das ganze Unternehmen selber in die Hand zu nehmen – *ad maiorem Dei gloriam*, zum höchsten Ruhme Gottes.

Eine solche Übernahme würde gleich zwei Probleme auf einmal lösen. Zum einen galt es, der Schlange endgültig den Kopf abzuschlagen, bevor sie diesen noch einmal erhob, um ihr Gift zu verspritzen. Doch mehr noch als die Gefahr, die von den ketzerischen Artikeln zu Fragen der Theologie und Philosophie ausging, fürchtete Radominsky die wissenschaftliche Reputation, welche die Enzyklopädisten mit ihren Beiträgen zur Erklärung der Naturphänomene erwarben. Gotteslästerung und Majestätsbeleidigung ließen sich mit den Zuchtmitteln der Dialektik und der Justiz bekämpfen; die einfachen Gesetze der Natur dagegen entzogen sich solcher Unterwerfung. Doch gerade in deren Erforschung waren die Philosophen den Jesuiten weit überlegen, wie die dürftigen Artikel in dem Wörterbuch belegten, das Radominskys Glaubensbrüder in Trévoux herausgaben. Gelänge es aber, die Enzyklopädie deren Wörterbuch einzuverleiben, würde der Glanz naturwissenschaftlicher Erkenntnis unmittelbar auf die Gesellschaft Jesu abstrahlen. Der König hatte ihn bereits wissen lassen, dass er einer solchen Übernahme durchaus gewogen sei – als Belohnung für den Eifer, den die Jesuiten bei der Bekämpfung der Konspiration gegen die Kirche und den Staat gerade erst wieder unter Beweis gestellt hätten.

»Wer weiß«, weckte die Pompadour Radominsky aus seinen Überlegungen, »vielleicht richten die vielen Verhaftungen der letzten Zeit mehr Schaden als Nutzen an. Das Land blutet aus, wenn die besten Köpfe Frankreich verlassen.«

»Die besten Köpfe Frankreichs sitzen nach wie vor an diesem Tisch«, erwiderte König Ludwig und blickte Radominsky an, der sich mit einer angedeuteten Verbeugung für das Kompliment bedankte. »Wenn ich nur von diesem Ragout ähnlich Rühmliches behaupten könnte!« Er ließ das Besteck fallen und klatschte in die Hände. »Fort damit! Das sollen die Schweine fressen – oder nein, besser, man gibt es den Köchen. Das wird ihnen eine Lehre sein.«

»Was für eine kluge Maßnahme«, pflichtete Radominsky bei, froh darüber, dass die Konversation wieder in das übliche Geplauder überging.

Die Lakaien wechselten die Speisen, doch die Pompadour blieb beim Thema.

»Vergessen wir nicht, während wir hier sitzen, ist Voltaire schon wieder in Sanssouci. Der größte Philosoph Frankreichs

am Tisch des Preußenkönigs statt an der Tafel Ihrer Majestät.«
»Sie wissen doch, wie sehr die Politik uns langweilt«, erwiderte Ludwig gequält. »Wir haben ganz andere Sorgen. Wir sind erschöpft von der Jagd, erschöpft und verärgert. Meine Büchse hatte Ladehemmung. Fragen Sie Du Bois.« Er deutete auf seinen Jagdaufseher, der am unteren Ende der Tafel saß. »Er war dabei, als es passierte.«
»Majestät hätte sonst einen kapitalen Zwölfender geschossen«, bestätigte Du Bois. »Was für ein fürchterliches Missgeschick!«
Radominsky glaubte zu bemerken, dass der Jagdaufseher einen kurzen Blick mit der Pompadour wechselte. Hatte er richtig gesehen oder täuschte er sich?
»Eigentlich ist das ja toll«, sagte der König mit einem Kopfschütteln. »Da benutze ich täglich ein Gewehr, ohne wirklich zu wissen, wie es funktioniert. Ist vielleicht jemand hier am Tisch, der mir erklären kann, warum das Schießpulver schießt?«
Während die Hofschranzen verlegen schweigend auf ihre Teller blickten, meldete die Pompadour sich zu Wort.
»Was wollen Sie, Sire? Ist es mit dem Puder, den wir Frauen täglich gebrauchen, etwa anders? Auch wir sind ahnungslos, wie er sich zusammensetzt und seine Wirkung entfaltet.«
»Oder weiß vielleicht jemand«, fiel die Königin ein, offenbar glücklich, auch einmal etwas sagen zu können, »wie die seidenen Strümpfe gemacht werden, die wir Frauen tragen?«
Radominsky blickte einmal nach links, einmal nach rechts. Die Pompadour trug ein elegantes Déshabillé, in dem sie großzügig alle Gaben zeigte, mit denen der Schöpfer sie bedacht hatte, während die Toilette der Königin eher an

die Kleidung der Bedürftigen erinnerte, für die sie ihre Handarbeiten fertigte. Kein Wunder, dass sie ihrer Rivalin wie ein Papagei nachplapperte.

»Wie nützlich wäre es doch«, sagte die Pompadour, »wenn man solche Dinge irgendwo nachschlagen könnte.«

»Allerdings, in der Tat«, stimmte die Königin ihr zu. »Das wäre überaus nützlich.«

Auch der König nickte mit dem Kopf.

Während Radominsky sich fragte, was für eine seltsame Komödie das war, die hier vor seinen Augen inszeniert wurde, hob die Pompadour eine Glocke und läutete. Im nächsten Moment ging die Flügeltür auf, und ein Diener trug zwei prächtig eingebundene Bücher herein.

Radominsky zuckte zusammen. Er hatte keinerlei Zweifel, um was für ein Werk es sich handelte.

»Dann wollen wir mal sehen«, sagte Ludwig, während der Diener ihm und seiner Frau die Bände reichte.

Das Königspaar blätterte, las, staunte.

»Das ist ja unglaublich!«, rief Seine Majestät. »Da steht alles geschrieben: Wie ein Gewehr funktioniert, woraus Puder besteht …«

»Und wie man Strümpfe wirkt …«, ergänzte seine Gemahlin verzückt.

»Darf ich darauf hinweisen, dass ähnliche Auskunft auch das Wörterbuch von Trévoux erteilt?«, wandte Radominsky ein.

Doch niemand hörte auf ihn. Ganz in die Lektüre versunken, befeuchtete Ludwig die Fingerspitze mit seiner Zunge und blätterte weiter. »Erstaunlich, erstaunlich …« Plötzlich lachte er laut auf.

»Erlauben Majestät«, fragte die Pompadour, »dass wir an Ihrem Amüsement teilhaben?«

»Aber mit Vergnügen«, erwiderte er. »Hören Sie, was hier über die Ehe steht: ›An seine Gattin ist man *ge*bunden, mit seiner Geliebten dagegen *ver*bunden.‹«

»Wie geistreich!«, gluckste Maria Leszczynska, doch erstarb das Kichern in ihrer Kehle, als sie den innigen Blick sah, den ihr Gatte mit der Pompadour tauschte. »Geistreich – so sagt man doch, nicht wahr?«, wandte sie sich Hilfe suchend an Radominsky.

Doch bevor der Jesuit antworten konnte, sagte der König: »Was für ein großartiges Werk, ein Magazin der vortrefflichsten Wissenschaften. Und das haben wir wirklich verboten?«

»Ja, so heißt es«, erwiderte seine Favoritin. »Doch fast möchte ich glauben, Majestät haben es nur konfiszieren lassen, um der einzige Mann im Königreich zu sein, der alles weiß.« Auf ihren Wangen erschienen die zwei reizendsten Grübchen.

»So wird es wohl gewesen sein.« Ludwig beugte sich über ihre Hand, um sie zu küssen. Als er sich wieder aufrichtete, fiel sein Blick auf Radominsky. »Wahrhaftig, ich weiß nicht, warum man mir so viel Schlechtes von diesem Buch erzählt hat.«

Der Pater hielt dem königlichen Blick stand. »Weil es Schlechtes enthält«, knurrte er.

»Mag sein«, erwiderte Ludwig mit einem Lächeln. »Aber soll man den Teil für das Ganze nehmen? Bei dem heutigen Souper kam ein Ragout auf die Tafel, das durchaus misslungen war. Wir haben trotzdem gut gegessen und nicht gleich alles zum Fenster hinausgeworfen. Nicht anders wollen wir mit der Enzyklopädie verfahren.« Er klappte den Band vor sich zu und klatschte in die Hände. »Das Dessert! Worauf wartet ihr noch?«

16

»Es ist keineswegs die Absicht Seiner Majestät, dem Publikum ein Buch vorzuenthalten, welches den Wissenschaften und den Künsten von großem Nutzen sein kann; vielmehr gilt deren Wachsen und Gedeihen stets die allerhöchste Aufmerksamkeit Seiner Majestät, weshalb Seine Majestät geruht, den Druck der folgenden Bände zu gestatten.«

Der neue Erlass, mit dem zugleich die Ratsverfügung vom siebenten Februar aufgehoben wurde, war kaum an den Verleger und die Herausgeber der Enzyklopädie ergangen, da kehrten die alten Geister in das Totenhaus in der Rue de la Harpe zurück. Die Druckpressen begannen wieder zu stöhnen und zu kreischen, die Meister und Gesellen zu fluchen, und Le Bréton hatte alle Hände voll zu tun, Papier in ausreichenden Mengen herbeizuschaffen. Um seine Anforderungen an die Qualität zu erfüllen, verarbeitete er ausschließlich Bogen aus Mühlen der Auvergne, die nicht so schnell zu besorgen waren, wie sie nun bedruckt werden sollten.

»Allerdings ist der Wille Seiner Majestät, dass während des Drucks besagter Bände ein Probeabzug jeden Bogens einem der oben genannten Zensoren vorgelegt wird, um neuerlich durchgesehen und nötigenfalls korrigiert zu werden. Der entsprechende Bogen ist sodann von demjenigen Zensor, der ihn durchgesehen hat, abzuzeichnen und zu paraphieren, und es darf kein Exemplar von diesem Bogen gedruckt und verbreitet werden, sofern dieser nicht auf besagte Weise abgezeichnet und paraphiert wurde.«

Obwohl der Erlass die weitere Verbreitung der Enzyklopädie unter den Vorbehalt einer schärferen Zensur stellte und

außerdem das Verbot der ersten beiden Bände ausdrücklich bestätigte, war die neue Ratsverfügung eine fürchterliche Niederlage für Pater Radominsky. Der Jesuit war entsetzt. Was ging nur in Ludwig vor, dass er eine solche Entscheidung treffen konnte? Kam sie nicht einer Ermutigung zum Aufruhr gleich? Offenbar hatte der König von Frankreich nichts anderes als röhrende Hirsche und lüsterne Weiber im Kopf. Den Traum, die Enzyklopädie zu übernehmen, musste Radominsky jedenfalls ad acta legen. Ach, hätte dieses verfluchte Souper in Versailles nur nie stattgefunden!
Der Pater beschwor die Königin, ihren Gemahl zur Rücknahme des Erlasses aufzufordern; er nahm den Kardinal von Paris und die Generalversammlung der französischen Bischöfe ins Gebet, damit sie ihn in seinem Kampf unterstützten; er intervenierte bei Malesherbes und bei der Pompadour – doch seine Bemühungen waren allesamt vergebens. Um seine Niederlage vollkommen zu machen, teilte die Pompadour ihm mit ihrem bezauberndsten Lächeln mit, dass der Anführer der Philosophenbande, Denis Diderot, in Bälde der englischen Royal Society als Kandidat präsentiert werden sollte, und die Académie Française gar erwog, seinen Komplizen d'Alembert in ihre ehrwürdigen Reihen aufzunehmen – in ausdrücklicher Anerkennung seiner Verdienste um die Enzyklopädie.
Le Bréton aber rieb sich die Hände. Hatte er es nicht gewusst? Große Geschäfte machte man nur mit großen Ideen! Mit ihren wütenden Angriffen hatten die Jesuiten dafür gesorgt, dass die Enzyklopädie im ganzen Land so bekannt war wie die Kathedrale von Notre-Dame. Die Plakate der Bischöfe hingen immer noch an den Hauswänden von Paris: »Mit Schmerzen beobachten wir, geliebte Glaubensbrüder, den unheilvollen Fortschritt, welchen diese so genannte Phi-

losophie verzeichnet. Man begnügt sich nicht länger damit, einzelne Dogmen der christlichen Lehre anzugreifen – nein, man rühmt sich eines universellen Unglaubens, der nichts respektiert und alles in Frage stellt und danach trachtet, unseren heiligen Glauben in seinen Grundfesten zu erschüttern …«

Wann immer Le Bréton ein zerrissenes oder herabhängendes Plakat in den Straßen sah, wuchtete er seinen massigen Leib aus der Sänfte, um es eigenhändig wieder zu befestigen. Der Skandal hatte die Zahl der Bestellungen in unvorstellbare Höhen getrieben – kein Werbefeldzug hätte größere Wirkung erzeugen können! Für den dritten Band hatten dreitausendeinhundert Subskribenten gezeichnet, fast doppelt so viele wie zu Beginn des Unternehmens. Und was niemand außer dem Verleger wusste: Die ersten zwei Bände waren an die Kunden bereits bis auf das letzte Exemplar ausgeliefert worden, bevor das Verbot in Kraft getreten war – ausgeliefert und bezahlt!

17

Im Palais Poisson herrschte helle Aufregung. Robert, der Leibdiener des Hausherrn, hatte sich über Nacht aus dem Staub gemacht, mit einer Kassette wertvollem Tafelsilber – und dem entliehenen Band der Enzyklopädie.

Aber was kümmerte das Sophie? Sie war so glücklich, dass weder Robert noch sein Verrat ihre Hochstimmung trüben konnten.

Kaum hatte Poisson ihr freigegeben, verließ sie das Haus. Es war ein so herrlich schöner Tag, wie nur der Mai ihn herbeizaubern konnte. Die laue Morgenluft umschmeichelte ihre Haut wie Seide. Kein Wölkchen bedeckte den Himmel, und als sie die Place Michel überquerte, flatterte eine Schar Tauben vor ihr auf und begleitete sie quer über den Platz, als wollten die Vögel mit ihr das Wunder feiern, an dessen Wirklichkeit Sophie inzwischen keinen Zweifel mehr hatte.
Ach, wie herrlich war das Leben! Ganz Paris schien ein einziges großes Fest zu sein. An allen Ecken spielten Straßenmusikanten, die Luft war von tausend Klängen erfüllt, von Geigen und Flöten, von Oboen und Trommeln. Selbst die Rufe der Wasserträger und Kaninchenfellverkäufer, der Fischhökerinnen und Schrotthändler, die einem sonst so fürchterlich in den Ohren gellten, dass es kaum auszuhalten war, klangen heute wie die wunderbarste Musik der Welt.
Die Enzyklopädie durfte wieder erscheinen! Sophie konnte es gar nicht erwarten, Diderot endlich zu sehen. Sie hatten sich an der Seine verabredet, unter der Brücke, wo sie sich zum ersten Mal geliebt hatten. Sophie war voller Pläne und Ideen – genug, um hundert Bände zu füllen. Aber sie hatte noch eine Überraschung für ihn, ein Geschenk, das wertvoller war als alle Bücher der Welt, wertvoller sogar als die Enzyklopädie. Dieses Geschenk würde sie für immer als Mann und Frau miteinander verbinden, auch wenn sie vor Gott und der Welt nicht als Paar gelten durften.
Plötzlich duftete es wie auf einer Frühlingswiese. Am Pont Saint-Michel säumten die Buden der Blumenhändler den Quai – Blüten in allen Farben des Regenbogens. Zwischen Kübeln voller Lilien lief Sophie die Treppe hinunter zur Seine, und sie hatte das Flussufer noch nicht erreicht, als

sie ihn auch schon sah. Angelehnt an einen Brückenpfeiler, wartete Diderot auf sie.
Auch er erkannte sie bereits von weitem und trat unter der Brücke hervor. Sie eilte ihm entgegen, und dann sah sie in seine Augen, in diese unglaublich hellen blauen Augen, in denen sie zu ertrinken glaubte. Sie war seinem Gesicht ganz nahe, sie spürte die Wärme seiner Haut. Die Mücken in ihrem Nacken summten so laut, dass sie den Lärm der Stadt übertönten. Alles schien plötzlich stillzustehen, und Sophie hatte nur noch einen Wunsch: diesen Mann zu küssen. Sie schloss die Augen, um mit ihm in jenes Paradies einzutauchen, das er ihr mit seinem ersten Kuss erschlossen hatte – da hörte sie seine Stimme.
»Ich muss dir etwas sagen, Sophie.«
»Dass du mich liebst? Aber das weiß ich doch, mein Liebster!«
Zärtlich blickte sie ihn an. Er schüttelte den Kopf.
»Nicht? Was dann? Dass du mich begehrst? Dass du mich haben willst? Jetzt gleich?« Sie spürte, wie der Gedanke sie erregte, und ihre Stimme wurde rau. »Ich muss gestehen, ich hätte nichts dagegen.«
Sie wollte seine Wange streicheln, doch er wich ihrer Berührung aus.
»Was ich dir sagen muss, wird dir nicht gefallen, Sophie. Aber … aber ich habe keine Wahl.« Er schluckte, bevor er weitersprach. »Du kannst nicht länger mit uns arbeiten.«
»Nicht länger mit euch arbeiten? Was meinst du damit?«
»Die Enzyklopädie. Es geht nicht, dass du weiter mitmachst. Ich meine, es geht nicht, dass du irgendwelche Artikel schreibst oder redigierst, oder dass du – ach, Herrgott noch

mal!«, rief er auf einmal laut. »Du weißt doch genau, was ich meine!«
So plötzlich, wie er aufgebraust war, verstummte er. Er schlug die Augen nieder, sein Gesicht war ganz rot.
»Das ... das meinst du nicht im Ernst«, stotterte sie, nur mühsam den Sinn seiner Worte erfassend.
»Doch, Sophie. Ich habe es mir lange überlegt, und es fällt mir verteufelt schwer, es dir zu sagen, das musst du mir glauben – aber es ist die einzige Möglichkeit. Es geht einfach nicht, dass eine Frau ...«
»Dass eine Frau *was?*«
»Dass eine Frau für die Enzyklopädie arbeitet. Weder unter ihrem eigenen noch unter einem anderen Namen. Wir haben es versucht, aber es geht einfach nicht. Es ist wie ein ... wie ein Naturgesetz. Das müssen wir begreifen.«
Sophie fühlte sich, als hätte jemand einen Kübel Wasser über sie geleert.
»Das wagst du, mir zu sagen? Nach allem, was gewesen ist?«
»Ja, leider, Sophie. Es gibt keinen anderen Ausweg. Verflucht noch mal, warum machst du es mir so schwer!«
»Was? Ich mache es dir schwer? Weißt du überhaupt, was du da sagst?«
»Und ob ich das weiß! Du hast die Enzyklopädie um ein Haar ruiniert! Du hast die schlimmsten Ketzereien in de Prades' Artikel hineingeschrieben. Deine Anmerkungen haben die Zensur erst auf die richtige Fährte gebracht – das hast du selbst gesagt. Hast du das vergessen?«
Er zog ein Gesicht wie ein Vater, der einem uneinsichtigen Kind Vernunft einzubläuen versucht. Sophie war so empört, dass sie gleichzeitig nach Worten und Luft schnappte.
»Ruiniert? Ich habe alles getan, was ich konnte, um dein

Werk zu retten. Warum, glaubst du, hast du plötzlich die Erlaubnis bekommen weiterzumachen?«

»Was weiß ich? Despoten begründen ihre Entscheidungen nicht.«

»Dann will ich es dir sagen: Madame de Pompadour hat sich beim König für dich eingesetzt.«

»Die Pompadour? Ausgerechnet! Sie hat mir doch selbst geschrieben, dass sie nichts für mich tun kann.«

»Sie hat es sich anders überlegt.« Sophie zögerte, dann fügte sie hinzu: »Weil ich sie darum gebeten habe.«

»Du?« Diderot lachte auf. »Du weißt, wie sehr ich dich schätze, aber das glaubst du doch wohl selber nicht. Weil eine Zofe sie bittet, soll die Favoritin des Königs in einer so schwerwiegenden Frage ihre Meinung ändern? Das ist ja lächerlich!«

»Du hast ja keine Ahnung, wie es war!«

»Dann klär mich bitte auf! Womit hast du sie denn überzeugt?«

Die Antwort lag Sophie auf der Zunge. *Mit meiner Liebe zu dir!* Doch bevor sie ihm jetzt, in diesem Augenblick, da er ihr solche Missachtung zum Ausdruck brachte, ihre Liebe gestand, würde sie sich eher die Zunge abbeißen. Also schwieg sie.

»Na los!«, drängte er. »Sag schon, spann mich nicht auf die Folter!«

Ihr Herz, ihr Kleinod, alles in ihr schrie ihm die Antwort entgegen. Doch Sophie beherrschte sich und schwieg weiter.

»Siehst du?«, schnaubte er schließlich. »Darauf hast du nichts zu erwidern. Wie solltest du auch?«

Er maß sie mit einem so abschätzigen Blick, dass Sophie am ganzen Leib zu frieren begann. Plötzlich fiel ihr Diderots Frau ein, wie sie mitten in der Nacht auf einmal vor ihr aufgetaucht war, mit seinem Kind auf dem Arm. Die Erinnerung öffnete ihr die Augen, und die Erkenntnis war so bitter wie Galle. In diesem Moment geschah, wovor sie sich insgeheim die ganze Zeit am meisten gefürchtet hatte, mehr als vor Krankheit und Tod: Er behandelte sie genauso lieblos wie seine Frau.

»Komm, beruhige dich«, sagte er und versuchte zu lächeln. »Ich habe es ja nicht so gemeint.«

Er trat auf sie zu, streckte die Hand nach ihr aus, wollte sie streicheln, doch sie schüttelte den Kopf, so heftig, als würde er sie bedrohen.

»Rühr mich ja nicht an! Nicht jetzt!«

»Aber warum nicht? Komm, wir wollen uns vertragen!«

Er beugte sich zu ihr, mit seinem Gesicht, mit seinem Mund, wie um sie zu küssen. Sie machte einen Schritt zurück und schaute ihn so scharf an, dass er in der Bewegung innehielt.

»Beantworte mir eine Frage …«, sagte sie.

»Jede, wenn du nur aufhörst, mir böse zu sein.«

»Was ist dir wichtiger? Die Enzyklopädie oder unsere Geschichte?«

Er biss sich auf die Lippen und blickte zu Boden.

»Es ist eine ganz einfache Frage, Denis.«

Er schwieg, ohne sie anzuschauen. Vom Quai wehte der Wind den Duft der Blumen herüber. Sophie wurde fast übel davon.

»Es gibt nur zwei Möglichkeiten. Entscheide dich!«

Endlich hob er den Blick. Seine Augen waren so klar und rein wie Wasser. Er räusperte sich einmal, dann sagte er: »Die Enzyklopädie ist wichtiger als wir. Wichtiger als jeder einzelne Mensch. Wichtiger als alles andere sonst auf der Welt.«

»Wichtiger auch als die Liebe?«

Diderot nickte. »Auch als die Liebe.«

Sophie schloss die Augen. *Auch als die Liebe.* Die wenigen Worte schepperten in ihrem Kopf wie eine Hand voll Kieselsteine in einer leeren Blechdose. Immer wieder diese Worte, wie in einem Albtraum: *Auch als die Liebe.*

Sophie holte tief Luft. Diese vier Worte entschieden alles. Sie schlug die Augen auf und sagte: »Scher dich zum Teufel!«

Ohne ein weiteres Wort ließ sie ihn stehen.

Dass sie ein Kind von ihm erwartete, hatte sie ihm nicht gesagt.

Viertes Buch

Die Vertreibung
1757–1759

I

Es gärte gefährlich im Gedärm des großen Kraken. Während in den Kirchen von Paris täglich fünftausend Messen gelesen wurden, um die toten Seelen auf ihrem Weg ins Paradies zu begleiten, breitete sich in den Straßen und Gassen der Geruch von Schwefel aus. Empörung und Streit allerorten! Während die Priester von den Kanzeln Hirtenbriefe verlasen, die den Verzehr von Eiern in der Fastenzeit verboten, leugneten Freidenker in den Salons die Existenz des allmächtigen Gottes. Kutschierten bei Tage die Reichen durch den Bois de Boulogne, um mit ihren prächtigen Karossen zu prunken, waren sie bei Nacht ihres Lebens nicht sicher, wenn marodierende Banden im Schutz der Dunkelheit auf Beutezug gingen. Denn es konnte im selben Haus geschehen, dass der eine Bewohner darüber nachsann, wie er seine Millionen anlegen solle, während sein Nachbar nicht wusste, wo er ein paar Sous borgen konnte, um seine Kinder noch einen Tag länger zu ernähren.
Waren diese himmelschreienden Gegensätze von Gott gewollt? Oder rührten sie von der Ordnung her, welche die Menschen sich im Laufe der Jahrhunderte selber gegeben hatten? Wie durch unsichtbare Schranken voneinander abgegrenzt, gliederte sich die Einwohnerschaft von Paris in scharf getrennte Klassen: Die zahlenmäßig schwächste, aber keineswegs unbedeutendste, war die der Prinzen und großen Herren; dann folgten die Talarträger, die Finanzleute, die Krämer und Händler, die Künstler, die Handwerker, die Lohnarbeiter und die Lakaien, während den Schluss das Gesindel bildete. Wo aber fing das Gesindel an? Müßiggänger und Nichtsnutze trieben sich in allen Klassen herum. Wie viele der noblen

Herren, die ihren Adel auf Adam und Eva zurückführen konnten, scheuten die Arbeit wie Maulwürfe das Licht! Dann die Herrschaften im zweiten Rang, die ihren Titel von den Heldentaten eines längst verblichenen Vorfahren herleiteten, um sich für alle Zeit auf dessen Lorbeeren auszuruhen; des Weiteren die Kohorten von Kanzlisten, Gerichtsdienern und Schreibern, die vielen tausend Renommierlakaien, die als Bedienstete des Staates nur die Steuerlast erhöhten. Die Kirche hätschelte zahllose Seminaristen, die wie schwarze Wolken aus den Kollegien quollen, ohne jemals einer Menschenseele zu dienen. Die Ärzte gingen mit dem Schröpfkopf von Tür zu Tür, um jedermann, sei er leidend oder gesund, für gutes Geld zur Ader zu lassen, während die Finanziers, vom Generalpächter bis zum kleinen Winkelwucherer, wie ein Schlangengezücht über ihre Opfer herfielen und ihnen das Blut aussaugten. Wenn man dazu all die Leute ins Auge fasste, deren Tagwerk nichts als Unglück brachte, all die Hauswirte und Zinseintreiber, die keine andere Beschäftigung kannten, als vor sich hin zu dösen, die bestechlichen Richter und Advokaten, dazu die Kutscher, die Postillione und die Stallburschen, und wenn man dieser Armee der Nichtstuer noch die endlosen Scharen der Mönche, der Domherren und Kaplane beifügte – dann ahnte man mit Schrecken, wie es um die Hauptstadt des Königreichs bestellt sein musste!
Die Obrigkeit hatte alle Hände voll zu tun, diesen Gärbottich unter Kontrolle zu halten. Ließe man dem Volk von Paris die Zügel schießen, spürte es nicht dauernd hinter seinem Rücken die berittenen Wachen und Patrouillen, die Gendarmen und Kommissare, dann würde es bald jedes Maß verlieren, und es gäbe kein Halten mehr. Wachsamkeit war darum das oberste Gebot. Die Polizeiregimenter, die Truppen

der Garde, die königliche Leibwache – sie alle lagen einsatzbereit in ihren Kasernen, um mögliche Aufstände im Keim zu ersticken. Gott sei Dank schloss ihre Präsenz in der Stadt Zusammenrottungen bereits so gut wie völlig aus. Meist genügte eine einzige Schwadron, um Trupps von fünfhundert Männern auseinander zu jagen, und alles war wieder friedlich, kaum hatten die Soldaten zwei, drei Hitzköpfe in Ketten gelegt. Auf diese Weise sorgte die Obrigkeit dafür, dass es ruhig blieb in Paris, und je länger diese Ruhe anhielt, desto schwerer schien sie erschüttert werden zu können.

Doch irgendwo mussten die aufgestauten Gase und Gärungen im Gedärm des großen Kraken sich Ausgang verschaffen. So blieb die schwelende Unruhe nicht länger auf die Stadt Paris beschränkt. Und ganz allmählich, unmerklich fast, streckte der Krake seine Arme nach Versailles aus.

2

Dominos und Schäferinnen, chinesische Mandarine und griechische Göttinnen, Pharaos und Südseeinsulanerinnen füllten zu Hunderten den Spiegelsaal, der im Glanz der Kronleuchter erstrahlte. Madame de Pompadour hatte zum Maskenball geladen, und seit Stunden war der Hof von Versailles damit beschäftigt, sich zu vergnügen. Die gold- und stuckverzierten Decken hallten von glückstrunkenem Lachen wider, während hinter vorgehaltenen Masken die verführerischsten Blicke aufblitzten. Sogar der Herrscher – im Gewand des Kriegsgottes Mars, Zeichen allerhöchster Verbundenheit mit den Soldaten Seiner Majestät, die gerade gegen England und Preußen zu Felde zogen – schien sich zu amüsieren. Stets von einem Dutzend Haremsdamen umringt, hatte Ludwig an diesem Abend nur dreimal gegähnt.

Sophie war die einzige Frau unter den Gästen, die weder Kostüm noch Maske trug. Ihr war die turmhohe Perücke, die sie auf dem Kopf balancierte, Verkleidung genug. Obwohl sie inzwischen drei Jahre am Hofe war, hatte sie sich immer noch nicht an das künstliche Haarteil gewöhnt, so wenig wie an die dicke Schicht Puder auf ihren Wangen, die ihre Sommersprossen nun bedeckte.

Madame de Pompadour hatte sie als Vorleserin zu sich geholt, unmittelbar nachdem ihre geliebte einzige Tochter Alexandrine im Alter von zehn Jahren an Tuberkulose gestorben war. Der Abschied von Monsieur Poisson war Sophie nicht leicht gefallen, doch die Mätresse des Königs behandelte sie mit noch größerer Liebenswürdigkeit als ihr Bruder – fast wie eine jüngere Schwester. Sophie hatte manchmal das Gefühl, als wolle die Marquise an ihr gutmachen, was das Schicksal an ihr selbst versäumt hatte. Auf den ursprünglichen Vorschlag, Sophie solle in das Lustschloss am Hirschgraben einziehen, war die Favoritin des Königs nie wieder zu sprechen gekommen.

»Ich würde dir gern jemanden vorstellen.«

Sophie drehte sich um. Vor ihr stand die Pompadour im Kostüm einer Gärtnerin. Auf dem Kopf trug sie einen Strohhut, in der Hand einen Strauß Hyazinthen.

»Bitte nicht«, sagte Sophie. »Sie wissen doch, dass ich nicht interessiert bin.«

»Papperlapapp! Eine Frau braucht einen Gönner bei Hofe. Wenn nicht zu ihrem Vergnügen, dann zumindest, um sich davor zu schützen.«

Die Pompadour hielt einen Mönch auf, der gerade wie zufällig vorüberkam. Sein Kopf war von einer Kapuze verhüllt, die Arme steckten in den weiten Ärmeln seiner Kutte.
»Ach, Monsieur, kennen Sie eigentlich meine Freundin Sophie?«
»Ich habe schon viel von Ihnen gehört«, sagte der Mönch und beugte sich über Sophies Hand. »Am ganzen Hof wird Ihre Vortragskunst gerühmt.«
Als er sich aufrichtete, erkannte Sophie den Mann: Unter der Kapuze verbarg sich Monsieur de Malesherbes, der Direktor der Hofbibliothek. Sie wollte sein Kompliment gerade erwidern, da setzte Musik ein.
»Darf ich bitten?«, fragte er und reichte ihr den Arm.
»Sie wollen es wirklich wagen?« Die Pompadour staunte. »Vergessen Sie nicht, Monsieur, beim Tanzen denken die Beine, sie seien der Kopf!«
»Ich werde es ihnen per Ratsverordnung verbieten!«
Malesherbes führte Sophie vorbei an einem künstlichen Teich, auf dem mitten im Saal zwei einsame Schwäne ihre Kreise zogen, zur Tanzfläche, wo sich unter hyazinthblauen Girlanden bereits einige Paare zum Menuett formierten. Als sie seine Hand nahm, erinnerte sie sich für einen Augenblick an ferne Sonntagnachmittage in Vaugirard, wo sie mit bloßen Füßen im Kreis getanzt hatte, bis ihr schwindlig geworden war. Doch das war nur eine Erinnerung. Ihr Kleinod war verstummt, als hätte es nie zu ihr gesprochen.
Der Tanzmeister hob den Stab, und die erste Reprise des Menuetts begann.
»Ich hoffe nur«, seufzte Malesherbes, »der König sieht mich nicht. Auf dem Parkett fühle ich mich so verloren wie im Land der Cacouacs.«

»Ich würde Sie gern bedauern, Monsieur. Doch von welchem Land sprechen Sie?«
»Sie kennen die Cacouacs nicht?« Er schaute sie prüfend an. »Dabei redet man in Paris von nichts anderem.«
»Ich bin seit Monaten nicht in der Stadt gewesen.«
»Nun, dann ist es kein Wunder, dass Sie ihnen noch nicht begegnet sind. Es sei denn, einige hätten sich bereits an den Hof verirrt.«
»Das heißt, die Cacouacs leben in Paris?«
»So ist es! Und doch versteht kein Mensch ihr Gequake.« Als er ihr fragendes Gesicht sah, fügte er mit einem Zwinkern hinzu: »Nur eine Parodie, Madame, die unlängst im *Mercure* erschien. Gemeint sind natürlich die Philosophen.«
Sophie kam für eine Sekunde aus dem Takt.
»Pardauz! Haben Sie etwa gerade mit dem Kopf statt mit den Beinen gedacht?«
»Sie erwähnten die Philosophen?«, erwiderte sie. »Was … was haben die mit den Cacouacs zu tun?«
»Ganz einfach: Sie wirken wie die freundlichsten Geschöpfe Gottes, zumindest auf den ersten Blick. Doch sobald sie zu quaken anfangen, verspritzen ihre Zungen tödliches Gift.«
»Was für ein scharfsinniger Vergleich«, sagte Sophie mit einem Anflug von Bitterkeit. »Ich nehme an, hier spricht der Zensor Seiner Majestät?«
Mit einem Druck seiner Hand forderte er sie zu einer Drehung auf. Sie musste ein wenig den Kopf einziehen, um unter dem weiten Ärmel seiner Kutte durchzuschreiten.
»Auch wenn es mir schmeichelt«, sagte er, als sie wieder an seiner Seite war, »auf meine Meinung kommt es nicht an. Die Zeit, da der Hof die öffentliche Meinung bestimmte, ist vorbei. Früher zitterte ganz Paris vor jedem Wort, das unsereins

über ein Buch, ein Theaterstück oder ein Gemälde fallen ließ. Heute ist es umgekehrt. Der Hof wartet ab, was die Hauptstadt sagt, und man tut gut daran. Die wahre Zensur übt das Publikum aus. Es ist in Fragen der Kunst und Literatur der einzige Richter, der wirklich zählt.«

»Und – wie beurteilt das Publikum die Cacouacs?«

»Es lacht! Und glauben Sie mir, das ist eine sehr ernste Sache. Die kleine Parodie könnte für die Enzyklopädisten schlimmere Folgen haben als jede Ratsverfügung. Ich möchte jedenfalls nicht in Monsieur Diderots Haut stecken. O pardon!«, unterbrach er sich, als Sophie ins Stolpern geriet. »Bin ich auf Ihren Saum getreten?«

»Nein, nein. Ich fürchte, ich bin umgeknickt.«

Er schenkte ihr ein mitfühlendes Lächeln. »Man sagt, Tanzen sei die Poesie des Fußes. Doch habe ich den Eindruck, wir zwei verstehen uns nicht aufs Versemachen.« Er nickte ihr zu. »Wollen wir es mit dieser Strophe gut sein lassen?«

»Um aufrichtig zu sein – Sie würden mich erlösen.«

Er führte sie ans äußerste Ende des Saales. Hinter einer Grotte aus Pappmaschee, aus der sich anmutig plätschernd ein Wasserfall ergoss, fanden sie in einer Heckenlaube eine freie Bank.

»Ich glaube, hier sind wir sicher«, sagte Malesherbes und nahm zwei Gläser Wein von einem Tablett, das in der Laube vor einem Spiegel bereitstand. »Auf das Wohl der Favoritin, die uns einander vorgestellt hat!«

Sie begannen zu plaudern. Obwohl das Menuett eine Katastrophe gewesen war, bedauerte Sophie es keineswegs mehr, dass Malesherbes sie zum Tanzen aufgefordert hatte. Der Direktor der Hofbibliothek gefiel ihr; er war charmant, und seine Witze sprühten vor Esprit, selbst wenn er von den allergewöhnlichsten Dingen sprach. Vor allem aber wusste er Abstand zu wahren. Weder belästigte er sie mit Anzüglichkeiten noch versuchte er, ihr etwas ins Ohr zu raunen, wie sonst am Hofe üblich, sobald die ersten fünf Minuten einer Konversation vorbei waren. Nur manchmal musterte er sie auf seltsame Weise, als forsche er in ihrem Gesicht nach etwas, von dem er selbst nicht wusste, was es war. Sophie fragte sich, ob ihre Perücke schlecht saß, aber ein Blick in den Spiegel sagte ihr, dass dies der Grund nicht war.

Hatte er etwa ihre Irritation bemerkt, als von Diderot die Rede gewesen war?

»Um offen zu sein«, sagte er, als lese er ihre Gedanken, »Sie sind mir ein großes Rätsel.«

»Das überrascht mich nicht«, erwiderte Sophie mit einem Lächeln. »Für einen Mann ist jede Frau ein Rätsel, dessen Lösung er bei der nächsten sucht.«

»Da kann ich Sie beruhigen – ich nehme für mich in Anspruch, mir selbst das größte Rätsel zu sein.« Auf einmal wurde sein Gesicht ernst. »Sie sind die einzige Frau am Hofe, die keinen Liebhaber hat. Warum? Sie sind doch die Einzige, die wirklich zu lieben vermag.«

»Woher wollen Sie das wissen?«, fragte sie, von seiner plötzlichen Offenheit überrascht.

»Es gibt, wenn ich recht unterrichtet bin, einen natürlichen Beweis.«

Sophie wusste, wovon er sprach, und schwieg.

»Darf ich Sie einmal besuchen«, fragte er, »wenn ich zufällig in Versailles bin?«

Als Sophie Malesherbes zum Abschied die Hand entgegenstreckte, zwitscherte draußen bereits ein Vogel, der den neuen Tag begrüßte.

3

Ein Möbelwagen, bespannt mit zwei mächtigen belgischen Pferden, wartete vor dem Haus in der Rue Taranne. Ein halbes Dutzend Männer lief treppauf, treppab, um die Möbel abzuladen.

»Die kommt ins Schlafzimmer!«, rief Nanette zwei Packern zu, die gerade eine Kommode durch den Eingang wuchteten. »Herrje! Passt auf! Es ist alles ganz neu!«

Beide Hände in den Hüften, stand sie auf dem Treppenabsatz und reckte den Hals, um ihre Augen überall gleichzeitig zu haben. Während im Quartier Latin noch immer das Gelächter über die Cacouacs und ihren Mann ertönte, richtete Nanette Diderot ihre neue Wohnung ein. Endlich hatte die Enge in der Rue de l'Estrapade ein Ende! Das Haus, das sie nun in der Gemeinde Saint-Germain-des-Prés bezogen, war groß und schön und beinahe herrschaftlich. Für Nanette ging ein Traum in Erfüllung. Sie war so glücklich wie an dem Tag, als ihr Mann sie endlich geheiratet hatte.

»Die Stühle in den Salon – nicht in die Küche! Wie oft soll ich das noch sagen!«

Während sie mit glühenden Wangen die Arbeiten dirigierte, stieg Diderot die Treppe hinauf, heimlich wie ein Dieb in der Nacht. Hoch oben unter dem Dach, in der Mansarde, hatte er ein Geschoss ganz für sich allein. Als er die Tür hinter sich zumachte, fiel alle Anspannung von ihm ab. Zufrieden betrachtete er sein neues Reich: ein Stuhl mit Strohgeflecht, ein schlichter Tisch, Bücherbretter aus Tannenholz – das war alles, was er brauchte. Die gerahmten Kupferstiche, die er später aufhängen wollte, lehnten noch an der Wand zwischen ein paar Gipsbüsten von Horaz, Homer und Vergil. Obwohl sie noch keine Woche in dem neuen Haus wohnten, fühlte er sich hier oben bereits heimisch. Keine Kakerlake der Welt würde es schaffen, ihn bis in den fünften Stock hinauf zu verfolgen.

Der neue Vertrag mit Le Bréton hatte den Umzug möglich gemacht. Diderot verdiente jetzt fast doppelt so viel wie zuvor. Der Verleger konnte es sich leisten – die Geschäfte liefen großartig, nicht zuletzt dank der Jesuiten, die immer noch nicht müde wurden, gegen die Enzyklopädie Sturm zu laufen. Über viertausend Subskribenten hatten das Wörterbuch inzwischen abonniert, Jahr für Jahr erschien ein weiterer Band, jedes Mal mit einem weiteren Buchstaben des Alphabets. Nur beim Buchstaben C hatte es Schwierigkeiten gegeben, beim Artikel »*Constitution*«, der die Frage behandelte, welcher Instanz im Zweifelsfall die höhere Autorität zukam: dem König oder der Kirche? Der Oberaufseher des Buchwesens, Chrétien de Malesherbes, hatte den Artikel zur Korrektur angefordert, doch offenbar in seiner Schublade vergessen. Wenige Wochen später war d'Alembert in die Académie Française aufgenommen worden. Diderot war sich darum sicher: Das Geschrei über die Cacouacs würde eher verstummen, als er sich in seiner neuen Behausung eingerichtet hatte.

Er streifte seinen alten, scharlachfarbenen Schlafrock über, den er aus der ehemaligen Wohnung hierher gerettet hatte, und setzte sich an den Schreibtisch. Um ihn herum türmten sich die Unterlagen. Aus den ehemals zwanzig Pappkästen mit Notizzetteln, angefangenen, halb fertigen und abgeschlossenen Manuskripten waren inzwischen über hundert geworden. Die Enzyklopädie hatte einen solchen Umfang angenommen, dass Diderot immer mehr die Aufgaben eines

Herausgebers und Organisators erfüllen musste – es blieb ihm kaum noch Zeit, eigene Artikel zu schreiben. Gott sei Dank stand ihm Chevalier Jaucourt zur Seite, ein Philosoph aus adliger Familie. Er hatte Theologie und Physiologie in Genf sowie Mathematik und Philologie in Cambridge studiert und war als Schüler des berühmten Boerhaave in Leyden zum Doktor der Medizin promoviert worden. Jetzt gehörte sein Leben der Enzyklopädie. Er kompilierte, exzerpierte und schrieb, bescheiden, fleißig, unauffällig – ein Glücksfall für das Unternehmen.

Diderot griff nach einer Feder und wischte sie an seinem Schlafrock ab. Dann nahm er einen Bogen Papier und tauchte die Feder in sein Tintenfass.

Liebe Sophie. Ich schreibe, ohne etwas zu sehen. Ich bin gekommen, ich wollte Ihre Hand küssen und wieder gehen. Ich werde ohne diese Belohnung fort müssen. Aber wird mir nicht die Belohnung genügen, dass ich Ihnen gezeigt habe, wie sehr ich Sie liebe? Ich schreibe Ihnen, dass ich Sie liebe, oder zumindest will ich Ihnen das schreiben, aber ich weiß nicht, ob sich meine Feder meinem Willen beugt. Warum kommen Sie nicht, damit ich es Ihnen sagen kann?

Es war fast sieben Jahre her, dass er Sophie zum letzten Mal gesehen hatte, doch kein Tag verging, ohne dass er ihr schrieb. Er berichtete ihr von seinen Hoffnungen und Sorgen, vom Fortgang der Arbeit, von der Enzyklopädie, erkundigte sich nach ihrer Gesundheit, nach ihrem Leben am Hofe, fragte sie, ob sie nun auch wie er eine Brille tragen würde, und bat sie, nein, flehte sie an, sich mit ihm zu treffen, am Ufer der Seine, wo sie sich zum ersten Mal geküsst hatten. Doch keinen seiner Briefe schickte er ab.

Warum schrieb er ihr dann?

Diderot wusste, es war absurd, was er tat. Doch er konnte

nicht anders. Sie hatte ihm seine ersten Briefe ungeöffnet zurückgesandt. Er hatte die Geste verstanden und ihr keine weiteren Briefe mehr geschickt. Dennoch hörte er nicht auf, ihr zu schreiben; es war die einzige Möglichkeit, ihr nahe zu sein, sie zu spüren, nachdem sie aus seinem Leben verschwunden war, fast ohne jede Spur – die einzige Möglichkeit, um sich zu vergewissern, dass es sie überhaupt gab. Manchmal fragte er sich, ob sie wirklich existierte oder nur in seiner Fantasie.

Sagt Ihnen nicht Ihr Herz, dass ich hier bin? Ich spüre nur eins: dass ich unfähig bin, von hier wegzugehen. Die Hoffnung, Sie einen Augenblick zu sehen, hält mich zurück, und so plaudere ich mit Ihnen weiter und weiß nicht, ob das Buchstaben sind, die ich da mache. Überall dort, wo nichts steht, lesen Sie, dass ich Sie liebe …

Unter dem Tisch bewegte sich etwas. Diderot legte die Feder beiseite und schaute nach. Zwei braune Kinderaugen blickten ihm entgegen.

»Angélique! Was machst du denn da?«

Seine Tochter strahlte über ihr ganzes vierjähriges Gesicht.

»Ich hab mich bei dir versteckt.«

»Na, dann komm mal her auf meinen Schoß!«

»Nein«, sagte sie und schüttelte ihre braunen Locken. »Das geht nicht.«

»Und warum nicht?«

»Weil ich mein Buch fertig schreiben muss.«

Sie machte ein ganz ernstes Gesicht. Erst jetzt sah Diderot, dass sie einen Bogen Papier und eine Feder in ihren kleinen Händen hielt.

»Aber einen Kuss kannst du mir vorher noch geben, oder?«

»Nur, wenn du mir versprichst, dass ich ein Brüderchen zum Spielen bekomme.«

Ihr Wunsch versetzte ihm einen Stich. Sophie hatte ihm in zwei Zeilen mitgeteilt, dass sie einen Sohn von ihm bekommen habe, dass er Dorval heiße und mit ihr am Hof lebe. Nur diese zwei Zeilen – mehr nicht.

Angélique zwickte ihn in die Wade.

»Versprichst du mir das?«, wiederholte sie.

»So was kann man nicht versprechen, mein Engelchen.«

»Dann bekommst du auch keinen Kuss!«

Sie blickte ihn an, die kleine Stirn in ärgerliche Falten gekräuselt, und als sie sah, dass er keine weiteren Anstalten machte, sich um sie zu bemühen, krabbelte sie zurück unter den Tisch.

Diderot seufzte. Ob sie Dorval jemals kennen lernen würde? Er versuchte sich vorzustellen, wie Angélique und sein Sohn sich eines Tages vielleicht einmal begegneten ... Wo würde es sein? Unter welchen Umständen? Eine Idee kam ihm in den Sinn: War das womöglich eine Geschichte? Oder ein Theaterstück?

»Na, dann sieh mal zu, dass du mit deinem Buch fertig wirst!«, sagte er, während er seinen Einfall auf einem Blatt Papier notierte. Dann griff er nach einem der Pappkartons, um endlich mit der Arbeit anzufangen. Im selben Moment klopfte es an der Tür.

»Herein!«

Jaucourt stand auf der Schwelle, den Dreispitz in der Hand. Er war so außer Atem, dass er kein Wort herausbrachte, während er vor Aufregung mit den Armen ruderte.

»Was gibt's?«

»Haben Sie schon gehört?«, stieß er endlich mit überschnappender Stimme hervor. »Jemand hat den König umgebracht!«

»Waaas?«, rief Diderot und sprang von seinem Stuhl auf.

»Ich komme gerade aus dem ›Procope‹. Ein Gast dort hat es

mit eigenen Augen gesehen. Ein Attentat. Man hat Ludwig ermordet.«

Sie blickten einander an, überwältigt und stumm.

Obwohl er unschuldig war, verspürte Diderot plötzlich Angst.

4

Drei Tage später erschien Antoine Sartine, inzwischen wohlbestallter Untersuchungskommissar, der ein ganzes Heer von Inspektoren und Sergeanten befehligte, bei Pater Radominsky zum Rapport.

»Wie konnte das passieren?«

»Es geschah Punkt Viertel vor sechs am Nachmittag. Der König kam von einem Besuch bei Madame zurück. Der Täter hat sich mit einem Messer auf ihn gestürzt, als Seine Majestät gerade die Kutsche bestieg, um das Fest der Heiligen Drei Könige im Trianon zu feiern.«

»Im Lustschloss seiner Mätresse?«, fragte Radominsky angewidert.

»Sehr wohl. Der Mann hatte unter dem Kirchengewölbe gelauert und sich dann unbemerkt unter die Leibgarde Seiner Majestät gemischt. Die Klinge des Messers war etwa vier Daumen lang und drang seitlich zwischen der vierten und fünften Rippe in den Leib. Der Hieb wurde von unten nach oben ausgeführt. Zunächst glaubte der König, ein Faustschlag habe ihn getroffen. Erst als das Blut austrat, wurde er gewahr, dass man ihn verletzt hatte. Seine Majestät wurde sogleich zur Ader gelassen, exakt um Viertel nach sechs.«

Während Sartine in seinem Bericht fortfuhr, versuchte Radominsky, sich die Folgen der Katastrophe auszumalen. War der Anschlag ein Zeichen des Himmels? Ein Aufruf, endlich mit aller Konsequenz gegen die Aufrührer und Frevler im Land einzuschreiten? Ach, wenn dem nur so wäre! Das Attentat auf Ludwig war vielmehr dazu angetan, nicht nur Frankreich in eine tiefe Krise zu stürzen, sondern drohte vor allem den Schutzschild der wahren Monarchie im Land zu treffen, den einzigen Hüter des Gottesgnadentums königlicher Macht – den Orden der Gesellschaft Jesu.

Radominskys Befürchtung war mehr als begründet. In Frankreich, das durch den Waffengang mit England und Preußen ohnehin schon bis ins Mark geschwächt war, war ein Glaubenskrieg entflammt, wie man ihn seit der Vertreibung der Hugenotten nicht mehr erlebt hatte. Schuld daran waren die verfluchten Jansenisten. Statt auf die Stimme Roms hörten sie allein auf das Krähen des gallischen Hahns und erklärten die Ansprüche der Krone gegenüber der Kirche für unantastbar – eine Frechheit angesichts des Papstes, der mit seiner Bulle *Unigenitus* den Jansenismus als Irrlehre gebrandmarkt hatte. Doch war diese Frechheit ein Wunder, wenn sich das Parlament, die oberste Gerichtsbarkeit im Land, auf die Seite der Rebellion stellte? Obwohl der Erzbischof von Paris befohlen hatte, dass keinem Jünger des Jansenius die Sterbesakramente gespendet werden durften, ohne dass er zuvor der Irrlehre abgeschworen hatte, befahl das Parlament den Priestern in den Pfarreien, *allen* Sterbenden katholischen Glaubens gleich welcher Couleur die Sakramente zu spenden, andernfalls werde ein Haftbefehl gegen sie ergehen. Ja, das Parlament hatte sogar die Stirn, Papst Benedikt XIV., Gottes Stellvertreter auf Erden, selbst zu verdammen, weil Rom dem

König im Konflikt mit seinen Widersachern den Beistand der Kirche versichert hatte, als Ludwig zur Finanzierung des Krieges zwei Sous Abgabe auf jede Livre des Zehnten erhob. Und jetzt, inmitten all dieser Wirren, das Attentat! Das Blut Seiner Majestät war noch nicht getrocknet, da hallte das Land von den aberwitzigsten Gerüchten über den Täter und seine möglichen Hintermänner wider. Man vermutete Verschwörungen im In- und Ausland, keine Partei traute der anderen über den Weg; das Parlament verdächtigte den Hof, der Hof das Volk, das Volk die feindlichen Kriegsparteien – selbst einen geheimen Auftrag des russischen Zaren schloss man nicht aus. Das übelste, gemeinste, widerwärtigste Gerücht aber streuten die Jansenisten. Überall, sowohl in der Stadt als auch in Versailles, machte es bereits die Runde: Hinter dem Anschlag auf König Ludwig, vom Volk »der Vielgeliebte« genannt, verberge sich in Wahrheit ein Komplott der Jesuiten ... Welch schamlose Infamie! Kein Atheist hätte eine heimtückischere Idee ausbrüten können – allein der Verdacht bedrohte die Existenz des Ordens. Als Vorwand für die himmelschreiende Unterstellung verwiesen die Jansenisten auf die alte Lehre der Gesellschaft Jesu, wonach die Ermordung eines Tyrannen vor Gott gerechtfertigt sei. Radominsky stöhnte. Wenn der Täter wenigstens sein Ziel erreicht hätte! Die Gerüchte vom Tod des Königs, die einen Tag lang in Paris kursierten, hatten sich als falsch erwiesen. Trotz des Blutes, das sich aus der Wunde ergossen hatte, war bei dem Anschlag keine lebenswichtige Ader verletzt worden – zwei dicke Röcke und der Pelz, mit denen der König bekleidet war, hatten die Wucht des Stoßes abgefangen. Doch ob Ludwig nun tot oder nur verletzt war – die Verleumder verstiegen sich zu der Behauptung, dass er seines Lebens nicht mehr sicher sei, solange es noch einen

Jesuiten in Versailles gebe, weil die Gesellschaft Jesu alles daran setze, den frömmelnden Dauphin, Lieblingssohn der Königin, auf dem Thron zu installieren, um so die Herrschaft der Kirche über die Krone abzusichern. Kein Zweifel, die Jansenisten wollten sich nicht länger mit ihrer Vorherrschaft im Parlament begnügen, sondern die Katastrophe nutzen, um auch in Versailles die Macht an sich zu reißen.

Nein, Radominsky machte sich keine Illusionen. Das Attentat konnte bedeuten, dass die Gesellschaft Jesu im Königreich Frankreich für immer verboten wurde. Es sei denn, man fand unwiderlegbare Beweise, dass die Gefährdung des Staates von ganz anderer Seite ausging.

»Der Mann«, berichtete Sartine, »war mit einer Weste aus grünlichem Samt und einer roten Plüschhose bekleidet. Man fand die Waffe in seiner Tasche, ein aufklappbares Messer mit zwei Klingen, die eine ganz gewöhnlich und ziemlich scharf, die andere wie ein Federmesser. In der Hand trug er ein Gebetbuch. Er erklärte, es von einem Mönch geschenkt bekommen zu haben.«

»Um Gottes willen!«, flüsterte Radominsky entsetzt.

»Außerdem fand man in seinen Taschen eine beträchtliche Summe Geld, siebenunddreißig Louisdor, dazu einige Silbermünzen.«

»Die Äußerlichkeiten interessieren mich nicht«, unterbrach ihn Radominsky, ungeduldig mit den Fingern trommelnd. »Das steht schon alles in der Zeitung. Ich muss in das Innere der Tat vordringen. Was ist der Attentäter für ein Mensch? Was wissen Sie über ihn? Woher kommt er? Was sind seine Motive?«

»Der Mann heißt Damiens«, erwiderte Sartine, »ein ehemaliger Lakai.«

»Wer sind seine Komplizen?«
»Er behauptet, keine zu haben. Sogar unter der Folter blieb er dabei. Man hat mit glühenden Zangen versucht, die Namen aus ihm herauszubrennen, doch vergeblich.«
»Im *Mercure* wird behauptet, er sei schwachsinnig. Teilen Sie diese Meinung?«
Sartine schüttelte den Kopf. »Nein, das glaube ich nicht. Ich habe ihn mehrmals allein verhört, unter vier Augen. Zwar redet er manchmal ziemlich wirr, stammelt unzusammenhängendes Zeug, man müsse den König *treffen*, den König *rühren* und derlei mehr. Dann aber spricht er plötzlich auffallend klar, in ganzen, vollständigen Sätzen, geradezu druckreif.«
»Druckreif? Ein ungebildeter Lakai?«
»Verzeihen Sie, wenn ich widerspreche, aber ich halte diesen Mann keineswegs für ungebildet. Ich habe eher den Eindruck, er hat zu *viel* Bildung genossen, mehr jedenfalls, als ihm gut tut. Seine Art zu reden erinnert mich an manche Betschwestern – ich weiß nicht, ob der Vergleich sich schickt, aber ...«
Sartine zögerte und blickte Radominsky fragend an. Der bedeutete ihm mit einer Geste fortzufahren.
»Wie soll ich sagen? Wenn er die fraglichen Sätze sagt, und er sagt sie immer wieder, hört es sich an, wie wenn eine alte Betschwester das Vaterunser herunterrasselt. Jedes Wort reiht sich ans andere, ganz wie es sein muss, doch kommt alles ohne Sinn und Verstand über seine Lippen. Als hätte er einen Text auswendig gelernt, den er nicht wirklich versteht.«
»Was für Sätze sind das?«
»Einen Moment bitte, ich habe mir ein paar aufgeschrieben.« Sartine zückte sein Notizbuch und schlug es auf. »Zum Bei-

spiel den hier, den sagt er immer wieder: ›Die Macht, die durch Gewalt erlangt wird, ist Usurpation und dauert nur so lange, wie die Stärke des Gebietenden die der Gehorchenden übertrifft.‹«

Radominsky umklammerte die Lehnen seines Stuhls, um nicht aufzuspringen. Diesen Satz kannte er! Er hörte förmlich die Stimme des Mannes, von dem die Worte stammten, sah sein Gesicht, seine Augen, seinen Mund – so klar und deutlich, als säße er hier vor ihm im Raum.

»Und Fragen stellt er«, fuhr Sartine fort, »immer wieder dieselben. ›Gibt es denn keine ungerechte Macht? Gibt es nicht Autoritäten, die keineswegs von Gott stammen, sondern gegen seine Gebote und seinen Willen geschaffen werden? Haben die Usurpatoren etwa Gott für sich?‹« Der Kommissar schloss sein Notizbuch und schaute Radominsky an. »Ich glaube, ich weiß, woher diese Sätze stammen.«

»Ich auch«, sagte Radominsky und erhob sich von seinem Stuhl. »Durchsuchen Sie die Wohnung dieses Mannes, auf der Stelle! Beschlagnahmen Sie alle Bücher und Broschüren, die Sie bei ihm finden. Kehren Sie das Unterste zuoberst! Ich brauche jedes verdammte gedruckte Wort, das der Kerl besitzt!«

5

Dunkle Wolken hingen über Versailles, und in dem herrlichsten Schloss Europas, das sonst vierundzwanzig Stunden am Tag von Lärm, Musik und Lachen erfüllt war, um die Nebel der Langeweile zu vertreiben, wagten sich die Höflinge und Lakaien nur noch auf Zehenspitzen zu bewegen.

Der normale Gang der Dinge war aufgehoben. Obwohl dem König nur die Haut geritzt worden war, wähnte Ludwig sich dem Tod nahe. Der pferdegesichtige Dauphin Louis-Stanislas, den Staatsgeschäften eigentlich fremd, musste die Sitzungen des Kronrats leiten, statt mit seiner Mutter die Messe zu besuchen, während der Herrscher sich mit seinem Beichtvater Desmarets einschloss und sich mehrmals täglich die Sterbesakramente spenden ließ. Zwischen Absolution und Letzter Ölung schickte er reumütige Briefe an seine Gemahlin Maria Leszczynska. Seine Mätresse dagegen erhielt nichts dergleichen, nicht ein einziges Billett. Die Pompadour blieb in ihren Gemächern ohne jede Nachricht, und als wäre das nicht Demütigung genug, drangen von draußen, wo sich unter ihren Fenstern das Volk zusammengerottet hatte, wütende Schreie und Drohungen zu ihr herauf. Es war allgemeine Ansicht, dass sie die Schuld an dem ganzen Unglück trug. Angeblich war es der Wunsch des Königs, dass sie Versailles für immer verließ.

Die Favoritin weinte, fiel in Ohnmacht, begann von neuem zu weinen und fiel wieder in Ohnmacht. Zu zittrig, um ein Glas zu halten, lag sie auf ihrer Ottomane und schlürfte aus einem silbernen Becher Orangenblütenwasser, das Sophie ihr behutsam einflößte. In ihrer Empörung und ihrem Schmerz dachte die Pompadour ernsthaft daran, die Koffer zu packen, doch wann immer sie zwischendurch für einige Stunden bei Kräften war, beriet sie sich mit den wenigen Freunden, die ihr bei Hofe geblieben waren, allen voran mit ihrem langjährigen Vertrauten Bernis, einem Freigeist und Kardinal, welcher innerhalb des Klerus der jansenistischen Partei zuzuzählen war. Er tröstete und beruhigte sie, indem er ihr versicherte, dass ein weniger wehleidiger Mann als der König in derselben Verfassung durchaus imstande wäre, am Abend zum Ball zu gehen.

»Seien Sie gewiss, Madame«, fügte er hinzu, »sobald der Todeswahn von ihm ablässt, wird Seine Majestät wieder des Teufels sein.«

Sophie nutzte die wenige Zeit, in der ihre Herrin sie nicht brauchte, vor allem dazu, sich um ihren Sohn zu kümmern. Obwohl erst fünf Jahre alt, fand Dorval sich in dem riesigen Labyrinth von Versailles bereits besser zurecht als sie selbst. Ganz allein lief er vom Salon der Diana zum Salon des Überflusses, vom Salon des Merkur zum Salon der Venus und von dort zum Ochsenauge, wo ihn ein riesiger Schweizer, der jede Störung vom König fernhielt, am Kragen packte und zu seiner Mutter zurückschickte. Dorval war der Schrecken der Lakaien und Tafeloffiziere, deren Kratzfüße er auf die drolligste Art nachzuahmen verstand. All die Größe und Pracht, die Sophie immer noch als fremd und überwältigend empfand, erschien ihm, der nie die Armut und das Elend in den Gassen von Paris gesehen hatte, die feuchten Behausungen, die stinkenden Kloaken und dreckigen Tabakschenken, so selbstverständlich, als könnte die Welt gar nicht anders sein. Die Zimmerfluchten und Säle imponierten ihm ebenso wenig wie die Gemälde, die Statuen und Antiquitäten. Er bewunderte weder die vielen goldverzierten Spiegel noch die kostbaren Baldachine oder die endlose Zahl der Gänge, die an der Tafel serviert wurden, ja nicht einmal die wappengeschmückten Staatskarossen, die an ihm vorüberfuhren, wenn er draußen in den Gärten spielte. Allein der Hauptmann der Schweizergarde, ein kleines, bleichgesichtiges Männlein mit spindeldürren Beinen, dem seine Soldaten, lauter sechs Fuß lange, schnauzbärtige, mit Hellebarden bewaffnete Kerle, trotz ihrer körperlichen Überlegenheit aufs leiseste Wort hin gehorchten, flößte ihm Achtung ein.

Von morgens bis abends war Dorval im Schloss und im Park unterwegs. Noch größer als seine Respektlosigkeit war sein Wissensdurst. Alles, was er sah, was er roch, was er berührte, erregte seine Neugier. Die Köche in den Küchen mussten ihm erklären, wie sie die Speisen zubereiteten, die Stellmacher in den Remisen, wie sie die Wagenräder auf die Achsen der Kutschen montierten, die Schmiede in den Ställen, wie sie die Hufe der Pferde beschlugen. Die Märchen Perraults, aus denen Sophie ihm am Abend vorlas, waren ihm längst nicht mehr genug, auch nicht die Fabeln La Fontaines. Vor allem aber wollte er sich nicht damit begnügen, seiner Mutter nur zuzuhören, vielmehr wollte er selber in den Büchern lesen. Er war der festen Überzeugung, dass sich hinter den gedruckten Buchstaben und Wörtern viel aufregendere Dinge verbargen, als Sophie ihm beim Vorlesen verriet.

Sie hatte sich darum entschlossen, ihm das Lesen beizubringen – so wie ihre Mutter es vor vielen Jahren ihr beigebracht hatte. Als Lehrbuch benutzte sie dabei ein mehrbändiges Werk, das noch mehr Antworten enthielt, als selbst Dorval an Fragen stellen konnte. Ein Artikel hatte es ihm besonders angetan.

»Die Indianer, die dieses Getränk seit Urzeiten kannten, bereiteten es auf sehr einfache Weise zu. Sie rösteten ihre Kakaobohnen in irdenen Gefäßen und zermahlten sie, nachdem sie sie geschält hatten, zwischen zwei Steinen, lösten diese Masse in heißem Wasser auf und würzten sie mit Piment …«

Ohne zu stocken, trug Dorval den ganzen Artikel vor, woher die Schokolade stammte und wie man sie zubereitete. Als er ans Ende gelangt war, fragte er: »Wo leben eigentlich die Indianer, Mama?«

»Warum fragst du mich? Du kannst es doch selber lesen.«

Unter dem Buchstaben I schlug sie das Stichwort für ihn auf. Mit glühenden Wangen versenkte Dorval sich in den neuen Artikel, und kaum hatte er ihn verschlungen, blätterte er weiter, gerade so, wie die Verweise im Text ihn führten. Jede Antwort weckte neue Fragen in ihm, und wie ein Fährtenleser verfolgte er seine Spur durch das Dickicht des Wissens, immer weiter und weiter forschend von einem Artikel zum anderen.

»Der Mann, der das Buch geschrieben hat«, sagte Dorval andächtig, »muss der klügste Mann der ganzen Welt sein.«

»Ich glaube, da könntest du Recht haben«, erwiderte Sophie mit leichter Wehmut.

Dorval schaute verwundert von der Enzyklopädie auf.

»Woher willst du das wissen?«, fragte er. »Du kennst ihn doch gar nicht.« Und als sie nicht antwortete, fügte er, plötzlich ganz aufgeregt, hinzu: »Oder etwa doch? Kennst du ihn vielleicht?«

Sie strich ihm mit einem Lächeln über das rotblonde Haar.

»Ach, Dorval, was heißt schon kennen?«

Jetzt hielt es ihn nicht länger auf seinem Stuhl. Er sprang auf, hüpfte um sie herum wie ein Indianer und rief: »Los, Mama, sag! Kennst du den Mann, der das Buch geschrieben hat? Wenn du ihn kennst, musst du es mir sagen!«

»Jetzt beruhige dich doch!«, sagte Sophie.

»Ja! Du musst, du musst, du musst!«

Es war ihm fast unmöglich, stillzuhalten. Obwohl sie ihn an

beiden Armen fest hielt, zappelte er am ganzen Körper vor Neugier und Aufregung. Seine Wangen waren flammend rot, und mit seinen unglaublich hellen blauen Augen sah er sie so flehentlich an, dass sie den Anblick kaum ertragen konnte. Er hatte sie schon so oft nach seinem Vater gefragt, doch immer war es ihr gelungen, ihm auszuweichen. Hatte sie ein Recht dazu? Ohne weiter nachzudenken, entschloss sie sich, ihm endlich die Wahrheit zu sagen.

»Ja, Dorval, ich kenne den Mann, der das Buch geschrieben hat.«

»Wirklich, Mama? Wer ist es? Wie heißt er?«

»Der Mann heißt Denis Diderot, und er ist – dein Vater.«

»Mein Vater? Aber ich dachte ... Du hast doch immer gesagt ...« Er war so verwirrt, dass es ihm die Sprache verschlug.

»Ja, ich habe immer gesagt, dass er weit weg wohnt – und das tut er ja auch. Er lebt in Paris. Bis dorthin sind es vier Meilen, man braucht zu Fuß einen halben Tag für den Weg.«

»Aber warum wohnt er in Paris? Warum ist er nicht hier bei uns? Kann der König ihn nicht leiden?«

Bevor Sophie eine Antwort geben konnte, ging die Tür auf, und herein kam ein Diener, gefolgt von Monsieur de Malesherbes.

»Wissen Sie, von wem das Buch ist?«, rief Dorval und lief ihm entgegen.

Malesherbes warf einen Blick auf den noch aufgeschlagenen Band.

»Die Enzyklopädie? Aber natürlich! Die ist von Diderot.« Er runzelte die Stirn. »Sag mal, junger Mann, willst du etwa behaupten, dass du darin liest?«

»Hast du gehört, Mama!«, schrie Dorval, völlig aus dem Häus-

chen, während Malesherbes Sophie begrüßte. »Er weiß es auch! Er weiß, wer das Buch geschrieben hat!«
Er sprang hoch wie ein Gummiball, zog und zerrte an ihr, an ihren Kleidern und Haaren.
»Dorval! Bist du verrückt geworden?«
Zu spät! Er hatte ein Ende ihrer Perücke erwischt, und bevor sie es verhindern konnte, lag das Haarteil am Boden. Während sie sich danach bückte, packte Dorval die Enzyklopädie, und obwohl der Band fast so groß war wie er selbst, schleppte er ihn fort.
»Wo willst du hin?«
»Zum Schmied! Und zu den Köchen! Und zur Schweizergarde!«, rief er, schon in der Tür. »Ich muss ihnen doch sagen, wer das Buch geschrieben hat!«
Als Sophie sich wieder umdrehte, sah sie in das Gesicht ihres Gastes. Malesherbes schien völlig irritiert; er schaute sie an, als würde er sie in diesem Augenblick zum ersten Mal sehen. Unwillkürlich griff Sophie nach ihren Haaren.
»Was für herrliche rote Locken«, sagte er. »Seltsam, mir ist, als hätte ich sie schon einmal gesehen.«
»Das glaube ich kaum!« Sophie lachte, halb verwirrt, halb belustigt, und setzte sich die Perücke wieder auf. »Es sei denn, Sie waren früher im Café ›Procope‹, um sich dort die Kellnerinnen anzuschauen. Aber sagen Sie, Monsieur, welchem Umstand verdanke ich die Ehre Ihres Besuchs?«
»Ach ja, das habe ich fast vergessen.« Während sie die Perücke mit einer Haarnadel befestigte, zog Malesherbes ein Billett aus der Tasche. »Eine Einladung zum Diner des Barons d'Holbach. Würden Sie mir die Freude machen, mich zu begleiten? Ich verspreche Ihnen hoch und heilig, es wird Sie dort niemand zum Tanz auffordern!«

6

Das Palais d'Holbach lag im vornehmsten Quartier von Paris, in der Rue Royale, wo sich solider Reichtum in nicht weniger soliden Bauwerken manifestierte.

Der Baron, ein gebürtiger Pfälzer von leicht bärbeißigem Aussehen, der mit einer charmanten, gleichmäßig freundlichen Frau verheiratet war, galt zwar als schlechter Verlierer beim Tricktrack, stand dafür aber im Ruf, ein umso glänzenderer Gastgeber zu sein. Die Diners, die er jeden Sonntag und Donnerstag in seinem fünfstöckigen Haus abhielt, waren sowohl am Hofe wie in der Stadt berühmt. Wegen dieser regelmäßigen Zusammenkünfte wurde das Palais auch die »Synagoge« genannt.

An dem Sonntag, an dem Sophie dort zu Gast war, gab es Hummer, Kalb und Fasan, garniert mit Früchten und Gemüse, dazu Mandel- und Rosinenspeisen sowie Weine aus der Pfalz. An der Tafel waren zwei Dutzend Damen und Herren versammelt, die sich mit ihren Aperçus gegenseitig an Esprit überboten. Nur die Schwestern des Barons, zwei ältliche Jungfern, die errötend einander in die Rippen stießen, beteiligten sich nicht an dem Gespräch, doch verfolgten sie aufmerksam jedes Wort, das Malesherbes an Sophies Seite mit der Schwiegermutter des Hausherrn wechselte. Madame d'Aine war eine schrullige ältere Frau, die mit ihren Bemerkungen die ganze Gesellschaft vor Lachen beinahe zum Weinen brachte, während sie mit ihrem Besteck das Fleisch auf dem Teller traktierte, als wolle sie dort ihren schlimmsten Feind besiegen.

»Warum beten Sie zu Gott?«, fragte Malesherbes sie.

»Du meine Güte«, erwiderte Madame d'Aine mit einem Schulterzucken, »was weiß ich?«
»Aber Sie gehen doch zur Messe. Wozu?«
»Einen Tag glaube ich daran, den andern nicht.«
»Und an dem Tag, an dem Sie daran glauben?«
»Da bin ich schlechter Laune.«
»Beichten Sie?«
»Nur aus Gewohnheit – was soll man machen?«
»Man soll doch seine Sünden bekennen!«, sagte Malesherbes vorwurfsvoll.
»Ich begehe keine. Und wenn ich welche beginge und sie dem Priester beichtete – würde das sie ungeschehen machen?«
»Sie fürchten sich also nicht vor der Hölle?«
»Ebenso wenig wie ich auf das Paradies hoffe. Ich weiß nur: Falls ich verdammt werde, bin ich nicht allein – da unten warten lauter gute Bekannte auf mich. Ach, hätte ich das nur gewusst, als ich noch jung war! Ich hätte wohl viele Dinge getan, die ich leider unterlassen habe.«
Sophie begriff allmählich, warum das Palais d'Holbach in Versailles als Zitadelle der Atheisten galt. Während die Speisen wechselten, hörte sie die freieste Konversation, die sie je vernommen hatte – keine noch so heikle Frage, die hier nicht gestellt, keine noch so verwirrende Antwort, die hier nicht gegeben wurde. Zum Dessert aber hatte der Baron sich etwas ganz Besonderes ausgedacht: die Uraufführung eines Theaterstückes. Malesherbes hatte es bereits auf der Herfahrt erwähnt. Das Drama, das zur Aufführung gelangen sollte, hieß *Der natürliche Sohn oder Die Proben der Tugend*.
»Darf ich bitten?«
Malesherbes führte Sophie durch eine reich bestückte Biblio-

thek, wo zwischen den Regalen prachtvolle niederländische Ölgemälde hingen, in einen Saal, der wie ein richtiges Theater hergerichtet war. Sie hoffte nur, dass die Aufführung nicht allzu lange dauern würde – sie mochte das Theater nicht. Auf der Bühne bewegten sich die Schauspieler immer wie Puppen; es war verboten, die Hände bis zu einer bestimmten Höhe zu heben, dafür war die Entfernung vorgeschrieben, wie weit man den Arm vom Körper wegstrecken und wie tief man sich verneigen durfte, abgemessen wie mit dem Zirkel. Welcher normale Mensch benahm sich so?

»Aaahhh.«

Als der Vorhang aufging, traute Sophie ihren Augen nicht. Was sie da zu sehen bekam, war keine künstliche Puppenbühne – das war das wirkliche Leben! Kein herrschaftlicher Salon, sondern das Heim einfacher Bürger. Keine Schauspieler, die sich steif und symmetrisch im Kreis aufstellten, sondern Frauen, die ihre Reifröcke, und Männer, die ihre Perücken abgelegt hatten. Sie zeigten sich in der ganzen Unordnung ihrer Gefühle, wie Menschen aus Fleisch und Blut, mit zersausten Haaren und Bewegungen, die unmittelbar aus dem Herzen zu kommen schienen.

Wie gebannt verfolgte Sophie die Handlung. Als wär's ein Stück von ihr, erlebte sie das Schicksal eines jungen Mannes, der sich unsterblich in ein Mädchen verliebte – um am Ende zu erkennen, dass dieses seine eigene Schwester war.

Als sie den Namen des jungen Mannes hörte, schloss sie die Augen.

Er hieß Dorval.

»Darf ich Sie mit dem Autor bekannt machen?«, fragte Malesherbes.

Sophie hatte gar nicht bemerkt, dass der Vorhang gefallen

war – so stark wirkte das Stück in ihr nach. Sie schaute auf, doch als sie das Gesicht des Mannes sah, den Malesherbes ihr vorstellte, wich das Blut aus ihren Wangen.

7

»Wie geht es dir?«, fragte Sophie, als sie allein waren.

»Fragen Sie *mich*, Madame, oder den Sultan Mongagul? Übrigens, mein Kompliment, die Perücke steht Ihnen ausgezeichnet.«

»Bitte lass die Perücke«, erwiderte sie. »Ich frage *dich*, Denis.«

Das Grinsen auf Diderots Gesicht verschwand.

»Was soll ich sagen? Die Enzyklopädie kommt gut voran, obwohl unsere Feinde sich alle Mühe geben, uns das Leben schwer zu machen. Es heißt, die Gesetze würden bald drastisch verschärft.«

Die zwei hatten gewartet, bis die übrigen Gäste wieder im Salon versammelt waren. Dann hatten sie sich auf die leere Bühne zurückgezogen, hinter den Vorhang, um ungestört miteinander reden zu können. Die Kerzen waren fast heruntergebrannt, wie unwirkliche Schemen wirkte die Kulisse im flackernden Schein: ein Klavier, ein paar Stühle, auf einem Tisch ein Tricktrackspiel, ein Stickrahmen und ein Kanapee.

»Und … wie geht es dem Sultan?«, fragte Sophie nach einer Weile.

Diderot zuckte die Schultern. Er wirkte so hilflos, dass sie schlucken musste.

»Hast du darum das Stück geschrieben?«
»Ja, Sophie.« Er nickte. »Ich wollte dich wieder sehen. Baron d'Holbach ist mein Freund. Er hat alles arrangiert.«
»Das Leben ist kein Schauspiel, Denis.«
»Ich kann mir kein anderes vorstellen.«
Er versuchte zu lächeln, aber es gelang ihm nicht. Auch er war älter geworden, genauso wie sie. Sein Haar hatte sich gelichtet, und die Falten um Nase und Mund waren schärfer, als sie in Erinnerung hatte – sie stammten nicht mehr nur vom Lachen. Doch wie früher ruckte beim Sprechen sein kleiner Kopf auf den breiten Schultern wie ein Wetterhahn auf dem Kirchturm, und seine blauen Augen waren noch immer so hell und klar, dass sie darin zu ertrinken glaubte.
Sophie spürte, wie die Mücken zu tanzen anfingen.
»Bitte schau mich nicht so an«, sagte sie und hoffte gleichzeitig, dass er nicht aufhören würde, sie so anzuschauen.
Er griff nach ihrer Hand.
»Komm zurück zu mir, Mirzoza! Wir gehören zusammen.«
Sie entzog ihm ihre Hand.
»Nein, Denis. Es ... es gibt keine Mirzoza mehr.«
»Aber warum nicht? Ich liebe dich, und du liebst mich auch. Ich sehe es in deinen Augen.«
Sophie schüttelte den Kopf.
»Wer einmal im Paradies war, kann nicht wieder zurück auf die Erde. Wir würden nur zerstören, was früher war.«
»Manchmal muss man etwas zerstören, damit etwas Neues entsteht.«
»Auch in der Liebe? Glaubst du das wirklich?«
Er nahm erneut ihre Hand und sank vor ihr auf die Knie.
»Die Liebe ist, wo immer sie auftritt, stets die Gebieterin«, sagte er,

inbrünstig wie ein Gebet. »Das sind deine eigenen Worte. Hast du sie vergessen?«

»Wie könnte ich das?«

»Die Liebe ist für die Liebenden, was die Seele für den Körper ist ...«

»Hör auf, mich zu quälen!«

»Wer fähig ist zu lieben, ist tugendhaft ...«

Sophie schwieg. Sie wusste, sie durfte ihm nicht ihre Hand überlassen, aber sie hatte nicht die Kraft, sie ihm ein zweites Mal zu entziehen. Alles in ihr drängte danach, ihn zu küssen. Er führte ihre Hand an seine Lippen

»Mirzoza, Sophie«, stammelte er, während er ihre Finger mit seinen Küssen bedeckte. »Bitte, ich flehe dich an! Du bedeutest mir alles, mein ganzes Glück, mehr als mein Leben.«

»Das hast du schon einmal gesagt.«

»Ja, ich weiß, und ich weiß auch, wie sehr ich dich verletzt habe. Ich habe mein Wort gebrochen – es war der schlimmste Fehler meines Lebens. Aber glaub mir, ich bereue ihn mit jedem Atemzug.«

»Du hast dich entschieden, Denis. Wir können die Dinge nicht rückgängig machen.«

»Ich bin nicht mehr derselbe, ich habe mich verändert. Ich werde alles akzeptieren, was du verlangst. Wenn du mich strafen willst – schlag mich, ich habe es verdient. Nur eins darfst du nicht ...«

»Was?«

»Unsere Liebe verraten ...«

Seine Miene war verzweifelt, seine Augen schimmerten feucht. Sophie wandte den Blick ab. Sie sah das fremde Zimmer, in dem sie standen, die Noten auf dem Klavier, die Karten auf dem Spieltisch, als wäre die Partie nur für eine kurze Weile unterbrochen, die angefangene Stickarbeit auf dem Kanapee. Wie oft hatte sie davon geträumt, in einem solchen Heim mit Diderot zu leben?

»Bitte, steh auf«, flüsterte sie.

»Erst musst du mir antworten.«

Sie schüttelte den Kopf. »Du hast die Antwort doch längst selber gegeben.«

»Aber ich habe dir gesagt, ich bin nicht mehr derselbe!«

»Du hast eine Tochter, nicht wahr?«

»Woher weißt du das?«

»Ist das so schwierig zu erraten? Ich habe dein Stück gesehen.«

»Ja, du hast Recht. Ich habe eine Tochter.«

»Wie heißt sie?«

»Angélique. Sie ist vier Jahre alt. Sie ... sie ist mein Ein und Alles.«

Sophie atmete tief durch. »Siehst du?« Sie nickte. »Sei vernünftig, Denis, es ist gut so, wie es ist.«

»Nein, Sophie! Das ist es nicht!« Er sprang auf, packte sie bei den Schultern, so fest, dass es ihr wehtat. »Was kann ich tun, damit du mir glaubst? Sag es mir, und ich werde gehorchen. Ich bin zu allem bereit.«

Er zögerte kurz, dann fügte er, plötzlich ganz ruhig, hinzu: »Wenn du es verlangst, verlasse ich meine Familie – sofort. Ich habe nur den Wunsch, mit dir zusammen zu sein.«

»Hör auf, Denis! Bitte! Du machst mir Angst.«

Sie konnte ihre Tränen kaum noch unterdrücken.

»Dann sag mir, dass du es mir verbietest.«

»Ich ... ich verbiete es dir«, flüsterte sie, kaum fähig zu sprechen.

»Du lügst! Ich glaube dir kein Wort!«

»Doch«, wiederholte sie. »Ich verbiete es dir. Du darfst deine

Familie nicht verlassen. Denk an deinen Vater. Du ... du wolltest doch immer ...«

Die Stimme versagte ihr. Sie zitterte am ganzen Körper. Auch Diderot schwieg. Die Tränen rannen ihm über die Wangen.

»Darf ich dich wenigstens wieder sehen?«, fragte er schließlich leise.

Sophie schüttelte ein letztes Mal den Kopf.

»Nein, Denis. Es würde nur wehtun – uns beiden.«

Sie riss sich von ihm los und stolperte von der Bühne. Sie musste fort, so schnell wie möglich, bevor sie etwas Falsches sagte oder tat.

Ohne zu wissen, wie sie durch die vielen Räume gelangt war, stand sie plötzlich in der Bibliothek. Die Schwiegermutter des Hausherrn, Madame d'Aine, verabschiedete sich gerade von Malesherbes. Wie im Traum hörte Sophie die Stimmen der beiden fremden Menschen.

»Bitte entschuldigen Sie mich, Monsieur. Ich muss jetzt mein Abendgebet sprechen.«

»Sagten Sie nicht, dass Sie nicht zu Gott beten?«

»Nun, es gehört sich, dass man vor dem Schlafen niederkniet.«

»Haben Sie also doch Augenblicke, in denen Sie glauben?«

»Sicher habe ich sie. Ich denke, dass wir Frauen sie bis zum Grabe haben. Es ist unser letztes Lebenszeichen.«

8

Ein Gerücht machte am Hof von Versailles die Runde, eine so unerhörte Neuigkeit, dass darüber sogar das Attentat auf den König in Vergessenheit geriet. Die Nachricht wurde hinter vorgehaltener Hand geflüstert, mit Entsetzen oder Erleichterung, je nachdem, in wessen Gesellschaft man sich gerade befand: Die Marquise de Pompadour, so hieß es, sei plötzlich fromm geworden.

War es Reue? War es Kalkül? War es das fortschreitende Alter? Niemand vermochte es mit Gewissheit zu sagen. Wie auch immer: Auf einmal hörte man die Marquise von der katholischen Religion reden. Ganz ernsthaft erklärte sie, dass sie sich mit ihrem Seelenheil befassen und nach den Vorschriften des christlichen Glaubens leben wolle – der Tod ihrer Tochter Alexandrine habe sie zu Einhalt und Einkehr veranlasst. Und in traurigem Ton fügte sie hinzu, auch wenn sie den Zugang zu wahrer Andacht vielleicht noch nicht besitze, sei sie doch voller Zuversicht, sie durch Gebete zu erlangen.

Tatsächlich sah man sie nun alle Tage bei der Messe – nicht auf der Tribüne, die eigens für sie über der Sakristei erbaut worden war, sondern unten im Kirchenschiff, gemeinsam mit ihren Leuten, nach deren Fortgang sie allein und in endlosen Anbetungen versunken vor dem Altar zurückblieb. Während manche von der göttlichen Gnade sprachen, die über sie gekommen sei, und zum Beweis dieser Vermutung auf die Verbindungstür zwischen den Appartements des Königs und denen der Favoritin verwiesen, die angeblich auf deren Anweisung zugemauert worden war, verwiesen andere, die eher an körperliche Leiden als Ursache für die erstaunliche Wandlung glaubten, auf die Blutarmut der Marquise und behaupteten, dass ihr Leibarzt, Dr. Quesnay, ihr den Genuss von Eselsmilch verordnet habe, von der sie stündlich einen Becher zu sich nehme, um sich von den Folgen der Ausschweifung zu kurieren.

Die Pompadour schenkte all den Gerüchten kein Gehör. Was immer über sie geredet werden mochte – sie wusste, was sie tat. Sie war festen Willens, die Skandale um ihre Person ein für alle Mal zu beenden, und sann bereits über eine geeignete Zeremonie nach, die ihre Bekehrung öffentlich demonstrieren sollte.

Sie kam gerade von der Andacht zurück, als sie einen unerwarteten Besucher in ihrem Boudoir vorfand: Pater Radominsky. Der Priester war in die Betrachtung eines Bildes versunken, das auf einer Staffelei neben dem Fenster stand. Die Pompadour stutzte. Der Beichtvater der Königin? Was wollte er von ihr? Als sie sich räusperte, drehte er sich um.

»Wie ich höre, ist es Ihr Bestreben, wieder zur Kommunion zugelassen zu werden – bin ich recht unterrichtet?«, fragte er ohne weitere Vorreden, kaum dass sie einander begrüßt hatten.

»Ja, *mon père.* Es ist mein sehnlichster Wunsch, in den Schoß der Kirche zurückzukehren. Die Unglücksfälle, die mich sogar im größten Glück verfolgten, haben mir gezeigt, dass ich durch die Güter dieser Welt, von denen mir doch keines fehlt, niemals zum wahren Glück vordringen kann.«

»Ihre Einsicht ist ebenso erfreulich wie lobenswert, Madame. Es heißt außerdem, dass Sie sich mit der Absicht tragen, die Ehe mit Ihrem Mann zu erneuern.«

»Auch das ist richtig. Allerdings zögert Monsieur d'Etioles

noch mit seiner Einwilligung. Er scheint sich allzu sehr an das Junggesellenleben gewöhnt zu haben und zeigt wenig Neigung, all die jungen hübschen Tänzerinnen und Grisetten, die er jahrelang in seinem Haus empfing, nun durch eine alte, hässlich gewordene Ehefrau zu ersetzen, die im Gewand der Büßerin bei ihm um Einlass bittet.«

Die Höflichkeit hätte nun ein Kompliment verlangt. Doch Radominsky erwiderte ungerührt: »Es gibt immer Mittel und Wege. Solange Ihre ehelichen Verhältnisse nicht geregelt sind, bleiben Ihnen die Sakramente verwehrt. Glauben Sie nicht, Sie könnten sich mit der Kirche aussöhnen und gleichzeitig Ihre Beziehung zum König aufrechterhalten.«

»Ich habe Maßnahmen getroffen, die es an Deutlichkeit nicht fehlen lassen. Meine Wohnung ist eine einzige Baustelle. Treppen wurden verlegt, Eingänge zugemauert. Der König kann nur noch durch das Gesellschaftszimmer zu mir gelangen.«

»Ich gebe zu, das ist mehr als ein Anfang.«

»Mein einziges Begehren ist es, Seiner Majestät nahe zu sein. In reiner, keuscher Zuneigung, ohne dem Verdacht einer Schwäche ausgesetzt zu sein, die ich längst nicht mehr hege. Ich habe mich in diesem Sinn bereits an den Heiligen Vater in Rom gewandt, um ihn um seinen Segen zu bitten.«

»Eben wegen dieses Schreibens bin ich hier. Ich biete Ihnen meine Hilfe an. Es ist meine Pflicht, wahre Reue zu fördern, wo immer ich ihr begegne, und bußfertigen Sündern meine Hand zu reichen. Wer weiß, vielleicht findet sich ja doch eine Regelung, die sowohl Ihren Interessen als auch denen der Kirche entgegenkommt.«

Die Pompadour horchte auf. Doch statt zu verraten, wie eine solche Regelung aussehen mochte, unterbrach Radominsky seine Rede und trat an die Staffelei, um das angefangene Bild darauf zu betrachten: ein Porträt der Pompadour, wie sie gerade von der Lektüre eines Buches aufschaute. Das Gemälde brachte ihre Schönheit so vorteilhaft zur Geltung, dass sie selbst beinahe neidisch darauf war. Man konnte sich gar nicht vorstellen, dass diese Schönheit einmal vergehen sollte.

»Schade nur«, sagte Radominsky, »dass Ihr Kunstsinn sich nicht in gleicher Weise entwickelt hat wie Ihre moralische Urteilskraft.«

Die Pompadour ahnte, worauf der Jesuit hinauswollte, doch sie war sich nicht sicher.

»Das Bild ist ein Werk von La Tour«, erwiderte sie darum nur. »Er gilt als der bedeutendste Maler Frankreichs.«

»Ich rede nicht von der Pinselführung, Madame, sondern von der Dekoration. Sie lassen sich mit einem Band der Enzyklopädie abbilden?« Er drehte sich um und schüttelte den Kopf. »Die Bibel hätte Ihnen besser zu Gesicht gestanden.«

Sie bereute ihre Unvorsichtigkeit, das halb fertige Werk unverhüllt in ihrem Boudoir gelassen zu haben. Doch das war jetzt nicht mehr zu ändern.

Laut sagte sie: »Ich habe selbst Bedenken und schwanke, ob das Werk vollendet werden soll.«

»Wenn Sie meinen Rat hören wollen – Sie täten besser daran, sich nicht in dieser Gesellschaft zu zeigen. Die Stimmung ist ohnehin gegen Sie, und jetzt haben die Ermittlungen der Polizei ergeben, dass der Urheber des Attentats auf den König ein ehemaliger Bediensteter Ihres Bruders ist.«

»Meines Bruders?«, wiederholte sie entsetzt. »Monsieur de Poisson?«

»Ganz richtig, und damit nicht genug«, fuhr Radominsky fort, »hat man in seiner Kammer ein Exemplar der Enzyklopädie gefunden. Bei seiner Vernehmung wurde er nicht müde, zur Rechtfertigung seiner scheußlichen Tat daraus zu zitieren. Bedarf es noch eines Beweises, wie gefährlich dieses Buch ist?«

Die Pompadour tastete nach einer Stuhllehne, um sich zu stützen.

»Sind Sie darum zu mir gekommen, ehrwürdiger Vater?«

Radominsky nickte.

»Was erwarten Sie von mir?«

»Es ist an der Zeit, dass die Regierung mit aller Strenge gegen die Enzyklopädisten einschreitet. Ich habe bereits mit Monsieur Maupéou gesprochen, einem der wenigen vernünftigen Männer im Parlament. Er hat die Schwere des Falles erkannt und einen Gesetzentwurf vorgelegt. Auf allen Schriften, die zum Aufruhr gegen die Kirche oder den Staat anstiften, soll künftig die Todesstrafe stehen. Dafür brauche ich Ihre Unterstützung beim König.«

»Ich fürchte, Sie überschätzen meine Möglichkeiten«, brachte sie unsicher hervor. »Ich habe keinerlei Zugang mehr zu Seiner Majestät.«

»Sie meinen die Mauer, die Treppen? Ich sagte bereits, es gibt immer Mittel und Wege. Also enttäuschen Sie mich nicht!« Er blickte sie so scharf an, dass sie glaubte, seinen Blick auf ihrer Haut zu spüren. »Sie müssen sich entscheiden, Madame, auf welcher Seite Sie stehen: auf der Seite des Glaubens oder auf der Seite des Aufruhrs.«

9

Sophie stand am Fenster ihres kleinen Appartements und schaute hinaus in den Garten. Draußen war alles kalt und grau, als wolle der Winter gar nicht mehr enden. In einem Winkel der Buchsbaumhecke, die den Garten vor dem Fenster unterteilte, war Dorval gerade damit beschäftigt, ein Vogelhaus aufzustellen. Er hatte dazu einen ganzen Trupp von Handwerkern aus den königlichen Werkstätten mobilisiert, seine zwei besten Freunde, den Schmied und den Stellmacher, und außerdem drei Schreinergesellen, die er nun mit lauten Rufen und heftigen Gesten dirigierte. Sein kleines Gesicht war vor Aufregung und Kälte ganz rot. Er hatte vor ein paar Tagen erschrocken mit angesehen, wie eine streunende Katze einen Vogel vom Baum riss und tötete. Seitdem hatte er es sich in den Kopf gesetzt, alle Vögel von Versailles vor den wildernden Katzen zu beschützen, die zu Hunderten durch die Gärten und Parkanlagen strichen.

Das Wiedersehen mit Diderot hatte Sophie zutiefst aufgewühlt. Während sie ihrem Sohn draußen zusah, kehrten ihre Gedanken immer wieder zu der Begegnung im Palais d'Holbach zurück. War es ein Fehler gewesen, ihn abzuweisen? Obwohl die Sehnsucht in ihr brannte wie eine Schürfwunde, glaubte sie es nicht. Er hatte ihre Liebe verraten, und jetzt musste jeder Versuch, sie wieder aufleben zu lassen, in einer Enttäuschung münden. Wahre Liebe, so hatte sie selbst geschrieben, war selten. Mit ihr verhielt es sich wie mit Geistererscheinungen: Alle Welt sprach davon, aber nur wenige hatten welche gesehen … Sophie versuchte, den Schmerz nicht zu spüren. Nein, es gab nicht nur die Liebe. Sie hatte einen Sohn, und ihre Pflicht war es, sich um ihn zu kümmern, damit er alles von ihr bekam, was er später im Leben brauchte. Ihre Gefühle hatten hinter dieser Pflicht zurückzustehen, Gefühle waren nicht wichtig. Sie brauchte Ruhe, keinen Mann. Sie wollte dem Beispiel ihrer Gönnerin folgen.

Sophie winkte Dorval gerade zu, als die Pompadour hereinkam. Ihr Gesicht schien blass unter der dicken Puderschicht, ihre schwarzblauen Augen blickten müde und nervös zugleich. Mit schlechtem Gewissen fiel Sophie ein, dass sie ganz vergessen hatte, ihr den stündlichen Becher Eselsmilch zu bringen.

»Mach dir darum keine Sorge«, wehrte die Pompadour ab. »Die Milch trinke ich ja nur, damit der Hof etwas zu reden hat.«

»Bitte verzeihen Sie, Madame, aber Sie sehen aus, als bräuchten Sie einen Arzt. Wenn Sie erlauben, hole ich Dr. Quesnay.«

»Meinst du, er könnte mir helfen? Nein, dazu bedürfte es eines Wunders. Meine Feinde rotten sich zusammen, man bedrängt mich von allen Seiten. Man verlangt von mir ein Zeichen.«

»Ist die Mauer in Ihrer Wohnung nicht Zeichen genug?«, fragte Sophie.

»Ach«, seufzte die Pompadour, »das ist die überflüssigste Mauer in ganz Versailles. Der König hat seit Monaten von der Verbindungstür keinen Gebrauch mehr gemacht.« Ihre Augen füllten sich mit Tränen, und ihr Blick schien sich in grenzenloser Leere zu verlieren, während sie mit Wehmut in der Stimme sagte: »Ob diese Tür offen steht oder nicht, macht keinen Unterschied. Der König hat seine Besuche bei mir längst eingestellt.«

Sophie berührte sanft ihre Hand. »Sagen Sie mir, wie ich Ihnen helfen kann.«

Die Pompadour schloss kurz die Augen. Dann blickte sie Sophie an. »Wenn du etwas für mich tun willst, dann begleite mich morgen zum Châtelet.«

»Zum Sitz des Gerichts?«

Die Pompadour nickte.

»Ja, Sophie. Dort wird morgen der Mann hingerichtet, der dem König nach dem Leben trachtete. Man erwartet von mir, dass ich erscheine, als Zeichen meiner Ergebenheit. Mit meinem gesamten Hofstaat.«

»Bitte, Madame, ersparen Sie mir das ...«, stammelte Sophie. »Ich bin zu allem bereit, was immer Sie von mir verlangen. Aber eine Hinrichtung, bitte ...«

»Ich weiß, was du sagen willst«, erwiderte die Pompadour. »Deine Mutter. Trotzdem, ich darf mir keine Blöße geben – man lauert nur auf einen Vorwand, um mich aus Versailles zu verjagen. Nein, ich dulde keinen Widerspruch«, erklärte sie, als Sophie einen Einwand machen wollte, und ihre Miene, aus der eben noch das ganze Elend einer betrogenen und gedemütigten Frau gesprochen hatte, wurde plötzlich so hart, als wäre sie eingefroren. »Du wirst mich morgen begleiten!«

10

Tausende von Menschen drängten sich vor dem Châtelet, das Gewirr der Stimmen erhob sich über der Menge wie das Grummeln der Lüfte vor einem Gewitter. Von den angrenzenden Straßen und Gassen schoben sich immer wieder neue Massen heran, der ganze Platz wogte in einem gewaltigen Hin und Her. Die Fenster der Häuser waren schwarz von Menschentrauben; soweit das Auge reichte, hingen die Dächer und Bäume voller Gaffer, bis auf die Schornsteine waren sie gestiegen, hockten rittlings auf Gauben und Firsten, Kopf und Kragen riskierend. Alles reckte die Hälse, um einen Blick auf das Schafott zu erhaschen, das drei Fuß über dem Boden in der Mitte des Platzes aufgebaut war. Aber noch war nichts zu sehen außer den berittenen Gardisten und den Soldaten der Fußwache, die trotz aufgepflanzter Bajonette und blank gezogener Säbel große Mühe hatten, die ungeduldige Menschenmenge im Zaum zu halten. Die Leutnants schrien auf die Offiziere ein, die Soldaten stemmten sich gegen das Volk. Ob Männer oder Frauen, Greise oder Kinder – alle waren begierig, Blut zu sehen, den Todeskampf und die brechenden Augen.

Und Sophie? Sie saß an einem Fenster gegenüber dem Schafott und konnte das Blutgerüst wie von einer Tribüne aus einsehen. Ihre Hände waren feucht vor Anspannung. Bis zuletzt hatte sie versucht, der Verpflichtung zu entgehen, doch ihre Herrin hatte sie nicht daraus entlassen. Die Marquise de Pompadour hatte eigens für diesen Tag in einem Bürgerhaus an der Place de Grève eine Etage gemietet, um mit ihrem Hofstaat sowie einigen Gästen der Hinrichtung beizuwohnen. Zur Sicherung dieser Loge hatte sie etliche Louisdor bezahlt; mit der Quittung hatte der Vermieter sich verpflichtet, ihr im Fall der Nichterfüllung des Vertrags sechshundert Silberlinge zu erstatten. Während jeder nach einem günstigen Platz suchte, spielte Sophie nervös mit dem kleinen geschnitzten Engel an ihrem Hals, der an einer feingliedrigen silbernen Kette hing. Es war das erste Mal, dass sie die Kette trug. Dorval hatte sie am Vorabend zwischen ihrer Wäsche gefunden – jetzt war sie froh, dass sie sich damit ablenken konnte.

»Prosit!«

»Wohl bekomm's!«

Draußen erhob sich lautes Gelächter. Was für ein widerliches Spektakel! Sophie schaute kaum hin. Ein Folterknecht torkelte, eine Flasche in der Hand und sturzbetrunken, unter den anfeuernden Zurufen des Publikums über das Schafott, während der Henker und seine Gehilfen damit beschäftigt waren, die zu einem mannshohen Haufen aufgetürmten Holzscheite mit Reisig anzuzünden. Der Scharfrichter trieb seine Leute mit so lauter Stimme an, dass die Flüche bis hinauf zum Fenster drangen:

»Ein Haufen Kehricht ist das! Faules verrottetes Holz! Damit brät man vielleicht Hunde oder Katzen! Nichts vorbereitet! Nichts herbeigeschafft! Kein Blei, kein Schwefel, kein Pech, kein Wachs! Lauft und holt das Zeug! Kaufen oder konfiszieren – aber schnell!«

Grauer Qualm stieg von dem feuchten Holz über dem Platz auf. Sophie fröstelte, doch nicht von der Kälte, die an diesem achtundzwanzigsten März des Jahres 1757 immer noch herrschte. Sie sah vor sich den Dorfplatz von Beaulieu, vor vielen, vielen Jahren, spürte die große Hand von Abbé Morel in der ihren, wie er sie durch die Reihen der Dorfbewohner führte, die alle gekommen waren, um die Hinrichtung ihrer Mutter zu sehen, hörte das Quietschen ihrer Galoschen im Morast, roch den brandigen Geruch. Die Erinnerung betäubte sie wie ein dumpfer Schmerz. Das Feuer wollte und wollte nicht brennen, die Zuschauer höhnten und spotteten und fingen an, den Henker und seine Knechte mit faulem Obst zu bewerfen. Sophie wünschte, es wäre schon Abend.

»Ich fürchte, das wird sich noch eine Weile hinziehen«, sagte die Pompadour. »Aber zum Glück haben wir ja Sie, Signor Casanova. Verkürzen Sie uns die Zeit, erzählen Sie uns von Ihren Reisen! Wir sind begierig, Ihre Abenteuer zu hören.«
Dankbar für die Ablenkung, drehte Sophie sich um. Hinter dem Stuhl der Pompadour stand ein Mann, der alle Blicke der Anwesenden auf sich zog: ein hagerer Italiener mit scharfer Nase im olivfarbenen Gesicht und großen hervortretenden Augen.
»Was kann ich schon zur Kurzweil beitragen, Marquise?«, entgegnete er. »Ich fürchte, ich werde Ihre Gäste nur langweilen.«
»Seien Sie unbesorgt, Signor Casanova! Stimmt es, dass Sie wegen einer Liebschaft in den Bleikammern saßen? Hat man Sie darum aus Venedig verbannt?«
»Was für ein hässliches Wort, Madame. Sagen wir lieber, es ist besser für mein leibliches Wohl, mich für eine Weile von meiner Heimatstadt fern zu halten. Außerdem liebe ich Paris. Hier ist der Mittelpunkt allen Lebens, der Zivilisation und der Aufklärung. Hier kündigt sich ein neues Zeitalter an.«
»Trotz der Bedrohung durch unsere Feinde?«
»Sie meinen die Engländer und Preußen?« Casanova verzog mitleidig das Gesicht. »Die einen verstehen nicht zu kochen, die anderen nicht zu lieben. Wie soll von solchen Nationen Gefahr für Frankreich ausgehen, das doch beide Künste in vollkommener Weise kultiviert hat? – Aber mir scheint, da naht unsere Hauptperson!«
Die Bemerkung holte Sophie in die Wirklichkeit zurück. Plötzlich schämte sie sich. Während da unten, keinen Steinwurf von ihnen entfernt, die Tötung eines Menschen vorbereitet wurde, trieb man hier Konversation wie bei einem

Souper in Versailles. Und sie hatte interessiert zugehört wie alle anderen, nur um sich abzulenken.
Vom Platz schlug lautes Johlen und Schreien empor. Sophie griff nach ihrer Kette. Das grausige Schauspiel begann. Unweit des Châtelet wurde ein von mehreren Doppelposten bewachtes Tor geöffnet. Ein an Händen und Füßen gefesselter Mann stolperte ins Freie. Die Bajonette voran, bahnten die Gardisten eine Gasse durch die Menge, während vier Soldaten den Delinquenten in die Richtung des Schafotts schleiften. Die Gäste der Pompadour drängten sich ans Fenster, beugten sich über die Brüstung, sodass sie beinahe hinausfielen, schoben und quetschten sich wie unten das Volk.
»Da ist er! Der Königsmörder!«
Sophie konnte nichts mehr sehen, die Sicht war plötzlich verdeckt, überall vor ihr waren Köpfe und Schultern, Perücken und Hüte. Unwillkürlich sprang sie von ihrem Platz auf und zwängte sich ans Fenster. Zwischen zwei Rücken hindurch entdeckte sie den Verurteilten: Reglos saß er auf dem Blutgerüst und wartete auf die Vollstreckung seines Urteils, einsam wie der erste Mensch der Schöpfung inmitten all der Menschen, die gekommen waren, um seinen Tod zu sehen. Nur seine Beine zuckten, während zu seinen Füßen Händler Obst und Erfrischungen aus ihren Bauchläden ans Publikum verkauften und der Scharfrichter hinter ihm sein Werkzeug ordnete. Über dem immer noch qualmenden Feuer hing ein riesiger Kessel, in dem ein dunkler Sud kochte.
»Neunzehn Folterknechte«, sagte jemand. »Ich habe sie gezählt.«
»Ein schlechtes Geschäft für den Henker«, erwiderte ein anderer. »An einer solchen Hinrichtung ist nichts verdient.«
Sophie wollte sich abwenden, auf ihren Platz zurückkehren,

Zuflucht nehmen hinter den Köpfen und Rücken und Schultern, um sich abzuschirmen vor dem, was nun kommen würde. Ihre Hände waren inzwischen nass von Schweiß, sie zitterte am ganzen Körper. Warum nur? Sie versuchte, sich zu beruhigen, redete sich ein, dass es eine ganz gewöhnliche Hinrichtung war, der sie beiwohnen musste, nicht die erste und gewiss nicht die letzte in Paris. Was ging der fremde Mann sie an? Hatte er nicht Strafe verdient? Hatte er sich nicht des scheußlichsten Verbrechens schuldig gemacht, das ein Mensch begehen konnte? Er hatte den König umbringen wollen, den Herrscher, den Gott als Regenten über die Franzosen eingesetzt hatte.

Sie trat einen Schritt zurück, um wieder Platz zu nehmen – da hob der Verurteilte den Kopf. Er schaute genau in ihre Richtung.

Als sie sein Gesicht sah, erstarrte Sophie: ein Schopf dunkler Haare und darunter ein noch dunklerer Blick. Wie viele Male hatte sie in dieses Augenpaar geblickt, aus dem sie jetzt das ganze Elend der Menschheit ansah.

Es war Robert, der frühere Leibdiener von Monsieur Poisson.

»Jetzt! Es geht los!«, flüsterte und zischte es vor und hinter ihr. »Aufgepasst! Sie fangen an!«

Auf einmal war es so still auf dem Platz, dass man das Zwitschern der Vögel hörte. In Sophies Kopf kreiste nur ein Gedanke: Robert ... Der Verurteilte war Robert ... »Robert der Teufel«, der Mann, der ihr Buch gestohlen hatte ... Wie ein böses Gift sickerte die Erkenntnis in ihre Seele ein, langsam und allmählich und schleichend ... Die Hände um die Fensterbrüstung gekrallt, war sie unfähig, die Augen von dem Verurteilten abzuwenden. Die Zeit stand still, während sie auf das Schafott starrte, kein Laut drang mehr an ihr Ohr, es gab

nur noch ihren Atem und diesen Mann, der jetzt von zwei Knechten emporgehoben und entkleidet wurde.
Robert ... Wie eine Puppe ließ er alles mit sich geschehen, wehrlos den rohen Mächten ausgeliefert. Bleich war sein Leib, der nur um die Lenden in ein Tuch gehüllt war, als sie ihn auf den Schragen legten, ihn knebelten und mit Eisenbändern an Armen und Schenkeln befestigten. Während Sophie seinen nackten Leib so schamlos vor sich ausgestreckt sah, empfand sie eine kurze heftige Erregung wie in Erwartung eines Liebesakts. Sie schluckte, um das Gefühl hinunterzuwürgen.
Ein Richter trat zu Robert.
Laut und klar erhob sich seine Stimme über die Menge: »Nenn uns die Namen deiner Komplizen!«
Sophie zuckte zusammen, als sie Roberts Antwort hörte.
»Ich bin unschuldig!«
»Entlaste dein Gewissen, damit du Gnade im Himmel findest!«
»Ich grüße meine Familie und bete für sie!«
»Gib uns dein Wissen preis, um deines Seelenheils willen!«
»Ich bin des Glaubens voll und habe nur den Wunsch, Frankreich zu dienen!«
Plötzlich begann Sophies Herz wie wild zu rasen, das Blut pochte in ihren Adern. Wie konnte Robert so reden, angesichts des Todes? Der Richter beriet sich mit dem Henker, der gab mit der Hand seinen Knechten ein Zeichen.
»Erstaunlich«, sagte Casanova. »Normalerweise versuchen sie, das Ende hinauszuschieben, und sei es nur für einen Atemzug.«
Am ganzen Körper gelähmt, blickte Sophie auf den Platz. Ein Schrei in ihrer Brust, der sich nicht lösen konnte, schnürte ihr

die Kehle zu. Robert rührte sich nicht. Nur seine schwarzen Augen wanderten hin und her. Aufmerksam, fast neugierig, schaute er seinen Folterern zu, verfolgte mit seinen dunklen Blicken jede ihrer Bewegungen. Der Kessel, in dem der Schwefel brodelte, erfüllte die Luft mit scharfem Geruch. So musste es in der Hölle riechen. Robert hustete ein paar Mal, während ein Knecht ihm ein Messer an die rechte Hand band.

»Ist das die Hand, mit der er den Mord versucht hat?«

»Ich nehme es an«, erwiderte die Pompadour. »Die Hand des Mörders.«

Da gellte ein Schrei über den Platz, ein Schrei so laut, dass er bis in die hintersten Gassen des Viertels zu hören sein musste. Der Henker hielt ein Kohlebecken unter die Hand, um sie mit Schwefelfeuer zu verbrennen, während Robert schrie und schrie und schrie. Sophie schloss die Augen. Sie kannte diesen Schrei, sie hatte selbst einmal so geschrien ... Applaus brandete auf, die ganze Anspannung der Menge, die sich bis ins Unerträgliche gesteigert hatte, schien sich in diesem Beifall zu entladen.

Sophie öffnete die Augen erst wieder, als der Applaus verebbte. Robert war verstummt. Als sie ihn sah, schrak sie zusammen. Von seiner Hand war nur noch ein schwarz verkohlter Stumpf übrig, den er mit leerem Blick betrachtete, abwesend, fast unbeteiligt, wie man einen fremden Gegenstand betrachtet, als gehöre der Stumpf gar nicht zu ihm. Lautlos bewegten sich seine Lippen, doch Sophie glaubte die Worte zu hören: Was habe ich getan? Was hab ich bloß getan?

Der Henker krempelte sich die Ärmel hoch, dann nahm er eine glühende Zange vom Feuer und ging damit zu Robert. Sophie hörte es zischen, als die Zange die Haut berührte, sah den Rauch, der von Roberts Körper aufstieg, eine kleine, sich lustig kräuselnde Fahne. Was für entsetzliche Qualen musste er leiden! Der Henker ging mit grausamer Langsamkeit vor, traktierte mit seiner Zange Roberts Beine, eins nach dem andern, erst die Waden, dann die Oberschenkel. Danach nahm er sich den Oberkörper vor, riss an den Armen, an den Schultern, an den Brustwarzen, drehte und wand seine Zange, um die Fleischstücke, die sich nicht lösen wollten, herauszuzerren aus dem zuckenden Leib, der Wunden so groß wie Taler aufwies. Bei jedem Biss der Zange heulte Robert auf. Aber wie den verkohlten Armstumpf betrachtete er anschließend stets die Wundmale, und seine Schreie verstummten, sobald das Reißen aufhörte.

»Nenn uns die Namen deiner Komplizen!«

Sophie sandte ein Stoßgebet zum Himmel, dass Robert endlich redete. Doch er schüttelte nur immer wieder den Kopf, auf jede Frage, auf jede Aufforderung, die an ihn gerichtet wurde, störrisch und verstockt wie ein Heide, der nicht von seinen falschen Göttern lassen will. Kein Geständnis entwand sich seinem Mund, keine Bitte um Gnade, keine Lüge, um seine Haut zu retten, nicht mal ein Fluch. Wütend winkte der Henker seine Knechte herbei. Sie brachten ihm ihre brodelnden Arzneien: geschmolzenes Blei, kochendes Öl, brennendes Pech, Wachs und Schwefel, die er nacheinander in Roberts offene Wunden träufelte.

»Mein Gott, gib mir Kraft! Gib mir Kraft!«

Sophie biss sich auf die Lippe, um nicht mit ihm zu schreien. Hörte Gott denn nicht sein Flehen? Konnte er seine Ohren vor diesen Schreien verschließen, die doch ein Herz aus Stein erweichen mussten? Wenn Robert schrie, traten seine Augen aus ihren Höhlen, und seine Haare sträubten sich. Zwischen den Schreien aber hob er immer wieder den Kopf, um seinen

Leib zu betrachten, während der Henker mit einem Eisenlöffel neuen Sud in seine Wunden goss. Sophie stöhnte. War es wirklich Gott, der ihm diese Kraft verlieh? Dann wäre es gnädiger gewesen, ihn seiner Kraft zu berauben, damit er ein schnelles Ende fand. Oder war es die Trunkenheit des Schmerzes, die ihn für diese Augenblicke stummen Schauens, die noch fürchterlicher waren als sein Schreien, fühllos gegen die Qualen machte?

»Der Teufel hat ihn ausgespuckt!«

»Nur ein Ungeheuer kann solche Schmerzen ertragen!«

Sophie drehte sich um. Schaurige Bewunderung sprach aus den Gesichtern der Höflinge, die mit erhobenen Brauen in den Abgrund der Hölle blickten. Konnte es sein, dass sie sich an dem Inferno weideten? Plötzlich sah sie etwas, das alles Fassungsvermögen überstieg. Ganz in ihrer Nähe, nur ein paar Armlängen entfernt, machte Signor Casanova sich an den Röcken einer Dame zu schaffen, die sich vor ihm aus dem Fenster beugte, scheinbar ganz und gar in das grausame Schauspiel versunken, das sich unten auf dem Platz vollzog, in Wahrheit aber mit ganz anderen Dingen beschäftigt. Ihre schlanke Hand umfasste ein prallrotes Glied, das für eine Sekunde aus einem goldenen Hosenlatz hervorschnellte, bevor es zuckend unter ihren Röcken verschwand.

»Mehr noch! Mehr! Mehr! Mehr!«

Es war Robert selbst, der seine Peiniger antrieb, die Qualen zu vermehren. Mit einer Stimme, die nichts Menschliches mehr hatte, brachen die Schreie aus ihm hervor wie laut gewordene Schmerzen. War er von der Folter irre geworden? Schwanden ihm endlich die Sinne? Sophie wollte nicht länger sehen, wie er litt, und doch konnte sie nicht anders, ihre Muskeln widersetzten sich ihren Befehlen, sie musste ihre Augen auf Roberts Elend richten, wieder und wieder und wieder. Jetzt legte man seinen Leib, der aus hundert Wunden blutete und doch auf gespenstische Weise immer noch heil zu sein schien, auf ein hölzernes Kreuzgestell, und während ein Priester an seiner Seite auf ihn einsprach, ihm ein Kruzifix vor das Gesicht hielt, das er wieder und wieder küsste, befestigten die Henkersknechte an jedem seiner Arme und Beine das Zugseil eines Pferdes.

»Erbarmen, Herr!«, brüllte Robert, als die Pferde anzogen. »Erbarmen!«

Es war, als würde der Schrei sich in Sophies eigenem Herzen lösen. Sie hielt sich die Ohren zu, um nichts zu hören, doch konnte sie nicht davon lassen, ihn anzuschauen, als wäre sie dazu verdammt, Roberts Qualen zu teilen, sein Kreuz mit ihm zu tragen wie Simon von Kyrene das Kreuz des Erlösers. Je ein Knecht hatte den Zügel eines Tiers ergriffen, ein anderer stand dahinter und schwang die Peitsche. Das Vierergespann setzte sich in Bewegung. Sophie ahnte das Schnauben der Nüstern, das Schlagen der Hufe, unter deren Eisen die Funken aufstoben – da stürzte eines der Pferde auf das Pflaster nieder.

»Seht nur – seine Arme! Die Arme! Seht doch!«

Sophie ließ die Hände sinken, kraftlos und erschöpft. Das Volk johlte vor Begeisterung. Roberts Muskeln und Sehnen hatten der fürchterlichen Belastung widerstanden. Statt seine Glieder zu brechen, hatten die Tiere sie auf groteske Weise gedehnt – Arme und Beine schienen fast doppelt so lang als zuvor. Wieder zogen die Pferde an, mit aller Kraft, angetrieben durch die Peitschen und das Geschrei, und wieder wurden sie zurückgerissen. Und immer noch war Leben in Roberts geschundenem Leib, Sophie hörte seine Atemstöße, wie den Blasebalg einer Schmiede.

Irgendwann verließ sie das Gefühl für die Zeit. Dauerte es Minuten? Dauerte es Stunden? Oder waren es nur Sekunden in der Hölle der Finsternis? Wie in einem Traum, unwirklich und überwirklich zugleich, geschahen die Dinge vor ihr, die sie mit ihren eigenen Augen sah und doch nicht begreifen konnte, während Tränen der Trauer, der Wut und der Ohnmacht an ihren Wangen herabliefen ... Man ließ die Pferde nun in umgekehrter Richtung ziehen, die an den Armen zum Kopf hin und die an den Beinen hin zu den Armen. Der Priester sank ohnmächtig zusammen, der Gerichtsschreiber barg sein Gesicht im Gewand, um nicht länger zusehen zu müssen, während das Volk zu murren begann. Man musste sich sputen, die Dämmerung brach herein. Man spannte zwei weitere Pferde an, zu viert schlugen die Knechte nun auf jedes der Tiere ein. Roberts Knochen krachten in den Gelenken, doch immer noch hielt sein Leib zusammen, als könne keine Kraft der Welt seine Glieder zerreißen.

»Betet für mich!«

Einsam wie ein Ruf in der Wüste wehte Roberts Flehen über die vieltausendköpfige Menge. Sophie fasste nach dem Engel an ihrem Hals, als könne er das Unheil immer noch abwenden. Doch durch den Schleier ihrer Tränen sah sie nur, wie der Henker sich mit dem Richter beriet, worauf der Richter einen Arzt herbeiwinkte, der Arzt einen Chirurgen, bis schließlich alle die Köpfe zusammensteckten, zu fünft, zu sechst, im Dutzend, ohne zu einem Entschluss zu gelangen.

»Was für eine Farce!«, flüsterte die Pompadour mit blutleeren Wangen unter dem Rouge.

»Allerdings«, pflichtete Casanova ihr bei. »Die Exekution sollte zur Abschreckung dienen. Wie ist das in der Dunkelheit möglich?«

Sophie umschloss mit ihrer Hand den Engel. Endlich, endlich hatte man Erbarmen! Mit einem langen, blitzenden Stahlmesser machte der Henker sich ans Werk, Roberts Schultern und Hüften zu zerschneiden, die zähen Sehnen, die seine Qual so lange hinausgezögert hatten. Kühl fühlte der Engel sich an wie die Perlen eines Rosenkranzes. Sophie spürte nicht, wie die Spitzen des Schnitzwerks in ihre Haut eindrangen, sie war mit all ihren Sinnen bei Robert, der ein letztes Mal den Kopf hob, um mit gläsernen Augen auf den Scharfrichter zu stieren, als könne er sich nicht satt sehen an der Arbeit seines Peinigers, betrachtete jede seiner Bewegungen, schaute und schaute, bis seine Schenkel und Schultern durchtrennt waren. Allein die Kraft zu schreien hatte ihn verlassen.

»Gott sei deiner Seele gnädig!«

Sophie küsste den Engel an ihrer Kette und schlug das Kreuzzeichen. Noch einmal legten die Pferde sich ins Geschirr, ein letztes Krachen und Brechen, dann endlich gab Roberts Körper nach, die Gliedmaßen lösten sich vom Rumpf: zuerst ein Arm, dann ein Bein, dann wieder ein Bein und der zweite Arm … Schließlich hatte Robert Damiens sein Leben ausgehaucht, war tot für jetzt und alle Ewigkeit. Nur seine Kinnlade klappte immer noch auf und zu, als wolle er etwas rufen, während seine Augen, zwei gläserne, gesprungene Kugeln, zu Sophie heraufzuschauen schienen.

»Bravo! Bravissimo!«

Wie aus einem Albtraum erwacht, blickte Sophie zur Seite. Mit behandschuhten Händen klatschte Casanova neben ihr Beifall, während die Dame vor ihm am Fenster sich gleichmütig die Röcke richtete, als wolle sie nur den Faltenwurf korrigieren. Freundlich nickte Casanova ihr zu, er wirkte heiter,

frisch und ruhig. Plötzlich glaubte Sophie, das Gesicht ihrer Mutter zu sehen: eine grinsende Fratze, die sich hob und senkte.
Die Hand an der Kette, sank Sophie auf ihren Stuhl. Dann schwanden ihr die Sinne.
Als sie aus ihrer Ohnmacht erwachte, schaute sie in ein totenblasses Gesicht: Malesherbes stand über sie gebeugt und blickte sie mitfühlend an.
»Es ist vorbei«, sagte er und reichte ihr seinen Arm.
Erst jetzt bemerkte sie, dass ihre Hand blutete.

11

Zum ersten Mal nach wochenlanger Ödnis war wieder Leben in Versailles. Während auf dem Richtplatz Robert Damiens' Asche in alle Winde zerstreut wurde, waren im Schloss sämtliche Säle erleuchtet. Überall stand man bis tief in die Nacht in Gruppen beisammen, und wo immer zwei Höflinge miteinander sprachen, gab es nur ein Thema: das gerechte Ende des Königsmörders.
Wann hatte man sich zum letzten Mal so angeregt unterhalten? Während man neidvoll die wenigen Augenzeugen umringte, die das Privileg genossen hatten, persönlich der Hinrichtung beizuwohnen, ließ Ludwig sich in seinen Privatgemächern von der Pompadour minutiös über den Verlauf des Tages unterrichten. Alles wollte er erfahren, was sich auf der Place de Grève ereignet hatte, nicht das geringste Detail durfte sie ihm vorenthalten. Als sie ihm schilderte, wie der

Attentäter bei lebendigem Leibe auseinander gerissen worden war, stieß er laute Schmerzensrufe aus, warf sich auf sein Bett und weinte wie ein Kind.

»Und als sie den Rumpf aufhoben«, fragte er mit nassen Augen, »hat er wirklich noch gelebt?«

»So sagen die Scharfrichter, Sire. Er schien sieben Leben zu haben wie eine Katze. Sie haben den Rumpf mit den Gliedmaßen ins Feuer geworfen. Vier Stunden haben die Fleischstücke gebraucht, um zu verbrennen.«

»Das ist ja entsetzlich, Madame, ganz und gar entsetzlich!«

Es dauerte bis zum nächsten Tag, bis Ludwig sich von dem Schock erholte. Erst am Mittag sah er sich imstande, vor die ausländischen Gesandten zu treten, die ihn im Spiegelsaal empfingen, als wäre er von den Toten auferstanden. Doch er kannte seine Pflicht und wurde nicht müde, ihnen in aller Ausführlichkeit von der Exekution »seines Mörders« zu berichten, nicht ohne die Gleichgültigkeit seiner Untertanen zu tadeln, die ihm nach dem Attentat nur wenige Beweise ihrer Liebe entgegengebracht hatten.

Daran ließen es jedoch die Bischöfe und Pfarrer im Land nicht fehlen. Noch während man vom Richtplatz die Hunde vertrieb, die sich auf dem Pflaster der Feuerstelle die Schnauze wärmten, wurden in den Kirchen Dankmessen für Ludwigs wunderbare Errettung gelesen. Zahllose Gemeinden unterwarfen sich in Huldigungsfeiern dem König. Das Parlament stand der Kirche nicht nach. Bereits am ersten Tag nach der Hinrichtung ordnete der Gerichtshof an, dass Vater, Frau und Tochter des Attentäters unverzüglich das Königreich zu verlassen hatten, widrigenfalls sie erhenkt und erdrosselt würden, und die Richter untersagten unter Androhung derselben Strafe allen weiteren Angehörigen, in Zukunft den Namen Damiens zu tragen. Unter dem Eindruck dieser Order bat die Stadt Amiens untertänigst um Erlaubnis, sich nach Seiner Majestät in Louisville umbenennen zu dürfen, um nicht länger an den Mörder zu erinnern, dessen Geburtshaus von Ludwigs Soldaten bereits dem Erdboden gleichgemacht worden war.

»Wann ist es endlich genug?«, fragte Sophie. »Kann ein Verbrechen so abscheulich sein wie solche Strafe? Wo bleibt das Recht?«

»Das Recht ist ein Chamäleon«, erwiderte Malesherbes, »vielleicht das wandelbarste überhaupt. Es nimmt jede erdenkliche Farbe an und scheut vor nichts zurück, gleichgültig, was sein Gebieter von ihm verlangt.«

Sie waren allein in Sophies Appartement. Dorval schlief bereits; sie hatte ihn gerade zu Bett gebracht, als Malesherbes bei ihr anklopfte. Seit er sie von der Place de Grève heimbegleitet hatte, waren seine Besuche beinahe zur täglichen Gewohnheit geworden.

»Ich hoffe, Ihre Hand hat inzwischen aufgehört zu schmerzen?«

»Die Wunde ist längst verheilt, die Haut war ja kaum aufgeritzt.«

Sie drehte sich zum Fenster um. In tiefer Dunkelheit lag draußen der Garten, alles schien zu schlafen. Nur als undeutliche Schemen hob sich Dorvals Vogelhaus vor dem schwarzen Hintergrund der Hecke ab, ein kleiner friedvoller Ort der Geborgenheit in finsterer Nacht.

»Manchmal glaube ich fast«, sagte sie leise, »auf dem Buch liegt ein Fluch.«

»Darf ich fragen, von welchem Buch Sie sprechen?«

»Von der Enzyklopädie. Sie sollte das Glück der Menschen vermehren, und jetzt hat sie so viele Menschen ins Unglück gestürzt. Wer weiß, vielleicht wäre es ohne sie nie zu dieser Katastrophe gekommen.«

»Sie meinen, weil Damiens sich auf ein paar Sätze daraus berufen hat?«

»Ich habe im selben Haus wie er gearbeitet, bei Monsieur Poisson, dem Bruder von Madame.«

»Ich weiß, Sie haben ihn gekannt. Es muss fürchterlich für Sie gewesen sein zuzusehen.«

»Nichts wissen Sie, Monsieur Malesherbes.« Sie drehte sich zu ihm um und blickte ihn an. »Ich habe Damiens die Enzyklopädie zu lesen gegeben.«

»Sie?«, fragte er überrascht. »Aber wie kamen Sie dazu?«

»Das ist nicht wichtig, ich hatte zufällig ein Exemplar. Ich ... ich muss etwas anderes wissen, und ich bitte Sie, mir aufrichtig zu antworten.« Sie machte eine Pause, bevor sie ihre Frage stellte. »Habe ich Mitschuld an seinem Ende?«

Malesherbes schwieg eine lange Weile, bevor er sagte: »Ein Buch ist ein Spiegel, Sophie. Wenn ein Schächer hineinschaut, kann kein Apostel herausblicken. Jeder Leser zieht aus der Lektüre einen anderen Schluss, das habe ich in den Jahren als Zensor gelernt.« Er berührte behutsam ihre Schulter. »Nein, glauben Sie mir, Sie tragen keine Schuld.«

»Aber hätte ich nicht die Folgen voraussehen müssen? Ich kannte Robert doch und wusste, wie fanatisch er war.«

»Wollen Sie Jesus dafür verantwortlich machen, wenn im Namen der Bibel Menschen umgebracht werden? Nein«, wiederholte er, bevor Sophie etwas einwenden konnte, »Bücher sind wie Messer. Man kann damit Brot schneiden oder töten. Aber – was ich Sie schon lange fragen wollte«, wechselte er

unvermittelt das Thema, »was ist das für ein Schmuck, den Sie da am Hals tragen?«
»Sie meinen den Engel?«
»Er passt wundervoll zu Ihrem Haar. Darf ich?« Malesherbes griff nach dem Schmuckstück, um es zu betrachten. »Aus was für einem Material ist das? Elfenbein?«
»Ich weiß nicht – es ist nur ein Talisman. Er stammt aus meiner Heimat. Das einzige Andenken, das ich von dort habe.«
»Ein Talisman?«, fragte er irritiert.
»Ja, was ist daran Besonderes?«
»Nichts, natürlich nichts«, stammelte er, immer noch verwirrt. »Es ist nur, in meiner Heimat gibt es ganz ähnliche.« Er ließ den Engel los und schaute sie an, gleichzeitig verlegen und forschend, musterte sie mit seinen grauen Augen genauso wie bei ihrer ersten Begegnung, als suche er in ihrem Gesicht nach etwas, von dem er selbst nur undeutlich ahnte, was es war.
»Ich habe noch eine Frage, Sophie«, sagte er schließlich. »Sie haben mir nie verraten, woher Sie stammen.«
»Sie werden den Ort nicht kennen, es ist nur ein ganz kleines Dorf. Beaulieu heißt es und liegt an der Loire.«
»Beaulieu bei Roanne? Aber natürlich kenne ich das, es ist ja nur einen Tagesritt vom Schloss meiner Familie entfernt. Seltsam, dass ich es nicht an Ihrer Sprache erkannt habe, Sie haben nicht die Spur eines Akzents. Fast muss man glauben, Sie würden Ihre Herkunft verleugnen.«
Plötzlich wurde seine Miene sehr ernst; sein Mund zuckte einige Male, als falle es ihm schwer zu sprechen, ja, als müsse er sich überwinden. Dann aber sagte er: »Was ist der Grund, Sophie, dass Sie an Damiens' Schicksal solchen Anteil neh-

men?« Und als sie zögerte. »Ich habe doch Recht, es gibt einen Grund, einen besonderen Grund, nicht wahr?«
Sophie spürte, wie die ganze Flut der Erinnerung in ihr aufwallte, all die Bilder und Gefühle, die sie seit Tagen unterdrückt hatte, aus Angst, sie würden sie übermannen.
»Es war nicht die erste Hinrichtung in meinem Leben«, antwortete sie stockend. »Ich habe schon einmal eine mit ansehen müssen, in meiner Kindheit … Auch damals war ein Buch der Grund, warum ein Mensch sterben musste.«
»Wer war dieser Mensch?«, fragte er leise. »Jemand, der Ihnen nahe stand?«
Sophie wandte sich ab. Alles war wieder da in ihr, mehr als sie ertragen konnte, drängte danach, aus ihr hervorzubrechen. Und während sie in den dunklen Garten schaute, strömten die Worte über ihre Lippen, Worte, die ihr ganzes Leben bedeuteten, das Glück und die Verzweiflung, die Liebe und den Tod und die ewige Sehnsucht, endlich zu verstehen, was nicht zu verstehen war – ihr Leben. Sie erzählte von ihrer Mutter, von ihrer Kindheit, von ihrem kleinen Haus am Dorfrand. Wie Madeleine für sie gesorgt und sie beschützt und ihr das Lesen beigebracht hatte, bis zum Tag ihrer Erstkommunion. Sie erzählte von Abbé Morel, von Baron de Laterre, vom Mann mit dem Federhut. Von den endlos langen Tagen des Wartens und der Ungewissheit auf dem Schloss, während ein fremdes Gericht über ihr Schicksal entschied. Und von dem langen Weg zurück in ihr Dorf, an der Hand des alten Pfarrers …
»Mein Gott«, flüsterte Malesherbes, als sie geendet hatte. »Mein Gott … mein Gott …«
Er legte den Arm um ihre Schulter. Sie sah ihn an. Seine Augen waren blank von Tränen. Er nahm ihre Hand, und um

Worte ringend, sagte er: »Ich verspreche Ihnen, Sophie, wann immer Sie einen Freund brauchen – ich bin für Sie da. Ich werde alles für Sie tun, alles. Für Sie und für Dorval.«
Dankbar erwiderte sie den Druck seiner Hand. Und während sie diese in der ihren spürte, hatte sie das Gefühl, als würde das Grauen schwinden, für immer gebannt, solange sie nur zusammen da standen und er ihre Hand hielt.
»Nur eins frage ich mich«, sagte sie nach einer langen Weile, »wenn ein Buch so viel Unheil anrichtet, ist es dann nicht besser, es zu verbieten?«
»Vielleicht haben Sie Recht«, erwiderte er, ohne ihre Hand loszulassen, »und man muss es verbieten. Vielleicht aber ist genau das Gegenteil richtig.«
»Das Gegenteil?«
»Ja, Sophie, so grausam es klingt. Vielleicht muss es Bücher geben, für die Menschen ihr Leben lassen, damit solche Verbrechen nie wieder geschehen.«

12

»Eine solche Verschärfung der Gesetze ist absurd! Die Todesstrafe auf Bücher wäre eine Katastrophe für Frankreich!«
»Anschläge auf den König sind eine Katastrophe! Und Bücher, die dazu anstiften! Es erstaunt mich, dass ich Sie als Zensor Seiner Majestät daran erinnern muss.«
»Sehr richtig, ich bin Zensor, kein Polizist! Ein Land, in dem die Menschen nur Bücher lesen, die mit ausdrücklicher

Genehmigung der Regierung verbreitet werden, bleibt ein Jahrhundert hinter seiner Zeit zurück.«

Radominsky erkannte Malesherbes nicht wieder. Noch gestern hätte er die Ordenskirche der Jesuiten darauf verwettet, dass der Direktor der Hofbibliothek der neuen Auffassung der Dinge folgen würde – er hatte bislang immer seine Fahne nach dem Wind gehängt. Doch vor einer Stunde war Malesherbes bei ihm erschienen, unangemeldet, um gegen die Gesetzesinitiative zu intervenieren. Kein Zweifel, aus dem prinzipienlosen Karrieristen war ein entschlossener Parteigänger geworden. Und was noch schlimmer war: Er schien seinen eigenen Worten zu glauben.

»Es ist noch nicht lange her«, sagte Radominsky, »da haben Sie selbst mit einer Ratsverfügung die Enzyklopädie verboten. Was veranlasst Sie plötzlich, sich so vehement für die Sache der Philosophen einzusetzen?«

»Monsieur d'Alembert, ein Mann, der über jeden Zweifel erhaben ist, hat mich um Hilfe ersucht. Er sieht ein Werk gefährdet, das zum Ruhm Frankreichs mehr beiträgt als der Krieg gegen England und Preußen.«

»Ich kenne den Brief.« Radominsky lachte. »D'Alembert verlangt darin, dass die Regierung die Enzyklopädisten vor der Journaille schützt, mit den Mitteln der Zensur! Er will, dass wir seinen Kritikern den Mund verbieten. Was für eine trostlose Scheinheiligkeit!«

»D'Alembert ist Mitglied der Académie Française. Er fürchtet zu Recht um seinen Ruf als Mathematiker.«

»Er ist immer noch beleidigt wegen der Affäre Cacouacs. Man hat ihn und seine Philosophenbande der Lächerlichkeit preisgegeben. Das ist alles.«

»Er hat sich um den katholischen Glauben verdient gemacht.

Sein Artikel ›Genf‹ in der Enzyklopädie ist die schärfste Verurteilung Calvins, die ich kenne.«

»Sein Freund Voltaire, der sich in Genf breit gemacht hat und nun dort den Ton angeben will wie früher hier in Paris, hat ihm die Feder geführt. Außerdem sollte Ihnen aufgefallen sein, dass der Artikel sich nicht allein gegen Calvin richtet, sondern gegen jede Form des christlichen Glaubens. Aber was vergeuden wir unsere Zeit damit, über diesen Päderasten zu streiten?«

»Ich weiß nicht, von wem Sie reden.«

»Von d'Alembert! Sind Ihnen seine widernatürlichen Neigungen nicht bekannt?«

Malesherbes war immerhin so irritiert, dass er eine Prise Schnupftabak nahm. Doch seine Verwirrung dauerte nur ein paar Sekunden. Nachdem er sich geschnäuzt hatte, sagte er: »Auch Sokrates liebte Knaben. Wenn Sie dafür die Todesstrafe verhängen wollen, fürchte ich um den Schlaf so mancher Ihrer Mitbrüder, *mon père*. Sie könnten dann schneller ins Paradies gelangen, als ihnen lieb ist.«

»Schweifen Sie nicht ab!«, erwiderte Radominsky ungerührt. »Wenn ich die Todesstrafe für bestimmte Bücher verlange, dann allein zu dem Zweck, großes Unheil von einer großen Zahl von Menschen fern zu halten. Darin weiß ich mich übrigens eines Sinnes mit Ihrem Vater, dem Kanzler.«

»Mein Vater und ich pflegen gelegentlich Umgang, Sie brauchen mir seine Meinung nicht zu erklären«, sagte Malesherbes und nahm noch eine Prise. »Doch wenn Sie mich dazu auffordern, frage ich Sie ganz direkt und ohne Umschweife: Wollen Sie wirklich Schriftsteller vierteilen und auf dem Scheiterhaufen verbrennen wie den Mörder Damiens, bloß weil sie Bücher verfasst haben, die Ihnen nicht gefallen?«

Radominsky brauchte keine Sekunde, um die Antwort zu geben.
»Wenn wir dadurch die Kirche und die Monarchie vor weiteren Damiens schützen – ja!« Er erhob sich von seinem Schreibtisch und begann, im Raum auf und ab zu gehen. »Was muss denn noch geschehen, Monsieur de Malesherbes, damit Sie den Zusammenhang endlich zugeben? Der Anschlag auf den König ist doch der Beweis: Die Enzyklopädie ist nichts anderes als eine Verschwörung zur Zerstörung der Religion und Unterminierung des Staates, wie Gott ihn den Menschen gegeben hat. Und die verderbliche Saat geht auf, sie blüht und gedeiht. Haben Sie schon *Über den Geist* gelesen, die neueste Schmähschrift der Philosophen? Der Verfasser, ein gewisser Helvétius, erklärt darin das Interesse des Individuums am eigenen Ich zum Hauptprinzip menschlichen Handelns. Selbstliebe als Quelle der Moral!«
»Ich kenne das Buch. Es ist der Versuch, das Glück des Einzelnen mit dem Wohlergehen der Gemeinschaft in Einklang zu bringen. Ein löbliches Unterfangen.«
»Das Buch ist eine Zusammenfassung der Enzyklopädie – ein einziger Aufruf zur Rebellion. Dieser Helvétius, oder wer immer sich hinter dem Namen versteckt, polemisiert gegen alles, was heilig ist: gegen die Kirche, gegen die Gesetze, gegen das Klosterwesen, gegen den Wunderglauben – sogar gegen den Straßenbau und die Kolonialwirtschaft. Keine Ladung Zucker, so seine Behauptung, treffe in Europa ein, die nicht von Menschenblut gefärbt sei.« Radominsky blieb vor Malesherbes stehen und blickte ihm ins Gesicht. »Begreifen Sie doch endlich, dass wir gegen solche Schriften einschreiten müssen! Wenn wir das nicht tun, versündigen wir uns an der von Gott gewollten Ordnung der Dinge, wonach der

König dem himmlischen Willen Geltung auf Erden verschafft, und schaufeln mit am Grab der Monarchie von Gottes Gnaden.«

Malesherbes erwiderte fest seinen Blick. Dann schüttelte er den Kopf.

»Sie werden mit Ihrer Initiative nicht durchdringen. Auch wenn Sie Maupéou und das Parlament hinter sich gebracht haben.«

»Sie vergessen Ihren Vater, den Kanzler.«

»Auch er kann Ihnen nicht helfen. Denn *eine* Macht im Staat fehlt Ihnen noch.«

»Ich wüsste nicht, welche.«

»Die entscheidende!« Malesherbes machte eine genüssliche Pause, um sich ein drittes Mal zu schnäuzen. »Madame de Pompadour, die Favoritin des Königs.«

Radominsky zuckte die Schultern. »Madame de Pompadour hat mir ihre Unterstützung bereits zugesagt.«

»Das glaube ich nicht. Was für einen Grund sollte sie haben? Die Marquise ist eine Freundin der Philosophie.«

»Mag sein«, entgegnete Radominsky mit einem Lächeln, »vor allem aber ist die Pompadour eine Freundin der Pompadour. Glücklicherweise ist es mir gelungen, ihr eine kleine Freude zu bereiten. Die Königin hat sie gestern offiziell zu ihrer Ehrendame ernannt. Waren Sie darüber nicht im Bilde?«

13

Was ist der Mensch, dass er Pläne macht?

Diderot war einer Einladung Melchior Grimms nach La Chevrette gefolgt, einem kleinen idyllischen Ort, wo Louise d'Épinay, die reiche Mätresse des Journalisten, ein komfortables Landgut mit vielen Gästezimmern besaß. Dort, in der Ruhe und Abgeschiedenheit der Provinz, fern von allen Aufregungen der Hauptstadt Paris, wollte Diderot arbeiten. Doch statt zu lesen und zu schreiben oder einfach vor sich hin zu träumen, ohne dass ein Setzerlehrling vor der Tür auf die Bogen wartete, sah er sich von morgens bis abends den Nachstellungen Rousseaus ausgesetzt, der mit seiner Frau und seiner Schwiegermutter eine Einsiedelei in der Nachbarschaft bezogen hatte. Denn sein alter Freund hatte einen Satz in Diderots *Natürlichem Sohn* entdeckt, den er als Kritik an seiner Person auffasste: »Nur ein schlechter Mensch lebt allein.«

Seit dieser Entdeckung glich La Chevrette einem Tollhaus. Rousseau war wie von Sinnen; wen immer er zu fassen bekam, ob Diderot selbst oder Grimm oder Baron d'Holbach, der gelegentlich zu Besuch kam – jeden überzog er mit seinen Tiraden und Wahnvorstellungen, um ihm die Verwerflichkeit und Lasterhaftigkeit eines irregeleiteten Lebens vorzuhalten. Er pries die Natur als einzig möglichen Ort menschlicher Glückseligkeit und verdammte die Gesellschaft, von der alles Übel ausgehe, prangerte die Verderbnis der Sitten an, die Intrigen und Verstellungen, die wie böses Unkraut in den Städten wucherten, um die ursprünglichen und aufrichtigen Beziehungen der Menschen untereinander zu korrumpieren. Jeden, der sich dem Leben in der Natur verweigerte, betrachtete Rousseau als seinen Feind. Wer seiner Lehre nicht folgte, war ein Verräter und trachtete danach, sein unschuldiges Glück zu zerstören. Sogar die Tatsache, dass Voltaire sich in Genf niedergelassen hatte, fasste er als persönlichen Angriff auf: Damit habe man ihn für immer seiner Heimat beraubt. Einzig seiner rasenden Verliebtheit in Madame d'Houdetot, eine Verwandte der Gastgeberin mit unglaublich hässlichem Gesicht, doch eutergroßem Busen, an dem sich das Genie des Dichters entzündet hatte, verdankte Diderot die wenigen Augenblicke, in denen er Muße fand, sein Herz in einem Brief an Sophie auszuschütten. Auch wenn er die Briefe nie abschickte, waren sie die einzige Möglichkeit, das Tollhaus rings um ihn her zu vergessen.

Er hatte sich gerade hingesetzt, um ein paar Zeilen zu schreiben, als ein Diener ihm eine Depesche brachte.

»Aus Paris?«

Diderot runzelte die Stirn. Die Handschrift war die seines Verlegers. Ungeduldig öffnete er das Kuvert. Das Schreiben enthielt nur wenige Zeilen, doch sie genügten, um ihn aufs Äußerste zu alarmieren:

Das Parlament hat den Verkauf der Enzyklopädie verboten und einen Untersuchungsausschuss eingesetzt. Kommen Sie schnell! Kommen Sie gleich! Lassen Sie alles liegen und stehen!

Mit der nächsten Postkutsche machte Diderot sich auf den Weg. Bereits in aller Herrgottsfrühe kam er am nächsten Morgen in Paris an. Noch bevor er seine Wohnung aufsuchte, um die Kleider zu wechseln, war er in der Rue de la Harpe.

Im Verlagshaus war die Krisenstimmung mit Händen zu greifen. Wenn er sonst die Druckerei im Erdgeschoss betrat, lüfteten die Gesellen den Hut. Heute starrten sie ihn nur mit schiefem Grinsen an, und kaum hatte er ihnen den Rücken

zugewandt, um die Treppe hinaufzusteigen, hörte er, wie sie über ihn zu tuscheln anfingen.
Le Bréton, der zusammen mit d'Alembert im Redaktionsbüro bereits auf ihn wartete, empfing ihn mit einem Buch in der Hand. Wie ein Fanal prangte der Titel auf dem Einband: *Über den Geist*.
»Haben Sie diesen Mist hier verzapft?«
»Wie kommen Sie auf die Idee?«
»Es geht das Gerücht«, erklärte d'Alembert, »dass sich hinter Helvétius niemand anders verbirgt als Sie.«
»Wer behauptet das?«
»Die Jesuiten. Im *Journal de Trévoux*.«
»Sagen Sie die Wahrheit!«, brüllte Le Bréton. »Und wehe, es ist so, wie die Übelkrähen behaupten! Ich schlage Sie tot!«
Diderot fühlte sich plötzlich wie vor einem Tribunal.
»Ich weiß nicht, wovon Sie reden. Ich habe mich ein paar Mal mit Helvétius unterhalten, vielleicht habe ich ihm auch das eine oder andere Manuskript zu lesen gegeben – ich kann mich nicht an jede Begegnung erinnern, Herrgott noch mal! Was soll das überhaupt werden?«
»Was das werden soll?«, schnaubte Le Bréton. »Das kann ich Ihnen sagen, Diderot: ein Strick, ein wunderhübscher Strick. Passend für Ihren und meinen Hals.« Er fasste sich an die Gurgel, als würde er bereits den Hanf spüren. »Wenn der König sich dem Votum des Parlaments anschließt, sind wir erledigt.«
»Wir hätten ins Ausland gehen sollen«, flüsterte d'Alembert, bleich wie die Wand. »Voltaire hat es immer gesagt ...«
Noch während er sprach, ging die Tür auf, und herein kam Jaucourt.

»Rousseau hat die Seiten gewechselt!«, rief er. »Er fällt öffentlich über uns her.«

»Was brabbeln Sie da?«, fragte Le Bréton. »Was interessiert uns jetzt Rousseau?«

»Er hat eine Replik auf den Artikel ›Genf‹ geschrieben!« Jaucourt zog ein Heft aus der Tasche und reichte es d'Alembert. »Da! Lesen Sie selbst!«

Bevor d'Alembert reagierte, riss Diderot ihm das Heft aus der Hand.

»Welcher Sodomit hat Sie nur angestiftet, die Genfer zu verleumden?«, zischte Le Bréton in d'Alemberts Richtung, der den Artikel über die Schweizer Stadt für die Enzyklopädie geschrieben hatte. »Die Genfer waren immer gute Kunden.«

Während die andern darüber stritten, ob Rousseau krank oder verrückt war, überflog Diderot mit zitternden Händen das Pamphlet. Der Text war eine einzige Kriegserklärung. Um die Tugend seiner Vaterstadt zu retten, verdammte Rousseau alles, was den Philosophen heilig war: die Vernunft, das Theater, den Atheismus. Stattdessen propagierte er eine neue Frömmigkeit, berief sich auf das Herz und den Sternenhimmel und warf seinen alten Verbündeten Verrat vor. Die Sache war so kläglich, dass Diderot übel davon wurde. Rousseau musste das widerliche Geschmier in La Chevrette zu Papier gebracht haben, während sie einander täglich sahen.

»Man kann es nicht glauben!«, sagte Jaucourt. »Der Opernkomponist verdammt das Theater! Er muss verrückt sein!«

»Er ist krank«, erwiderte d'Alembert. »Ein Kranker mit viel Geist, aber er hat nur Geist, wenn er fiebert.«

»Ihm ist sein Harn zu Kopf gestiegen, weil er nicht pissen kann!« Le Bréton verdrehte die Augen. »Ich habe das Stinktier schon immer gehasst. Aber lassen wir Rousseau! Was ist mit den andern? Was sagt man im ›Procope‹?«

»Im ›Procope‹ traut sich fast keiner mehr was zu sagen«, antwortete Jaucourt. »Jeder fürchtet sich vor jedem. Vor den Spitzeln, vor den Tischnachbarn, vor sich selbst. Duclos, Marmontel und Turgot haben ihre Mitarbeit gekündigt.«

»Das ... ist nicht wahr!«, stammelte d'Alembert. »Drei unserer wichtigsten Autoren ...«

»Die Ratten verlassen das sinkende Schiff.« Die Nachricht hatte Le Bréton mit solcher Wucht getroffen, dass er auf einen Stuhl sank. »Diese verfluchten Verräter! Pest und Cholera über die Bande!«

Diderot legte Rousseaus Traktat beiseite.

»Sie sind keine Verräter, Le Bréton. Sie haben nur Angst.«

»Unsinn! Wenn einer Grund zur Angst hat, dann ich! Der nächste Band ist im Satz, das ganze Lager bis unters Dach voll mit Papier. Wenn ich nicht drucken kann, bin ich ruiniert.«

»Es geht nicht ums Geld.«

»Nicht ums Geld? Worum dann?«

»Die Leute fürchten um ihr Leben. Ihnen droht das Schafott – wie uns auch.«

Plötzlich waren alle verstummt. Der Nachhall von Diderots Worten vermehrte nur das beklommene Schweigen, während das Stöhnen und Kreischen der Druckpressen wie aus einer anderen Welt zu ihnen heraufdrang.

D'Alembert räusperte sich. Mit seinen großen braunen Augen blickte er Diderot an, scheu und verängstigt wie ein Reh.

»Ich ... ich glaube nicht, dass die Enzyklopädie je vollendet wird.« Er stockte, dann fügte er hinzu: »Zumindest nicht mit mir.«

»Was wollen Sie damit sagen?«, fragte Diderot.

»Ich bin es leid – leid, leid, leid! Der Spott in den Zeitungen, die Predigten von den Kanzeln und jede Nacht die Angst, dass die Polizei an der Tür klopft. Ich bin Wissenschaftler, kein Soldat!« Er holte tief Luft. »Meine Herren, Sie sind frei, einen Nachfolger für mich zu bestimmen. Ich lege mein Amt als Herausgeber nieder.«

Er nickte den anderen kurz zu, dann drehte er sich um und verließ den Raum.

14

»Sie müssen etwas unternehmen, Madame! Diderots Leben steht auf dem Spiel!«

»Ich würde dir liebend gerne helfen, Sophie«, erwiderte die Pompadour, »aber mir sind die Hände gebunden.«

»Wollen Sie zusehen, wie man ihn aufs Schafott schleppt?«

»Was verlangst du von mir? Ich stehe unter schärfster Beobachtung. Ich habe sogar Monsieur de la Tour gebeten, die Arbeit an meinem Porträt zu unterbrechen. Obwohl ich nicht weiß, wie lange mein Äußeres noch wert ist, auf der Leinwand festgehalten zu werden.«

Sophie musste einsehen, dass von der Mätresse des Königs keine Hilfe zu erwarten war. Madame de Pompadour war nicht bereit, ihre mit knapper Not bewerkstelligte Rettung am Hof zu gefährden. Sie hatte nicht nur die Verbindungstür zu den Gemächern des Königs mit einer Mauer verschlossen, sondern auch den Zugang zu ihrem Herzen. Jetzt gab es nur noch einen Menschen, an den Sophie sich wenden konnte: Monsieur de Malesherbes, den Direktor der königlichen Hofbibliothek und Oberaufseher des Buchwesens. Als er das nächste Mal bei ihr vorsprach, teilte sie ihm ihre Ängste mit.

Malesherbes nahm eine Prise Schnupftabak und wiegte den Kopf.

»Diderot sollte Paris verlassen, das ist der einzige Rat, den ein vernünftiger Mensch ihm geben kann. Es sei denn, er nimmt sich ein Beispiel an d'Alembert und distanziert sich von der Enzyklopädie.«

»Glauben Sie, dass ein Mann sein Lebenswerk aufgibt, um sein Leben zu retten?«

»Sie scheinen die Menschen zu kennen. Ich war bei Diderot, um ihm persönlich zur Flucht zu raten. Er hat genauso reagiert, wie Sie vermuten.«

»Sie waren bei ihm?«, fragte Sophie überrascht.

»Mit Ihrer Erlaubnis, vor zwei Tagen.«

»Was hat er gesagt?«

»Er meint, Flucht komme dem Eingeständnis seiner Schuld gleich. Er will Paris deshalb auf keinen Fall verlassen. Er weigert sich sogar, seinen todkranken Vater in Langres zu besuchen, nur um sich keine Blöße zu geben.«

»Aber das ist doch Wahnsinn!«

»Ich wage nicht, Ihnen zu widersprechen.«

Sophie blickte Malesherbes an. »Wenn Diderot nicht selbst begreift, in welcher Gefahr er schwebt, müssen andere für ihn handeln. Wir dürfen ihn nicht dem Schicksal überlassen.«

»Was erwarten Sie von mir?«

»Geben Sie die Enzyklopädie frei, Monsieur de Malesherbes! Wegen eines Buches, für das sich der oberste Zensor Frankreichs verbürgt, kann niemand verfolgt werden.«

»Ich fürchte, Sie überschätzen meine Möglichkeiten. Hier walten Kräfte, gegen die ich nichts mehr vermag. Die Monarchie steht auf dem Spiel. Der Krieg gegen England und Preußen nimmt kein Ende und tobt jetzt sogar im fernen Amerika. Die Staatskasse ist leer, das Volk rebelliert gegen den Hof – es gärt und brodelt im ganzen Land. Frankreich ist ein Pulverfass.«

»Ist das die Schuld der Enzyklopädisten? Oder nicht vielmehr die der Minister und ihrer Regierung?«

»Es geht nicht um Schuld, es geht um Macht, Sophie, und je stärker der Staat sich in seiner Macht bedroht sieht, desto heftiger setzt er sich zur Wehr. Darin gleicht er einem verwundeten Tier.«

»Dann muss man ihn beschwichtigen, ihn besänftigen, ihn beruhigen.«

»Ich fürchte, dazu ist es zu spät. Die Kirche und das Parlament haben sich verbündet – eine Allianz, gegen die keine Macht auf Erden ankommt, zumindest keine Macht in Frankreich. Bislang stand noch Madame de Pompadour zwischen den beiden Parteien, um korrigierend einzugreifen, doch jetzt, da sie sich gezwungen sieht, um ihre eigene Stellung zu kämpfen ...«

»Wollen Sie es nicht dennoch versuchen?«

»Ich bin Zensor, kaum mehr als ein Polizist ...«

»Und wenn ich Sie bitte?« Sie drückte seinen Arm. »Mir zuliebe ...«

Er erwiderte ihr Lächeln, dann wurde er plötzlich ernst.

»Woher rührt Ihr Interesse an der Enzyklopädie?«, fragte er.

Sophie spürte, wie ihr das Blut ins Gesicht stieg. »Sie wissen doch, ich kannte Damiens.«

Malesherbes schüttelte den Kopf. »Sie sagten, Sie hätten bereits damals, in den Diensten Monsieur Poissons, ein Exemplar des Wörterbuchs besessen. Das ist recht ungewöhnlich für eine Zofe.« Er blickte sie prüfend an. »Woher hatten Sie das Buch, Sophie?«

Unter seinen grauen Augen war es ihr nicht länger möglich zu lügen. So schwer es ihr fiel, erwiderte sie seinen Blick, während sie mit rauer Stimme sagte: »Dorval ist Diderots Sohn.«

Malesherbes nickte. »Ich hatte es mir fast gedacht. Sie haben ihn mit der Enzyklopädie im Lesen unterrichtet. Eine solche Idee kann nur die Liebe eingeben.«

»Werden Sie mir …«, Sophie brauchte ihren ganzen Mut, um ihre letzte Frage zu stellen, »werden Sie uns trotzdem helfen?«

15

»Womit habe ich das verdient? Diese Schande! Sogar die Nachbarn wissen schon, dass du dich aus dem Staub machen musst!«

Diderot hörte kaum hin. Während Nanette hinter ihm wieder und wieder das Schicksal beklagte, das sie an ihn gekettet hatte, packte er seine Sachen. In fieberhafter Eile sichtete er die Papiere, die im ganzen Raum herumlagen – Spuren seiner Arbeit und seines Lebens, allesamt mögliche Zeugen der Anklage. Wohin er griff, fand er belastendes Material, in jedem Zettelkasten, in jedem Schubfach, mehr als genug, um ihn für den Rest seines Lebens in die Festung von Vincennes zu bringen, wenn nicht gar aufs Schafott. Was die Allianz aus

Staat und Kirche so viele Jahre nicht geschafft hatte, hatte sie nun im Verbund mit seinem alten Freund Rousseau vollbracht: Die Enzyklopädie – das Sturmgeschütz der Vernunft, die Armada der Philosophie, die Kriegsmaschine der Aufklärung – war zerstört.

»Wo ist mein Schlafrock?«

»Den alten Lappen willst du mitnehmen?«

»Ohne ihn kann ich nicht denken.«

Er hatte sich bis zum letzten Augenblick gegen die Flucht gesträubt. Auch Le Bréton hatte alles getan, um ihn in Paris zu halten, sogar einen neuen Vertrag hatte der Geizhals ihm angeboten – zweitausendfünfhundert Livres sollte Diderot in Zukunft pro Band bekommen. Doch was in den letzten Wochen passiert war, hatte die schlimmsten Befürchtungen der Enzyklopädisten übertroffen. Niederlage auf der ganzen Linie! Ein einziger Triumph der Reaktion! Während der Verfasser des Essays *Über den Geist*, der die Katastrophe überhaupt erst ausgelöst hatte, der Generalpächter Helvétius, dank seiner Protektion bei Hofe so gut wie ungeschoren davonkam, war die Enzyklopädie unter immer heftigeren Beschuss geraten. Der Direktor der Hofbibliothek trieb nun selbst die Vernichtung des Wörterbuchs voran. Offenbar war der wankelmütige Malesherbes endgültig eingeknickt, vielleicht hatte auch sein Vater, der Kanzler Lamoignon, ein Machtwort gesprochen. Mit einer Ratsverfügung hatten Vater und Sohn jedenfalls die Druckerlaubnis aufgehoben und Le Bréton offiziell die Fortführung des Werks untersagt, weil der Nutzen, der den Wissenschaften und Künsten aus der Enzyklopädie erwachse, in keinem Verhältnis zu dem Schaden stehe, den Religion und Sitte durch sie erlitten. Und der Generaladvokat des Parlaments forderte das oberste Gericht des

Landes auf, mit aller Schärfe des Gesetzes gegen jene Männer vorzugehen, die den Namen der Philosophie missbrauchten, um der Gesellschaft, dem Staat und dem Glauben den Krieg zu erklären. Die Kirche hatte nicht minder schweres Geschütz aufgefahren. Am fünften März 1759 hatte Rom die Enzyklopädie auf den Index der verbotenen Bücher gesetzt, und der Papst hatte allen katholischen Eigentümern der bereits ausgelieferten Bände befohlen, diese von einem Priester verbrennen zu lassen – wer dem Befehl nicht nachkomme, werde exkommuniziert. Vollständiger konnte ein Buch nicht verdammt werden.

»Herrgott noch mal! Wer hat den Rock nur versteckt?«

»Was kümmert mich dein Schlafrock! Sag mir lieber, wohin du fährst! Was mache ich, wenn ich Geld brauche? Wie kann ich dich erreichen?«

Im »Procope« kursierte seit Tagen das Gerücht von einer großen, noch nie da gewesenen Verhaftungswelle. Kommissar Sartine, Sekretär des Generalleutnants der Pariser Polizei, habe den Auftrag, die Aktion zu leiten, um der Verschwörung ein für alle Mal ein Ende zu setzen. Doch wohin sollte Diderot fliehen? Nach Genf, zu Voltaire? Der hatte nach dem Rückzug seines Vertrauten d'Alembert nicht nur seine Mitarbeit an der Enzyklopädie gekündigt, sondern auch die Rückgabe seiner sämtlichen Manuskripte verlangt. Nach Berlin, zu de Prades? Der Abbé war aus dem Exil zurückgekehrt und saß bereits selbst im Gefängnis, trotz des Widerrufs seiner früheren Thesen. Tage und Nächte hatte Diderot in Angst und Ungewissheit verbracht, bevor er sich zur Flucht entschieden hatte. Eine Kakerlake, die, als er aufwachte, über seine Bettdecke gekrabbelt war, hatte an diesem Morgen den Entschluss ausgelöst.

»Ich will versuchen, mich zur Küste durchzuschlagen, und dann ein Boot nach England nehmen«, antwortete er seiner Frau, während er sich bückte, um weiter zu suchen. »Gott sei Dank, da ist er ja!«

Er fasste nach dem scharlachroten Zipfel, der unter dem Tisch hervorlugte – da entdeckte er seine Tochter Angélique, die sich zu seinen Füßen mit dem Schlafrock versteckt hatte.

»England?«, fragte sie mit vor Angst geweiteten Augen. »Wo ist das, Papa?«

»Auf der anderen Seite vom Meer«, rief Nanette, bevor Diderot antworten konnte. »Weit, weit weg – viel weiter, als ein Mensch schwimmen kann.«

Entsetzt ließ Angélique den Schlafrock los und schlang ihre Arme um Diderots Beine.

»Du sollst nicht nach England, Papa!«, rief sie. »Du darfst nicht, ich lass dich nicht!«

Er musste sich fast mit Gewalt von ihr losmachen, so fest umklammerte sie ihn, während seine Frau weiterhin schimpfte und klagte.

»Ein Leben lang hast du dich für mich geschämt, weil du glaubst, ich bin zu dumm für deine gelehrten Freunde. Nur Kinder durfte ich für dich gebären. Dabei habe ich dich doch immer geliebt und gehofft, auch du würdest mich ein bisschen lieb haben. Jetzt hast du endlich einen Grund, mich zu verlassen …«

Plötzlich verstummte Nanette, und im nächsten Augenblick ertönte eine ruhige, tiefe Männerstimme.

»Monsieur Diderot!«

Er drehte sich um. In der Tür stand Malesherbes, oberster Zensor des Königs und Parlamentsrat, flankiert von zwei Gardisten.

16

Gerüchte von der Razzia waren bis zu Sophie nach Versailles gedrungen, doch waren sie so widersprüchlich, dass jede neue Nachricht die vorhergehende in Frage stellte. Konnte die Wahrheit schlimmer sein als diese Ungewissheit? Beim Verlassen der Frühmesse hatte der Dauphin Louis-Stanislas zu seiner Mutter gesagt, der Kopf der Schlange sei zertreten, die Gefahr für immer gebannt. Sophie, die hinter der Königin und ihrem Sohn aus der Kapelle gekommen war, hatte sich fast zu Tode erschrocken. Sie wusste: Damit konnte nur Diderot gemeint sein!

Ihre Hand zitterte immer noch, als sie eine Viertelstunde später ihrer Herrin einen Becher Eselsmilch reichte. In der Nacht hatte die Pompadour wieder einen schweren Fieberanfall gehabt, schon den dritten innerhalb nur einer Woche. Auf Anordnung von Dr. Quesnay, der die Krankheit nicht zu deuten wusste, hatte man schon vor längerer Zeit eine weiße Eselstute angeschafft, die Dorval auf einer Koppel hinter den königlichen Marställen hütete und täglich zweimal melkte. Doch der Trank zeigte noch immer keine Wirkung. Während Sophie die Messe besuchte, hatte die Pompadour versucht, einen Brief an den Herzog von d'Aiguillon zu schreiben, um ihm zum Sieg von Saint-Cast über die Engländer zu gratulieren – allein, ihre Kräfte hatten nicht gereicht, die Feder zu führen. Seit einer Stunde ruhte sie nun auf ihrer Ottomane, mit geschlossenen Augen, die Hand an der Stirn.

»Es tut mir unsäglich Leid für dich«, sagte sie und nahm den Becher. »Ach, könnte ich dir nur helfen. Aber du siehst ja selbst, was aus mir geworden ist.«

Sophie sah an ihrem Gesicht, dass es echte Anteilnahme war, die aus ihr sprach. Während die Marquise trank, sagte sie: »Monsieur de Malesherbes hat behauptet, er sei mein Freund. Wie konnte er nur so handeln?«
Die Pompadour stellte den Becher ab und schaute sie an. »Niemand ist gefährlicher als ein Mann, der beim Werben um eine Frau hinter einem anderen Mann zurückstehen muss. Eifersucht ist eine noch schlimmere Triebfeder als Gier oder Angst.«
»Ich hoffe nur, dass nicht Sartine die Durchsuchung geleitet hat. Er muss Diderot hassen. Wenn ich mir vorstelle, was er in seiner Wut womöglich ...«
Ein Diener räusperte sich in der Tür. Ihm folgte ein Mann mittleren Alters, der, den Dreispitz unterm Arm, eilig den Raum betrat. Sophie kannte ihn flüchtig – es war der deutsche Journalist Melchior Grimm. Als Herausgeber der *Litterarischen Korrespondenz*, einer Zeitschrift, mit der er die Höfe Europas über das geistige Leben der französischen Hauptstadt unterhielt, war er des Öfteren bei der Pompadour zu Gast. Er schien völlig außer Atem.
»Sie haben Diderots Haus durchsucht!«, stieß er, nach Luft schnappend, hervor, noch während er sich verbeugte.
»Sie sprechen vom Besuch Monsieur de Malesherbes in der Rue Taranne?«, fragte die Pompadour. »Wir sind darüber informiert.«
»Malesherbes? Nein, ein hoher Polizeioffizier namens Sartine, der Sekretär des Generalleutnants, hat die Aktion geleitet. Er hat den ganzen Tag dort verbracht, das Unterste zuoberst befördert, das Arbeitszimmer, das Archiv, die Wohnung, einfach alles!«
Sophie wechselte einen entsetzten Blick mit der Marquise.

»Bitte, erzählen Sie uns genau, was passiert ist!«, sagte die Pompadour und wies ihrem Gast einen Platz an.

»Aber gerne, nichts lieber als das.«

Doch statt zu berichten, prustete Grimm plötzlich los, kaum dass er saß, kicherte und lachte albern wie ein Kind, hielt sich die Hand vor den Mund, ja bog sich geradezu vor Heiterkeit, während die Tränen an seinen Wangen herunterliefen.

Sophie verstand überhaupt nichts mehr. Die Miene der Pompadour verdüsterte sich.

»Wenn Sie so freundlich sein wollten, uns über den Grund Ihrer ausgelassenen Freude aufzuklären?«

»Sie haben nichts gefunden, Madame!«, platzte Grimm endlich heraus. »Kein Manuskript, keine Notizen, keinen einzigen Buchstaben – alles war fort!«

»Wie bitte?«

»Ja, Madame. Stellen Sie sich nur vor! Diderots Arbeitszimmer war leer wie das Grab Christi am Ostermorgen! Ach, wie gern wär ich dabei gewesen ...«

17

Diderot stand am Grab seines Vaters. Er hatte die Hände gefaltet, aber seine Lippen blieben stumm. Das Grab war noch frisch, es roch nach Erde und welken Blumen. Ein Brief seiner Schwester Denise, die bei den Eltern in Langres lebte – zusammen mit ihrem jüngeren Bruder Pierre-Didier, einem unduldsamen, streitsüchtigen Abbé –, hatte ihn an seinen Geburtsort zurückgerufen, doch bei seiner Ankunft

war sein Vater schon tot gewesen. Er konnte jetzt nur noch die Erbangelegenheiten regeln.
Mit verhangenen Gedanken betrachtete er den schlichten Grabstein: *Didier Diderot, Messerschmied in Langres, 1695–1759*.
Der Alte war gestorben, wie er gelebt hatte: Alle Schulden waren bezahlt, geblieben war ein beachtliches Vermögen – Grundstücke, Renten, Warenvorräte –, das seine Nachkommen sich nun teilen konnten. Diderot wusste, er würde von nun an keine Geldsorgen mehr haben.
Er schaute vom Grab seines Vaters auf und ließ den Blick schweifen. Der Friedhof lag auf einem Hügel über dem Tal. Es war Hochsommer, das ganze Land, das im flirrenden Sonnenlicht vor ihm lag, erbrach sich schier vor Fruchtbarkeit: Weinberge und wogende Kornfelder, so weit sein Auge reichte, darin das Gesumm von Millionen Lebewesen, von Insekten, Bienen, Vögeln, die sich suchten und vermehrten. So viele Jahre war er nicht mehr hier gewesen. Hätte er je fortgehen sollen?
Die alte Stadt schmiegte sich sanft an den Fuß des Hügels. Wie ein Schlupfloch des Friedens wirkte der kleine Ort inmitten der blühenden Landschaft. Diderot sah das Rathaus, die Messerschmiede, das Jesuitenkolleg, das er in seiner Kindheit besucht hatte. Mit welchem Stolz hatte sein Vater ihn stets empfangen, wenn er mit einer Auszeichnung heimgekommen war … Didier Diderot war ein fleißiger Arbeiter gewesen, der auf Ordnung in seinem Haus und in seiner Werkstatt hielt, ein Patriarch mit festem Kirchenglauben. Priester oder Handwerker hätte Denis werden sollen, wäre es nach seinem Willen gegangen. Der Alte hatte ihn ermahnt, gedrängt, ihn sogar mit der Vollgewalt väterlicher Autorität einsperren lassen, damit die Jesuiten ihm die Tonsur schneiden konnten.

Und doch war er ihm immer ein Vorbild gewesen, trotz aller Spannungen und Konflikte – der beste aller Väter. Von ihm hatte er gelernt, dass man Verträge einhalten und einmal übernommene Aufträge korrekt ausführen musste. Diderot glaubte, ihn noch in seinem Armstuhl zu sehen, mit seiner ruhigen Haltung und seinem heiteren Gesicht, und seine Stimme zu hören.

»Denis Diderot?«

Er drehte sich um. Ein altes, verschrumpeltes Gesicht blickte ihn an. Diderot erkannte es trotz der vielen Falten und Runzeln sofort wieder.

»Père Lumière, der Küster, nicht wahr?«

Der Alte nickte. »Monsieur Diderot«, sagte er und fasste ihn am Arm, »Sie mögen ein guter Mensch sein, und in Paris sind Sie vielleicht sogar ein berühmter Mann. Aber wenn Sie glauben, dass Sie jemals an Ihren Vater heranreichen werden, irren Sie sich.«

Ohne eine Antwort abzuwarten, wandte er sich ab und ging mit wackelndem Kopf den Weg zur Kirche hinüber. Während Diderot ihm hinterherschaute, gab er ihm tief in seinem Innern Recht. Sein Vater war ein aufrichtiger und gerechter Mann gewesen, stets darauf bedacht, anderen Menschen nützlich zu sein. Ja, nützlich sein – das war sein Lebenszweck gewesen. Ein Versprechen fiel Diderot ein, das er seinem Vater vor zehn Jahren hatte geben müssen als Bedingung dafür, dass der Alte seine Familie unterstützte, während er in der Festung von Vincennes saß: Er solle mit seiner Feder ein »anständiges Werk« schaffen, um sich damit den Segen des Himmels zu erwerben und die Zuneigung des Vaters zurückzugewinnen.

Diderot strich sich über das schüttere Haar. Hatte er mit der

Enzyklopädie ein solches Werk geschaffen? Ja, das hatte er, und diese Gewissheit erfüllte ihn mit Stolz. Doch er wusste auch, dass er dieses Werk immer wieder selbst gefährdet hatte. Dreimal hatte er die Enzyklopädie bedrohlichen Angriffen ausgesetzt, jedes Mal verursacht durch andere Bücher, die ein solches Risiko nicht wert waren, und wenn die letzte Krise nicht das Ende des Wörterbuchs bedeutete, kam das einem Wunder gleich. Einem Wunder, das er einzig und allein Malesherbes zu verdanken hatte.

Der Schreck, der Diderot beim Anblick des Zensors und der zwei Gardisten in die Glieder gefahren war, hatte nur wenige Sekunden gedauert. Malesherbes war nicht in die Rue Taranne gekommen, um ihn zu verhaften – sondern um ihn vor der Verhaftung zu warnen. In wenigen Stunden, so hatte Malesherbes ihm verraten, würde Kommissar Sartine auf seinen Befehl hin mit einem Dutzend Beamten bei ihm erscheinen, um die Wohnung zu durchsuchen – er solle alles belastende Material fortschaffen, sofort, auf der Stelle!

»Aber wohin mit Hunderten von Manuskripten?«, hatte Diderot gefragt. »Wen soll ich in solcher Eile finden, der bereit ist, die Papiere zu verstecken? Und bei wem sind sie sicher?«

»Bringen Sie alles zu mir!«, hatte Malesherbes erwidert. »In meinem Haus wird niemand danach suchen.«

Dann hatte der Zensor sich auf den Weg in die Rue de la Harpe gemacht, zu Le Bréton, um dort vom Verleger die Texte zur Beschlagnahme zu verlangen, die zur selben Zeit in sein eigenes Haus verfrachtet wurden. Die letzten Kästen waren kaum fort gewesen, als Sartine mit seinen Beamten an Diderots Tür geklopft hatte. Nur wenige Minuten früher, und der rettende Schwindel wäre aufgeflogen …

Diderot drehte sich wieder zum Grab seines Vaters um. Und

während er den Blick auf den frischen Erdhügel mit den welken Blumen richtete, hob er die Hand: Nie mehr, so schwor er sich und dem Alten, würde er Bücher veröffentlichen, die die Enzyklopädie gefährden konnten, weder Dramen noch Romane oder Pamphlete, und wenn er an seinen ungeschriebenen Werken verreckte!
Die Enzyklopädie war wichtiger als jedes andere Buch.
Sie war sein Leben.
Seine Welt.
Die neue Welt.

18

Selten war Sophie so glücklich gewesen, sich geirrt zu haben. Ihre Verzweiflung über Malesherbes' vermeintlichen Verrat war nach Aufklärung der Täuschung übergroßer Erleichterung gewichen. Mit einem Gefühl von Beschämung bestieg sie die Kutsche und machte sich auf den Weg, um dem Direktor der Hofbibliothek zu danken.
Durch die Porte de Saint-Cloud gelangte sie in die Stadt. Seit Monaten war sie zum ersten Mal wieder in Paris. Sie hatte gar nicht gewusst, wie sehr sie den Betrieb der Kapitale vermisst hatte. Wie herrlich laut und bunt war das Leben hier im Vergleich zu Versailles, wo alles Geschehen sich wie auf einer Theaterbühne vollzog, kunstvoll und falsch zugleich, inszeniert von Siechen und Greisen, die geile Lebenslust heuchelten, obwohl unter der grellen Schminke ihrer Wangen längst alles Blut aus ihren Adern gewichen war. Sophie öffnete das

Fenster, um die Schreie der Straßenhändler zu hören, die den Lärm und Tumult der Kreuzungen übertönten, während sie gebrauchte Hüte, rostige Töpfe und zerrissene Lumpen anpriesen. Wasserträger, links und rechts mit zwei Eimern behangen, eilten durch das Gewühl und verschwanden in den Häusern, wo sie für zwei Sous ihre Tracht bis zur Mansarde hinaufschleppten. Während die Kutsche die Quais entlangfuhr, wo es zwischen den Krämerbuden von Gaunern und Taschendieben nur so wimmelte, atmete Sophie tief die Straßenluft ein. All die alten, wohlvertrauten Gerüche, die Dünste der Seine, der Gestank von Fisch und faulem Gemüse, von Müllhalden und Jauchegruben – jetzt schienen sie ihr die tausend Wohlgerüche des Orients zu sein.

Plötzlich ertönte ein solches Gebrüll, dass Sophie zusammenzuckte. Im nächsten Moment parierte der Kutscher die Pferde, mit einem Ruck kam der Wagen zum Stehen. Sophie beugte sich zum Fenster hinaus. Vor einer Metzgerei wand sich mitten auf der Straße ein Ochse in den Seilen, die an seinen Hörnern und Beinen befestigt waren und mit denen zwei Fleischergesellen versuchten, ihn zu bändigen. Ein riesiger Schlachter, die Arme nackt, der Nacken feist, trat mit blutverschmierter Schürze vor das Tier, holte mit einer schweren Keule aus und zertrümmerte ihm den Schädel. Laut stöhnend sank der Ochse zu Boden, am ganzen gewaltigen Körper zitternd und zuckend. Während die Beine noch um sich schlugen, stürzte der Schlachter ein zweites Mal zu dem Tier und hieb ihm sein breites Messer in die Kehle. Sprudelndes Blut quoll hervor, ergoss sich in kräftigem Schwall auf die Straße und strömte dampfend in die Gosse, wo es unter den Blicken billiger Huren, die auf den Prellsteinen hockten und ihre Wüstheit zur Schau stellten, die Schuhe der vorbeieilenden Passanten rot färbte.

Angewidert zog Sophie den Vorhang zu. Warum gab es kein Gesetz, das die Schlachtung auf offener Straße verbot? Zum Glück zogen die Pferde wenig später an, und die Fahrt ging weiter. Beim Pont Neuf überquerten sie die Seine. Je näher sie den Tuilerien kamen, desto mehr ließ der Lärm draußen nach. Bald konnte Sophie sogar wieder das Zwitschern der Vögel hören.

»Brrrrrr!«

In der Rue Vivienne hielt die Kutsche an. Sophie blickte an den Fassaden hoher, Ehrfurcht gebietender Häuser hinauf. In dieser Straße residierten alle Banken von Paris – hier war mehr Geld zu Hause als in der ganzen restlichen Stadt. Das Portal des Palais Malesherbes, das sich schräg gegenüber der Diskontkasse erhob, wurde von zwei livrierten Türstehern bewacht. Sophie öffnete den Schlag und verließ den Wagen. Madame de Pompadour hatte ihr gesagt, dass Malesherbes' Frau zusammen mit den Kindern auf dem Land lebte.

Der Direktor der Hofbibliothek empfing sie mit einem Handkuss.

»Was für eine unverdiente Ehre.«

»Ich bin gekommen«, erwiderte Sophie, »Sie um Verzeihung zu bitten.«

»Ich? Ihnen verzeihen? Aber weshalb?«

»Ich habe dem äußeren Schein größeren Glauben geschenkt als meiner inneren Überzeugung. Ich hatte geglaubt, Sie wollten Monsieur Diderot vernichten.«

»Den Vater Ihres Sohnes?«

Er hielt immer noch ihre Hand in der seinen, als er sie aus seinen grauen Augen ansah. Sie beschloss, ihm ihre Hand zu lassen.

»Sie mussten mein Handeln missverstehen, Sophie. Wie anders hätten Sie mein Verbot der Enzyklopädie deuten sollen? Ich bin es, der Sie um Verzeihung bitten muss«, insistierte er, als sie widersprechen wollte. »Aber glauben Sie mir, ich habe das Wörterbuch nur retten können, indem ich seine Verbreitung untersagte. Die öffentliche Meinung verlangte ein Opfer, ich musste etwas tun, um die Gemüter zu beruhigen. Nur deshalb habe ich das Druckprivileg aufgehoben.«

»Ich mache mir trotzdem Vorwürfe«, erwiderte Sophie. »Auch wenn dem Anschein nach alles gegen Sie sprach – ich hätte wissen müssen, dass Sie zu solchem Verrat nicht fähig sind.« Sie drückte dankbar seine Hand. »Sie haben Ihre Karriere aufs Spiel gesetzt, Monsieur de Malesherbes. Man hätte Sie anzeigen können, wegen Hochverrat, Sartine hätte keine Sekunde gezögert, wenn er rechtzeitig ...«

»Psssst ...«, machte er und legte einen Finger auf ihre Lippen.

Unwillig schüttelte sie den Kopf – sie hasste diese Geste. Doch dann sah sie sein Gesicht.

Ein warmes Lächeln füllte seine grauen Augen. Sein Blick umfing sie wie ein milder Sonnenuntergang nach einem langen, stürmischen Tag. Sie sah nur noch Verständnis, Zärtlichkeit, Liebe, und ein Gefühl von warmer, inniger Geborgenheit durchströmte sie.

Sophie schloss die Augen und wartete auf seinen Kuss.

Fünftes Buch

Dornen und Disteln
1760–1766

I

Der süße Geruch der Verwesung hing über Paris, durchströmte die Straßen und Gassen und staute sich auf den Plätzen der prächtigen Stadt, vergor und verklumpte zu einer dumpfen, zähen Reglosigkeit. Nach dem Anschlag auf das Leben des Königs schien es, als sei das Leben selbst aus Paris gewichen. Ein bleierner Friede hatte sich des großen Kraken bemächtigt, unter dem die Gemüter erlahmten, als wären sie für immer betäubt.

Kein Wind regte sich, um die Atmosphäre aufzufrischen und mit neuem Leben zu erfüllen. Woher sollte die Brise auch kommen? Enge und verwinkelte Straßen machten eine freie Zirkulation der Luft unmöglich, die verpestet war von den ewigen Ausdünstungen der Schlachtereien und Fischhallen, der Senkgruben und Friedhöfe. Die Brückenhäuser über dem Fluss hinderten den Wind daran, vom einen Ende der Stadt zum anderen zu gelangen, um die verdorbene Luft der Straßen wegzutragen. Keinen Schritt, keinen Atemzug konnte man tun, ohne dass der Gestank von abgestorbenem Leben einen verfolgte, von Morast und Abfall, von Kot und geronnenem Blut.

Schuld an den infernalischen Dämpfen waren vor allem die offenen Abtritte in den Häusern. Jede Mietpartei beanspruchte inzwischen ihre eigene Latrine, als handle es sich um ein Standesprivileg. Nicht genug damit, dass von den unzähligen Fäkalgruben der abscheulichste Gestank ausging, waren manche Kloaken so widersinnig angelegt, dass ihr Inhalt in die benachbarten Brunnen sickerte. Die Bäcker, die auf das Brunnenwasser angewiesen waren, konnten deshalb

nicht darauf verzichten, sodass selbst das Brot, das allergewöhnlichste und alltäglichste Nahrungsmittel des Volkes, durchsetzt war von den Partikeln des Todes.
Beim Leeren der Latrinen verbreitete sich schon im Morgengrauen der Jauchegeruch in der Stadt. Mit aschfahlen, grabesblassen Gesichtern stiegen die Kloakenreiniger in das Innere der Gruben. Zerrüttet und zerfressen von den giftigen Gasen, denen sie dort ausgesetzt waren, betäubten sie sich mit Schnaps, um nicht den pestilenzialischen Miasmen der Unterwelt zu erliegen, außerstande, jemals ihrem Schicksal zu entrinnen, das sie Tag für Tag zur Wiederkehr in diese Hölle verdammte. Um sich den Transport vor die Tore der Stadt zu sparen, schütteten sie ihren braunen Sud, mit dem sie aus der stinkenden Finsternis ans Licht der Oberwelt zurückkehrten, in die Abflussgräben und Rinnsteine. Auf diese Weise ergoss sich die Brühe in Richtung der Seine und verseuchte die Ufer des Flusses, aus dem die Wasserträger mit ihren Eimern das Wasser schöpften, um es zurück in die Häuser zu bringen, wo die Pariser sich damit wuschen und davon tranken.
Am widerwärtigsten aber war der Gestank, den die Kirchen verströmten. Manche Gotteshäuser waren von den Ausdünstungen der dort aufgebahrten Leichen derart verpestet, dass die Gläubigen sich weigerten, noch einen Fuß hineinzusetzen. Um ihre Gefolgschaft nicht zu verlieren, behaupteten die Priester, was für Todesdunst gehalten werde, sei in Wahrheit nur harmloser Modergeruch, der in den alten Gemäuern niste. Jede Leiche, versicherten sie, werde noch in der Nacht nach der Totenfeier auf die Friedhöfe verbracht und keine einzige verbleibe in den Kirchengrüften. Doch wer mochte solchen Beteuerungen Glauben schenken? Der Leichengestank vergiftete jede Andacht und jede Messe, während draußen vor

den Gotteshäusern Feuer brannten, um die bösen, mephitischen Dämpfe zu vertreiben, ohnmächtig flackernde Purgatorien, die nicht die geringste Abhilfe an dem unerträglichen Übelstand schafften.
So vegetierte der große Krake dahin, betäubt vom Leichengeruch seines eigenen Leibes, der bereits zu verwesen schien, bevor der Krake sein Leben ausgehaucht hatte. Würde er noch einmal die Kraft haben, sich aufzurichten aus seinem morastigen Bett? Um den Leichengeruch abzustreifen und sich aus sich selbst heraus zu erneuern, an Haupt und Gliedern?

2

Die Turmuhr von Saint-Germain-des-Prés rief die Gläubigen bereits zum Angelus, als Diderot sein Haus in der Rue Taranne verließ. Er musste sich beeilen, um sieben war er mit einem Uhrmacher am Quai de l'Horloge verabredet, und er wollte auf keinen Fall unpünktlich sein. Wenn er zu spät kam, hatte der Meister womöglich mit der Arbeit begonnen, und der Weg war umsonst.
Die ersten Limonadenkellner waren schon mit ihren Tabletts unterwegs, während im fahlen Licht des anbrechenden Tages noch die letzten Nachtschwärmer von ihren Freudenmädchen kamen. Blass und mitgenommen sahen sie aus, wie sie sich über die Place Taranne schleppten – den ganzen Tag würden sie die verschwendete Nacht bereuen, nicht anders als die Spieler, die erst jetzt ihre finsteren Höhlen verließen,

obwohl schon das helle Hämmern der Kesselflicker zu hören war. Diderot hatte nur Verachtung für die Müßiggänger übrig. Würde sich das Leben nach ihnen richten, müssten alle Grobschmiede, die am Morgen mit der Feile kratzten, alle Stellmacher, die Eisenreifen auf Räder nieteten, alle Händler, die schreiend durch die Gassen zogen, aus der Stadt verbannt werden; die Glocken dürften nicht mehr durch die Lüfte klingen, die Trommeln der Garde hätten zu schweigen, und die Straßen müssten gepolstert werden, damit die Kutschen lautlos über das Pflaster rollten, bis diese Faulenzer sich aus ihren Lotterbetten erhoben.

Diderot war Frühaufsteher, wie die Arbeiter und Handwerker, die überall aus den Häusern strömten, um sich mit ihm auf den Weg zu ihrem Tagwerk zu machen. Was für ein Glück, dass er die Arbeit an der Enzyklopädie fortsetzen konnte! Dieses Wunder war allein Malesherbes zu verdanken. Der Zensor hatte sich nicht nur zur stillschweigenden Duldung des Werkes bequemt, sondern zudem die Weiterführung ermöglicht, durch Arrangements und Vereinbarungen, die alle offiziellen Sanktionen tatsächlich außer Kraft setzten. Zwar hatte Malesherbes den Verleger zur Zahlung von zweiundsiebzig Livres an jeden Subskribenten verpflichtet, als Entschädigung für die ausgefallenen Textbände, die ja nicht mehr gedruckt werden durften, doch um sein eigenes Verbot zu unterlaufen, welches das ganze Unternehmen unweigerlich hätte ruinieren müssen, hatte er Le Bréton zugleich gestattet, den Ansprüchen der Kunden ersatzweise durch Lieferung von grafischen Werken Genüge zu tun. Dazu hatte er die Druckerlaubnis für eine *Sammlung von tausend Tafeln über die Wissenschaften, die freien Künste und die Technik* erteilt, ein scheinbar harmloser Titel, unter dem sich in Wahrheit die Tafelbände der Enzyklopädie verbargen. Da auch die Subskribenten mit dieser Regelung zufrieden waren – kein einziger verlangte von Le Bréton die Rückzahlung seines Geldes –, konnte also unter dem Schutz des Zensors das Werk fortgeführt werden, als hätte es nie ein Verbot der Enzyklopädie gegeben.

Diderot hatte sich mit seinem Verleger folgenden Plan ausgedacht: Während sie Jahr für Jahr die offiziell genehmigten Tafelbände lieferten, um die Subskribenten stillzuhalten, würden sie gleichzeitig die noch ausstehenden, aber verbotenen zehn Textbände fertig stellen. Diese wollten sie an einem fingierten Druckort »im Ausland« produzieren, zum Beispiel auf »Kythera« wie vor Jahren die *Geschwätzigen Kleinode*, um sie dann als »Importware« mit einen Schlag unters Volk zu bringen – das alles in der Hoffnung, dass die Aufregung aufseiten der Regierung und der Kirche sich bis dahin gelegt hatte.

Um dieses Ziel zu erreichen, arbeitete Diderot wie ein Besessener. Von morgens bis abends war er für sein Werk unterwegs. Sein besonderer Ehrgeiz galt dabei den Tafelbänden. Diese sollten in die Hände von Fachleuten gelangen, wie sein Vater einer gewesen war, in die Hände von Handwerkern und Ingenieuren, die jedes Rädchen kannten und nach den Zeichnungen arbeiten wollten, um ihre Erzeugnisse zu verbessern. Die Tafeln sollten den Stand der Technik genauer und anschaulicher illustrieren als jedes andere Werk zuvor sowie die Schönheit der Darstellung und die wissenschaftliche Präzision in bislang unbekannter Weise vereinen. Täglich suchte Diderot zu diesem Zweck Handwerker auf, ging in die Werkstätten der Strumpfwirker, Gobelinarbeiter und Möbeltischler, befragte sie nach ihren Werkzeugen und Methoden, ließ sich in die Geheimnisse von Webstühlen und die Mechanik von Flaschenzügen einweihen, hörte Vorlesungen über Chemie und Physik, fertigte eigenhändig Skizzen und Modelle an, instruierte Zeichner und Grafiker, damit sie alles so exakt wie irgend möglich wiedergaben, während Jaucourt, fleißig wie eine Biene, sich um die Redaktion der Textbände kümmerte. Er exzerpierte, kompilierte und schrieb, Stichwort für Stichwort, Beitrag für Beitrag, unermüdlich Tag für Tag, ohne sich je bei seiner Artikelmühle zu langweilen, als hätte Gott ihn ausschließlich für diese Tätigkeit erschaffen – ja, der Chevalier verkaufte sogar eines seiner Häuser, um auf eigene Kosten ein halbes Dutzend Schreiber anzustellen und so den Fortbestand der Enzyklopädie mit seinen privaten Mitteln zu sichern.

Am Hôpital Bicêtre hielt Diderot sich den Ärmel vor den Mund, so ekelhaft war der Gestank, der ihm dort entgegenschlug. Vermummte Arbeiter warfen gerade zerstückelte Leichenreste, an denen junge Chirurgen der Anatomie ihre lebensnotwendige Kunst geübt hatten, auf einen Jauchekarren, der vor dem Eingang des Krankenhauses wartete. Diderot war empört: Wann würde man endlich anfangen, die mephitische Luft und ihre mörderischen Einwirkungen mit den modernen Mitteln der Chemie zu bekämpfen?

Jeden Monat gingen Dutzende von Menschen an den giftigen Dünsten und Dämpfen der Stadt zugrunde. Dabei versprachen neue Versuche zur Zersetzung der Luft, der stinkenden Geißel Herr zu werden. Was für eine Pflichtvergessenheit des Magistrats, die Augen vor den Wundern der Chemie zu verschließen! Konnte es für eine Regierung etwas Wichtigeres als die Gesundheit der Bürger geben? Hing die Kraft zukünftiger Generationen nicht von solcher städtischer Fürsorge ab?

Weit besser, als später die Opfer der verpesteten Luft mit Almosen und Spitalbetten zu unterstützen, wäre es, schon jetzt mit den Methoden der Wissenschaft die Zahl der Unfälle und Krankheiten zu vermindern, welche die Leerung der Abtritte und Senkgruben verursachte. Diderot beschloss, einen Artikel zu dem Thema zu schreiben.

Als er den Quai erreichte, stieg von der Seine eine frische Morgenbrise auf, die für einen Atemzug allen Gestank von Unrat und Verwesung zu vertreiben schien. Diderot blieb an der Ufermauer stehen. Während er die saubere Luft so tief er nur konnte einsog, spürte er, wie sie in seine Lunge strömte und ihm neue Lebenskraft gab. Würde die Enzyklopädie einmal wie diese Brise die Fäulnis und Verwesung aus den Köpfen der Menschen und den Kanzleistuben der Regierung verjagen?

Nur einen Steinwurf entfernt war die Treppe, die zur Seine hinabführte. Der Anblick des Ortes tat ihm in der Seele weh. Dort hatte er sich immer mit Sophie getroffen. Seit ihrer letzten Begegnung im Salon d'Holbach nach der Aufführung des *Natürlichen Sohns* wusste Diderot, dass sie jede weitere Begegnung ablehnen würde. Wollte er selbst sie wieder sehen? Es hieß, sie sei inzwischen die Mätresse von Malesherbes. Das erübrigte die Antwort auf seine Frage.

Die Stundenglocke von Notre-Dame schlug siebenmal an. Diderot wandte sich ab, um seinen Weg fortzusetzen. Nein, er hatte beschlossen, all seine Hoffnungen und Anstrengungen auf das Gelingen des Wörterbuchs zu richten. Sein Traum war es, dass die Enzyklopädie dermaleinst zu den begehrtesten Werken bei den Bücherverleihern gehörte, schmutzig und zerrissen, voller Eselsohren und Fettflecken, abgegriffen von den begierigen Händen der Menge: ein Depot aller Kenntnis-

se, das aufgeklärte Menschen täglich nutzten wie die Betschwestern ihr Gebetbuch. Keine Macht der Welt durfte ihn an der Verwirklichung dieses Traumes hindern.
Vor allem aber träumte er davon, eines Tages Dorval und Angélique das vollendete Werk aushändigen zu können: das ganze Wissen der Menschheit, die reine, vollkommene Wahrheit, die Wegkarte zum Paradies auf Erden – als sein Vermächtnis für seine Kinder.

3

Am Arm von Malesherbes betrat Sophie die Comédie Française, wo ihr Begleiter als Direktor der königlichen Hofbibliothek eine eigene Loge besaß. Aber warum war das Theater wie ein Feldlager besetzt? Am Eingang empfing sie eine ganze Kompanie Wachsoldaten mit geschultertem Gewehr, als ginge es gegen einen Feind, obwohl nur eine Komödie von Voltaire auf dem Spielplan stand. Die grimmige Miene, die der Gardemajor zog, während er den Lauf seines Gewehrs vor den Augen des Publikums mit einer Kugel lud, erlaubte keinen Zweifel an seiner Entschlossenheit, das Theater wie eine Festung gegen jeden Angriff zu verteidigen.
Heute jährte sich der Tag, seit Sophie mit Malesherbes in einer Liaison am Hof lebte. Die Tatsache, dass der Staatsrat seit über zehn Jahren verheiratet war, stand einer solchen Verbindung nicht im Wege. Eine Ehe, so hatte Madame de Pompadour Sophie erklärt, wurde nicht im Himmel geschlossen, sondern beim Notar, den Ausschlag gab nicht die Liebe,

sondern die Vernunft. Jeder Mann hatte eine Mätresse, jede Frau einen Hausfreund, das war die Regel, gegen die kein Mensch mit ein bisschen Lebensart etwas einwenden konnte. Sophie hatte sich an diesen Umgang der Geschlechter inzwischen ebenso gewöhnt wie an die Perücke auf ihrem Kopf und die dicke Schicht Puder, die nun die Sommersprossen auf ihren Wangen bedeckte.

Nein, sie hatte noch keine Stunde bereut, dass sie dem Rat ihrer Gönnerin gefolgt war und den Direktor der Hofbibliothek erhört hatte. Malesherbes war ein ebenso intelligenter wie liebevoller Mann, der sich nicht nur auf reizende Weise um sie bemühte, sondern sich auch rührend um ihren Sohn Dorval kümmerte, als wäre der Junge sein eigen Fleisch und Blut. Außerdem fühlten Sophie und Malesherbes sich durch ihr gemeinsames Interesse an der Enzyklopädie verbunden. Dass sie einmal Diderots Geliebte gewesen war, hinderte den Zensor nicht, im Verein mit ihr dessen Lebenswerk nach Kräften zu fördern. Die Pompadour behauptete sogar, Malesherbes würde Diderots Kandidatur für die Académie unterstützen, die Voltaire unlängst ins Gespräch gebracht hatte, um durch solche öffentliche Anerkennung die ständigen Angriffe auf die Enzyklopädie und die Person ihres Herausgebers zu unterdrücken.

Im Parterre herrschte bereits ein fürchterliches Geschiebe und Gedränge, als Sophie und Malesherbes in ihrer Loge Platz nahmen. Der Zulauf war so groß, dass man sich mit lauten Flüchen um die Plätze im Parkett stritt und einander fast die Rippen eindrückte. Während ein schnauzbärtiger Füsilier die Zuschauer wie Hühner auf der Stange einreihte und kraft seines Amtes beschied, wie viele Hinterteile auf jede Bank passten, reichte in der Loge ein Lakai Ingwerkonfekt und

Champagner. Malesherbes lehnte beides ab, stattdessen holte er seine Schnupftabaksdose hervor.

»Nun sagen Sie schon, was Sie auf dem Herzen haben«, forderte Sophie ihn mit einem Lachen auf, nachdem sie von ihrem Glas genippt hatte. »Wenn Sie eine Prise brauchen, muss es sich um etwas Ernstes handeln. Wollen Sie mir etwa das Du anbieten?«

»Wie gut Sie mich doch kennen«, erwiderte er. »Ja, Sophie, die Vertrautheit des Du mit Ihnen zu teilen wäre mein sehnlichster Wunsch, doch wage ich noch nicht, Sie darum zu bitten. Ich möchte Ihnen einen anderen Vorschlag machen, einen Vorschlag, der unser gemeinsames Leben betrifft.«

»So feierlich, Monsieur de Malesherbes? Hat Ihr Vorschlag am Ende gar mit unserem Jahrestag zu tun?«

»Nicht unmittelbar, doch schien mir dieser Tag besonders geeignet, Ihnen mein Ansinnen vorzutragen …«

Lautes Klatschen und Johlen im Parterre unterbrach ihn. Sophie schaute über die Brüstung in den Bühnenraum hinab. Sie war nicht weniger neugierig auf die angekündigte Komödie als das Publikum dort unten, das von den Gardisten nur noch mit Faustschlägen zu bändigen war.

Endlich ging der Vorhang auf. *Les Écossaises* hieß das Lustspiel und war im Programmheft als eine Übersetzung aus dem Englischen angegeben. Tatsächlich aber war es eine Antwort Voltaires auf die Verleumdungen der Philosophen durch die selbst ernannten Seelenretter in den Kirchen, die Kanzelhusaren und Gotteskanonen, die nicht müde wurden, gegen die Enzyklopädie zu Felde zu ziehen. Diesmal fanden sich die Jesuiten auf der Bühne wieder, um als Kröten, Schlangen und Spinnen vorgeführt zu werden – ein zoologischer Garten der Boshaftigkeiten, bevölkert von all jenem Getier, das Gott von seiner Liebe ausgeschlossen hatte.

»Darum also das Aufgebot an Soldaten!«

Während Sophie bedauerte, dass Madame de Pompadour sie wegen einer fiebrigen Unpässlichkeit nicht hatte begleiten können, gerieten die Zuschauer im Parkett außer Rand und Band. Sie schrien und pfiffen so laut, dass die Schauspieler kaum noch zu verstehen waren, warfen mit Obst und Gemüse und unterbrachen die Aufführung immer wieder mit frenetischem Beifall, sodass die Gardisten alle paar Minuten einschreiten mussten, um ihre Begeisterung zu dämpfen.

»Erinnern Sie sich, Monsieur de Malesherbes, was Sie mir bei unserer ersten Begegnung über das Publikum gesagt haben?«

»Dass es die einzige Instanz sei, die immer Recht hat?«

Sophie nickte. »Ich glaube, heute verstehe ich den Grund: Jeder Einzelne im Publikum kann ein Schwachsinniger sein, insgesamt aber ist es ein Genie.«

»In der Tat«, pflichtete Malesherbes ihr bei, »man sollte dem Parterre erlauben zu klatschen und zu pfeifen, wie es ihm gefällt. Man wird dem Staatsfeind deshalb nicht weniger energisch zu Leibe rücken, wenn man ihn zu Gesicht bekommt. Aber was haben Sie?«

Ihm war nicht entgangen, dass Sophie kaum noch zuhörte. Sie war abgelenkt durch den Anblick eines Mannes, der von einer Nachbarloge aus das Geschehen verfolgte: Pater Radominsky, der Beichtvater der Königin. Mit versteinertem Gesicht wohnte er der Aufführung bei, allein in der Höhle des Löwen, während die Schauspieler auf der Bühne ihn und seinesgleichen verspotteten.

»Dass er den Mut hat, sich hier blicken zu lassen«, sagte Malesherbes. »Respekt!«

»Allerdings«, erwiderte Sophie. »Aber wenn ich mich nicht irre, wollten Sie mir einen Vorschlag machen, der unser Zusammenleben betrifft?«

Statt sogleich zu antworten, nahm er umständlich eine Prise. Irritiert durch seine ungewohnte Ernsthaftigkeit, fasste Sophie sich an den Hals, während sie seinen Blick erwiderte. Doch sie griff ins Leere. Malesherbes hatte sie gebeten, auf den Talisman an diesem Abend zu verzichten. Er mochte den kleinen geschnitzten Engel nicht leiden.

Endlich schnäuzte er sich. Dann blickte er sie an und sagte: »Haben Sie schon einmal daran gedacht, Sophie, sich von Monsieur Sartine scheiden zu lassen?«

4

Pater Radominsky stand an der Brüstung seiner Loge und starrte auf die Bühne, während seine Hände das Geländer umklammerten, als wollten sie es zerquetschen. Keine Regung in seinem Gesicht verriet, wie aufgewühlt er in seinem Innern war. Dabei musste er sich Gewalt antun, um sich nicht zu erbrechen – so heftig war der Widerwille, den die Pöbeleien dort auf der Bühne in ihm hervorriefen. Das Schauspiel, das eine Horde grell geschminkter Komödianten vor seinen Augen in Szene setzte, bedeutete die Leugnung aller Werte, für die er sein Leben lang gekämpft hatte. Das Wort Gottes, die geoffenbarte Wahrheit, wurde auf dem Altar menschlicher Vernunft geopfert, mit unabsehbaren Folgen für den Glauben und das Königreich.

Radominskys düstere Gedanken waren keine Hirngespinste, nicht kleinliche Reaktion auf die persönliche Kränkung, die ihm hier widerfuhr. Das Stück, an dem die Zuschauer sich wie Schweine an einem Trog stinkender Abfälle ergötzten, war mehr als nur Theater. Die gottlose Zersetzung, die hier in aller Öffentlichkeit betrieben wurde, wirkte nicht nur auf der Bühne – bis ins Herz der katholischen Kirche war sie bereits vorgedrungen, um sich wie ein Krebsgeschwür auszubreiten. Sogar der Papst und seine Kardinäle waren davon befallen, nicht anders als der König von Frankreich und seine Minister, unfähig, zwischen Freund und Feind zu unterscheiden.

Während Radominsky mit ansehen musste, wie er und seine Glaubensbrüder zum Gespött gemacht wurden, stellte er sich eine bittere Frage: War die Allianz mit seinen Feinden, den jansenistischen Ketzern, der Fehler seines Lebens gewesen?

Nach dem Mordanschlag auf den König und der Hinrichtung des Attentäters war die Gesellschaft Jesu nicht mehr zur Ruhe gekommen. Hatte sie früher als eine durch nichts und niemanden zu erschütternde Macht im Staat und der ganzen Welt gegolten, mit größtem Einfluss auf die Höfe der Herrscher, unermesslichen Geldmitteln und dem Heiligen Geist auf ihrer Seite, kämpfte sie nun um das nackte Überleben. Dabei drohte das Unheil nicht nur von den bekannten Widersachern des Glaubens, der entscheidende Schlag war vielmehr von Kräften ausgegangen, die über zwei Jahrhunderte lang verlässliche Stützen des Ordens gewesen waren.

Alles hing mit allem zusammen – es war, als hätte jemand am anderen Ende der Welt in den Ozean gespuckt, und nun drohten die Wellen, die dieser unscheinbare Vorfall ausgelöst hatte, ganz Frankreich hinwegzuspülen. Der Sturm hatte sich in den jesuitischen Kolonien der Neuen Welt erhoben, auf den Kleinen Antillen im fernen Amerika, wo einige hunderttausend Indios unter der Leitung fleißiger Patres ein nahezu pflanzenhaftes Leben geführt hatten, geregelt vom Glockenzeichen am Morgen bis zum Abend. Doch auf dem stillen Winkel hatte ein Fluch gelegen, die Unternehmungen der frommen Gemeinschaft waren vom Unglück verfolgt. Eine Seuche hatte unter den Indios gewütet, es hatte Aufstände und blutige Kampagnen gegeben, um sie an ihre Bestimmung zu erinnern, ihren weißen Herren als Sklaven zu dienen – ohne Erfolg. Ein Bankhaus, das die Mission der Patres finanzierte, war zusammengebrochen, der vormals so reiche Orden wurde plötzlich von gewaltigen Schulden erdrückt, für die nun alle Provinzen der Gesellschaft Jesu aufkommen sollten, auch wenn sie selber nicht das Geringste mit den Kolonien zu tun hatten. So hatte das Konsulargericht von Paris entschieden, der Missionsverwalter müsse einen Wechsel von dreißigtausend Louisdors begleichen, weil die Jesuiten auf der ganzen Welt von *einem* General geleitet würden und darum eine Provinz für die andere einstehen müsse – widrigenfalls könne der Schuldner Hand auf sämtliche Vermögenswerte der Gesellschaft in Frankreich legen. Gegen das Urteil hatte der Pariser Provinzial sofort Einspruch erhoben, doch das oberste Gericht des Landes, das Parlament, das unterwandert war von jansenistischen Speichelleckern und Verrätern, hatte für die gemeinsame Haftung des Ordens entschieden.

Was für ein teuflischer Plan! Um das Volk von dem unglücklichen Krieg abzulenken, den Frankreich seit Jahren gegen

Preußen und England ohne Aussicht auf ein Ende führte, verfolgte die Regierung die Jesuiten, in der klammheimlichen Hoffnung, durch Beschlagnahme des Ordensvermögens die Geldnot des Staates zu mildern. Während sie die Zerstörung der Gesellschaft Jesu vorantrieb, überzog das Parlament die Patres mit widerwärtigsten Verleumdungen und Anschuldigungen, die sich von Blasphemie und Lüge über Magie und Totschlag bis zu Hurerei und Päderastie erstreckten, und verurteilte vierundzwanzig jesuitische Werke, weil sie angeblich den Königsmord rechtfertigten und die gallikanischen Freiheiten leugneten. Gleichzeitig verbot das Gericht dem Orden, Novizen aufzunehmen und öffentlich oder privat Unterricht zu erteilen. Mit der unseligen Folge, dass auch der Heilige Vater in Rom Anklage gegen die Gesellschaft Jesu erhob.

»Da! Seht die schwarze Krähe!«

Ein Gegenstand flog in Radominskys Richtung, nur knapp an seinem Kopf vorbei. Plötzlich sah er in hundert Gesichter, die ihn mit lüsternen und begierigen Blicken anstarrten wie bei einer Hinrichtung. Frauen und Männer reckten ihm die Fäuste entgegen, pfiffen und johlten. Sollte der Fluch Francesco di Borgias in Erfüllung gehen, des dritten Ordensgenerals? »Es wird eine Zeit kommen«, hatte der heilige Mann seinen Glaubensbrüdern prophezeit, »in der ihr eurem Hochmut und Ehrgeiz keine Schranken mehr auferlegen und nur noch darauf bedacht sein werdet, Reichtümer anzuhäufen und euch Einfluss zu verschaffen, die Ausübung der Tugenden aber vernachlässigt. Dann wird es auf Erden keine Macht geben, die euch zu eurer ursprünglichen Vollkommenheit zurückführen könnte, und wenn es möglich ist, euch zu vernichten, so wird man es tun.«

Die Soldaten zogen blank, um den Pöbel unter Kontrolle zu halten, doch das Geschrei im Parkett wurde nur immer lauter.
»Nieder mit den Pfaffen! Die Kuttengeier an die Laternen!«
Ein Ei zerschellte auf Radominskys Soutane. Doch der Gottesmann wich nicht vom Fleck – er war noch nie vor seinen Feinden zurückgewichen. Erhobenen Hauptes ertrug er die Geschosse und Pfiffe, die sein Priestergewand und seine Ehre mit faulem Obst und mit Schande befleckten. Der Schöpfungsplan stand auf dem Spiel, und solange Gott der Herr ihm die Kraft gab, würde er Sein Werk verteidigen, in der Gewissheit, dass am Ende die Vorsehung über den Antichrist siegen würde.
Nein, Pater Radominsky wankte nicht. Während er die Angriffe ohne zu murren ertrug, betete er nur zu seinem Herrgott um ein Zeichen, dass die Zeit der Prüfungen bald ein Ende habe.
Erst als der letzte Vorhang fiel, wandte er sich ab und verließ seine Loge. Den Judasgruß von Chrétien de Malesherbes, dem obersten Zensor des Landes, der ihm aus der Nachbarloge zunickte, erwiderte er nicht.

5

»Was heißt das – adoptieren?«

»Als Sohn annehmen, wie ein Vater.«

»Aber ich habe doch einen Vater, er hat das große Buch geschrieben, die Enzyklopädie! Warum soll ich einen neuen Vater kriegen?«

Das ganze Unverständnis seiner acht Jahre sprach aus Dorvals hellen blauen Augen. Seit einer halben Stunde bestürmte er Sophie mit seinen Fragen, weil er nicht begreifen konnte, was sie ihm zu erklären versuchte. Aber war das verwunderlich? Sie selbst war ja auch vor dem Vorschlag zurückgeschreckt, den Malesherbes ihr am Abend zuvor im Theater gemacht hatte: Der Direktor der königlichen Hofbibliothek wollte ihren Sohn adoptieren, als Zeichen seiner Verbundenheit. Darum hatte er sie gefragt, ob sie sich von Sartine, als dessen Sohn Dorval juristisch immer noch galt, scheiden lassen wolle.

»Ich will keinen neuen Vater«, wiederholte Dorval. »Warum kann ich nicht bei meinem richtigen Vater sein?«

»Du weißt doch, dass er in Paris lebt. Er muss dort das große Buch zu Ende schreiben.«

»Dann sollten wir auch nach Paris ziehen. Vielleicht kann ich ihm ja helfen.«

»Aber das geht doch nicht! Madame de Pompadour ist krank, sie braucht mich, um wieder gesund zu werden.«

»Dann soll mein Vater hierher kommen. Wir haben Platz genug.«

»Wie stellst du dir das vor? Er hat hier keine Arbeit, um Geld zu verdienen. Wovon soll er leben?«

»Er kann mir helfen, die Eselstute zu melken. Dann hat Madame bestimmt nichts dagegen, dass er kommt. Und um das Essen mach dir keine Sorge! Der Koch ist mein Freund.« Dorval war so aufgeregt, dass er beim Sprechen nach Luft schnappte. »Du hast ihn doch noch lieb, oder?«, fragte er plötzlich.

Sophie musste schlucken, so unvermittelt traf sie die Frage. »Die Liebe«, sagte sie dann, »ist das Schönste, was es gibt auf der Welt, aber sie hält nur selten ein ganzes Leben.«

»Das glaub ich nicht!«, rief er empört. »Ich hab dich immer lieb, solange ich lebe. Und wenn der König es mir verbieten würde!«

»Das macht mich sehr glücklich, mein Schatz, aber das ist nicht das Gleiche. Eltern und ihre Kinder haben sich immer ein ganzes Leben lang lieb. Aber zwischen Männern und Frauen ist das anders.«

»Was ist daran anders? Wenn man jemanden lieb hat, dann hat man ihn lieb.«

»Ach, wie soll ich dir das nur erklären?« Sie fasste ihn bei den Schultern und sah ihn fest an. »Magst du Monsieur de Malesherbes denn gar nicht leiden?«

»Doch. Er ist immer sehr nett zu mir. Aber – ich will nicht zwei Väter haben.«

Sophie konnte ihm nicht länger in die Augen sehen. Sie hatte ja selber ein ungutes Gefühl. Alles sprach dafür, Malesherbes' Vorschlag zu folgen, vor allem im Hinblick auf Dorvals Zukunft – nach einer Adoption würde er in den Adelsstand erhoben. Trotzdem schien ihr die Lösung irgendwie falsch. Malesherbes hatte ihre Not erkannt und ihr vorgeschlagen, Dorval selbst entscheiden zu lassen; sie müsse ihm nur Gelegenheit geben, sich von den Vorteilen einer Adoption selbst zu überzeugen. Aber wie sollte ihr das gelingen, wenn sie sich selbst nicht sicher war?

»Pass auf«, sagte sie schließlich, »ich will dir ein Märchen erzählen.«

»Ein Märchen?«, fragte Dorval verwundert.

»Ja, hör zu!« Sie setzte sich auf einen Stuhl und griff nach seiner Hand. Während er sie ihr widerwillig überließ, begann sie zu erzählen: »Es war einmal, vor vielen, vielen Jahren irgendwo im Morgenland ein armer Bettlerjunge. Der lebte ganz allein mit seiner Mutter in einer kleinen Hütte am Dorfrand. Der Junge hieß Dorval und seine Mutter Sophie, und beide hatten sich so lieb wie sonst keine zwei Menschen auf der Welt. Und doch fehlte ihnen etwas, um wirklich glücklich zu sein – eine Familie.«

»Warum erzählst du mir das, Mama?«, fragte Dorval irritiert und entzog ihr seine Hand. »Wir sind doch gar nicht arm. Und … und wir leben auch nicht im Morgenland.«

Als Sophie seinen vorwurfsvollen Blick sah, schämte sie sich. Sie hatte versucht, ihm alles so zu erklären, wie ihr Vater es an ihrer Stelle getan hätte, oder wie Diderot – mit einem Märchen.

»Du hast ja Recht«, sagte sie. »Du bist für Märchen schon zu groß.«

»Weshalb willst du, dass Monsieur de Malesherbes mein Vater wird?«, fragte er ernst.

Sie entschloss sich, keine Ausflüchte mehr zu machen. »Weil ich glaube, dass es keinen besseren Vater für dich geben kann. Als sein Sohn würdest du zu einer der mächtigsten Familien Frankreichs gehören. Du wärst dann ein richtiger Prinz.«

»Ein richtiger Prinz?« Seine Augen leuchteten für einen kurzen Moment auf. »Mit einem eigenen Schloss?«

»Nicht nur mit einem! Soweit ich weiß, hat Monsieur de Malesherbes ein halbes Dutzend Schlösser. Eines davon steht sogar in meiner Heimat, an der Loire. Dann kann ich dir zeigen, wo ich früher gelebt habe.«

»Er hat ein Schloss an der Loire?«

»Ja, mit Weinbergen und Weiden für die Pferde und natürlich ganz vielen Handwerkern.«

»Auch Köchen und Schmieden?«

»Und Stellmachern, und ich glaube sogar, er hat dort eine eigene Schweizergarde.«

»Mit einem wirklichen Hauptmann?«

»Einem ganz und gar wirklichen Gardehauptmann!«

Während sie sprach, sah sie, wie es in ihm arbeitete. Das immer stärkere Leuchten in seinen Augen brach ihr fast das Herz. Obwohl es sie große Überwindung kostete, sagte sie: »Glaubst du mir jetzt, dass es keinen besseren Vater für dich geben kann?«

»Außer meinem richtigen Vater«, sagte er leise.

»Natürlich«, sagte sie und musste ihre Tränen unterdrücken. »Aber was meinst du, sollen wir es nicht wenigstens versuchen?«

Zaghaft, kaum dass sie es erkennen konnte, wiegte er den Kopf.

»Eins musst du mir aber noch sagen, Mama ...«

»Was denn, mein Schatz?«

»Darf ich weiter bei dir bleiben, wenn Monsieur de Malesherbes mich adoptiert?«

»Aber sicher! Glaubst du denn, ich ließe dich fort?«

»Und darf ich weiter die Eselstute melken und die Vögel füttern?«

»Jeden Tag! Morgens und abends.«

»Und wir bleiben hier wohnen, und ich kann den Koch in der Küche besuchen und den Schmied im Stall und den Stellmacher und den Hauptmann?«

»So oft du willst.«

Dorval verstummte. So angestrengt dachte er nach, dass sein kleines Gesicht sich in Falten legte. Schließlich sagte er: »Würdest du dich sehr freuen, wenn ich Ja sage?«

Obwohl sich jede Faser ihres Leibes dagegen sträubte, nickte Sophie.

»Also gut, Mama, dann bin ich einverstanden.«

Ohne etwas zu sagen, nahm sie ihn in den Arm und drückte ihn an sich, damit er die Tränen nicht sah, die an ihren Wangen herabliefen.

6

Antoine Sartine blätterte in einer Akte, die er nur aus dem Regal holte, wenn er die Tür seines Dienstzimmers verriegelt wusste. Er hatte diese Akte ausschließlich für seinen persönlichen Gebrauch angelegt, ohne Kenntnis seiner Vorgesetzten, und alle Einträge mit eigener Hand niedergeschrieben, obwohl er seit seiner Beförderung zum Magistrat und dritthöchsten Offizier der Pariser Polizei mehrere Schreiber unter sich hatte, denen er für gewöhnlich seine Berichte diktierte. Denn dieses Dossier betraf keinen der Dachstuhlschreiberlinge und Kaffeehausphilosophen, denen sonst seine Nachforschungen galten – dieses Dossier betraf einen Mann, der über jeden Zweifel erhaben schien und der doch seit einiger

Zeit Anlass zu erheblicher Irritation gab: Chrétien Lamoignon de Malesherbes, Sohn des Kanzlers und Zensor Seiner Majestät des Königs.

Konnte man diesem Mann noch trauen? Sartine hatte die Akte nach seiner erfolglosen Razzia im Haus Diderots begonnen. Es hatte Gerüchte in den Reihen der Polizei gegeben, höchst verwirrende Gerüchte über die Rolle, die der Direktor der königlichen Hofbibliothek bei dieser Aktion gespielt haben sollte. Seitdem trug Sartine in dieses Dossier alles ein, was ihm an der Person des obersten Zensors auffällig erschien. In nur wenigen Monaten war daraus eine der problematischsten Akten geworden, die er je geführt hatte, voller Widersprüche und Ungereimtheiten. Malesherbes verkehrte mit dem Erzbischof von Paris ebenso wie mit zwielichtigen Gestalten vom Schlage Rousseaus oder d'Alemberts; er wohnte am Morgen dem Lever des Königs in Versailles bei und besuchte am Nachmittag Vorträge in der Académie des Sciences; er warnte einmal vor den aufrührerischen Gazetten aus Holland, die sich in Frankreich ausbreiteten, um das ganze Königreich in Brand zu stecken, und hielt dann wieder seine schützende Hand über die Enzyklopädie, die doch weit größeren Schaden anrichtete als alle Publikationen Europas.

Am verwirrendsten aber war das *Memorandum über die Pressefreiheit*, das Malesherbes auf Anfrage des Dauphins handschriftlich verfasst hatte. Einigen wenigen Sätzen zur Verteidigung von Staat und Kirche gegen die Angriffe der Philosophen, wonach alle Bücher zu verbieten seien, die »einzelne Personen verunglimpften, die Regierung gefährdeten, sich gegen die guten Sitten oder die Religion stellten«, folgte eine ganze Flut von Sätzen, die nichts anderes waren als offene Appelle zum Aufruhr. »Wir leben«, stand da zu lesen, »in einem Jahrhundert und in einem Land, wo es einem Verbrechen gleichkommt, sich um das öffentliche Wohl zu bemühen … Es sind die Unruhen, die zur Zügellosigkeit in den Schriften geführt haben, nicht aber haben die Schriften die Unruhen hervorgerufen … Wenn wir verbieten, Irrtümer zu verbreiten, behindern wir den Fortschritt der Wahrheit, weil alle neuen Wahrheiten für einige Zeit als Irrtümer gelten …«

Sorgfältig las Sartine das ganze Dossier, in dem er unter sechs verschiedenen Rubriken alle Informationen zusammengetragen hatte, die er in den letzten Monaten über seinen Dienstherrn hatte sammeln können. Auch wenn er nicht wusste, was ihn an diesem Nachmittag erwartete – es war immer von Vorteil, einen Menschen genau zu studieren, bevor man sich mit ihm traf. Malesherbes hatte ihn für fünf Uhr in sein Stadtpalais in der Rue Vivienne bestellt. Ein ungewöhnlicher Ort für eine dienstliche Unterredung.

»Wie schön, Sie zu sehen«, empfing der Direktor der königlichen Hofbibliothek ihn zwei Stunden später in seinem prachtvollen Salon. »Ich schlage vor, wir trinken erst mal ein Glas?«

»Gern«, erwiderte Sartine, obwohl er im Dienst sonst keinen Alkohol anrührte.

Ein Lakai reichte ihm auf einem Tablett ein gefülltes Sherryglas, als wäre er ein guter Freund des Hausherrn – ein weiterer Grund zur Irritation. Während Malesherbes ihm einen Platz anbot, schaute Sartine sich um. Einer seiner Grundsätze besagte, niemals den Besitz anderer in Frage zu stellen, sich lieber über das selber Erreichte zu freuen, statt neidvoll nach fremdem Hab und Gut zu schielen. Doch angesichts der Spiegel und Leuchter, der Gold- und Stuckverzierungen, der Bilder und Gobelins, der kostbaren Möbel und Teppiche, in denen man beinahe versank, geriet sein Grundsatz für einen Moment ins Schwanken. Würde er wohl jemals so ein Haus besitzen? Ganz sicher nicht, egal, mit welcher Aufopferung er seinen Dienst versah. Um als Polizeioffizier ein solches Haus zu führen, musste man Generalleutnant sein. Aber dieses Amt, das einen Adelstitel zur Voraussetzung hatte und außerdem ein Vermögen kostete, würde er niemals erreichen.

»Es ist mir eine hohe Ehre, hier von Ihnen empfangen zu werden«, sagte er, ohne von dem angebotenen Platz Gebrauch zu machen. »Darf ich den Grund erfahren, weshalb Sie mich rufen ließen?«

»Aber sicher, natürlich, warum nicht, ich wollte gerade darauf zu sprechen kommen«, erwiderte Malesherbes umständlicher, als es seine Art war, und erhob sich wieder von seinem Stuhl, als er sah, dass sein Gast keine Anstalten machte, sich zu setzen. »Sie haben mir schon manchen wichtigen Dienst erwiesen, Sartine, und Sie wissen, wie sehr ich Sie schätze. Heute allerdings möchte ich Sie um einen Gefallen bitten, der mir mehr bedeutet als alles, was Sie bisher für mich geleistet haben, obwohl es sich um eine Frage handelt, die eher privater Natur ist.« Er räusperte sich und trank einen Schluck. Dann sagte er: »Ich möchte, dass Sie sich scheiden lassen.«

»Wie bitte?«, fragte Sartine, völlig überrumpelt.

Malesherbes nickte.

»Pardon, Monsieur, wenn Sie von meinem Ehestand sprechen, so sehe ich keinerlei Grund, an diesem etwas zu ändern.«

»Ich bin mir bewusst«, erwiderte Malesherbes mit angestrengtem Lächeln, »das Ansinnen muss Sie überraschen, auch gebe ich gerne zu, dass ich weder das Recht noch die Mittel habe, Sie zu einem solchen Schritt zu drängen. Außer vielleicht unser langjähriges Verhältnis – und meiner Versicherung, dass ein Entgegenkommen Ihrerseits Ihr Schade nicht sein soll.«

Er schaute Sartine an, doch der hielt dem forschenden Blick seines Vorgesetzten stand, obwohl seine Hand, mit der er das Glas hielt, so stark zitterte, dass er fürchten musste, den Inhalt zu verschütten.

»Um mich unmissverständlich auszudrücken«, fuhr Malesherbes fort, »der Grad meiner Erkenntlichkeit würde der Größe des Gefallens, um den ich Sie bitte, durchaus entsprechen.«

Wie um seine Worte zu bekräftigen, nahm er eine Prise Schnupftabak.

Sartine kannte die Geste. »Sie wissen«, sagte er zögernd, »ich lebe bereits seit Jahren von meiner Frau getrennt. Trotzdem, Ihre Frage trifft mich völlig unvorbereitet … Eine Scheidung ist eine sehr ernste Angelegenheit …«

»Das Leben eines jungen Menschen auch«, unterbrach ihn Malesherbes. »Um es kurz zu machen: Ich brauche Ihre Einwilligung, um Dorval zu adoptieren.«

»Sie wollen den Sohn meiner Frau adoptieren?«, fragte Sartine, zum zweiten Mal überrascht, und setzte sein Glas ab. »Wozu um Himmels willen das?«

»Ich möchte dem Jungen eine Zukunft geben. Eine Zukunft, die seinen Talenten entspricht.«

»Bitte halten Sie mich nicht für begriffsstutzig, aber offen gestanden, ich … verstehe immer noch nicht … Ich habe in keiner Weise mit einem solchen Ansinnen gerechnet … Außerdem, eine Scheidung, wie stellen Sie sich das vor?« In seiner Not fielen ihm nur die Worte der Bibel ein: »Was Gott geeint hat, das darf der Mensch nicht scheiden.«

»Sicher, so heißt es«, bestätigte Malesherbes. »Aber zum Glück kennt die katholische Kirche für jede ihrer wohl begründeten Regeln eine ebenso wohl begründete Ausnahme.« Er nahm eine Urkunde von seinem Schreibtisch und reichte sie ihm. »Hier, ich habe alles vorbereiten lassen.«
Vollkommen verwirrt nahm Sartine das Blatt, unfähig, die wenigen Zeilen zu lesen, die vor seinem Blick auf und ab zu tanzen schienen. Natürlich wusste er, dass Sophie seit über einem Jahr die Mätresse seines Vorgesetzten war, jedes Mal, wenn er daran dachte, bohrte sich dieses Wissen tiefer und schmerzlicher in seine Seele. Aber was für ein Interesse konnte Malesherbes daran haben, den Sohn von Diderot in seine Familie aufzunehmen? Diderot war ein Staatsfeind, Dorval ein Bastard, ein Wechselbalg – das konnte Malesherbes doch nicht ignorieren! War es möglich, dass die Liebe einen Mann derart verblendete? Sartine schaute auf das Blatt Papier in seiner Hand, sah die Buchstaben, die Worte, die Sätze, die ihm jetzt entgegensprangen, als wollten sie ihn verspotten. Sein Herz zog sich zusammen, als er ihren Sinn begriff, der ganze Schmerz stieg wieder in ihm auf, den Sophie ihm zugefügt hatte. Und jetzt verlangte ihr neuer Liebhaber von ihm, seine Schmach als Mann, die schlimmste Demütigung seines Lebens, öffentlich einzugestehen?
»Dorval ist mein Sohn«, sagte er, mit einem Mal entschieden.
Malesherbes winkte ab. »Lassen wir das, ich weiß Bescheid.«
»Ich habe keine Ahnung, worauf Sie anspielen«, erwiderte Sartine fest. »Aber was es auch sei – ich weigere mich, in die Scheidung einzuwilligen.«
»Sie verweigern sich meinem ausdrücklichen Wunsch?«
»Allerdings!«
»Sie haben die Stirn …? Das hätte ich nicht erwartet, nach

allem, was ich für Sie getan habe.« Malesherbes' Züge wurden plötzlich hart. »Dann bleibt mir nur die Wahl, meinen Wunsch in einen Befehl zu verwandeln. Ich verlange Ihre Unterschrift, Sartine. Auf der Stelle!«

»Ich denke nicht daran.«

»Ich wiederhole: Das ist ein Befehl!«

»Das ist mir völlig einerlei!«

»Sie kündigen mir den Gehorsam?«

»Ich habe ein gutes Gewissen. In all meinen Dienstjahren habe ich mir nicht ein Versäumnis zuschulden kommen lassen. Ich bin mir nicht sicher, ob Sie das auch von sich behaupten können.«

»Worauf wollen Sie hinaus?«

»Mit Ihrem *Memorandum über die Pressefreiheit* haben Sie Spuren hinterlassen, die sehr gefährlich für Sie werden könnten.«

»Wollen Sie mir drohen?«

»Sie stellen darin die Gedankenfreiheit über die Freiheit des Staates, sich gegen seine Feinde zu verteidigen«, erwiderte Sartine. »Dafür würde jeder andere Autor zu mehreren Jahren Festungshaft verurteilt werden, wenn nicht gar zum Tod.«

»Mag sein«, Malesherbes zuckte die Achseln, »aber Sie vergessen, wer ich bin.«

»Keineswegs«, sagte Sartine, empört über diesen Hochmut. »Es fragt sich nur, wie lange Sie noch die Vorteile Ihrer jetzigen Stellung genießen. Mir liegen Erkenntnisse vor, die auf schweren Amtsmissbrauch hinweisen. Zeugen haben ausgesagt, dass Sie persönlich die Überführung Diderots vereitelt haben, indem Sie ihn warnten oder sogar halfen, belastendes Material beiseite zu schaffen. Ein solches Vergehen gilt als Hochverrat.«

Er hatte die Drohung aufs Geratewohl hin ausgesprochen, durch nichts anderes begründet als den Verdacht, der aus bloßen Gerüchten und Mutmaßungen resultierte, doch an der Miene seines Vorgesetzten erkannte er, dass er ins Schwarze getroffen hatte. Würde der mächtige Mann jetzt begreifen, dass er keinen Hanswurst vor sich hatte?

»Sie widerlicher kleiner Spitzel«, sagte Malesherbes, und seine grauen Augen drückten abgrundtiefe Verachtung aus. »Verlassen Sie sofort mein Haus!«

»Mit Ihrer gütigen Erlaubnis«, sagte Sartine und nahm seinen Dreispitz, den ein Lakai ihm reichte.

Als die Tür sich vor ihm öffnete, ließ er ein letztes Mal seinen Blick durch den Raum schweifen. Nein, er gehörte nicht in diese Welt. Malesherbes hatte ihm bereits den Rücken zugewandt und blätterte in irgendwelchen Papieren.

Sartine schluckte, als stecke eine Kröte in seinem Hals. Die Arroganz, mit der ihm dieser Mann, der den Erfolg seiner Ermittlungen vereitelt und ihn der Lächerlichkeit preisgegeben hatte, hier in diesem Haus vollkommene Gleichgültigkeit bekundete, war erniedrigender als jede noch so bösartige Beleidigung. Diese Geste machte Sartine klar, wer er war und wo er stand. Niemals würde er sich gegen den Liebhaber seiner Frau auflehnen können, was der ihm auch immer antat. Im Gegenteil – er, Antoine Sartine, würde nun geopfert, als kleines Rädchen im großen Getriebe der Macht, wie er es schon vor langer, langer Zeit befürchtet hatte, und er würde alles verlieren, was er sich in über zwanzig Jahren erarbeitet hatte, seine Karriere, seine Zukunft, sein Leben. Sogar der Blick des Lakaien, der ihm die Tür des Salons aufhielt, drückte nichts als Verachtung aus, als wäre er ein Bettler, der nur aus Versehen hierher vorgedrungen war.

Sartine fühlte sich plötzlich so ohnmächtig wie früher in manchen schlaflosen Nächten, in denen er von Zweifeln geplagt an Sophies Seite gelegen hatte, unfähig, sie zu berühren.
Ohne zu überlegen, was er sagte, richtete er noch einmal das Wort an Malesherbes. Man konnte ihm seine Ehre nehmen, nicht aber seinen Stolz.
»Übrigens, bevor ich gehe, möchte ich Ihnen noch einen Gruß ausrichten.« Er machte eine Pause, bevor er weitersprach. »Von Abbé Morel. Aus Beaulieu.«

7

»Er hat wirklich in die Scheidung eingewilligt?«
Der Duft von Ambra, vermischt mit dem Horngeruch verbrannten Haars, erfüllte die Luft im Boudoir der Pompadour, während sich ein Friseur mit Kamm, Kräuselschere und unglaublich flinken Fingern um die Mätresse des Königs bemühte.
»Ein Bote hat mir heute Morgen die Nachricht gebracht«, erwiderte Sophie, die mit einem Brief in der Hand hinter dem Frisierschemel stand. »Monsieur de Malesherbes hat sie mir geschickt.«
Die Pompadour hörte nur mit halbem Ohr hin. Ihre Aufmerksamkeit galt ihrem Konterfei im Spiegel, dessen Verschönerung nur mühsam vorankommen wollte. Ein gutes Hundert Wickel steckte in ihrem Haar, das der Friseur Stück für Stück von der Stachelhörnerzierde befreite, um die lockigen

Strähnen mit einem heißen Eisen zu frisieren und mit Unmengen von Puder zu bestäuben.
»Ist es nicht absurd?«, fragte sie über die Schulter. »Mit dem Mehl, das ich brauche, um meinem Haar die natürliche Farbe zu nehmen, könnte man eine ganze Familie ernähren. Dabei zwingt das weiße Zeug mich nur, noch mehr Rouge aufzutragen.«
»Tadeln Sie nicht uns!«, erwiderte der Friseur, der unablässig um sie herumtänzelte. »Die Modistinnen sind die wirkliche Plage. Für ihren Flitterkram gibt man in Paris mehr aus als für Essen und Trinken. Was für ein Unglück für den Ehemann, der das alles zahlen muss! Nicht wenige gehen daran zugrunde! Nur weil immer mehr Bürgersfrauen sich einbilden, für sie sei gerade gut genug, was eine Marquise oder Gräfin sich kaum leistet.«
Während der Friseur plapperte und plapperte, korrigierte die Pompadour ihn immer wieder mit kleinen Hinweisen und Gesten in seinem Tun. Sie war so stark geschminkt, um die tiefe, dunkle Traurigkeit auf ihrem Antlitz und ihrer Seele zu verbergen, dass sie wie eine Puppe aussah. Man munkelte am Hof, sie leide an Schwindsucht und ihre Tage als Ludwigs Favoritin seien gezählt. Alle Welt wusste, Demoiselle Ronan, die Tochter eines Advokaten aus Grenoble, machte ihr den Platz im Herzen des Königs streitig. Dieses Mal handelte es sich nicht um eine der vielen Hirschgrabenaventüren, welche die Pompadour unbeschadet ließen, weil sie das Herz des Königs nicht berührten, dieses Mal war wirkliche Liebe im Spiel. Demoiselle Ronan hatte das längste schwarze Haar, das man sich nur vorstellen konnte – so lang, dass sie damit ihren nackten, wollüstigen Leib wie mit einem Schleier umhüllte, wenn sie sich mit orientalischer Trägheit vor Ludwigs

begehrlichen Blicken auf ihrem Kanapee räkelte. Doch nicht allein diese Reize machten die neue Dame seines Herzens so gefährlich; sie besaß ein Faustpfand, das der Marquise in all den Jahren versagt geblieben war: Sie hatte einen Sohn, den der König von Frankreich anerkannte.

»Zufrieden, Madame?«, fragte der Friseur und trat einen Schritt zurück, um sein Werk zu betrachten, wobei er die Finger seiner erhobenen Hände wie Scheren spreizte.

»Deine Kunst hilft kaum mehr als meine Eselsmilch – aber sei's drum.« Die Pompadour warf einen letzten Blick in den Spiegel, dann drehte sie sich zu Sophie herum. »Ist das der Brief, von dem du eben gesprochen hast?«

Sie nahm ihr das Schreiben aus der Hand und überflog die wenigen Zeilen.

»Das übliche Ritual«, sagte sie, als sie zu Ende gelesen hatte. »Der einzige Grund, den die Kirche zur Auflösung der Ehe gelten lässt. Ich hoffe nur«, fügte sie mit einem matten Lächeln hinzu und gab ihr den Brief zurück, »dass er nicht der Wahrheit entspricht.«

Sophie spürte, wie ihr das Blut ins Gesicht schoss.

»Was ist mit dir? Du bist ja plötzlich ganz konfus.« Die Pompadour runzelte die Stirn. »Soll das etwa heißen, dass …?«

Sie brauchte den Satz nicht zu Ende zu sprechen, um zu begreifen, dass ihre gedankenlos dahingeworfene Bemerkung der bitteren Wahrheit entsprach. Mit einer Kopfbewegung schickte sie den Friseur hinaus.

»Ihr habt eure Ehe also nie vollzogen?«, sagte sie, nachdem der Figaro seinen Toilettenwagen hinausgerollt hatte.

Sophie nickte. »Sartine hat mich kein einziges Mal berührt.«

Die Stirnfalten der Pompadour wurden noch tiefer. »Wenn

ein Mann bei einer so hübschen Frau wie dir auf diesen Genuss verzichtet, kann es dafür nur einen Grund geben.«

»Sartine hat gesagt, er wolle mich nicht drängen. Er meinte, für ihn zähle nur die Liebe. Ich habe ihn nie verstanden.«

»Du armes Kind«, sagte die Pompadour. »Ich weiß, was du durchgemacht hast. Mein erster Mann, Monsieur d'Etioles, schmückt sich zwar heute noch mit ganzen Scharen hübscher Schauspielerinnen und Grisetten, in Wahrheit aber … Nun, wie auch immer, seitdem weiß ich, dass die Liebe nichts weiter ist als ein Hirngespinst. Sie hängt allein von der Einbildungskraft ab.«

»Was hat die Einbildungskraft mit der Liebe zu tun?«

»Der Zusammenhang ist wissenschaftlich erwiesen.« Die Pompadour griff nach einem Exemplar der Enzyklopädie, das auf ihrer Frisierkommode stand, und schlug den Band auf. »Hast du nicht den Artikel ›Erektion‹ gelesen? Nein? Dann hör zu: ›Mit diesem Begriff bezeichnet man den Zustand des männlichen Glieds, in dem es nicht herabhängt, sondern sich von selbst aufgerichtet hält, weil die Schwellkörper, aus denen es besteht, mit Blut gefüllt und gestrafft sind. In diesen Zustand geht es infolge der Einbildungskraft über, die durch die Vorstellung oder den tatsächlichen Anblick der Gegenstände erhitzt wird, welche geeignet sind, die venerische Begierde zu wecken. Auf diese Weise wird zugleich verhindert, dass das Blut, das von den Arterien in die Höhlen oder Zellen fließt, durch die Venen zurückströmt …‹«

Während die Pompadour vorlas, dämmerte Sophie das Geheimnis ihrer Ehe. Sie hatte Sartines Glied weder zu sehen noch zu spüren bekommen – nie hatte es sich in ihrer Gegenwart aufgerichtet, auch nicht des Nachts, wenn sie Seite an Seite im Bett lagen, ohne Schlaf zu finden … Ihr Mann war nicht imstande gewesen, die Ehe zu vollziehen – das war die Wahrheit, die sich hinter ihrer seltsamen Lebensgemeinschaft verbarg, der Grund, warum er sie in all den Jahren ihres Zusammenlebens niemals berührt hatte. Auf einmal tat Sartine ihr unendlich Leid.

»Was glaubst du, war sein Preis, Sophie?«

Die Frage riss sie aus ihren Gedanken. Die Pompadour hatte die Enzyklopädie beiseite gelegt und schaute sie an.

»Preis? Ich weiß nicht, wovon Sie reden …«

Die schwarzblauen Augen ihrer Gönnerin glänzten wie im Fieber.

»Von dem Grund, weshalb Sartine in die Scheidung eingewilligt hat«, sagte die Pompadour. »Glaub mir, wenn ein Mann eine solche Unzulänglichkeit mit seiner Unterschrift eingesteht, dann nur zu einem sehr hohen Preis.«

8

»Ich gratuliere Ihnen von Herzen, Monsieur *de* Sartine. Es ist mir eine außerordentliche Freude, Sie an diesem Platz zu sehen. Wenn ein Mann diese Ernennung verdient hat, dann Sie.«

»Ich danke Ihnen, *mon père.* Ich hoffe nur, Sie werden mich auch in Zukunft meiner Aufgabe für würdig befinden.«

Die beiden Männer schüttelten einander die Hand. Pater Radominsky war der erste Besucher, den Sartine in seinem neuen Amt empfing, nachdem der Kanzler der Regierung ihn zum Polizeipräfekt von Paris ernannt hatte – auf Vorschlag seines Sohnes Malesherbes. Auf dessen Betreiben hatte König Ludwig sogar die zweihundertfünfzigtausend Livres, die der Erwerb des höchsten Polizeiamts im Staat kostete, aus seiner Privatschatulle abgezweigt und den neuen Generalleutnant zugleich in den Adelsstand erhoben, sodass Sartine seine Berichte und Bescheide nunmehr mit »Antoine *de* Sartine« unterzeichnen durfte. Ja, er hatte es immer gewusst, wer diesem Staat mit dem gebührenden Eifer diente, konnte es sehr weit bringen. Nun hatte er es weiter gebracht, als er es sich erträumt hatte. Die Zeit der Ohnmacht war vorbei.

»Ihre Ernennung ist das Zeichen«, sagte Radominsky, »auf das ich seit zwei Jahren gewartet habe. Gott ist endlich wieder mit den Seinen! Doch wir dürfen deshalb nicht ruhen – der Feind schläft nicht. Wie Sie wissen, wird gerade der erste Tafelband der Enzyklopädie an die Subskribenten ausgeliefert. Das Unternehmen geht weiter! Ich habe mein Exemplar gestern erhalten.«

»Ich bereits vor einer Woche.«

Sartine tippte auf den druckfrischen Bildband auf seinem Schreibtisch. Radominsky schlug das Buch auf, um darin zu blättern.

»Was für ein prachtvolles Werk«, murmelte der Pater. »So prachtvoll wie aus der Werkstatt des Teufels.«

Der Anblick der Illustrationen nötigte auch Sartine klammheimliche Bewunderung ab. Das Buch zeigte alle Wunder dieser Welt. Ob Webstuhl oder Flaschenzug, das Zaumzeug eines Pferdes oder der Querschnitt eines menschlichen Schädels: Die Tafeln gaben die Dinge so gestochen scharf wieder, dass man glaubte, sie wirklich und wahrhaftig vor Augen zu haben. Es kostete Sartine fast Überwindung, seine Augen davon abzuwenden.

»Ich habe Informationen«, sagte er, »wonach die russische Zarin Katharina dem Herausgeber angeboten hat, die Enzyklopädie in Petersburg oder Riga zu vollenden.«
»Der Vorschlag ist eine Provokation Frankreichs«, erwiderte Radominsky, immer noch in den Anblick der Bilder versunken. »Es soll der Eindruck entstehen, dass in Paris die Philosophie verfolgt wird, während die Skythen sie fördern.«
»Diderot hat das Angebot abgelehnt, mit Hinweis auf die Eigentumsrechte der Verleger an den Manuskripten. Lieber wolle er, so seine Antwort, zum Märtyrer der Wahrheit werden, als ins Ausland fliehen. Das schulde er seinem Ruf als Philosoph.«
Radominsky blickte von dem Buch auf. »Glauben Sie im Ernst, dass dies der wirkliche Grund ist?«
Sartine schüttelte den Kopf.
»Natürlich nicht«, bestätigte der Pater. »Diderot fühlt sich in Paris sicher, darum will er bleiben.«
Die zwei Männer schauten sich an. Sartine wusste, was Radominsky meinte. Der Plan der Jansenisten war aufgegangen. Der Jesuitenorden, die Kampftruppe des Glaubens und des Gottesstaates, war entmachtet – wegen Unruhen auf ein paar Missionsstationen, fernab in Südamerika. Sartine hatte die Fakten im Kopf: Im August war das Parlament mit achtundneunzig von einhundertzwölf Stimmen zu dem Urteil gelangt, die Gesellschaft Jesu widerspreche dem Naturrecht und sei als Feind der französischen Gesetze aus dem Königreich zu entfernen. Während der Besitz des Ordens beschlagnahmt worden war, hatten die Patres in nur acht Tagen ihre Häuser räumen, ihre Tracht ablegen und sich von jeder Verbindung mit ihren Oberen lösen müssen. Zugleich hatte die

Marquise de Pompadour in Rom Klage erhoben, dass die Jesuiten ihr weiter die Kommunion verweigerten, trotz ihres Entschlusses, für den König nur noch Empfindungen der Dankbarkeit und der allerreinsten Anhänglichkeit zu hegen. Um den Eindruck zu vermeiden, mit einer Parteinahme für den Orden einen neuen Glaubenskrieg in Frankreich entfesseln zu wollen, hatte Papst Klemens befohlen, den Generaloberen der Gesellschaft Jesu in die Engelsburg zu stecken. Radominsky hatte sich daraufhin gezwungen gesehen, Ignatius von Loyola offiziell abzuschwören – seine einzige Chance, weiter als Beichtvater der Königin im Amt zu bleiben. Sartine bewunderte, wie ruhig und gelassen der Pater sich in sein Schicksal fügte, ohne den heiligen Kampf darum verloren zu geben.

»Wie harmlos diese Bilder wirken«, sagte Radominsky und blätterte weiter in dem Buch. »Dabei sind sie ein Teil des Täuschungsmanövers. Malesherbes erlaubt ihren Druck und duldet damit stillschweigend die Fortsetzung des Werks. Es ist nur eine Frage der Zeit, wann die nächsten Textbände erscheinen, mit neuen Ketzereien und Appellen zum Aufruhr.«

»Leider kann ich Ihnen nicht widersprechen«, sagte Sartine. »Solange der oberste Zensor persönlich die Philosophen vor dem Zugriff des Staates schützt, wird es sehr schwierig sein, etwas zu unternehmen. Gerade erst hat Malesherbes dafür gesorgt, dass Rousseau meinen Leuten entwischen konnte, obwohl sie einen Haftbefehl hatten, um ihn wegen seines jüngsten Romans festzunehmen.«

»Sie meinen den *Emile?*« Radominsky verzog angewidert das Gesicht. »Das Loblied auf das prächtige Tier! Die Leugnung des Bösen! Als wäre der Mensch von Natur aus gut!«

»Aus der Feder eines Mannes, der seine Kinder ins Findelhaus gebracht hat! Über solches Gesindel hält der Zensor seine Hand.«

»Malesherbes muss weg!« Radominsky klappte das Buch zu und stand auf. »Vorher gibt es keine Ruhe. Aber wie sollen wir diesen Judas entmachten?« Er trat ans Fenster und schaute hinaus. »Es fehlt die Handhabe. Als Sohn des Kanzlers und Vertrauter der Pompadour ist er unangreifbar.«

Sartine ließ die letzten Worte eine Weile im Raum schweben, bevor er etwas erwiderte.

»Nicht ganz«, sagte er dann.

»Wie bitte?«

Radominsky fuhr herum und blickte den Polizeipräfekten verwundert an. Sartine hatte sich zurückgelehnt und glitt mit den Fingern über die Enden seiner Koteletten.

»Vielleicht habe ich eine Idee …«

9

Die »kleine« Post zirkulierte im Unterschied zur »großen« ausschließlich innerhalb der Stadt sowie zwischen der Stadt und dem Hof von Versailles. Von früh bis spät waren täglich ihre Boten unterwegs, um Tausende von Briefen zu befördern. Paris war eine Welt für sich. Briefe sparten viel Zeit, ersetzten manchen Besuch und verhinderten, dass man sich umsonst auf den Weg machte. Verabredungen wurden darum auf diese Weise ebenso getroffen wie Geschäfte vereinbart. Doch die »kleine« Post diente nicht nur der alltäglichen

Bequemlichkeit der Pariser Bevölkerung, sondern auch dem Austausch von Hoffnung und Verzweiflung, von Liebe und Eifersucht, Stolz und Hass. Und nicht selten geschah es, dass ein kleines, unscheinbares Billett das Leben eines Menschen von Grund auf veränderte.

Es war am frühen Vormittag, als Sophie ein solches Schreiben bekam. Ein Lakai Madame de Pompadours brachte es in ihr Appartement, während sie noch mit der Toilette beschäftigt war. Sie bürstete gerade ihr rotes Haar, und Dorval las ihr aus einem prachtvoll eingebundenen Buch vor, das sein Stiefvater ihm zum zehnten Geburtstag geschenkt hatte: die *Persischen Briefe* von Montesquieu.

Sophie wollte den Brief schon beiseite legen, da erkannte sie das Siegel der Stadt Paris. Nanu, was konnte das sein? Die akkurate, steile Handschrift auf dem Kuvert erfüllte sie mit Unbehagen. Sie schickte Dorval mit dem Auftrag hinaus, die Eselstute zu melken, und erbrach das Siegel.

Betrifft: der Fall »Madeleine Volland«

Madame,

oben angeführter Fall, verhandelt im Jahre 1740 vor dem Landgericht Roanne, wurde von mir, neun Jahre nach Durchführung des Prozesses, in privatem Auftrag und Interesse untersucht. Gegenstand der Investigation, welche im Kirchspiel Beaulieu, Wohn- und Geburtsort besagter Madeleine Volland, erfolgte, waren Hintergründe und Motive des Verfahrens, welches zur Verurteilung und anschließenden Hinrichtung der Angeklagten führten.

Äußere Umstände, unser beiderseitiges Verhältnis betreffend, haben mir damals nicht erlaubt, Ihnen die Ergebnisse meiner Untersuchung mitzuteilen. Da diese Umstände inzwischen ihre Gültigkeit verloren haben, desgleichen auch amtlich bedingte Rücksichtnahmen, zu denen ich mich bislang genötigt sah, stelle ich dazu heute richtig: Das Kirchenarchiv von Beaulieu ist nicht, wie seinerzeit von mir behauptet, durch eine Feuersbrunst zerstört worden; vielmehr hatte ich freien Zugang zu demselben und vollständige Einsicht in die Prozessakten zum Fall der Madeleine Volland. Ich habe alles notwendige Material gelesen und sichergestellt und bin folglich imstande, den Mann, der mit seiner Klage und in Sonderheit mit seiner Aussage vor Gericht das Verfahren mit dem bekannten Ausgang maßgeblich beeinflusst hat, zweifelsfrei und eindeutig zu identifizieren …

Als Sophie den Namen las, fasste sie sich entsetzt an den Hals. Glatt und kalt wie der Tod fühlte sich der geschnitzte Engel an, während sie den Brief, am ganzen Körper zitternd, zu Ende las, bis zur Unterschrift, mit der der Absender gezeichnet hatte:

Antoine de Sartine, Polizeipräfekt von Paris.

10

Es war bereits später Abend, als Sophie bei Malesherbes in der Rue Vivienne erschien. Sie fand ihn in seinem Kabinett am Fenster. Er war so tief in den Anblick der Dunkelheit versunken, dass er ihre Ankunft nicht bemerkte.

»So nachdenklich, Monsieur?«, sagte sie und stellte die große Pappschachtel, die sie aus Versailles für ihn mitgebracht hatte, auf seinem Schreibtisch ab. »Welchen Grund zu grübeln könnte der Favorit der Favoritin haben?«

»Einmal mehr stelle ich fest, wie gut Sie mich kennen«, erwiderte Malesherbes mit einem Lächeln und verließ das Fenster, um sie zu begrüßen.

»Wenn ich Sie schon durchschaut habe«, sagte sie und streckte ihm die Hand entgegen, »darf ich mich dann nach dem Gegenstand Ihrer Betrachtung erkundigen? Soweit ich sehe, ist der Himmel bedeckt. Die Sterne können es also nicht gewesen sein.«

»Leider muss ich Ihnen ein zweites Mal Recht geben«, antwortete er ernst. »Ich habe gerade darüber nachgedacht, ob die Ernennung Sartines vielleicht ein Fehler war.«

»Hegen Sie Zweifel an Ihrer Entscheidung? Letzte Woche lobten Sie den neuen Präfekten noch in den höchsten Tönen. Wie soll ich mir diesen Meinungsumschwung erklären?«

»Ich sah Sartine vorgestern in Notre-Dame. Pater Radominsky las die Messe. Ich hatte den Eindruck, dass der Generalleutnant tatsächlich an Gott glaubt.«

»Was ist daran zu tadeln?«

»Normalerweise nichts. Aber ich bin mir nicht sicher, ob dies auch für einen Polizeisoldaten gilt. Wer sich seines Gottes allzu sicher weiß, nimmt gewöhnlich wenig Rücksicht auf die Menschen. Vom Glaubenseifer zur Barbarei ist es nur ein Schritt.«

Sophie runzelte die Brauen. »Haben Sie Grund, einen Polizeibeamten zu fürchten? So pessimistisch kenne ich Sie gar nicht.«

»Sie haben Recht, meine Liebste – was sollen die trüben Gedanken? Dorvals Glück ist Sartines Ernennung allemal wert,

bedeutet es doch das Glück seiner Mutter. Aber Sie haben etwas mitgebracht? Für mich?«
»Allerdings, Monsieur. Packen Sie nur aus!«
»Ein Geschenk? Ohne Anlass? Wie reizend«, sagte er und öffnete die Schachtel. Plötzlich wurde sein Gesicht starr, und seine Stimme stockte. »Was ... was für eine Überraschung ...«
Er hielt sein Geschenk in der Hand: ein schwarzer breitkrempiger Hut, der mit einem roten Federbusch verziert war.
»Was haben Sie, Monsieur? Gefällt er Ihnen etwa nicht?«
»Doch, doch ... natürlich«, stammelte Malesherbes, während er den Hut mit ausgestreckten Armen vor sich hielt, ohne ihn zu betrachten. »Nur vielleicht ... wie soll ich sagen ... ist er nicht ein wenig aus der Mode?«
»Was zählt schon die Mode? Die Mode ändert sich, die Gesichter bleiben – Hauptsache, er steht Ihnen! Worauf warten Sie? Probieren Sie ihn an!« Als er immer noch zögerte, nahm sie ihm den Hut aus den Händen und setzte ihn auf seinen Kopf.
Sie schloss für eine Sekunde die Augen und holte tief Luft, bevor sie den Blick hob. Dann sah sie ihn an. Unter der schwarzen Krempe wirkte Malesherbes' Gesicht so bleich wie Kalk. Es war, als stünde ein Geist vor ihr, aufgetaucht aus der Tiefe der Zeit. Sie spürte, wie sich ihr die Kehle zuschnürte.
»O mein Gott«, flüsterte sie.
Malesherbes rührte sich nicht. Seine Miene war wie versteinert: Auch er schien zu wissen, was ihr Geschenk bedeutete. Aus seinen grauen Augen sprach jene unentrinnbare Verzweiflung, in die ein Mensch sich nur selber stürzen kann. Mit so langsamen Bewegungen, als geschehe es in einem Traum, nahm er den Hut ab und ließ ihn zu Boden fallen.

»Ich hatte immer gefürchtet, dass dieser Moment eines Tages kommen würde«, sagte er mit tonloser Stimme. »Die Angst davor hat mich jede Minute unseres Zusammenseins verfolgt. Und doch habe ich immer gehofft, der Kelch würde an mir vorübergehen. Wer … wer hat Ihnen mein Geheimnis verraten? – Sartine?«

Sophie nickte, kaum fähig zu sprechen. Ihre ganze Vergangenheit, die sie so lange Jahre tot geglaubt hatte, war wieder da, verkörpert in diesem Mann. Und noch schmerzhafter als die Erinnerung war das Begreifen: Darum diese seltsamen Blicke, mit denen Malesherbes sie so oft angeschaut hatte, als suche er in ihrem Gesicht nach etwas, wovon er selbst nicht wusste, was es war, wie nach einer Spur; darum seine Fürsorge für ihren Sohn, als wolle er Dorval für etwas entschädigen, was das Schicksal dem Jungen vorenthalten hatte; darum seine Tränen bei der Hinrichtung Damiens', sein Mitgefühl, sein Verstehen, seine Anteilnahme – an allem, was auf ihr lastete und sie quälte.

Sophie sah der Wahrheit ins Gesicht. Nein, es gab keinen Zweifel mehr. Sie hatte das Bett mit dem Mann geteilt, der ihre Mutter auf dem Gewissen hatte.

»Warum?«, flüsterte sie. »Warum?«

»Ich habe sie geliebt … Ich wollte ihr mein ganzes Leben schenken, ihr alles zu Füßen legen, was ich hatte und besaß …«

»Deshalb musste meine Mutter sterben?«

»Sie hat mich abgewiesen … Sie erwiderte meine Gefühle nicht. Sie hat mich ausgelacht, mich zur Hölle gewünscht … Ich war wie von Sinnen …«

»Was haben Sie vor Gericht gesagt?«

»Ich … ich habe behauptet, sie hätte mich vergiftet, mit

einem Kräutertrank ... Ich war so jung, ich sah nur die Zurückweisung, die Verletzung meiner Ehre, als Mann ...«
Er verstummte, hilflos und beschämt, den Blick zu Boden gerichtet, während seine Worte wie Luftblasen zerplatzten, die vom Grund eines schwarzen, brackigen Teichs an die Oberfläche aufgestiegen waren, um sich in ein fauliges Nichts aufzulösen. Als er die Augen wieder zu ihr aufschlug, sah er sie so flehentlich an, als könne nur sie ihn aus seiner Verzweiflung erlösen.
»Sie haben«, sagte Sophie, »den Aberglauben der Menschen missbraucht, ihre Unwissenheit, die Gesetze, alles, um meine Mutter auf den Scheiterhaufen zu bringen? Nur weil sie Ihre Gefühle verletzt hatte, Ihren Stolz, Ihre Eitelkeit ...«
Die Stimme versagte ihr. Es war so erbärmlich, dass es nicht zu ertragen war. Ihr ganzer Körper krampfte sich zusammen – sie spürte jede Faser ihres Leibes. Plötzlich war ihr so übel wie am Tag ihrer Erstkommunion. Fast glaubte sie, erbrechen zu müssen.
Nur eine Frage hatte sie noch, obwohl sie die Antwort schon wusste. Doch sie musste sie von ihm selber hören.
»Haben Sie mir deshalb die ganze Zeit geholfen?«
Malesherbes nickte. »Deshalb – und weil ich Sie ...«
»Weil Sie was?«
Er schlug die Augen nieder. »Es ist mir nicht möglich, dieses Wort auszusprechen. Nicht hier und jetzt.«
Sophie ahnte, was er meinte. »Und hast du deshalb Diderot gewarnt?«, fragte sie weiter, obwohl sie vor Ekel und Abscheu kaum noch die Lippen bewegen konnte. »Hast du deshalb die Enzyklopädie beschützt?«
»Wie sehr habe ich mich nach diesem Du aus Ihrem Mund

gesehnt«, flüsterte er. »Jetzt, da Sie dieses Wort an mich richten, ist es mein Todesurteil.«

»Warum hast du es getan?«, insistierte sie. »Aus schlechtem Gewissen, aus Reue? Um dein Verbrechen wieder gutzumachen?«

Er blickte sie an. Sein Gesicht zuckte vor Erniedrigung und Scham, als er endlich sprach: »Ich habe versucht, das Schicksal zu korrigieren. Aber ... es war ein schrecklicher Irrtum. Niemand kann das Schicksal korrigieren ... Das Schicksal ist stärker.«

Eine lange Weile schaute sie ihn an, sprachlos angesichts des Abgrunds, der sich vor ihr aufgetan hatte. Sie wollte noch etwas sagen, aber sie hatte keine Worte mehr.

Er versuchte zu lächeln, streckte die Hand nach ihr aus. Sein Gesicht war nur noch eine Grimasse, darin zwei graue Augen, aus denen alles Leben gewichen war.

Wie hatte sie diesen Mann geachtet! Wie dankbar war sie ihm gewesen! Jetzt aber, da sie die Wahrheit kannte, hatte sie nur noch das Bedürfnis, ihm ins Gesicht zu spucken. Warum tat sie es nicht? Ohne ein weiteres Wort machte sie kehrt und verließ den Raum.

Der marmorverkleidete Korridor war menschenleer, nur ein verirrter Nachtvogel flatterte durch die Luft und flog im Schein der Kronleuchter immer wieder gegen eine Fensterscheibe.

Der lange Gang schien Sophie so öde und kalt wie die Zeit, die ihr noch zu leben blieb.

11

Am fünften Oktober des Jahres 1763 suchte Chrétien de Malesherbes seinen Vater auf, den Kanzler des französischen Königreichs, um seinen Abschied als Direktor der königlichen Hofbibliothek und oberster Zensor des Landes einzureichen.

Mit einer Stimme, die jeden Widerspruch ausschloss, erklärte er: »Ich sehe keine Möglichkeit, weiterhin mein Amt in der Weise auszufüllen, wie es mir angemessen erscheint. Ich bitte Sie darum, mich von meinen Pflichten zu entbinden.«

»Hat Ihr Entschluss seinen Grund darin, dass ich beim König in Ungnade gefallen bin?«, fragte sein Vater, von dem es hieß, Ludwig wolle ihn in Bälde ablösen.

»Diese Tatsache hat mir die Entscheidung gewiss erleichtert, Monsieur, doch die Ursache war sie nicht.«

»Nun, auch ich werde mein Amt niederlegen, bevor man mich dazu zwingt. Seine Majestät hört nicht mehr auf meinen Rat, meine Zeit ist abgelaufen. Eine neue Welt entsteht, die sich meinem Begreifen entzieht. Doch ich fürchte, sie wird grausame Rache an der alten nehmen.«

»Daran besteht kein Zweifel«, erwiderte Malesherbes. »Ich fürchte allerdings, die Gegenwehr der alten Welt wird nicht weniger grausam sein.«

Die Demission der beiden Staatsmänner erfolgte fast unbemerkt vom Hof in Versailles. Denn die Ablösung wurde überschattet von einem Ereignis, das sich in den vergangenen Monaten wie ein Trauerflor über den Königspalast gesenkt hatte. Madame de Pompadour, die Frau, die länger als jede andere Mätresse zuvor die Gunst des Königs genossen hatte, ihm Stütze und Ratgeberin in der Ausübung seines von Gott gewollten Amtes wie auch in seinen allerprivatesten Belangen gewesen war – diese Frau lag im Sterben. Schon in ihrer Jugend, als sie noch den Namen Jeanne-Antoinette Poisson trug, hatte sie bisweilen Blut gespuckt und auch später zur Zeit ihrer Ehe mit Monsieur d'Etioles. Doch hatte sie sich immer wieder von diesen Anschlägen auf ihren Körper und ihr Glück erholt, weil sie nicht bereit war, vom bunten Glanz des Lebens zu lassen. Diesmal aber, das spürte sie mit sicherem Instinkt, ging es auf das Ende zu. Trotz der Eselsmilchkuren, die ihr als einzige Arznei ein wenig halfen, hatte die unausgesetzte fieberhafte Anspannung, unter der sie all die Jahre am Hofe gestanden hatte, Tag für Tag, Stunde um Stunde, ihren kränklichen, der Ruhe und Schonung bedürftigen Leib so überanstrengt, dass sie kein Mittel zur Gegenwehr mehr besaß. Entkräftet von zahllosen Erkältungen, Fieberschüben und Schröpfkuren, zudem geschwächt durch eine beträchtliche Zahl von Fehlgeburten, war ihre einst so wunderbare Gestalt bis auf die Knochen abgemagert. Sie hatte keinen Busen mehr, und ihre ehemals makellose Haut, die das Bildnis des Hofmalers La Tour einmal so vorteilhaft zur Geltung gebracht hatte, als könne ihre Schönheit niemals vergehen, hatte sich unter all dem Puder und Rouge längst gelblich verfärbt, war vertrocknet wie ein Laubblatt, das vor der Zeit von einem verdorrten Zweig herabfällt und vom Wind davongetragen wird.

Ludwig besuchte seine einstige Favoritin fast täglich für einige Minuten am Krankenbett. Aus Dankbarkeit für ihre zahlreichen Verdienste hatte er ihr erlaubt, im königlichen Palast zu sterben, wo nach der Etikette eigentlich nur Prinzen und Prinzessinnen den Tod erwarten durften – eine offizielle

Auszeichnung für die *amie du roi*, die noch keiner Mätresse eines französischen Königs zuteil geworden war. In ihrer alten Bibliothek hatte man für sie ein Lager aufgeschlagen. Die Bücher waren ihre letzte Zuflucht. Zeit ihres Lebens hatten sie ihr geholfen, ihre Erziehung zu vervollkommnen, hatten ihr als Waffen gegen ihre vielen Neider und Feinde gedient. Sie waren ihre Ratgeber und Wegweiser gewesen, in Fragen der Kriegsführung ebenso wie in Fragen der Liebe; sie hatten ihr stets die richtigen Worte geliefert, ihr die nötigen Kenntnisse über gegenwärtige und vergangene Ereignisse vermittelt und sie in den Stand gesetzt, ohne Peinlichkeit über Malerei und Philosophie, über die Kunst des Tanzes und die Kunst der Politik zu sprechen. Die Bücher hatten ihr alles gegeben, was sie im Leben einst gebraucht hatte. Jetzt halfen sie ihr, aus dem Leben zu scheiden.

Während die Fieberschübe immer rascher aufeinander folgten, wurde sie von einer Frage gequält: Hatte sie ihr Ziel erreicht, sich in der Geschichte einen Platz zu sichern? Von dem Augenblick an, da das Schicksal sie auf ihren hohen Posten gehoben hatte, war dies ihr Bestreben gewesen. Hinter der Maske immerwährender Sorglosigkeit hatte sie davon geträumt, ihren Namen mit glanzvollen Siegen zu verbinden, mit eroberten Städten, unterworfenen Provinzen – mit dem ganzen Ruhm Frankreichs. Was war von all den Träumen geblieben? Wenigen Siegen standen zahllose Niederlagen entgegen, vor allem ihre Niederlage als Frau. Sie fühlte sich geschlagen wie die französischen Generäle und Soldaten, die nach sieben Jahren zermürbender Schlachten gegen die Preußen und Engländer inzwischen erschöpft die Waffen gestreckt hatten, um mit ihren Feinden einen faulen Frieden zu schließen. Nein, die Pompadour gab sich keinen Illusionen hin. Es war nur noch Barmherzigkeit, weshalb der König an ihr festhielt. Vielleicht befürchtete er eine Verzweiflungstat, wenn er sie jetzt verließ.

Und noch eine zweite Frage beschäftigte sie in den wenigen Stunden, die ihr noch blieben. Was würde nach ihr kommen? Während Ludwig Trost und Vergessen in den Armen der schönen Demoiselle Ronan fand – voller Bitterkeit roch die Marquise das Parfüm ihrer Rivalin in den Kleidern des Königs, wenn er sie an ihrem Bett besuchte –, nutzten die Gegner der Pompadour bereits ihr Siechtum, um am Hof ihre Truppen in Stellung zu bringen. Der alte Kanzler und sein Sohn hatten kaum demissioniert, da rissen ihre Widersacher in nur wenigen Tagen alle bedeutenden Ämter an sich. Mit Unterstützung des Parlaments sowie des Erzbischofs von Paris hoben sie Staatsrat Maupéou auf ihr Schild, den Mann, der die Todesstrafe für alle Druckerzeugnisse, die zum Aufruhr gegen die Kirche oder den Staat anstifteten, zum Gesetz erklärt hatte.

Am meisten aber machte der sterbenden Marquise eine Veränderung Sorge, die das künftige Schicksal der von ihr so geliebten Bücher betraf. Denn nur wenige Tage, nachdem Maupéou als neuer Kanzler des Königreichs im Amt war, hatte er zum neuen Aufseher des Buchwesens und obersten Zensor im Land einen Mann ernannt, der ihr gefährlicher erschien als jeder andere denkbare Kandidat: Antoine de Sartine.

12

Sophie wich unterdessen keine Stunde vom Krankenlager der Pompadour. Der Husten der Marquise verschlimmerte sich von Tag zu Tag, das Fieber schien unaufhörlich zu steigen, und immer wieder wurde sie von schweren Erstickungsanfällen geplagt. Dr. Quesnay, dem langjährigen Leibarzt der Patientin, gelang es kaum noch, seine Besorgnis vor ihr zu verbergen, während Sophie Tag und Nacht tätig war, um ihre Leiden zu lindern. Sie führte die Anweisungen der Ärzte aus, die Dr. Quesnay in immer größerer Zahl zu Rate zog, gab der Kranken Eselsmilch und Orangenblütenwasser zu trinken, stützte sie bei den Hustenanfällen und senkte mit feuchten Umschlägen und Wadenwickeln ihr Fieber.

Dann plötzlich, drei Wochen, nachdem die Marquise in den Königspalast zurückgekehrt war, um zu sterben, trat eine erstaunliche Besserung ihres Zustands ein. Es war ein vollkommenes Wunder. Das Fieber sank, der Husten hörte fast ganz auf, und eines Morgens konnte sie sogar ihr Bett verlassen, um auf einer Ottomane ihr Frühstück einzunehmen.

Ihr Blick war klar, ihre Stimme fest, als sie Sophie aufforderte, auf einem Stuhl an ihrer Seite Platz zu nehmen.

»Was wirst du tun, wenn ich nicht mehr da bin?«

»Was ist das für eine Frage?«, erwiderte Sophie erschrocken. »Sie dürfen so nicht reden, Madame. Warten Sie ab – keine zwei Wochen, und Sie sind wieder gesund und wir fahren mit der Kutsche in den Bois de Boulogne.«

»Ich weiß, was du für mich empfindest, Sophie«, sagte die Pompadour und nahm ihre Hand. »Aber machen wir uns nichts vor! Dies ist nur ein letztes Aufflackern der Lebensgeister. Lass uns die Zeit nutzen, solange wir sie noch haben!« Sie schaute sie liebevoll an. »Was also wirst du tun, wenn es soweit ist? Sag es mir, ich möchte es wissen. Wirst du den Hof verlassen?«

Sophie spürte, dass sie ihrer Freundin die Antwort nicht schuldig bleiben durfte. Doch mehr als ein stummes Nicken brachte sie nicht zustande.

Die Pompadour verstand sie auch ohne Worte. »Und Monsieur de Malesherbes? Wirst du dich an ihm rächen?«

Sophie schüttelte den Kopf. »Nein. Rache ist keine Lösung – es gibt überhaupt keine Lösung. Was er getan hat, ist so ungeheuerlich ... Ich glaube, darüber kann nur Gott richten.«

»Du hast Recht«, pflichtete die Pompadour ihr bei. »Das Leben ist zu kurz, um es an Dinge zu verschwenden, die wir nicht ändern können. Dafür sollten wir uns mit ganzer Kraft jenen Aufgaben widmen, auf die wir noch Einfluss haben. Aufgaben und Menschen.« Sie drückte Sophies Hand. »Glaubst du nicht, du solltest zu Diderot zurückkehren? Dein Herz gehört ihm immer noch, ich spüre es – auch wenn du es selbst nicht wahrhaben willst.«

Sophie wich dem prüfenden Blick aus. Die Augen auf die Bücherregale an den Wänden gerichtet, sagte sie leise: »Ich habe zweimal versucht zu lieben, und zweimal habe ich Schiffbruch erlitten.«

»Willst du es nicht ein drittes Mal versuchen? Mach nicht denselben Fehler wie ich. Ich habe viel zu früh aufgegeben.«

Sophie ließ den Blick über die Maroquinrücken in den Regalen schweifen. Hinter den wappengeschmückten Schildern verbargen sich unendlich viele Geschichten, deren Inhalt und Ausgang sie niemals erfahren würde. Kam es da auf eine Geschichte mehr oder weniger an?

»Ich kann nicht mehr an die Liebe glauben«, sagte sie bitter. »Wenn die Menschen behaupten, sie hätten ihr Herz verloren, ist es meistens doch nur ihr Verstand. Manchmal erscheint mir die Liebe wie eine Art Gemütskrankheit, die man durch die Ehe zu kurieren versucht.«

»Das mag auf neunzig Prozent aller Fälle zutreffen, und hier am Hof von Versailles vielleicht sogar auf hundert Prozent. Doch gilt das auch für dich?« Die Pompadour wartete ab, bis Sophie sich wieder zu ihr umwandte. »Lange Jahre«, fuhr sie dann fort, »habe ich versucht, die Liebe zu leugnen. Weil ich fürchtete, durch sie zu verlieren, was mir stets am wichtigsten erschien: Macht zu haben – über mich und andere. Doch was ist Macht im Vergleich zur Liebe? Die Liebe ist die Seele des Lebens, Anfang und Ende von allem, was wir tun. Darum ist sie das einzige Gut, das sich vermehrt, wenn wir es verschwenden. Die Augen davor zu verschließen war vielleicht der größte Irrtum meines Lebens.«

»Mir fehlt nicht nur der Glaube, Madame, mir fehlt auch die Kraft. Ich empfinde die Liebe nur noch wie ein Messer, das in meiner Seele wühlt.«

Die beiden Frauen schwiegen eine Weile.

Dann sagte die Pompadour: »Vielleicht ist es so, wie du sagst, Sophie. Vielleicht haben wir nur die Kraft, ein einziges Mal im Leben wirklich zu lieben, und zwar das erste Mal, um uns später mit kleinen Liebeleien über diesen großen Verlust hinwegzutrösten. Ja, vielleicht ist es sogar das Merkmal wirklicher Liebe, dass sie vergeht wie ein brennender Dornbusch. Aber muss deshalb am Ende nur Asche übrig bleiben?«

Sophie wusste keine Antwort auf diese Frage.

Die Pompadour sagte: »Wenn du nicht zu Diderot zurückkehren kannst, dann hilf ihm zumindest, sein Werk zu vollenden.«

»Wozu?«, fragte Sophie. »Immer, wenn ich ihm helfen wollte, wurde alles nur noch schlimmer.«

»Trotzdem, du musst es versuchen, selbst wenn du nicht daran glaubst. Das bist du der Liebe schuldig, die du einmal für ihn empfunden hast ...«

Ein Hustenanfall unterbrach sie.

»Hören Sie auf zu sprechen!«, sagte Sophie besorgt. »Bitte! Es strengt Sie zu sehr an.«

»Es ist schon wieder vorbei.« Die Pompadour rang nach Luft; jedes Wort, das sie sprach, schien ihr Qualen zu bereiten. Und doch redete sie weiter, mit brüchiger, kaum hörbarer Stimme. »Du musst es mir versprechen, Sophie – es ist deine Pflicht, Diderot zu helfen. Seine Feinde haben alle Macht im Staat erobert. Wenn ich sterbe, wird niemand mehr da sein, der ihn und die Enzyklopädie vor ihren Angriffen schützt.« Sie hob die Hand, damit Sophie sie nicht unterbrach. »Bis jetzt gab es zwar strenge Gesetze, aber die Handhabung war lax. Unter Maupéou als Kanzler wird die Handhabung ebenso streng sein wie die Gesetzgebung selbst. Ein missverständlicher Artikel, ein falsches Wort genügt, und die Enzyklopädie wird für immer verdammt. Sie werden Diderot verhaften, ihn nach Vincennes bringen oder sogar aufs Schafott.«

»Glauben Sie, dass sie zu solchen Verbrechen fähig sind?«

»Du nicht?«, fragte die Pompadour zurück. »Der neue Kanzler war schon mein Feind, als ich noch eine schöne Frau war. Und Sartine wird jede Gelegenheit nutzen, um sich für die Demütigungen in seinem Leben zu rächen. Hast du seinen Brief vergessen? Um wie viel gefährlicher wird er in Zukunft

erst sein! Als Polizeipräfekt und Chef der Zensurbehörde ist er einer der mächtigsten Männer in Paris.«
Erschöpft sank sie auf ihr Kissen und schloss die Augen.
»Aber der König?«, fragte Sophie. »Ist von ihm gar keine Hilfe zu erwarten?«
Die Pompadour lächelte wie in Erinnerung an einen schönen Traum. »Ludwig ist ein charmanter Mann, aber er hat keinen Charakter. Er ist wie ein Kind, immer braucht er jemanden, der sich um ihn kümmert und ihn glücklich macht. Nein, er wird niemandem helfen.«
Durch das Fenster sah Sophie, wie sich draußen die Dämmerung zwischen den Bäumen und Büschen ausbreitete. Die Schatten waren so lang, dass sie den ganzen Park aufzuzehren schienen.
»Ich habe Angst«, flüsterte sie.
»Ich auch, Sophie ... Ich auch ...«
Jemand öffnete leise die Tür. Ein Abbé kam herein, ein magerer, knochiger Mann, der mit ernstem Kopfnicken grüßte. Er trug einen Messkelch und ein Gebetbuch bei sich.
»Da staunst du, nicht wahr?«, sagte die Pompadour mit einem Lächeln. »Père Sacy hat sich bereit erklärt, mir die Beichte abzunehmen. Auf die Gefahr hin, dass man ihn seines Amtes enthebt. Nun, ich fürchte, es wird ein längeres Gespräch werden.«
»Dann lasse ich Sie jetzt allein«, sagte Sophie und stand auf. Sie beugte sich über die Kranke, um sie zu küssen. Doch die Pompadour wehrte ab.
»Nein ... es ist zu gefährlich. Du könntest dich anstecken. Aber ich danke dir – für alles.« Sie nahm noch einmal Sophies Hände und schaute sie an. Ihre schwarzblauen Augen glänzten, sie schien wieder Fieber zu haben. »Und vergiss nicht, du

musst Diderot helfen. Du bist die Einzige, die ihn schützen kann. Ihn und die Enzyklopädie … Aber jetzt geh bitte, ich habe mit Père Sacy noch viel zu bereden – mehr als mir lieb sein kann.« Sie sprach jetzt so leise, dass Sophie die Worte nur noch ahnen konnte. »Er will mich partout mit Gott versöhnen. Dabei weiß ich nicht einmal, ob es mir im Himmel gefallen wird. Ich fürchte, ich werde dort nur wenige Bekannte wiederfinden.«
Ein letztes Lächeln – dann ließ sie Sophies Hände los und drehte den Kopf zur Wand.

13

Am Palmsonntag des Jahres 1764, am fünfzehnten April gegen sieben Uhr abends, tat die Marquise de Pompadour, geborene Jeanne-Antoinette Poisson, geschiedene d'Etioles, nach einem rastlosen und anstrengenden, nur dreiundvierzig Jahre währenden Leben im Königspalast zu Versailles ihren letzten Atemzug. In Sünde war sie empfangen worden, vor Kummer und Auszehrung musste sie sterben.
Es war, als wäre eine große Spieluhr stehen geblieben, deren Seele und Antrieb die Marquise gewesen war. Die goldfarbenen Gondeln auf dem Kanal, der Versailles mit dem Lustschloss La Celle verband, dümpelten nutzlos am Ufer, als würden sie nie wieder zu einer Vergnügungspartie gebraucht, während die rosa und gelben Rosenbäumchen, die sich in dem stehenden Wasser widerspiegelten, welk die Blüten hängen ließen. Alles Lachen war verstummt, die Lampions in

den Kolonnaden schienen für immer erloschen. Selbst die Vögel in den kegelförmig gestutzten Bäumen entlang des Kanals hatten aufgehört zu zwitschern, und die Schäfchenwolken am blauen Frühlingshimmel, der sich wie ein Theaterplafond über das meerschaumweiße Lustschloss spannte, regten sich nicht, als hätte die Zeit selbst ihren Betrieb eingestellt.

Dem König wurde nachgesagt, er habe beim Anblick des Leichenzugs, der die sterblichen Überreste der Pompadour nach Paris überführte, wo sie in der Kapelle der Kapuzinerinnen an der Place Vendôme beigesetzt werden sollten, nur ein kühles, herzloses Wort gefunden über die Frau, die ihn so viele Jahre die Ödnis seines Daseins hatte vergessen lassen. Er habe sie niemals geliebt, sagte er, und sie nur behalten, um sie nicht zu töten. Und kaum war sie begraben, hörte man auf, nach ihr zu fragen, als ob sie niemals existiert hätte. »So ist die Welt«, bemerkte die Königin Maria Leszczynska mit einer gewissen Genugtuung. »Es lohnt sich wahrhaft nicht, sie zu lieben.«

Am Abend nach der Beisetzung lag Sophie viele Stunden wach in ihrem Bett, unfähig zu schlafen oder einen klaren Gedanken zu fassen. Ihre Wohnung in La Celle, die sie auf Anordnung des Majordomus noch einen Monat behalten durfte, war so leer, dass die Stille in ihren Ohren zu dröhnen schien. Sie hatte ihre beste Freundin verloren – die einzige Freundin, die sie je gehabt hatte. Bis zuletzt hatte die Marquise alles getan, um ihr zu helfen, noch auf dem Sterbebett hatte sie sich um ihre Belange gekümmert. Umso eindringlicher empfand Sophie die Mahnung, mit der die Pompadour sich von ihr aus dem Leben verabschiedet hatte. Ausgerechnet diese Frau, von der es am Hof geheißen hatte, sie sei zu keiner Herzensregung fähig, hatte versucht, ihr den Glauben an die Liebe wiederzugeben, sie an die Pflichten erinnert, die sie Diderot gegenüber hatte. Immer noch hörte sie ihre Worte, wieder und wieder: »Ein missverständlicher Artikel, ein falsches Wort genügt, ... und sie werden Diderot verhaften, ihn nach Vincennes bringen oder sogar aufs Schafott.«

Irgendwann in der Nacht gab Sophie den Kampf gegen die Schlaflosigkeit auf. Sie verließ ihr Bett, zündete eine Kerze an und trank ein Glas Wasser. Sie wollte etwas lesen, irgendetwas, bis endlich der Morgen kam. Leise, um Dorval nicht zu wecken, ging sie in ihr Lesekabinett. Den Kerzenleuchter in der Hand, trat sie an ein Regal – da fiel ihr Blick auf einen schmalen Buchrücken, der fast versteckt war zwischen zwei großen Folianten. Es war ein Exemplar der *Geschwätzigen Kleinode*, in rote Seide gebunden. Diderot hatte es ihr geschenkt, irgendwann in der kurzen Zeit ihres Zusammenlebens. Ohne zu überlegen, griff sie nach dem Buch, das sie seit Jahren nicht mehr in den Händen gehalten hatte.

Wollte sie wirklich darin lesen? Es war ein Gefühl wie vor langer, langer Zeit in der Dachkammer über dem »Procope«, wenn sie an den Deckel ihres verbotenen Schatzkästleins rührte, unwiderstehlich angezogen von dem kostbaren Inhalt und gleichzeitig voller Angst. Sie schlug das letzte Kapitel auf, und ohne ihr Zutun fanden ihre Augen die Zeilen, nach denen ihr Herz sich sehnte, eine Botschaft aus einer anderen Welt, die längst verklungen war und doch nicht aufhörte, zu ihr zu sprechen.

»Was sollte fern von Euch, Mongagul, aus mir werden?«, las sie die Worte, die der Ring des Magiers Mirzozas Kleinod entlockte. »Getreu bis in die Nacht des Grabes, hätte ich Euch auch dort gesucht; und wenn Liebe und Beständigkeit bei

den Toten irgendwelchen Lohn empfangen, geliebter Fürst, so hätte ich Euch wohl gefunden. Ach! Ohne Euch wäre der herrliche Palast für mich nur eine elende Hütte gewesen ...«
Sophie schmeckte Salz auf ihren Lippen. Mit dem Handrücken wischte sie über ihre Wangen – sie waren nass von Tränen. Sie schloss das Buch und trat ans Fenster. Draußen zog das erste Licht der Morgendämmerung herauf; wie lebende Drohgestalten schienen die Bäume und Büsche des Parks aus den nächtlichen Schatten hervorzutreten. Nein, sie konnte nicht mehr zu Diderot zurückkehren, ihre Liebe war für immer verbrannt. Aber durfte sie ihn deshalb seinem Schicksal überlassen?
Das unbestimmte, doch unabweisbare Gefühl von Schuld lastete auf ihrer Seele. Sie selbst hatte Malesherbes zum Rücktritt veranlasst, daran gab es für sie keinen Zweifel. Aber hatte sie damit nicht zugleich Diderot und sein Werk in noch größere Gefahr gebracht, als ihnen ohnehin schon drohte? Sie musste Diderot vor der Gefahr warnen, in der er schwebte; er hatte ja keine Ahnung, was sich in Versailles zusammenbraute. Aber würde eine solche Warnung etwas bewirken? Sophie glaubte es nicht. Sie kannte Diderot: Je größer die Gefahr war, vor der man ihn warnte, desto störrischer reagierte er. Sogar als Malesherbes persönlich ihm geraten hatte, Paris zu verlassen, weil ihm nach Damiens' Hinrichtung und der Verschärfung der Gesetze die Verhaftung drohte, hatte er sich geweigert, stur wie ein Maulesel – nicht einmal seinen todkranken Vater hatte er in Langres besucht, um nicht den Anschein eines Schuldbekenntnisses zu erwecken.
Sophie stellte das Buch zurück ins Regal. Nein, es hatte keinen Sinn, zu Diderot zu gehen, und selbst wenn sie es tat – wahrscheinlich würde er sie nicht einmal empfangen. Was

aber konnte sie dann für ihn tun? Sie wusste es nicht, sie wusste nur, sie durfte nicht tatenlos abwarten, dass er dem neuen Oberzensor ins Messer lief, dass er irgendetwas schrieb und verbreitete, was Sartine zum Anlass nehmen konnte, sein Leben und sein Werk zu zerstören. Denn dass Sartine dies tun würde, stand außer Frage. Madame de Pompadour hatte ihr die Augen geöffnet.

Noch am nächsten Tag zermarterte Sophie sich das Gehirn, doch ohne Erfolg. Das Labyrinth ihres Lebens schien ihr verworrener denn je, ein unentrinnbarer Irrgarten, und die Frage, wie sie Diderot vor sich selbst schützen konnte, verfolgte sie noch, als sie ihren Haushalt am Hofe auflöste, um mit Dorval in ein kleines Haus am Stadtrand von Paris zu ziehen – ja, sogar als sie zwei Wochen nach der Beisetzung ihrer Freundin der Testamentseröffnung beiwohnte, zu der sie der Notar der Marquise de Pompadour geladen hatte, war sie in ihren Gedanken immer noch bei Diderot.

14

Die Kanzlei befand sich im Faubourg Saint-Honoré. In dem großen, eichengetäfelten Saal waren bei ihrer Ankunft schon einige Dutzend Hinterbliebene versammelt. Die meisten von ihnen kannte Sophie: ein paar Hofschranzen, ein paar Zofen, ein paar Kammerdiener; der Haushofmeister, der Portier und der Kellermeister; dazu namenlose Kutscher, Träger und Gärtner; Köche, Offiziere und Zureiter; Garderobenfrauen, Modistinnen und Hofmägde; außerdem natürlich Dr. Quesnay und Monsieur Poisson, der jüngere Bruder der Verstorbenen. Dieser hieß inzwischen Monsieur de Marigny und trug den Titel eines Marquis, doch an seiner Art hatte sich nichts geändert. Im Gegenteil: Statt sein Selbstbewusstsein zu festigen, hatte die neue Würde seine Schüchternheit geradezu ins Groteske gesteigert – am Hof kursierten die boshaftesten Spottverse über ihn. Anders als die meisten Anwesenden, die mit unverhohlener Gier dem Notar lauschten, ungeduldig darauf wartend, dass die Reihe endlich an sie kam, hörte er den Ausführungen schweigend zu, die Hände vor dem rundlichen Bauch gefaltet, um sich arglos und völlig ergeben in den letzten Willen seiner Schwester zu fügen.

»Im Namen des Vaters, des Sohnes und des Heiligen Geistes! Ich, Jeanne-Antoinette Poisson, Marquise de Pompadour, an Gütern getrennte Gattin des Charles-Guillaume Le Normant d'Etioles, habe mein gegenwärtiges Testament und die Bestellung meines letzten Willens gemacht und geschrieben, von dem ich will, dass er in seinem vollen Umfang ausgeführt werde. Ich befehle meine Seele Gott, indem ich ihn anflehe, Mitleid mit mir zu haben und mir meine Sünden zu verzeihen, darauf hoffend, seiner Gerechtigkeit durch die Verdienste des kostbaren Blutes Jesu Christi, meines Heilands, und durch die mächtige Beihilfe der Heiligen Jungfrau sowie aller Heiligen des Paradieses teilhaftig zu werden ...«

Mit näselnder Stimme trug der Notar die Verfügungen vor, Seite um Seite, Satz für Satz, monoton und gelangweilt wie ein Priester, der zum tausendsten Mal die Messe liest. Sophie schaute sich um: So vertraut ihr die Gesichter waren, in die sie blickte, so fremd erschienen sie ihr bereits jetzt, obwohl noch keine zwei Wochen vergangen waren, seit sie den Hof verlassen hatte. Plötzlich hörte sie ihren eigenen Namen.

»Ich hinterlasse Sophie Volland aus Dankbarkeit für ihre Anhänglichkeit an meine Person eine Pension von sechstausend Livres, meinem Arzt, Dr. Quesnay, viertausend Livres, Monsieur Lefèvre, meinem Zureiter, eintausendzweihundert Livres …«

Sophie holte tief Luft. Mit dieser Pension, das wusste sie, war sie bis an ihr Lebensende aller materiellen Sorgen frei. Sie konnte die Miete für ihr kleines Haus bezahlen, und Dorval würde es nie an etwas fehlen. Nur gut, dass die Adoption nicht rechtsgültig geworden war, bevor sie Malesherbes' Geheimnis entdeckt hatte … Die neidvollen Blicke, die sich ihr für einen Moment zugewandt hatten, wanderten schon wieder weiter, um sich der Reihe nach auf jeden einzelnen Anwesenden zu richten, den die Pompadour in ihrem Testament bedacht hatte, bis schließlich alle Augen eine einzige Person anstarrten, die unter der übergroßen Aufmerksamkeit vor lauter Verlegenheit puterrot im Gesicht anlief.

»Was den Rest meiner Immobilien und Güter anbetrifft, von welcher Natur sie auch seien und an welchem Ort sie liegen mögen, so gebe und verleihe ich sie Abel-François Poisson, dem Marquis von Marigny, meinem Bruder, den ich zu meinem Universalerben mache und einsetze …«

Es folgten zahllose Zusatzerklärungen, mit denen die Pompadour auch die unscheinbarsten Güter ihres schier unermesslichen Besitzes, den sie im Laufe ihres Lebens angehäuft hatte, namentlich genannten Erben vermachte. Sogar ihre Haustiere – ein Papagei, ein Hund und ein Wickelschwanzaffe – waren einzeln aufgeführt; unter dem Gelächter der Anwesenden wurden sie dem Naturforscher Buffon zugesprochen. Für noch größere Unruhe sorgte aber ein ausführliches Kodizill, mit dem die Verstorbene einige der zuvor geäußerten Verfügungen wieder aufhob beziehungsweise korrigierte. In wenigen Augenblicken verwandelte sich der Saal in einen orientalischen Basar. Alles rief und protestierte durcheinander; man bestürmte den Notar, der immer wieder beteuerte, dass er nur den Willen der Verstorbenen verkünde und keinerlei Verantwortung für den Inhalt der Verfügungen trage. Betreten schlug Sophie die Augen nieder. Was für ein widerliches Spektakel! Während die Parteien übereinander herfielen wie eine Horde armenischer Straßenhändler, verschiedene Versionen des Testaments zitierten, anfochten, alte und neue Fassungen scheinbar nach Belieben präsentierten, interpretierten, korrigierten, als gäbe es keine verbindliche Wahrheit, wie der letzte Wille der Verstorbenen zu verstehen sei, als wäre die gültige Wahrheit nichts anderes als das jeweils letzte hingekritzelte Wort von ihrer Hand, hoffte Sophie nur, dass das unwürdige Schauspiel bald ein Ende hätte. Sie hörte gar nicht mehr zu, versuchte, während sie nervös mit ihrem Armband spielte, ihre Gedanken auf andere Gegenstände zu richten, auf künftige Besorgungen zur Einrichtung ihres Hauses, nur um sich abzulenken – da hatte sie plötzlich das Gefühl, ihre verstorbene Freundin würde zu ihr sprechen. Obwohl es doch unmöglich sein konnte, ganz und gar Unsinn war, sich jeder Vernunft und Erfahrung entzog, hörte sie die vertraute Stimme: »Und wenn jemand käme, der mit der Enzyklopädie genauso verführe?«

Die Stimme klang so deutlich und klar, als wäre die Marquise im Raum. Unwillkürlich schaute Sophie sich um. Was wollte ihre Freundin ihr sagen? Was hatte die Enzyklopädie mit der Testamentseröffnung zu tun? Doch dann fiel es ihr wie Schuppen von den Augen. Das Gefeilsche um sie her war der Schlüssel: Was den Menschen als Wahrheit galt, war immer nur vorläufig, jede Wahrheit die Vorstufe einer anderen. Und diese Erkenntnis galt nicht nur für den letzten Willen eines Menschen, sie galt für jede Bekundung seines Willens, die er anderen Menschen hinterließ ... Der Gedanke verschlug Sophie den Atem, so ungewöhnlich, so abenteuerlich, so ganz und gar verrückt schien er ihr. Und doch – wäre das nicht die Lösung? Ein Ausweg aus dem Labyrinth, um Diderot und sein Werk zu retten?

Sie schloss die Augen und sah das lächelnde Gesicht der Pompadour. Es war, als zwinkere ihre Freundin ihr aus dem Jenseits zu.

Ohne das Ende des Streits abzuwarten, verließ Sophie den Saal und machte sich auf den Weg. Endlich wusste sie, was sie zu tun hatte.

15

Land in Sicht!

Wie ein Kapitän auf der Brücke brüllte Le Bréton den Arbeitern die Kommandos zu, während das ganze Verlagshaus in seinen Fugen stöhnte und ächzte wie ein Schiff auf hoher See. Jeden Mann trieb er einzeln an, prüfte die Qualität der Abzüge, den Auftrag der Druckerschwärze, die Makellosigkeit des Papiers, verteilte hier ein Lob und dort einen Tadel, packte auch selber mit an, wenn ein Arm an der Druckpresse fehlte, damit die Enzyklopädie sicher in den Hafen einlief. Es durften jetzt keine Fehler mehr passieren, niemand war so kritisch wie der zahlende Kunde – es war ohnehin ein

Wunder, dass die Abonnenten immer noch stillhielten nach all den falschen Versprechungen, die man ihnen im Verlauf von zwanzig Jahren über Preis und Umfang des Unternehmens gemacht hatte. Von acht Foliobänden mit Text und zweien mit Illustrationen war im Ankündigungsprospekt die Rede gewesen, für eine Gesamtsumme von zweihundertachtzig Livres. Inzwischen war das Werk auf siebzehn Text- und elf Tafelbände angewachsen, die jeden der viertausendzweihundertfünfzig Subskribenten sage und schreibe neunhundertvierundachtzig Livres kosteten.

Ja, die Enzyklopädie war das Geschäft seines Lebens geworden – der Hofalmanach, den Le Bréton nach wie vor als erster ordentlicher Buchdrucker des Königs jährlich herausbrachte, war nur ein Butterbrot im Vergleich dazu. Da die allermeisten Autoren ohne Honorar ihre Beiträge geschrieben hatten, belief sich der Gewinn auf über drei Millionen Livres. Wer hätte das je ahnen können? Am Anfang war es nur darum gegangen, ein simples englisches Wörterbuch ins Französische zu übersetzen – bis Diderot mit seiner wunderbaren Idee gekommen war, etwas völlig Neues zu wagen. Mit dem Stock hatte Le Bréton den ursprünglich unter Vertrag genommenen Herausgeber davonprügeln müssen, um Platz zu schaffen für diesen so glorreichen Fortschritt.

Der Einsatz hatte sich wahrlich gelohnt. Le Bréton war ein reicher, mächtiger Mann, von Ministern geachtet und von Konkurrenten gefürchtet. Längst war er seiner bescheidenen Sänfte entstiegen und fuhr mit einer eigenen vierspännigen Kutsche durch die Stadt, um seine Geschäfte zu besorgen. Zufrieden nahm er die goldene Uhr, die er kürzlich für ein kleines Vermögen am Quai de l'Horloge erstanden hatte, aus seiner Westentasche und ließ den Deckel aufspringen. In ein paar Minuten musste er aufbrechen. Die letzten Textbände standen kurz vor dem Abschluss, er wollte in Massy, in der Nachbarschaft seines Landhauses, eine Scheune besichtigen, die man ihm zu einem günstigen Mietzins angeboten hatte, um die bereits fertigen Bände vor den Toren der Stadt zwischenzulagern, bis die Auslieferung endlich ohne Gefahr für das Unternehmen erfolgen konnte.

Würde er es schaffen, am Abend wieder pünktlich zu Hause zu sein? Er hatte es seiner Frau versprochen. Sie wollte unbedingt mit ihm in die Oper, um dort einem achtjährigen Wunderknaben aus Wien zuzuhören, der angeblich besser Klavier spielte als jeder Erwachsene – Mozart war sein Name.

Le Bréton klappte gerade den Deckel seiner Uhr zu, als plötzlich eine fremde Frau vor ihm stand, in seidenen Kleidern und einer Mantille über den Schultern, eine richtige Dame. Er schaute sie fragend an.

»Sie wünschen?« Er hatte die zwei Worte noch nicht ausgesprochen, da erkannte er sie. Das rote Haar und die vielen Sommersprossen konnten nur *einer* Frau gehören. »Madame Sophie? Parbleu, das ist aber eine Überraschung!«

»Ich bin gekommen, um Ihnen einen Vorschlag zu machen, Monsieur Le Bréton«, erwiderte sie. »Haben Sie einen Augenblick Zeit?«

»Sicher, gewiss, aber vielleicht woanders als in diesem Lärm. Wenn Sie mir bitte folgen?«

Er führte sie aus der lauten Druckerei die Treppe hinauf in den Salon seiner Privatwohnung, in das vornehmste Zimmer des ganzen Hauses, wo inmitten Hunderter Nippesfiguren aus sündhaft teurem Sèvres-Porzellan ein veritabler Flügel stand, der Stolz der ganzen Familie, obwohl niemand auf ihm spielte. Le Bréton bot Sophie einen Platz auf der Chaiselongue direkt gegenüber dem schwarz lackierten Prachtstück an, sodass sie es unmöglich übersehen konnte.

»Was also haben Sie auf dem Herzen?«, fragte er und ließ sich in einen Sessel sinken. »Sie wollten mir einen Vorschlag machen?«

Zu seiner Enttäuschung schien Sophie den Flügel gar nicht zu beachten, genauso wenig wie den in Atlas gewandeten Mohren, der gerade mit einem Tablett hereinkam – seine Frau hatte ihn vor einem Monat als Diener angeschafft, um einer Freundin zu imponieren, die zwei Windhunde, drei Siamkatzen und einen Wellensittich besaß. Während der Mohr mit vielen Verbeugungen die dampfende Schokolade servierte, sprach Sophie so intensiv auf Le Bréton ein wie sonst nur untalentierte Autoren, die ihm ein Manuskript zum Druck aufschwätzen wollten. Sie berichtete vom Tod der Pompadour, von den neuen Ministern und den Gesetzen, die nun zur Anwendung gelangen würden. Wozu erzählte sie das alles? Le Bréton las jeden Morgen den *Mercure* und war bestens im Bilde. Wollte sie etwa Eindruck auf ihn machen mit ihren Kenntnissen vom Hof? Das war eher unwahrscheinlich – er kannte Sophie und schätzte sie als eine Frau, die wenig Aufhebens um ihre Person machte. Sollte sie sich so sehr verändert haben?

Dann kam sie plötzlich auf die Enzyklopädie zu sprechen. Eingehend erkundigte sie sich nach dem Stand der Dinge, wollte wissen, wie viele Textbände noch ausstanden, vor allem aber, wie weit der Druck vorangeschritten sei. Le Bréton runzelte die Stirn. Woher rührte dieses Interesse? Diderot und sie waren seit Jahren getrennt. Sie hatte mit der ganzen Sache doch nichts mehr zu tun!

Als sie den Grund nannte, weshalb sie gekommen war, schlug er die Hände über dem Kopf zusammen.

»Das kann ich nie und nimmer verantworten. Diderot bringt mich um!«

»Er braucht davon nichts zu wissen«, erwiderte sie so ruhig, als habe sie ihn um einen ganz alltäglichen Gefallen gebeten. »Als Verleger tragen Sie die letzte Verantwortung für das Unternehmen. Sie dürfen nicht riskieren, dass am Ende womöglich über zwanzig Jahre Arbeit umsonst gewesen sind.« Und als er nichts sagte, fügte sie hinzu: »Oder wollen Sie das alles hier verlieren? Das schöne Porzellan, den herrlichen Flügel?«

Le Bréton holte ein Tuch aus der Tasche und wischte sich den Schweiß ab, der in großen Tropfen auf seiner Stirn perlte. Wie ungemütlich war plötzlich das sonst so behagliche Zimmer! Er schniefte und schnaufte, ächzte und stöhnte, während er auf seinem Stuhl hin und her rutschte, ohne zu einem Schluss zu kommen. Was diese Frau da sagte, war ja nicht von der Hand zu weisen, mehr noch, sie hatte tausendmal Recht, leider Gottes hatte sie das, wenn sie von einer großen Gefahr sprach, in der sie allesamt schwebten, und die Lösung, die sie vorschlug, war verdammt gescheit. Aber wie zum Teufel stellte sie sich die Umsetzung ihres abenteuerlichen Plans vor? Der gemeinste, hinterhältigste, schäbigste Zensor wäre sich zu schade, einen solchen Auftrag anzunehmen.

»Nun, Monsieur Le Bréton?«

Voller Sorge schaute er sich um. Die Arbeit eines Lebens steckte in all der Pracht und Herrlichkeit. Sollte er darauf in Zukunft verzichten?

Le Bréton tat einen letzten Seufzer und wandte sich wieder seinem Gast zu.

»Und wer, bitte schön«, fragte er, »soll eine solche Manipulation ausführen?«

16

Saint-Cloud war ein kleiner, beschaulicher Ort im Südwesten von Paris, der berühmt war für seinen Park und seine Wasserspiele. Damit all das Wasser, das sich in plätschernde Bäche ergoss, um aus zahllosen Springbrunnen und Fontänen in die Seen und Teiche gespien zu werden, von keinerlei Unrat getrübt wurde, hatte man Netze von einem Ufer der Seine zum anderen gespannt. Darin fingen sich, von der Strömung aus der Hauptstadt herangetrieben, in buntem Durcheinander die seltsamsten Gegenstände, oft zum nicht geringen Nutzen der Wärter, welche die Anlage bewachten. Aber die Netze waren auch der Grund dafür, warum den unglücklichen Parisern, die sich in der Seine ertränkten, um aus dem Leben zu scheiden, nur selten das Glück vergönnt war, den unermesslichen Ozean zum Grab zu haben. Wenn nicht gerade Eisgang herrschte, endete ihre letzte Reise zwischen den Ufern von Saint-Cloud, und wer etwa gehofft hatte, er könne sich heimlich aus dieser Welt stehlen, wurde hier erkannt. An diesem Ort, nur einen Steinwurf vom großen Fluss entfernt, hatte Sophie ihr neues Heim gefunden.

»Warum wohnen wir nicht mehr beim König?«

»Wie oft willst du mich das noch fragen, Dorval? Weil Madame de Pompadour gestorben ist. Aber ich glaube, es wird langsam Zeit fürs Bett. Draußen ist es schon dunkel.«

»Warum kommt Monsieur de Malesherbes uns nicht besuchen? Bin ich jetzt nicht mehr sein Sohn?«

Sophie sah in Dorvals verstörtes Gesicht. Seit sie ihr Haus in Saint-Cloud bezogen hatten, war er kaum noch wieder zu erkennen. Er kümmerte sich nicht um die Eselstute, die Sophie für ihn hierher hatte bringen lassen, er spielte nicht mit den Kindern in der Nachbarschaft und zeigte nicht mal mehr Lust zu lesen. Er schien zu leiden wie ein Prinz, den man aus seinem Märchenschloss vertrieben hatte. Doch Sophie fehlte jetzt die Zeit, ihm ein weiteres Mal die Gründe ihres Umzugs zu erklären. Sie erwartete wichtigen Besuch.

»Ich weiß, wir hatten es sehr schön in Versailles«, sagte sie deshalb nur. »Aber das ist vorbei. Das Leben am Hof war eine falsche Geschichte.«

»Wenn es dort schön war, wie kann es dann falsch gewesen sein?«, fragte Dorval irritiert. Plötzlich leuchteten seine blauen Augen. »Oder meinst du, wir kehren zu meinem richtigen Vater zurück?«

Ein Klopfen an der Haustür ersparte Sophie die Antwort. »Jetzt aber Abmarsch mit dir!« Sie schickte Dorval ins Bett, dann ging sie die Stiege hinunter, um die Tür zu öffnen.

Draußen in der Dunkelheit wartete der Verleger Le Bréton. Hinter ihm im Hof, vom fahlen Licht des Mondes beschienen, stand ein über und über beladener Pferdekarren. Der Kutscher stieg gerade vom Bock und zurrte die Plane los, unter der die Fracht verborgen war.

»Bring alles ins Haus!«, rief Le Bréton ihm über die Schulter zu. »Es ist etwas spät geworden«, sagte er dann zu Sophie. »Das Stadttor war schon zu, ich musste erst einen Zöllner bestechen, damit er mich durchließ.«

Gleich nachdem die Fracht abgeladen war, machte der Verleger sich auf den Rückweg nach Paris – der Zöllner wartete bis spätestens Mitternacht auf ihn. Sophie sah dem davonrumpelnden Karren nach, bis nur noch das Kutschenlicht zu erkennen war. Als der flackernde, immer kleiner werdende Schein hinter einer Hügelkuppe verschwand, zog sie den

Vorhang zu und verließ das Fenster. Es war höchste Zeit, mit der Arbeit zu beginnen.

In Dutzenden von Stapeln türmten sich die Manuskripte und Korrekturfahnen auf dem Boden, alle alphabetisch sortiert. Sophie hob einen Packen auf den Schreibtisch und blätterte in den Artikeln, die von den unterschiedlichsten Autoren unterzeichnet waren. Sie handelten vom Teufel, vom Traum, von der Tuberkulose ... Einmal mehr staunte Sophie, welch immenses, ungeheuerliches Wissen in diesem Buch versammelt war. Manche Texte kannte sie noch von früher, sie hatte ein paar vor Jahren selbst redigiert, einige wenige sogar selber verfasst. Die meisten aber trugen das Kürzel Jaucourts. Der Chevalier hatte mehr Artikel geschrieben als alle anderen Autoren, mehr sogar als Diderot.

Sophie nahm wahllos ein geheftetes Bündel von dem Stapel. Es war ein langer Artikel zum Stichwort »Toleranz«. Ihre Hand zitterte, als sie die erste Seite aufschlug. Wenn sie tat, was sie gerade im Begriff stand zu tun, würde sie nicht nur Diderots Werk zerstören, sondern für immer auch seine Liebe, sobald er von ihrem Eingriff erfuhr. Aber nicht einmal diese Angst konnte sie von ihrem Entschluss abbringen. Sie hatte keine Wahl; es war der einzige Ausweg, der blieb.

Es dauerte ein paar Sekunden, bis sie sich überwand, mit ihrer schmerzhaften Arbeit zu beginnen. Sie wusste, was sie zu tun hatte. Ihr Vorgehen war mit Le Bréton genau abgesprochen. Er hatte ihr nur solche Beiträge gebracht, die Diderot bereits durchgesehen und handschriftlich mit der Freigabe zum Satz oder Druck versehen hatte. Mit gespannter Aufmerksamkeit begann sie zu lesen:

»Wie traurig ist doch die Aufgabe, den Menschen Wahrheiten beweisen zu müssen, die so klar sind, dass man seine Natur verloren haben muss, um sie nicht zu erkennen! Wenn es aber sogar in unserem Jahrhundert noch Menschen gibt, die ihre Augen der Evidenz und ihr Herz der Menschlichkeit verschließen, wie könnten wir dann in unserem Werk darüber feiges Stillschweigen wahren? ...«

Zeile für Zeile, Absatz für Absatz, Seite für Seite las Sophie den Text. Als sie ans Ende gelangt war, nahm sie die Feder aus dem Tintenfass, und mit einem Seufzer strich sie ein Wort durch, das den Verfasser in Gefahr bringen konnte, dann ein zweites, ein drittes ... Behutsam formulierte sie die Sätze um, alles prüfend, was ihr zu kühn oder sonst geeignet schien, Widerspruch und Verfolgung zu erregen, auch wenn die Worte ihr selber aus der Seele sprachen:

»Nein! Wo immer die Intoleranz herrscht, wird sie die Menschen gegeneinander bewaffnen. Wenn die Christen diejenigen, die ihre Ideen leugnen, nicht dulden wollen, so werden sich mit Recht die Völker gegen sie verbünden. Welchen Vorwurf könnten wir dann gegenüber einem Fürsten in Asien erheben, wenn er den ersten Missionar, den wir zu ihm schicken, aufhängen lässt?«

Allein dieser Absatz genügte, um den Autor in die Bastille und das Werk auf den Scheiterhaufen zu bringen. Sophie korrigierte und veränderte, stellte Argumente in ihrer Reihenfolge um, damit sie an Schärfe verloren, fügte woanders abschwächende Ergänzungen hinzu, um Provokationen zu vermeiden, verwandelte offene Behauptungen in versteckte Anspielungen, entschiedene Thesen in zögerliche Fragen. Manchmal war sie gezwungen, ganze Satzfolgen auszumerzen. Immer länger wurden die Passagen, die ihren Eingriffen zum Opfer fielen, einige Male strich sie sogar mehrere Absätze hintereinander durch. Tränen liefen ihr über die Wangen.

Sie musste die Vollkommenheit des Werkes zerstören, Worte der Wahrheit und der Vernunft für immer auslöschen, um das Ganze vor der Vernichtung zu bewahren. Die Verstümmelung der Texte bereitete ihr physische Schmerzen – es war, als würde sie ihr eigenes Herz aus der Brust reißen. Doch sie hatte keine andere Möglichkeit, das Werk zu retten, so wenig wie ein Chirurg, der die Gliedmaßen eines vom Wundbrand befallenen Patienten amputiert, um diesen am Leben zu erhalten. Ein Kompromiss war besser, als alles zu opfern. Die Enzyklopädie war nur ein Anfang, andere würden die nächsten Schritte tun. Sophies Aufgabe war es, diesen Anfang zu ermöglichen. Leben bedeutete immer, sich in das Schicksal zu fügen, das Ideal den gegebenen Möglichkeiten anzupassen – das Vollkommene vertrug sich nicht mit der Welt. Das Vollkommene gab es nur im reinen Denken, in der Mathematik und der Philosophie, vielleicht auch in der Kunst.

Und in der Liebe?

Sophie stand auf und schaute hinaus in die sternenklare Nacht. So viele Gründe es auch zur Rechtfertigung ihres Zerstörungswerkes gab – konnte sie es vor ihrer Liebe rechtfertigen? Stellte sie nicht, indem sie tat, was sie tat, die Enzyklopädie über die Liebe? Wie Diderot es einst getan hatte, bevor sie ihn verließ? Als könne der Himmel ihr Antwort geben, blickte sie zum Firmament. Wie sehr sie die Sterne am Himmel beneidete! Ruhig und unbeirrbar zogen sie ihre Bahn, Tag für Tag, Monat für Monat, Jahr für Jahr, als könne es keinen Irrtum geben …

Sie wischte die Tränen fort und kehrte an den Schreibtisch zurück. Sie hatte ihre Liebe auf dem Altar der Vollkommenheit geopfert, ein solches Ende durfte sich bei der Enzyklopädie nicht wiederholen. Und so setzte sie ihre grausame Arbeit fort, diese mörderische, unglaubliche, infame Operation, um das Leben und Werk jenes Mannes zu retten, dem sie nur noch auf diese entsetzliche Weise ihre Liebe beweisen konnte. Später, so war es mit Le Bréton ausgemacht, würden sie die Korrekturbogen ebenso verbrennen wie die Manuskripte, ein Original nach dem anderen, sowie der Druck des Werkes vorankam, um Sophies Eingriffe unwiderruflich zu machen. Ab und zu hörte sie Geräusche aus dem Zimmer ihres Sohnes. Dann zuckte sie zusammen, sich ihrer Schuld bewusst wie ein Verbrecher, der sich vor seiner Entdeckung fürchtet, während draußen in der Dunkelheit, beschienen vom Mond und von den Sternen, die schwarzen Fluten der Seine vorüberströmten und in den Netzen von Saint-Cloud sich das Treibgut der großen Stadt verfing.

17

»Es ist vollbracht, Le Bréton! Wir haben es tatsächlich geschafft!«

»Ich weiß, ich weiß, Diderot. Aber das ist noch lange kein Grund, sich jetzt auf die faule Haut zu legen. Wir haben noch mehr als genug zu tun.«

»Eine Minute nur. Einfach, um es zu genießen ...«

Diderot konnte sich an dem Anblick gar nicht satt sehen. Bis unter die rauchgeschwärzte Decke der Druckerei türmten sich die frischen Bogen der Enzyklopädie, die Le Brétons Männer nun Packen für Packen auf ein Fuhrwerk verluden, das am Hintereingang bereitstand. Sie hatten an diesem Tag die Arbeit am siebzehnten und letzten Textband endgültig abgeschlossen. Tausende von Beiträgen stapelten sich hier, das gesamte Wissen der Welt, geschrieben und redigiert, gesetzt und gedruckt, in fast zwanzig Jahren voller Mühe und Gefahr, unter den Augen der Regierung, gegen den Widerstand der Polizei und der Pfaffen. Obwohl Diderot nicht an Wunder glaubte – dieses war eines, das selbst er nicht leugnen konnte.

»Wir haben sie *alle* besiegt, sogar die Jesuiten! Wer hätte das jemals für möglich gehalten?«

Zusammen mit Le Bréton bereitete er die Auslagerung der Druckbogen ins »Ausland« vor, tatsächlich aber nur in das Dörfchen Massy, um sie von dort aus gebunden und unter Angabe eines fremden Druckorts – sie hatten sich für Neuchâtel in der Schweiz entschieden – offiziell »einführen« zu können. Diderot freute sich wie ein Dieb, die Zensurbehörde auf diese Weise ein letztes Mal zu überlisten. Der Augenblick, da er seinem Sohn und seiner Tochter das fertige Werk aushändigen konnte, war in greifbare Nähe gerückt.

»Vorwärts! Was steht ihr faul herum? Beeilt euch!«

Während Le Bréton die Arbeiter zu größerer Eile antrieb, griff Diderot nach einem der Bogen. Er wollte den fertigen Text berühren, ihn mit all seinen Sinnen spüren, als müsse er sich noch einmal vergewissern, dass er das alles nicht nur träumte. Wie schön sich das Papier anfühlte, wie herrlich es nach der Druckerschwärze roch. Nein, sein Traum war Wirklichkeit geworden. Die neue Bibel für die neue Zeit – er hatte sie geschaffen und hielt sie nun in der Hand.

»Wollen Sie jetzt etwa lesen?«, rief Le Bréton. »Das können Sie später noch lange genug, wenn Sie ein alter Mann sind. Wir müssen alles fortschaffen, so schnell wie möglich. Ich habe keine Lust, dass man uns noch in letzter Minute erwischt.«

»Nur einen kleinen Blick zum Abschied, bevor die Bogen auf Ihrem Fuhrwerk verschwinden. Sie sind doch meine Kinder!«

Er schlug irgendeinen Artikel unter dem Buchstaben S auf: »Sarazenen« – einer von über fünftausend Artikeln, die er in der langen Zeit verfasst hatte.

»Wenn ich mir vorstelle, dass dieses Buch bald die ganze Welt erobert …«

»Richtig!«, erwiderte Le Bréton. »Denken Sie an Ihre Unsterblichkeit! Aber sorgen Sie dafür, dass Sie sie auch erleben! Solange die Bogen noch hier sind, sitzen wir auf einem Pulverfass.«

Diderot ließ sich nicht beirren, der Genuss des fertigen Werkes war einfach zu groß. Voller Stolz las er die Zeilen, die sich tiefschwarz vom weißen Grund abhoben, Worte wie für die Ewigkeit. Dem Anschein nach gaben sie nur eine weit zurückliegende Vergangenheit wieder, tatsächlich aber gingen sie hart mit der Regierung und dem Glauben ins Gericht: »Mohammed war von der Unvereinbarkeit von Philosophie und Religion so tief durchdrungen, dass er die Todesstrafe für jeden verfügte, der sich den freien Künsten widmete: das nämliche Vorurteil zu allen Zeiten bei allen Völkern, die es gewagt haben, die Vernunft in Verruf zu bringen.«

Diderot wiegte den Kopf. Schade, dass er hier das Perfekt gewählt hatte – das Präsens wäre besser gewesen, um den Bezug zur Gegenwart deutlich zu machen. Nun ja, in der Eile, in der er den Text zu Papier gebracht hatte, konnten solche Unachtsamkeiten unterlaufen. Begierig las er weiter, ließ die eigenen

Gedanken noch einmal Revue passieren, um die kleine Unzulänglichkeit möglichst schnell zu vergessen.

Plötzlich stutzte er. Was hatte er denn da geschrieben?

»Jetzt ist es aber genug«, sagte Le Bréton und wollte ihm den Bogen aus der Hand nehmen. »Wir dürfen keine Zeit verlieren!«

»So lassen Sie mich doch in Ruhe!«

Diderot gab den Text nicht her. »Die meisten Bewohner Arabiens«, las er, »waren Christen. Sie übten sich in der Medizin, einer Wissenschaft, die für den Fürsten wie für den Priester gleichermaßen nützlich war, für den Ketzer ebenso wie für den strengen Gläubigen; sie erlangten Bedeutung durch den Handel, den sie trieben, sodass die Sarazenen ihnen aufgrund der natürlichen Überlegenheit ihrer Aufklärung über die Unwissenheit die größte Hochachtung und Bewunderung entgegenbrachten …« Diderot runzelte die Stirn. In einem so vorteilhaften Licht hatte er die Christen des Morgenlands dargestellt? Das klang ja wie ein Märchen aus Tausendundeiner Nacht. Wo war seine Kritik geblieben?

»Herrgott! Wie lange wollen Sie denn noch …«

Le Bréton sprach den Satz nicht zu Ende. Als Diderot das verstörte Gesicht des Verlegers sah, stieg mit einem Mal ein Verdacht in ihm auf, ein fürchterlicher, entsetzlicher, ganz und gar ungeheuerlicher Verdacht.

Nein!

Das konnte nicht sein!

Das war unmöglich!

Noch einmal überflog er die Zeilen, fiebernd vor Aufregung, vom Anfang bis zum Ende. Er hatte den Artikel nicht nur selbst geschrieben, sondern auch redigiert und Korrektur gelesen, er kannte ihn in- und auswendig. Doch je weiter er

kam, desto mehr erhärtete sich sein Verdacht: Das, was er da las, waren nie und nimmer seine Worte. Dieser Artikel glich seinem Text so wenig wie der Bastard, den eine treulose Metze ihrem gehörnten Ehemann als sein eigen Fleisch und Blut unterzuschieben versucht.
Völlig verwirrt blickte er Le Bréton an. Der Verleger war weiß wie Frischkäse.
»Jetzt regen Sie sich nur nicht auf!«, schnaufte das Walross. »Ich kann Ihnen alles erklären.«

18

Es war Nacht in der Rue de la Harpe. Die Druckmaschinen schwiegen, die Arbeiter waren fort. Nur im obersten Geschoss, im Redaktionsbüro unter dem Mansardendach, brannte noch Licht, und das dunkle Verlagshaus hallte wider vom Lärm der zwei Stimmen, die aus diesem Raum drangen.
»Sie haben mir einen Dolch ins Herz gestoßen! Zwanzig Jahre meines Lebens vernichtet!«
»Was für eine maßlose Übertreibung! Es sind doch nur Kleinigkeiten, winzige Details ...«
»Wie viele Wochen, wie viele Monate geht der Betrug schon? Nachdem wir alle Feinde besiegt haben, fallen Sie mir in den Rücken – der eigene Verleger! Hat man je von einer solchen Scheußlichkeit gehört?«
»Schlafen Sie eine Nacht darüber! Gehen Sie nach Hause und ruhen Sie sich aus! Sie sind ja vollkommen überarbeitet.«
»Sie haben mein Werk verfälscht, verstümmelt, kastriert!«

»Nur zu Ihrem eigenen Schutz. Glauben Sie mir! Sie werden mir noch dankbar sein.«

»Dass ich nicht lache! Sie hatten Angst vor einem neuen Verbot. Sie hatten allein Ihren Profit im Sinn, nur aus niedrigster Gier haben Sie gehandelt! Sie Barbar! Sie Vandale! Sie ...«

Diderot fehlten die Worte. Was waren die Schrecken der Barbaren, die Verwüstungen der Vandalen im Vergleich zu dieser Schandtat? Le Bréton hatte ihn hintergangen, wie ein Mensch einen anderen Menschen nur hintergehen konnte. Er allein hatte die Möglichkeit gehabt, die redigierten Manuskripte und Fahnen noch einmal zu bearbeiten, bevor sie in den Druck gingen. Und wie hatte er diese Möglichkeit missbraucht! Der Mann, der wie er selbst am Erfolg des Unternehmens interessiert sein musste, hatte ihrer gemeinsamen Sache einen größeren Schaden zugefügt als ihre Feinde zusammen in über zwei Jahrzehnten!

Nachdem Diderot die Entstellung seines Sarazenenartikels entdeckt hatte, war er einen Druckbogen nach dem andern durchgegangen. Sein Artikel über Spinoza? So gut wie nichts war davon übrig geblieben – kein Wort, dass man Gott müsse tasten können, um ihn zu begreifen, nur ein paar unverfängliche Sätze zur Naturwissenschaft. Sein Artikel über die Herrschaft der Sultane? Jede Anspielung auf die Herrschaft des Königs war daraus gestrichen – sogar seinen Namen hatte man getilgt, den Verfasser des Artikels zum Anonymus erklärt, als müsse man ihn aus dem Verkehr ziehen.

Diderot hatte die Zensur überwunden geglaubt, doch was war die Zensur der Regierung gegen die Zensur seines Verlegers? Le Bréton hatte sich nicht nur an ihm, sondern an allen Autoren der letzten zehn Bände versündigt. Seine Axt hatte keinen verschont. Viele Artikel waren kaum noch wieder zu erkennen, Beiträge von Voltaire, von Marmontel, von Turgot – die Gedanken der größten Philosophen des Jahrhunderts, verfälscht von einem hinterhältigen Schurken, dessen Feigheit nur noch durch seine Beschränktheit übertroffen wurde.

»Die Autoren haben ohne Honorar geschrieben. Und so haben Sie es Ihnen gedankt!«

»Wie? Sie haben kein Honorar bekommen? Und was ist mit den zweitausendfünfhundert Livres, die ich Ihnen jedes Jahr gezahlt habe? Wovon haben Sie die ganze Zeit gelebt?«

»D'Holbach, Quesnay, Rousseau – sie haben keinen einzigen Sou gesehen.«

»Haben sie darum das Recht, mich zu ruinieren?«

»Sie haben sich selbst ruiniert! Das ganze Buch ist Makulatur! Der Schaden steht in keinem Verhältnis zu den Unterschlagungen, die Sie sich herausgenommen haben. Die Subskribenten haben auf mein Werk gezeichnet, im Vertrauen auf meinen guten Namen, und jetzt bekommen Sie von Ihnen diesen Torso.«

»Machen Sie sich keine Sorgen um die Kunden! Denen ist es zehnmal lieber, sie bekommen einen Torso für ihr Geld als überhaupt kein Buch!«

»Die Journalisten wünschen sich nichts sehnlicher, als uns zu schaden. Sie werden in ganz Paris, in der Provinz, ja sogar im Ausland verbreiten, dass die Enzyklopädie nichts als ein Haufen geschmackloser Abfälle ist. Man wird uns mit diesem Buch in den Kot schleifen, man wird uns verspotten und verlachen. Und man wird uns alle zusammen des Verrats anklagen. Des schändlichsten Verrats, den die Welt je entdeckt hat. Sie haben aus dem Buch verbannt, was seinen Reiz und seinen Wert ausmachte. Sie werden zur Strafe alles verlieren, Ihre Ehre und Ihr Geld.«

Le Bréton hob seine fette weiße Hand. Diderot unterbrach seinen Redefluss und schaute ihn an. Der Verleger kniff die Augen zusammen, sodass sie zwischen den Wülsten bis auf zwei Schlitze verschwanden. Er war das schlechte Gewissen in Person.

»Was soll ich tun, Diderot? Machen Sie mir einen vernünftigen Vorschlag, und wir können darüber reden.«

Diderot schöpfte für einen Augenblick Hoffnung. »Sind die Originale noch da?«, fragte er. »Die Manuskripte und Druckbogen mit den Korrekturen? Damit könnte ich die Fälschungen rückgängig machen. Es wäre eine Heidenarbeit, aber …«

Er sprach den Satz nicht zu Ende, denn Le Bréton schüttelte den Kopf.

»Tut mir Leid, aber es gibt keine Originale mehr. Es ist alles verbrannt.«

»Dann … dann machen Sie, was Sie wollen!«, sagte Diderot. »Es ist mir völlig gleichgültig. Ich habe mit dieser Sache nichts mehr zu tun.«

Bevor Le Bréton antworten konnte, hatte Diderot das Redaktionsbüro verlassen und stolperte die Treppe hinunter, um für immer den Verlag zu verlassen – betrogen, gedemütigt, zerstört.

Draußen war es so finster wie am ersten Tag der Schöpfung.

19

Im Jahre 1765, fast zwei Jahrzehnte nachdem Denis Diderot im Café »Procope« den Verleger Le Bréton für sein aberwitziges Projekt gewonnen hatte, war der Augenblick gekommen, dem die Arbeit Dutzender Autoren sowie eines Heers von Setzern und Druckern gegolten hatte. Die letzten zehn Textbände der Enzyklopädie waren, broschiert und in Ballen gebündelt, zur Auslieferung bereit.

Alles verlief nach Plan wie ein generalstabsmäßig organisiertes Kommandounternehmen. Um das Aufsehen so gering wie möglich zu halten, brachte Le Bréton sämtliche zehn Bände auf einen Schlag auf den Markt. Ob in Paris oder Bordeaux, Toulouse oder Rennes: Die Auslieferung erfolgte so rasch und reibungslos, dass weder die Kirche noch die Polizei von der Aktion Kenntnis zu nehmen schienen. Auf diese Weise gelangte die größte verlegerische Tat, das aufwändigste Buchunternehmen der Menschheitsgeschichte seit Erfindung der Druckkunst, ohne weitere Intervention der Obrigkeit zum vorläufigen Abschluss: Die Enzyklopädie war in den Händen ihrer Leser.

Während die Philosophen in den Kaffeehäusern und Dachstuben von Paris Diderot als Retter des Wörterbuchs feierten, wurde Sophie, die von Le Bréton je ein Exemplar der vollständigen Textbände erhalten hatte, von Zweifeln geplagt. »Gedruckt in Neuchâtel«, las sie, als sie einen Band aufschlug, »in der Werkstatt von Samuel Fauche & Compagnie.« Mit Hilfe dieses Buches sollten die Menschen lernen, ihr Leben auf Erden so einzurichten, dass sie sich selbst das höchste Gut bescheren konnten: Glück. Was war davon übrig geblieben?

Über ihre Zweifel tröstete sie nur der Anblick Dorvals hinweg, der sich mit der Begeisterung seiner dreizehn Jahre in das Lebenswerk seines Vaters vertiefte. Er konnte ja nicht ahnen, dass die Texte, die er da las, so verfälscht waren wie die Angabe des Verlagsorts und Buchdruckers – nur ein ferner Widerhall der Botschaften, die Diderot und seine Mitstreiter ursprünglich verfasst hatten.

»Ist mein Vater jetzt berühmt?«, fragte Dorval.

Sophie wollte gerade antworten, als ein Postbote am offenen Fenster ihres Hauses erschien und ihr einen Brief in die Küche reichte. Sie erkannte die Handschrift auf den ersten Blick.

Madame,

nach allem, was zwischen Ihnen und mir in der Vergangenheit vorgefallen ist, wage ich kaum, Ihnen zu schreiben. Da ich aber weiß, wie sehr Ihnen das Schicksal der Enzyklopädie am Herzen liegt, sehe ich mich heute trotz allem gezwungen, mein Schweigen zu brechen.

Etwas Unvorstellbares ist passiert: Le Bréton sitzt in der Bastille; er wurde verhaftet, als er persönlich zwanzig Partien der neuen Textbände an Subskribenten in Versailles auslieferte, gleichsam vor den Augen des Königs. Damit nicht genug, geht das Gerücht, Diderot habe ihn angezeigt – der Herausgeber seinen Verleger! Fast möchte man meinen, er wolle sein eigenes Werk zerstören.

Was hat ihn nur zu solchem Wahnsinn getrieben?

Mit dem Ausdruck immerwährender Verbundenheit bin ich

Ihr Chrétien de Malesherbes

Sophie biss sich auf die Lippen. Sie wusste die Antwort auf Malesherbes' Frage – und dieses Wissen brachte sie fast um den Verstand.

20

Es hieß, Paris sei das Paradies der Frauen, das Fegefeuer der Männer und die Hölle der Pferde. Letzteres konnte Sartine nur bestätigen, so sehr rüttelte und holperte die Kutsche auf ihrem Weg von seinem neuen, herrschaftlichen Haus am Montparnasse zur Jesuitenkirche Saint-Paul-Saint-Louis. Pater Radominsky hatte ihn zu sich gerufen, um ihm eine wichtige Mitteilung zu machen, und Sartine fühlte sich diesem Mann zu sehr verpflichtet, als dass er ihm ein Gespräch verweigert hätte, obwohl er über beide Ohren mit Arbeit eingedeckt war.

Jedes Mal, wenn er mit seiner Kutsche diesen Teil der Stadt passierte, fragte sich Sartine, wann der Magistrat endlich den Gefahren, die unter den Straßen und Plätzen lauerten, die nötige Aufmerksamkeit widmen würde. Ursache der zahllosen Schlaglöcher und Bodenunebenheiten war die planlose Ausbeutung der Steinbrüche im Pariser Untergrund, die jahrhundertelang ohne die geringsten Sicherheitsvorkehrungen betrieben worden war. Die Höhlungen hatten inzwischen ein Furcht erregendes Ausmaß angenommen, und wenn man bedachte, worauf das Fundament ganzer Quartiere beruhte, musste einem Angst und Bange werden. Sartine hatte mit eigenen Augen den aufgegebenen Steinbruch gesehen, der unter dem Keller des astronomischen Observatoriums lag. Halb durchgebrochene Decken, Absenkungen voller Risse und Löcher, Einbrüche so groß wie Krater, Pfeiler, die unter dem Gewicht, das auf ihnen lastete, einzustürzen drohten, doppelstöckige Steinbrüche, deren Säulen sich nur zum Schein gegenseitig stützten. Und die Pariser aßen und tranken, arbeiteten und schliefen in den Gebäuden, die auf dieser brüchigen Kruste ruhten, ohne auch nur einen Gedanken an die Gefahr zu verschwenden, in der sie fortwährend schwebten.

Sartine blickte auf seine goldene Repetieruhr. Weshalb wollte Radominsky ihn sprechen? Sah der Pater vielleicht eine Möglichkeit, die Streitigkeiten zwischen den Enzyklopädisten für die Sache der Kirche und des Staates zu nützen? Sartine wusste, dass die Gerüchte über Diderot und seinen Verleger blanker Unsinn waren. Diderot hatte niemanden verraten – Le Bréton war bei seiner dreisten Aktion aufgeflogen, weil die Polizei ihre Pflicht getan und die Augen offen gehalten hatte. Sartine beschäftigte ein ganz anderes Rätsel: Warum hatte Diderot sich nicht gegen seinen Verleger zur Wehr gesetzt und die Verstümmelung der Enzyklopädie ohne lauten Protest hingenommen? Diderot hatte sich sogar für Le Bréton eingesetzt und dazu beigetragen, dass der Verleger inzwischen wieder auf freiem Fuß war. Warum zum Teufel hatte er das getan? Konnte es sein, dass er die volle Wahrheit wusste? Ein Setzer aus der Druckerei, der Sartine schon seit Jahren mit Informationen aus der Rue de la Harpe versorgte, hatte ihm von der Manipulation der Enzyklopädie berichtet – und davon, wie sie zustande gekommen war. Doch dieses Wissen, so beschloss der Polizeipräfekt, wollte er vorerst für sich behalten. Das ging nur Diderot und ihn etwas an.

Die Glocken von Saint-Paul-Saint-Louis riefen gerade zur Abendmesse, als seine Kutsche die Jesuitenkirche erreichte.

»Gab es keine Möglichkeit, die Freilassung von Le Bréton zu verhindern?«, fragte Radominsky, nachdem sie einander in der Bibliothek begrüßt hatten.

Sartine schüttelte den Kopf. »Mir waren die Hände gebunden, der Kanzler hat mir entsprechende Weisung gegeben. Offenbar ist man aufseiten der Regierung der ganzen Affäre überdrüssig. Monsieur de Maupéou äußerte sich zumindest in diesem Sinn.«

»Das ist die Dankbarkeit der Menschen ... Die Textbände sind also an die Subskribenten ausgeliefert?«

»Leider, *mon père*, und zwar vollständig. Wenn Sie die Zahlen wünschen, ich habe eine Übersicht aufstellen lassen.« Sartine zückte sein Notizbuch. »Dreihundertsechsundfünfzig Exemplare in Bordeaux, vierhunderteinundfünfzig in Toulouse, zweihundertachtzehn in Rennes ...«

»Genug!«, unterbrach ihn der Jesuit. »Es schmerzt mich zu sehr, das zu hören.«

»Immerhin haben wir erreicht, dass die Artikel von den schlimmsten Irrlehren bereinigt wurden. Ich habe die Texte überprüft, im Vergleich zu den ersten Bänden sind sie geradezu harmlos zu nennen.«

»Ich habe sie gleichfalls studiert.« Radominsky verzog angewidert das Gesicht. »›Ach, dass du kalt oder warm wärest‹, spricht der Herr. ›Weil du aber lau bist, werde ich dich ausspeien aus meinem Munde.‹«

»Wie bitte?«, fragte Sartine irritiert.

»Wenn ich einen Feind habe, will ich stolz auf ihn sein. Die Artikel der letzten zehn Bände wirken im Vergleich zu den früheren, als habe ein Eunuch Diderot die Feder geführt. Es heißt«, wechselte der Pater dann das Thema, »Le Bréton habe ein Vermögen gemacht?«

»In der Tat, von drei Millionen Livres ist die Rede. Von dem Geld hat er das Haus gekauft, das Monsieur de Jaucourt in der Rue de Mâcon bewohnte – sein letztes. Der Chevalier hat sich für die Enzyklopädie vollkommen ruiniert. Le Bréton wird das Haus wohl in Bälde mit seiner Familie beziehen.«

Radominsky nickte. »Sagen Sie mir, Monsieur de Sartine, und ich bitte Sie um eine ehrliche Antwort: Welche Seite hat den Sieg davongetragen? Das Wort Gottes oder die menschliche Anmaßung? Oder«, fügte er voller Bitterkeit hinzu, »hat am Ende nur der Mammon triumphiert, wie der Teufel uns im Gaukelspiel der irdischen Wirklichkeit glauben machen will? Das wäre kaum zu ertragen.«

Sartine zögerte. »Ich weiß es so wenig wie Sie, *mon père*«, sagte er schließlich. »Aber wenn ich meinen persönlichen Empfindungen Ausdruck verleihen darf, Ihre Frage befremdet mich. Sie klingt – wie soll ich sagen? – beinahe wie ein Abschied.«

»Was für ein sicheres Gespür Sie doch haben«, sagte Radominsky mit wehmütigem Lächeln. »Ja, ich habe mein Amt als Beichtvater der Königin niedergelegt. Der Widerstand am Hof gegen meine Person war zu groß, nachdem der König die Gesellschaft Jesu nun auch offiziell aufgelöst hat. Ich werde mich der Anordnung meines Generaloberen fügen, mir nichts aneignen und nichts verbergen, was dem Haus gehört, um mich in vieler Geduld als Diener Gottes zu erweisen.«

Sartine atmete einmal tief durch. Das also war die Mitteilung, wegen der Radominsky ihn zu sich gebeten hatte. »Wollen Sie den Kampf wirklich aufgeben?«, fragte er dann. »Ich verstehe, dass die gegenwärtige Situation Sie zutiefst verletzt und schmerzt – niemand hat sich um die Erhaltung des Königreichs größere Verdienste erworben als Sie. Aber es gibt ermutigende Anzeichen, dass der Wind sich dreht. Fast alle Bischöfe des Landes setzen sich für Ihren Orden ein, und

Papst Klemens hat die Gesellschaft Jesu mit einer Bulle ausdrücklich in ihren Rechten bestätigt.«

»Und das Parlament hat die Bulle umgehend für Paris und ganz Frankreich verboten. Nein, Monsieur de Sartine, ich bin schon zu lange auf Erden, um noch an Wunder zu glauben. Man hat mich vor die Wahl gestellt: Entweder ich leiste einen vollständigen Unterwerfungseid, oder aber ich verliere mein Amt.« Radominsky hob die Arme. »Ich habe getan, was ich konnte, sogar dem Gründer meines Ordens habe ich abgeschworen, um den Kampf nicht aufzugeben, doch nun ist es genug. Gottes Wille geschehe! Ich bin müde, ein alter Mann, meine Kräfte reichen nur noch für das Gebet.«

Ein junger Abbé kam herein, um die Kerzen in der Bibliothek anzuzünden. Durch die offene Tür strömte ein süßlicher Geruch aus der angrenzenden Sakristei in den Raum. Stammte er von einem aufgebahrten Leichnam, oder war es der Weihrauch für das Messopfer, das gerade in der Kirche gefeiert wurde? Sartine blickte Radominsky an, der reglos an seinem Schreibtisch saß, die Ellbogen auf die Lehnen seines Stuhles gestützt, die Fingerspitzen vor dem Gesicht mit den scharfen Zügen gegeneinander gestellt. Zwanzig Jahre lang hatte er diesen Mann bewundert und zugleich gefürchtet. Es war, als würde er seinen Vater verlieren.

»Wohin werden Sie gehen, Hochwürden? Nach Rom?«

Radominsky schüttelte den Kopf. »Ich möchte noch einmal die Schwarze Madonna in meiner Heimat sehen. Ein Kloster unweit von Krakau wird mich aufnehmen. Dort kann ich in der Gemeinschaft meiner Glaubensbrüder warten, bis Gott mich in seiner Güte von dieser Welt zu sich ruft. – Und Sie, Monsieur? Was sind Ihre Pläne?«

Sartine antwortete nicht sogleich. Eine Aufgabe gab es noch, die er zu erfüllen hatte. Sollte er dem Pater die Wahrheit über seine Absichten verraten? Nein, er war jetzt sein eigener Herr – niemand stand mehr über ihm, dem er Rechenschaft schuldete.

»Ich gebe den Kampf nicht auf«, sagte er darum nur. »Ich werde weiter versuchen, meinem König und meiner Kirche zu dienen, sofern ich es mit meinen bescheidenen Kräften vermag.«

21

Eine Nacht wüster Ausschweifungen lag hinter Diderot, von Wein und Tabak und Liebe. Er hatte keine Stunde geschlafen, als er am Morgen den Pont Neuf überquerte und in die Sonne blinzelte, die so blendend hell vom Himmel schien, als wolle sie ihm das Augenlicht nehmen. Der neue Generalleutnant der Pariser Polizei und Chef der Zensurbehörde von Frankreich, Antoine de Sartine, hatte ihn für elf Uhr zu einer Unterredung einbestellt, und ihm blieb nun nichts anderes übrig, als in seinen verschwitzten und stinkenden Kleidern der Vorladung Folge zu leisten.

Diderot war so benommen, dass er die Schreie der Straßenhändler wie scharfe Stiche empfand, die ihm in die Ohren fuhren. Das Hämmern der Kesselflicker klang in seinem Schädel wider, als würden darin die Glocken von Notre-Dame läuten, die Feilen der Grobschmiede schabten und raspelten an seinem Gehirn, und die vorbeirollenden Kutschen weckten in ihm den Wunsch, man möge das Straßenpflaster

polstern, um das unerträglich laute Rasseln der eisenbeschlagenen Räder zu dämpfen. Er war bei den Huren im Palais Royal gewesen, die dort nach Anbruch der Dunkelheit wie Katzen durch die Arkadengalerie streunten. Die ganze Nacht hatte er in ihrer Gesellschaft verbracht – sie waren die einzigen Wesen, die sich immer nur als das gaben, was sie in Wirklichkeit waren, und mochten sie mit sämtlichen Lastern behaftet sein, die ein Mensch haben konnte, so war ihnen doch das schäbigste aller Laster fremd: die Heuchelei.
Der Magen knurrte Diderot vor Hunger so laut, dass er bei einer Speisenhökerei am Ende der Brücke stehen blieb. Seit Wochen schon wurde er von einem Heißhunger geplagt, der schlimmer war als der seiner Frau, wenn sie schwanger war. An keiner Bude konnte er vorübergehen, ohne etwas zu essen. Begierig und gleichzeitig angewidert ließ er den Blick über die Auslagen schweifen. Hier endete, worauf die Küchenjungen in den großen Herrenhäusern spuckten und was die Lakaien verschmähten. Auf angeschlagenen Tellern schimmelten Speisereste in der Sonne, die ein Bischof oder Gerichtspräsident vielleicht schon halb im Mund gehabt hatte, bevor er es sich anders überlegte: angeknabberte Hühnerkeulen, vertrocknete Bratenstücke, verdorbener Fisch. Obwohl es ihm Brechreiz verursachte, kaufte Diderot von dem widerlichen Zeug eine Portion zu drei Sous, die der Höker eilfertig von den Tellern zusammenkratzte. Sein Hunger war stärker als sein Ekel, er fühlte nur noch Hunger, war nur noch Hunger, und mit bloßen Fingern stopfte er die kalten, fettigen Reste in sich hinein, als könne er so die gähnende Leere stopfen, die sich in seinem Innern aufgetan hatte.
Bei seiner Ankunft im Justizpalast war ihm speiübel. Ein

Wachsoldat wies ihn an, vor dem Zimmer des Generalleutnants zu warten. Widerwillig nahm Diderot Platz. Während er sich umschaute, ob es irgendwo frisches Wasser zu trinken gab, fiel ihm ein, dass er schon einmal hier gesessen hatte, vor vielen, vielen Jahren. Von welchen Hoffnungen war er damals beseelt gewesen, Hoffnungen, die keine Verhaftung, keine Drohung, keine noch so große Gefahr hatte zunichte machen können … Was sollte er jetzt hier? Er hatte mit alledem nichts mehr zu tun.

Durch den offenen Türspalt sah er Sartine an seinem Schreibtisch, in goldbetresster Uniform. Ein Sekretär näherte sich ihm in gebückter Haltung und flüsterte ihm ins Ohr, während ein Dutzend Bürodiener demütig und geduldig wartete, dass er über die Bittgesuche, die sich auf seinem Schreibtisch türmten, mit ein paar Federstrichen entschied. Diderot musste aufstoßen. Dieser Mann, das wusste er, verfolgte ihn schon seit Jahren mit ruhigem, systematischem Hass. Was führte er im Schilde, um sich ein weiteres Mal an ihm zu rächen?

»Glauben Sie mir, Monsieur Diderot«, sagte Sartine, als sie wenige Minuten später einander gegenübersaßen, »ich hätte Sie zeit meines Lebens lieber zum Freund als zum Feind gehabt. Wir sind beide Männer der Wissenschaft. Wir glauben an die Vernunft, kennen keine Vorurteile und verachten jede Form von Aberglauben.«

»Und doch trennen uns Welten, Euer Gnaden«, erwiderte Diderot, mehr aus Gewohnheit als aus Überzeugung. »Weil es meine Aufgabe ist, Bücher zu schreiben, und die Ihre, sie zu verbrennen.«

»Ist es nicht besser, ein Buch zu verbrennen, wenn die Gefahr besteht, dass an seinem Inhalt sich das ganze Land entzündet und in Flammen aufgeht?«, fragte Sartine. »Ich tue nur, was ich als meine Pflicht erachte. Auch wenn ich weder das Geblüt noch die Tugenden noch die Talente habe, die ich haben müsste, um Ihre Achtung zu verdienen – Sie können einen Mann nicht beleidigen, der seine besten Jahre verzehrt hat, um seinen Staat gegen den Aufruhr zu verteidigen.«

»Sie verteidigen nicht den Staat, sondern einen Tyrannen.«

Sartine maß Diderot mit einem abschätzigen Blick. »Der schlimmste Tyrann«, sagte er, »ist die Ausschweifung, weil dieser Tyrann im Innern des Menschen haust. Ich weiß, wovon ich rede, ich habe in jungen Jahren die Opfer des Lasters in ihren Höhlen gesehen, mein Dienst hat mich an all ihre Stationen geführt, in die Bordelle, wo sie ihren Anfang nehmen, und auch ins Hôpital Bicêtre, wo sie ausnahmslos enden, das Gesicht voller eiternder Schwären, dazu verurteilt, allmählich zugrunde zu gehen oder vielmehr sich in Fleischfetzen aufzulösen, während ihre Seele und ihr Verstand noch inmitten der grauenvollen Verrottung weiter existieren. – Aber was haben Sie, Monsieur Diderot? Möchten Sie vielleicht einen Schluck Wasser?«

Ohne die Antwort abzuwarten, nahm Sartine die Karaffe, die auf seinem Schreibtisch stand, und schenkte Diderot ein. Der trank das Glas in einem Zug aus, in großen, gierigen Schlucken wie ein Verdurstender. Danach fühlte er sich ein wenig gestärkt.

»Ich kenne einen weit schlimmeren Tyrannen«, sagte er. »Dieser Tyrann ist wie ein wildes Tier, das seine Zunge in Menschenblut getaucht hat und jetzt nicht mehr davon lassen kann. Ich weiß, dass es diesem Tier an Nahrung fehlt und es sich darum auf die Philosophen stürzt. Ich weiß, dass es die Augen auf mich gerichtet hat und dass ich vielleicht der Erste sein werde, den es verschlingt. Wo immer Widerstand sich regt, schreibt es den Verteidigern der Wahrheit die Schuld an den Unruhen zu, nur weil wir Philosophen uns die Freiheit nehmen, seine Dummheit zu bemerken. In was für einem Land leben wir? Ein ehrlicher Mann kann in vierundzwanzig Stunden sein Vermögen und seine Ehre verlieren, weil es keine Gesetze gibt, er kann seine Freiheit verlieren, weil die Regierenden voller Argwohn sind, und sein Leben, weil sie das Leben eines Bürgers für nichts rechnen und sich durch Schreckenshandlungen von der Verachtung zu befreien suchen. Ja, sie treiben die Scheußlichkeit sogar bis zu der Behauptung, man halte Schaden von Frankreich fern, solange man nur Bücher verbrenne …«

Sartine blickte ihn so eindringlich an, dass Diderot verstummte.

»Haben Sie sich darum für die Freilassung Ihres Verlegers Le Bréton eingesetzt?«, fragte der Polizeipräfekt. »Sind das tatsächlich die Gründe?«

Diderot hatte plötzlich einen ekelhaften Geschmack im Mund, und er wusste nicht, ob er von den Essensresten herrührte, die er zu sich genommen hatte und die ihm immer wieder aufstießen, oder von seinen eigenen Worten, die ihm ebenso faul und verdorben schienen wie die genossenen Speisen, weil er sie nur noch mechanisch wiederkäute, ohne an sie zu glauben.

»Haben Sie mich herzitiert, um mich das zu fragen?«, erwiderte er unsicher.

»Nun, ich hätte durchaus Verständnis gehabt, wenn Sie Ihren Verleger im Stich gelassen hätten. Ja, ich hätte es sogar begreiflich gefunden, hätten Sie ihn selber der Polizei angezeigt. Es heißt, Le Bréton habe Sie auf ziemlich üble Weise hinters Licht geführt.«

»Weil er Ihren Zensoren die Arbeit abgenommen hat?« Diderot verschränkte die Arme vor der Brust. »Tut mir Leid, Euer Ehren, aber da muss ich Sie enttäuschen. Ich bin Philosoph, kein Denunziant. Außerdem habe ich in meiner Jugend gelernt, dass man ein Unternehmen, das man einmal begonnen hat, auch zu Ende führt.«

»Tatsächlich«, sagte Sartine voller Staunen. »Sie haben nicht die geringste Ahnung.«

»Ahnung?«, fragte Diderot irritiert. »Wovon?«

»Von der Wahrheit«, erwiderte der Polizeipräfekt, und ein feines Lächeln spielte um seine Züge. »Von der Wahrheit, die Sie sich angeblich an Ihre Fahne geheftet haben. Doch sind Sie auch imstande, die Wahrheit zu ertragen, wenn sie Ihr eigenes Werk betrifft?«

Sartines Miene wurde noch eine Spur verbindlicher, und Diderot begriff mit einem Schlag, dass nun der Augenblick der Abrechnung gekommen war. Auf einmal war ihm seine Jacke zu eng, und die rauen Wollstrümpfe kratzten ihn an den Waden, dass er es kaum ertragen konnte. Erst jetzt merkte er, dass die Kleider ihm in nassem Schweiß am Leibe klebten.

»Wenn Sie ein Freund der Wahrheit sind, Monsieur Diderot«, sagte Sartine, »möchten Sie dann nicht wissen, wer die Enzyklopädie tatsächlich auf dem Gewissen hat?«

22

Raketen jagten heulend in den nächtlichen Himmel hinauf, wo sie unter den Aaahs und Ooohs des versammelten Volks in prasselnd bunten Feuergarben zerbarsten. Es war die Johannisnacht, die Nacht der Sommersonnenwende, und auf der Place de Grève, wo einmal in der Woche der Markt und einmal im Monat die Hinrichtung der vom Parlament zum Tode Verurteilten stattfand, wurde wie jedes Jahr am vierundzwanzigsten Juni das Feuerwerk der Stadt Paris abgebrannt, um den Beginn der neuen Jahreszeit zu feiern.

Das Knattern der Knallfrösche war bis in die Rue Taranne zu hören, und der Widerschein der funkelnden Feuergarben leuchtete durch die Fensterscheiben und erhellte die Mansarde, während Diderot die Pappkartons mit all seinen Notizen und Exzerpten, angefangenen und vollendeten Manuskripten, aus denen sich zwei Jahrzehnte lang die Enzyklopädie gespeist hatte, für immer beiseite räumte. Er wollte nichts mehr um sich haben, was ihn an dieses Unternehmen erinnerte.

Er stand vor den Trümmern seines Lebens: Das Sturmgeschütz der Vernunft, die Armada der Philosophie, die Kriegsmaschine der Aufklärung – sein Lebenswerk war ein Torso. Er hatte seine Träume geopfert für die Wahrheit, in der Hoffnung, einst der Lukrez, der Plinius der neuen Zeit zu werden. Dutzende von ungeschriebenen Dramen und Romanen und Pamphleten hatten nie das Licht der Welt erblicken dürfen, weil er seine ganze Kraft in den Dienst dieses einen großen Werkes gestellt hatte. Er hatte sich berufen gefühlt, die Seelen der Menschen anzurühren, doch hatte er auf diese Berufung verzichtet, auf seine herrlichsten Ideen wie auch auf seinen persönlichen Ehrgeiz, um durch ein einziges Buch, das alle Kenntnisse der Menschheit in sich versammelte, die Welt zu verändern – das hatte er am Grab seines Vaters geschworen. Sein Ziel war es gewesen, die Wegkarte zum Paradies auf Erden aufzuzeichnen. Was war davon übrig geblieben?

Während er dafür gekämpft hatte, den Aberglauben aus den Köpfen der Menschen zu vertreiben, war er selbst hinters Licht geführt, sein Werk ruiniert, die Wahrheit verstümmelt, das Wissen der Welt kastriert worden. Von der Hand einer Frau, die er mehr geliebt hatte als je einen anderen Menschen zuvor und danach …

Draußen krachte es wie von einem Donnerschlag, dann durchzuckte ein Blitz die Nacht. Auf dem Tisch lag ein Brief, den Diderot an Sophie geschrieben hatte, noch in dem Glauben, Le Bréton sei der Urheber des Verrats:

Ist das nicht eine Geschichte zum Tollwerden? Vier Jahre hindurch hat er sich in seiner Infamie gefallen. Er stand des Nachts auf, Feuer an seinen Buchladen zu legen, und das schien ihm ergötzlich. Er schleicht mit seiner dicken und schwerfälligen Figur um mich herum; er setzt sich, steht auf, setzt sich wieder, will sprechen, schweigt. Ach, was gäbe ich darum, wenn die Schlächterei unseres Werkes nicht geschehen wäre …

Diderot nahm den Bogen und zerknüllte ihn in der Hand. Er hatte den Brief geschrieben, ohne ihn abzuschicken, wie so viele andere Briefe auch, nur um Sophie in Gedanken nahe zu sein. Doch was war die Wirklichkeit? Er hatte sein Herz eben jenem Menschen ausgeschüttet, der sein ganzes Unglück auf dem Gewissen hatte. Le Bréton war nur ihr Komplize gewesen, ein kleiner, mieser Geschäftemacher, der ihn betrogen hatte, um seinen Gewinn zu sichern – eine verkrachte Existenz. Aber Sophie? Die Enttäuschung, die sie ihm zugefügt hatte, war bodenlos, schlimmer als jede Verzweiflung. Sie hatte ihn bis ins Grab verwundet, ihm für immer das Leben genommen. Denn ihr Verrat hatte ihn in eine Leere gestoßen, aus der es kein Entkommen gab: die Leere seiner Seele.

Warum? Wozu?

Plötzlich überfiel ihn wieder ein Heißhunger, als hätte er seit Tagen kein Stück Brot gesehen. Sollte er zur Place de Grève gehen? Dort fand jetzt die Volksspeisung statt, zu der die Stadtschöffen alljährlich in der Johannisnacht luden. Bei der Vorstellung lief ihm das Wasser im Mund zusammen: Gerüste, von denen man geräucherte Zungen, Schlackwürste und Brötchen auf die Menge hinabwarf, während aus offenen Röhren weißer und roter Wein sich ergoss, den die Menschen mit Henkelkrügen und Eimern auffingen.

Diderot trat ans Fenster und schaute hinaus in die Dunkelheit, die ab und zu ein Feuerwerksblitz erhellte. Wenn er sich beeilte, würde er es noch rechtzeitig bis zur Seine-Insel schaffen. Doch war das wirklich sein Wunsch? Das Gelage an der Place de Grève war in Wahrheit ein ganz und gar widerliches Spektakel, mit dem der Magistrat in einer Nacht das Volk für alles Unrecht zu entschädigen trachtete, das er ihm im Laufe des Jahres zufügte. Auf demselben Pflaster, auf dem man Robert Damiens wie ein Vieh geschlachtet hatte, war in dieser Nacht das Bildnis des Monarchen in aller Pracht zu sehen. Niedrigkeit und Elend waren die Tischgenossen bei diesem schaurigen Bankett. Die Brötchen und Würste wurden in den Händen der schamlosen Verteiler zu Schleudersteinen, vor denen jeder floh, dem sein Leben lieb war, und wer sich nach dem sprudelnden Wein drängte, musste fürchten, zu Boden geworfen und mit Füßen getreten zu werden, während zerlumpte Musikanten, umgeben von stinkenden Pechpfannen, mit hartem Bogen ihre Geigen aufjaulen ließen. Und die

Kanaille hüpfte und schrie und heulte und stampfte dazu und war so glücklich wie im Paradies.

Hatte er dafür ein Leben lang gearbeitet? Welche kühnen Träume hatten ihn einmal beseelt, und was für ein erbärmliches Ende hatten sie genommen ...

Eine neuerliche Feuergarbe, größer als jede andere zuvor, zerplatzte mit lautem Geprassel am Himmel. Für eine Sekunde schien Paris der Dunkelheit entrissen, gaben die Gassen, die Straßen, die Plätze im Schein der künstlichen Blitze ihr Geheimnis preis. Diderot nickte. Ja, so war das Leben, genau so wie diese Nacht: ein unendliches Meer der Finsternis, nur hin und wieder erleuchtet von den Zuckungen eines irrenden Lichts.

War ein solches Leben zu ertragen? Während er die Antwort suchte, kam ihm eine merkwürdige Idee in den Sinn, eine kleine, versponnene Idee, die vielleicht einen Roman abgeben konnte: die Geschichte eines Mannes, der seine eigene Freiheit leugnete und sich auf die Vorstellung versteifte, dass all sein Tun in einer himmlischen Schicksalsrolle vorgegeben sei. Weil er nur mit solchem Fatalismus sein Leben ertragen konnte – sein Leben und seine Freiheit.

Diderot ging gerade an den Schreibtisch, um den Einfall zu notieren, da klopfte es an der Tür.

23

In der Tür stand Malesherbes.
»Darf ich eintreten?«
»Wenn Sie die Unordnung entschuldigen, bitte sehr. Ich räume gerade auf. Was führt Sie zu mir?«
Der ehemalige Direktor der königlichen Hofbibliothek und oberste Zensor schloss die Tür hinter sich und wartete, dass Diderot ihm einen Platz anbot. Als das nicht geschah, sagte er: »Madame Sophie steht im Begriff, Paris zu verlassen. Ich dachte, das sollten Sie wissen.«
Diderot zuckte die Achseln. »Was geht mich das an?«
»Erlauben Sie mir, offen mit Ihnen zu sprechen?«
»Ganz wie Sie wünschen.«
Malesherbes legte ihm die Hand auf den Arm und blickte ihn an. »Sophie liebt Sie. Niemand weiß das besser als ich. Mich hat sie geachtet, geschätzt, vielleicht sogar gemocht – aber ihre Liebe galt immer nur Ihnen. Sie dürfen sie nicht gehen lassen!«
Diderot entzog ihm den Arm. »Eine Frau«, sagte er mit kalter Verachtung, »ist wie eine reich gedeckte Tafel. Doch es ist ein großer Unterschied, ob man sie vor oder nach der Mahlzeit betrachtet.«
»Ich kann Ihren Zynismus verstehen, der Schmerz der Trennung ist auch mir nicht unbekannt. Aber vergessen Sie nicht: Sie haben einen gemeinsamen Sohn. Dorval verehrt und bewundert Sie wie keinen zweiten Menschen auf der Welt.«
»Hat man Sie zu mir geschickt, um mir das mitzuteilen? Dann sagen Sie mir doch bitte, warum man mir meinen Sohn all die

Jahre vorenthalten hat?« Diderot schüttelte den Kopf. »Nein, ich will diese Frau nie wieder sehen.«

Malesherbes zögerte. »Ich weiß«, sagte er dann, »es steht mir nicht zu, eine Erklärung von Ihnen zu verlangen. Aber ich kann Ihr Verhalten weder begreifen noch gutheißen.«

Diderot wandte sich zum Fenster, damit der andere sein Gesicht nicht sah. Während draußen am schwarzen Himmel die letzten Raketen verlöschten, sagte er: »Sie haben sich immer für die Enzyklopädie eingesetzt, einige Male sogar Ihr Amt und Ihre Stellung aufs Spiel gesetzt, um sie vor dem Ende zu retten. Sie haben darum ein Recht, die Wahrheit zu erfahren.«

»Und was ist die Wahrheit?«, fragte Malesherbes leise, als Diderot stockte.

»Sophie hat die Enzyklopädie zerstört. Sie hat ohne mein Wissen hinter meinem Rücken Hunderte von Artikeln zensiert und bis zur Unkenntlichkeit entstellt. Die Arbeit von Jahren und Jahrzehnten vernichtet.«

»Unmöglich! Wer behauptet das?«

»Monsieur de Sartine, Ihr Nachfolger. Er hat es mir zuverlässig versichert. Ja«, wiederholte Diderot, »sie hat mein Lebenswerk zerstört, mit der Anmaßung und Willkür eines Despoten. Sie hat mich feige betrogen und meinen Verleger angestiftet, ihr bei dem Verrat zu helfen. Sie hat mich der Verachtung, dem Hohn, dem Ruin preisgegeben. Gott sei Dank bin ich alt genug, um zu wissen, dass ein solches Verbrechen selten ungestraft bleibt. Das ist der einzige Trost, den ich habe.«

Es entstand eine Pause. Diderot hörte, wie sein Besucher atmete, in schweren, tiefen Zügen, als könne er nicht glauben, was doch die Wahrheit war, und das Schweigen füllte den Raum wie ein fauliges Gas.

Schließlich fragte Malesherbes: »Und was glauben Sie, warum sie das getan hat?«

»Um mich zu verletzen, um sich an mir zu rächen, um mich zu vernichten – was weiß ich?« Diderot drehte sich um. »Aber wozu fragen Sie nach Motiven? Kann es irgendeinen Grund auf der Welt geben, der diese Schandtat rechtfertigen würde?«

Malesherbes schwieg erneut, offenbar hatte er keine Antwort parat. Alt und grau sah er aus, viel älter, als er in Wirklichkeit war – so sehr hatte die Mitteilung ihn aus der Fassung gebracht. Er schien nachzudenken, kaum merklich wiegte er den großen, schweren Kopf mit der nachlässig frisierten Perücke und strich sich immer wieder die Tabakkrümel vom Revers seines braunen Rocks.

Was ging ihm durch den Sinn?

Diderot war nie wirklich klug aus diesem Mann geworden. Er war der Sohn und Schützling des ehemaligen Kanzlers und zugleich ein Philosoph, Staatsrat des Königs und trotzdem ein aufgeklärter Geist. Er hatte die Enzyklopädie verboten und dann wieder seine Hand schützend über sie gehalten, den Druck der Textbände offiziell untersagt und doch ihre Fertigstellung geduldet. Er schien alle Widersprüche in sich zu vereinen, an denen dieses marode Regime krankte. Und jetzt kam dieser Mann, der doch mit Sophie lange Zeit in einer Liaison gelebt hatte, zu ihm, um sie miteinander zu versöhnen?

»Ich glaube«, sagte Malesherbes nach einer langen Weile, »kaum ein Mensch wünscht sich sehnlicher eine freie Presse für dieses Land als ich, und vielleicht ist es die Tragik meines Lebens, dass es ausgerechnet meine Aufgabe war, Gedanken und Ideen, die in unserer Sprache geschrieben wurden, der Zensur zu unterwerfen. Doch eines habe ich in den Jahren dieses misslichen Amtes gelernt: Wenn es eine Zensur geben muss, aus welchen Gründen auch immer, ist es das Beste, sie wird durch einen Gegner der Zensur ausgeübt.«

»Warum sagen Sie mir das?«, fragte Diderot. »Ich kann nicht erkennen, was mich diese Überlegungen noch angehen. Ich werde die Herausgeberschaft der Enzyklopädie niederlegen. Auch ist dies alles kaum eine Antwort auf meine Frage.«

»Begreifen Sie denn nicht? Sophie hat Ihr Werk nicht zerstört, sondern gerettet! Ohne ihr Eingreifen wäre die Enzyklopädie für immer verboten worden. Man hätte sie auf den Index gesetzt und verbrannt. Das hat Sophie verhindert. Dafür hat sie ihre Liebe geopfert – den höchsten Preis, den ein Mensch zahlen kann!«

»Ich habe sie nicht darum gebeten«, erwiderte Diderot. »In dem Zustand, in dem die Enzyklopädie jetzt ist, kann ich sie nur noch verachten! Es wäre besser gewesen, sie wäre überhaupt nicht erschienen. Und Sie reden von Liebe!«

»Ja, Monsieur, weil die Wahrheit der Liebe bedarf – so wie die Liebe der Wahrheit! Beides gehört zusammen. Oder wollen Sie das Kind mit dem Bade ausschütten?«

»Welches Kind? Welches Bad?«

»Das kann ich Ihnen erklären.« Malesherbes holte tief Luft, bevor er weitersprach. »Angenommen, Pythagoras hätte noch mehr Lehrsätze formuliert als denjenigen, den wir heute kennen – verlöre dieser darum seine Gültigkeit, nur weil die anderen nicht mehr erhalten sind? Oder weiter angenommen, es hätte ein fünftes Evangelium gegeben, das vor vielen Jahrhunderten vernichtet wurde – sollten wir darum heute die ganze Bibel verbrennen? Und angenommen schließlich, der Erfinder des Rades hätte zugleich einen Weg ersonnen, um es ohne den Einsatz von Muskelkraft anzutreiben – müssten wir darum das Rad zerstören, nur weil wir heute nicht mehr im Besitz der vollständigen Erfindung sind?« Malesherbes schüttelte den Kopf. »Nein, Monsieur Diderot. Sie dürfen nicht aufgeben! Danken Sie Sophie, dass Sie Ihr Werk vor der völligen Zerstörung bewahrt hat, und führen Sie es, so gut es eben geht, fort. Auch wenn wir nach Vollkommenheit streben, das Leben ist nichts weiter als der Versuch, uns ihr durch eine Reihe größerer oder kleinerer Unvollkommenheiten anzunähern. Es gibt noch viel zu tun, die Tafelbände warten auf Sie!«

»Sie können reden, was Sie wollen, Monsieur de Malesherbes«, sagte Diderot, »aber mein Entschluss steht fest. Ich will nichts mehr mit dieser scheußlichen Angelegenheit zu tun haben.«

»Sie haben so Großartiges geleistet«, beharrte sein Besucher, mehr als jeder andere Philosoph unserer Zeit – mehr als Voltaire und Rousseau. Sie haben eine Bestandsaufnahme des Denkens gemacht, eine Inventarliste des menschlichen Geistes. Sie haben den Baum der Erkenntnis auf das Menschenmögliche gestutzt, Sie haben die Metaphysik vom Sockel gestoßen und die Philosophie an ihre Stelle gesetzt, und Sie haben als Erster erkannt, dass die Naturwissenschaft und die mechanischen Künste die Mathematik und Logik ablösen werden. Mehr noch: Sie haben nicht nur das Wissen darüber gesammelt, wie man die Welt verbessern kann, sondern mit der Enzyklopädie auch ein Programm zur praktischen Verwirklichung entworfen. Sie haben ein neues Zeitalter eröffnet, Monsieur! Wollen Sie jetzt auf halbem Weg Halt oder gar kehrtmachen?«

Diderot schloss die Augen. Er war müde, erschöpft, leer.

»Nein«, sagte er dann, die Augen wieder auf seinen Besucher gerichtet. »Ich jage nicht nach dem Ruhm, ein Unternehmen fortzuführen, das für mich nur noch Qual bedeutet. Ich habe zu viel gelitten – und leide immer noch –, um mich weiterer Folter auszusetzen. Und was diese Frau betrifft, von der Sie nicht müde werden zu reden«, fuhr er fort, als Malesherbes etwas einwenden wollte, »alle meine Sinne sträuben sich bei dem Gedanken, sie je wieder zu sehen.«

»Diese Frau liebt Sie! Mehr, als Sie sich überhaupt vorstellen können! Sie hat ihr Leben für Ihr Werk hingegeben.«

»Sie hat mein Werk vernichtet«, widersprach Diderot, »für jetzt und alle Zeit.« Er zögerte, dann fügte er hinzu: »Ebenso gut hätte sie meinen Sohn umbringen können.«

Malesherbes schaute ihn an, die grauen Augen voller Entsetzen. Diderot erwiderte den Blick, fest und unbeirrt.

So standen sie eine lange Weile einander gegenüber. Dann wandte Malesherbes sich ab und ging.

24

Kaum war Malesherbes zur Tür hinaus, begann Diderot am ganzen Leib zu zittern. Bis zur letzten Sekunde des Besuchs hatte er um seine Beherrschung gekämpft, doch jetzt verließ ihn die Kraft. Die widersprüchlichsten Gedanken, Erinnerungen und Gefühle regten sich in seinem Innern, stritten miteinander und tobten, als wäre seine Seele ein Schlachtfeld, auf dem die Dämonen seines Lebens einander wie entfesselt bekriegten. Keinen Augenblick länger hielt er es in

diesem Raum aus! So wie er war, unrasiert, ohne Mantel und Perücke und Dreispitz, stolperte er hinaus, die Treppe hinunter, ins Freie, um den Dämonen zu entfliehen.
Auf der Place de Grève war noch die Hölle los. Das Feuerwerk war zwar vorbei, doch immer noch wurden Würste und Brote von den Gerüsten geworfen, die rund um den von Fackeln erleuchteten Platz aufgeschlagen waren. Blind vor Begierde waren die Menschen darauf versessen, in dem flackernden Lichtschein noch irgendetwas zu erhaschen, wovon sie sich ein kleines bisschen Glück erhofften, wenigstens für diese eine Nacht. Unter den Röhren, aus denen die letzten Reste des Weins rannen, hagelte es Faustschläge, und es ergoss sich mehr Flüssigkeit auf das Pflaster als in die Krüge, die überall in die Höhe gereckt wurden. Plötzlich wurden aus einem Fenster Geldstücke geworfen. In wütender Raserei, die Gesichter blutig und von Dreck verschmiert, stürzte sich das Volk auf die Münzen, Frauen und Männer warfen sich gegenseitig zu Boden, bereit, einander Arme und Beine zu brechen, um einen Sou zu ergattern.
Angewidert wandte Diderot sich ab. Im Laufschritt eilte er davon, in Richtung Seine, die er wenige Minuten später überquerte, willenlos einem dunklen Drang folgend, dessen Ziel er nicht wusste, obwohl er es in sich trug. Im blakenden Licht der Straßenleuchten erkannte er die letzten umherstreifenden Dirnen, die sich nur noch an den Eingängen ihrer Wohnhäuser zu zeigen wagten, aus Angst vor dem Zugriff der Nachtbrigaden, die mit ihren Stocklaternen ab Mitternacht Jagd auf sie machten. Sicher vor der Garde waren die Mädchen nur im Palais Royal. Das sündige Paradies, das bis zwei Uhr in der Nacht seine Tore offen hielt, um die Sehnsucht einsamer Männer zu stillen, war Eigentum des Herzogs von

Orléans, zu dem die Polizei so wenig Zutritt hatte wie die Soldaten der Garde. Diderot ließ seine Blicke schweifen. Unter den Arkaden gab es so viele schöne Frauen zu sehen, dass selbst ein zum Tode Verurteilter hier Stunden hätte verbringen können, ohne sich nach der Freiheit zu sehnen. Doch in dieser Nacht versagte der Zauber. Diderot empfand nicht die geringste Lust, eines der geheimnisvollen Wesen, die ihm aus der Dunkelheit zulächelten, anzusprechen, und die Wächter hatten längst noch nicht ihre Schlüssel gezückt, um die Torgitter zu schließen, als ihn die innere Rastlosigkeit trieb, seinen Weg fortzusetzen.

Ihm knurrte der Magen. Wo fand er jetzt noch etwas zu essen? Die Markthallen waren der einzige Ort in Paris, der niemals zur Ruhe kam. In dem tausendfachen Stimmengewirr gab es weder Pause noch Schlaf, und in den Schenken zwischen den Ständen floß der Branntwein in Strömen. Diderot bestellte ein Glas und dazu eine Portion kaltes Rindfleisch mit Petersilie. Der Schnaps war mit Wasser gestreckt, aber scharf mit Nelkenpfeffer gewürzt, das Rindfleisch schmeckte nach Hammel. Während er trank und aß und darauf wartete, dass er endlich müde wurde, schaute er zu, wie die beladenen Karren aus den Dörfern und Vororten eintrafen, um ihre Fracht in einem scheinbar unendlichen Strom abzuliefern. Auf die Gemüsebauer folgten die Fischhändler, auf die Fischhändler die Geflügel- und Eierhändler und auf diese schließlich die Einzelhändler der Stadt, denn alle Pariser Märkte bezogen ihre Waren von hier.

Als die Laternen blasser wurden, zahlte Diderot und stand auf. Draußen brach ein neuer Tag an, eine frische Brise wehte vom Fluss herüber, und vor den Blumen- und Obsthallen staute sich eine so üppige Fülle und Pracht, als habe der

Sommer selbst sein Füllhorn hier ausgeschüttet. Zu Bergen türmten sich die Früchte auf den Auslagen, es duftete nach Rosen und Levkojen, nach Kräutern und Gewürzen.
Doch die Dämonen ließen Diderot keine Ruhe. Welchen Ort gab es noch, um sie zu bannen?

25

Eine Stunde später fand Diderot sich im Café »Procope« wieder. Seit Jahren hatte er das Lokal nicht mehr betreten. An diesem frühen Morgen saß kaum ein Dutzend Gäste an den schweren Eichentischen unter den schwarzen, verräucherten Deckenbalken. Die meisten steckten hinter einer Zeitung oder tranken schweigend einen Kaffee, um ihre Lebensgeister zu wecken.
Mit vor Erschöpfung brennenden Augen starrte Diderot auf den Tisch. Ein verblasstes Datum, das jemand mit dem Messer in das dunkle Holz eingeritzt hatte, sprang ihm entgegen: *18. Oktober 1747*. Tatsächlich, er saß an demselben Platz, an dem er Le Bréton für seinen großen Plan gewonnen hatte. Der Verleger selbst hatte das Datum eingeritzt, nachdem sie per Handschlag einig geworden waren. Le Bréton hatte Champagner bestellt, weil er sofort das Geschäft seines Lebens witterte. Im Gegensatz zu d'Alembert, der nur die Gefahren gesehen hatte – ängstlich wie ein Mädchen hatte er sie mit seinen braunen Augen angeblickt. Bei dem Gedanken an den schmächtigen, unscheinbaren Mann spürte Diderot Reue. Sie hatten sich Jahre nicht mehr gesehen. Es hieß,

d'Alembert sei krank und lebe unter der Kuratel einer alten Jungfer namens Julie de L'Espinasse, die ihn mit mütterlicher Fürsorge und Zuckerwasser in ihrer Wohnung gefangen hielt. Ein so großer Geist, und ein so schwacher Charakter … Ob er ihn besuchen sollte? Immerhin, d'Alembert war in die Académie aufgenommen worden, während ihm selbst diese Anerkennung bis heute versagt geblieben war.

»Sie wünschen?«

Diderot schaute auf. Eine blutjunge Kellnerin, noch keine zwanzig Jahre alt, stand vor ihm und wartete auf seine Bestellung. Wie eine Erscheinung starrte er sie an. Genau so hatte damals Sophie vor ihm gestanden! Die Erinnerung, gegen die er sich seit so vielen Stunden zur Wehr gesetzt hatte, die er mit aller Macht versucht hatte zu unterdrücken, die ganze Nacht hindurch, während er rastlos durch die Stadt gezogen war – hier holte sie ihn ein. Wo war Sophie jetzt? Noch in Paris oder schon auf der Reise? Er hatte sie einmal gesehen, wie sie aus ihrem Haus auf die Straße getreten war, am Ortsrand von Saint-Cloud unweit der Stelle, wo die Netze zwischen den Ufern der Seine gespannt waren, um das Treibgut aufzufangen. Er hatte einen Polizeispitzel bestochen, um ihre Adresse ausfindig zu machen, in der Hoffnung, seinen Sohn dort zu sehen. Doch ihr Anblick hatte ihn so sehr geschmerzt, dass er den Versuch nie wiederholt hatte.

»*Pardon*, Monsieur, Ihre Bestellung?«, fragte die Kellnerin noch einmal.

»Bring irgendwas«, erwiderte Diderot. »Ganz gleich, was du willst.«

»Irgendwas? Tut mir Leid, aber das haben wir nicht.«

»Na gut, dann eine Tasse Schokolade.«

»Gern, Monsieur.« Das Mädchen strahlte, und es strahlte

noch immer, als es wenige Minuten später mit dem dampfenden Getränk an seinen Tisch zurückkehrte. Während Diderot die Tasse an die Lippen führte, sagte die Bedienung: »Wenn alle Gäste wüssten, wie gut Schokolade tut, würden sie nie etwas anderes bestellen. Eine Portion kostet nur sechs Sous – die angenehmste und billigste Möglichkeit, um sich bis zum Abend bei Kräften zu halten.«

Diderot setzte die Tasse ab und blickte sie voller Verwunderung an. Ihre Worte kamen ihm seltsam vertraut vor, als habe er sie schon einmal gehört ... Gehört? Nein! Er hatte sie selbst gesagt, jetzt fiel es ihm wieder ein, gesagt und geschrieben: ein paar unscheinbare Worte unter Millionen und Abermillionen von Worten, die er in seinem Leben irgendwann einmal gesagt oder geschrieben hatte.

»Allerdings«, erwiderte er irritiert. »Schokolade ist das beste Getränk überhaupt. Aber sag mal, woher weißt du das?«

»Das weiß doch jeder vernünftige Mensch«, antwortete sie mit einem Lachen. »Schokolade schmeckt nicht nur gut, sondern macht auch einen ganzen Tag lang satt, wenn sie richtig zubereitet wird. Wie das geht, steht in einem großen, gelehrten Buch. Der Patron hat uns Kellnerinnen die Stelle vorgelesen, damit wir es uns merken. Und er hat Recht, es ist wirklich nützlich, das zu wissen. Wenn ein Gast mich fragt, was er trinken soll, habe ich immer eine Antwort bereit. Aber was ist?«, fragte sie, als er plötzlich aufstand und sechs Sou auf den Tisch legte, um das Lokal zu verlassen. »Habe ich etwas Falsches gesagt?«

26

Ein Fuhrwerk, mit vier kräftigen belgischen Pferden bespannt, wartete vor dem kleinen Haus am Ortsrand von Saint-Cloud. Zwei bleiche, untersetzte Lastträger, mit Hälsen so kurz und dick, als würden ihnen die Köpfe direkt aus den Schultern wachsen, nahmen seit dem frühen Morgen den Hausrat an ihre Haken: Betten, Stühle, Schränke, Tische, Spiegel, Kommoden und Kisten, in denen das Geschirr, die Bücher und die Küchengeräte verstaut waren. Nur auf einen Stock gestützt, schulterten sie Gewichte, unter denen ein Ochse zusammengebrochen wäre, und bugsierten ihre Lasten dennoch so geschmeidig und geschickt über Treppen und durch Türen, als würden sie Daunenkissen tragen.

Sophie stand im Wohnzimmer ihres leer geräumten Hauses und sah sich noch einmal um. Es waren die letzten Minuten, in einer halben Stunde würde die Postkutsche kommen. Zwei Jahre hatte sie hier gelebt, so viel Zeit war seit dem Tod der Marquise de Pompadour schon wieder vergangen.

War es eine gute Zeit gewesen?

Es hatte keinen Sinn, darüber nachzudenken – ihr Entschluss stand fest. Sie wollte Paris für immer verlassen. Diderot hatte Le Bréton angezeigt, der Herausgeber seinen Verleger, als wolle er sein Werk vernichten – und sie trug die Schuld an diesem Wahnsinn ... Nein, es hatte keinen Sinn, noch länger hier zu bleiben. Sie würde in ihre Heimat zurückkehren, nach Beaulieu, um sich endlich ihrer Vergangenheit zu stellen, nach über fünfundzwanzig Jahren.

Bei dem Gedanken klopfte ihr das Herz, und sie fasste an ihre Brust, um das Amulett in ihrer Hand zu spüren. Zum ersten

Mal seit langer Zeit trug sie wieder diese Kette – das einzige Andenken, das sie mit ihrer Heimat verband.
Hätte sie ihr Dorf überhaupt verlassen dürfen, ohne die Wahrheit zu wissen? Vielleicht war es ein Fehler gewesen, nach Paris zu gehen, vielleicht war ihr ganzes Leben nur eine Flucht vor dem Dunkel ihrer Vergangenheit.
Auf dem Fensterbrett lag ein Buch. Sophie hatte es am Abend selbst dorthin gelegt, um es als letztes vor der langen Reise einzupacken. Es war in rote Seide gebunden, der Deckel war in der Mitte vom häufigen Gebrauch so durchscheinend wie japanisches Papier: die Abenteuer des großen Sultans Mongagul und seiner Prinzessin Mirzoza …
Es war nur eine einzige kurze Passage, die sie noch einmal lesen wollte, kaum mehr als zwei Dutzend Wörter, und doch bedeuteten sie ihr Leben. Sophie zögerte, konnte sich lange nicht entschließen, denn sie wusste, die wenigen Worte würden ihr Innerstes anrühren. Doch dann nahm sie ihren Mut zusammen und schlug das Buch auf. Es gehörte mit zu ihrem Abschied von der großen Stadt.
»Die zärtliche Frau ist diejenige, die ihre Liebe verschenkt, ohne dass ihr Kleinod je spricht, oder deren Kleinod stets nur zu Gunsten des einen Mannes sich regt, dem ihre ganze Liebe gilt …«
Buchstabe für Buchstabe, Silbe für Silbe, Wort für Wort las Sophie die unscheinbaren Zeilen, als gelte es, die Hieroglyphe ihres Schicksals zu enträtseln. Was wäre passiert, wenn sie diesen einen Satz zur rechten Zeit gelesen hätte? Diderot hatte ihn nur für sie geschrieben, fast gegen seinen Willen, das hatte er ihr einst gestanden, und doch hatte er ihre ganze Wahrheit darin eingeschlossen, die Wahrheit ihrer Liebe.

Müde schloss sie die Augen: Warum war alles so gekommen, wie es nun gekommen war? Ach, sie wusste es ja nur selbst allzu gut: Weil sie nicht den Mut gehabt hatte, an ihre Liebe zu glauben, nicht den Mut, mit Diderot ihr Glück zu wagen, nicht den Mut, in das wunderbare Paradies einzutreten, das offen und frei vor ihr gelegen hatte. Aus Angst, so zu werden wie ihre Mutter, aus Angst, so zu enden wie sie. Jetzt war ihr Kleinod für immer verstummt. Denn sie würde den Mann, für den es sich regte, niemals wieder sehen.

Eilige Schritte weckten sie aus ihren Gedanken.

»Was trödelst du noch, Mama?«, sagte Dorval, dessen Stimme seit ein paar Monaten so tief wie die eines Mannes klang. »Wir müssen uns beeilen. Die Kutsche ist gleich da.«

»Du hast Recht«, sagte sie und legte das Buch in eine Truhe, die zum Transport bereitstand. »Aber was schleppst du da für eine schwere Kiste? Sollen die nicht besser die Männer tragen?«

»Nein, nein. Die darf nicht auf das Fuhrwerk. Die nehme ich mit in die Kutsche.«

»Warum denn das?« Sie schaute ihn an. »Sag mal, was hast du darin versteckt?«

Dorval wurde rot, und die kindliche Verlegenheit passte so wenig zu seiner männlichen Stimme wie zu dem dunklen Flaum auf seiner Oberlippe. »Nichts Schlimmes, Mama, nur mein Lieblingsbuch.«

»Die Enzyklopädie?«

»Ja, die Textbände. Ich hab Angst, dass sie unterwegs verloren gehen. Stell dir vor, der Karren kippt um und die Bücher landen im Graben? Oder es gibt einen Überfall, und sie werden geraubt?«

»So viel sind sie dir wert?« Sophie musste lächeln. »Also gut, von mir aus kannst du sie mit in die Kutsche nehmen. Aber heb dir nur keinen Bruch!«

Wie ein Soldat bewachte Dorval seine Kiste in dem leeren Raum, als Sophie wenig später das Haus verließ, um noch einmal hinunter zum Fluss zu gehen, bevor sie in die Postkutsche stieg.

Das tiefe, gleichmäßige Rauschen der Seine empfing sie am Ufer wie eine Umarmung. Es war, als würde die Zeit selbst durch sie hindurchströmen. Ja, sie würde den Fluss vermissen, dachte Sophie, während sie in die grünen Fluten schaute, den Fluss und all die Erinnerungen, die sie mit ihm verband … Wie hell und klar und sauber das Wasser hier war, an manchen Stellen konnte man bis auf den Grund sehen, und es roch so frisch und würzig, dass man kaum glauben konnte, wie viel Treibgut aus der großen Stadt die Fluten mit sich führten, all die Unmengen von Abfall und Gerümpel, die sich in den Netzen von Saint-Cloud verfingen, das ganze kunterbunte Zufallsdurcheinander des Lebens …

Plötzlich hatte Sophie das Gefühl, dass jemand sie beobachtete. Unwillkürlich drehte sie sich um.

27

»Du?«

Vor ihr stand Diderot. Mit seinen hellen blauen Augen schaute er sie an, ein unsicheres Lächeln um seine Lippen.

»Die Lastenträger haben mir gesagt, dass ich dich hier finde«, sagte er.

»Hast du mich denn gesucht?«

Er nickte. »Warum willst du fort?«

Sie dachte einen Moment nach, bevor sie eine Antwort gab. »Ich glaube, ich gehöre einfach nicht hierher. Solange ich hier war, habe ich einen Fehler nach dem anderen gemacht. Ich bin immer weiter in eine Richtung gegangen, in die ich gar nicht gehen wollte, und obwohl ich es spürte, konnte ich nicht damit aufhören, wie in einem Labyrinth. Und wenn ich ab und zu versucht habe, etwas richtig zu machen, wurde alles nur noch schlimmer.« Sie machte eine Pause. »Darum gehe ich jetzt. Vielleicht ist es ja noch nicht zu spät.«

Diderot schüttelte den Kopf. »Du hast nichts falsch gemacht, Sophie. Ich gebe zu, ich habe dich verflucht, gehasst, verachtet, als ich erfuhr, was du getan hast, aber …«

»Dann weißt du also Bescheid?«, fragte sie erschrocken. »Dass ich es war, und nicht Le Bréton?«

»Sartine hat es mir gesagt.«

»Aber wenn du es gewusst hast, weshalb um Himmels willen hast du ihn dann angezeigt?«

»Ich? Le Bréton? Angezeigt?« Diderot schüttelte den Kopf. »Das traust du mir zu?«

Sophie senkte beschämt den Blick. »Trotzdem«, sagte sie nach einer Weile, »was ich dir angetan habe, war ein fürchterlicher Fehler, mein größter von allen. Aber glaub mir, ich dachte, ich könnte dir auf diese Weise helfen …«

»Pssst«, machte er und legte ihr einen Finger auf die Lippen.

»Willst du mir schon wieder den Mund verbieten?«

Die Geste machte sie für eine Sekunde wütend, doch dann sah sie ihn an. Sein kleiner Kopf mit dem angegrauten Schopf ruckte auf den breiten Schultern wie ein Wetterhahn auf einem Kirchturm, und über seiner Oberlippe war eine Spur von Schaum, wie ein feiner Schnauzbart.

»Du brauchst mir nichts zu erklären«, sagte er. »Ich weiß doch, warum du es getan hast. Eine Kellnerin im ›Procope‹ hat es mir soeben erklärt.«

»Eine Kellnerin im ›Procope‹?«

»Glaubst du, du bist das einzige kluge Mädchen, das jemals dort serviert hat?«, fragte er mit einem Grinsen. Dann wurde er wieder ernst. »Es war nur eine Kleinigkeit, und sie hat sich überhaupt nichts dabei gedacht. Aber genau das hat mir die Augen geöffnet. Ich hatte eine Schokolade bestellt, und als sie mir die Tasse brachte, hat sie mir die Vorzüge angepriesen, mit meinen eigenen Worten aus der Enzyklopädie. Kannst du dir vorstellen, was das für mich bedeutet?«

Sophie hielt den Atem an, während Diderot weitersprach.

»Sie stand vor mir, genau wie du damals, und ihre Augen leuchteten vor Begeisterung über ihr Wissen, obwohl es doch nur um eine Tasse Schokolade ging. Da habe ich plötzlich begriffen, dass alles, was wir tun, um gegen das Elend und die Dummheit und die Not anzukämpfen, und sei es noch so unvollkommen, doch besser ist, als gar nichts zu tun.«

Sophie musste schlucken. »Dann hast du also«, flüsterte sie, »wirklich verstanden, warum ich …«

»Ja«, sagte er. »Du hast mich nicht verraten, weder mich noch die Enzyklopädie. Im Gegenteil, du hast dafür gesorgt, dass sie weiter existiert, und ich würde selbst zum Verräter, wenn ich jetzt aufgäbe.« Er streckte die Hand nach ihr aus. »Fahr nicht fort, bitte! Ich brauche dich. Damit wir gemeinsam zu Ende bringen, was wir angefangen haben.«

»Wie … wie stellst du dir das vor?«, stammelte sie, vollkommen durcheinander. »Alles, was ich besitze, ist schon verladen, mein ganzer Hausrat – meine Möbel, meine Bücher, mein Geschirr.«

»Mach dir darum keine Sorge! Ich helfe dir, die Sachen wieder abzuladen.«

Er lächelte sie an. Sie war so überrascht, dass sie nicht wusste, was sie erwidern sollte. Sie hatte doch einen Entschluss gefasst, vor wenigen Minuten war alles noch so klar und einfach gewesen. Und jetzt sollte sie hier bleiben? Was bildete er sich ein? Dass sie ihn liebte? Sie wusste doch, dass die Liebe eine Krankheit war, die wie ein Messer in der Seele wühlte, und wenn man sein Herz verlor, verlor man in Wahrheit nur seinen Verstand – das alles wusste sie, besser als jeder andere Mensch auf der Welt, hatte es schon vor langer Zeit erkannt und gedacht und gefühlt und gesagt ... Sollte das plötzlich nicht mehr gelten? Nur weil er sie mit seinen hellen blauen Augen anschaute?

Wieder traf sie sein Blick, und im gleichen Moment überfiel sie ein so großer Mückenschwarm, dass ihr ganzer Körper zu kribbeln anfing.

»Bitte schau mich nicht so an!«, sagte sie mit ausgetrocknetem Mund und hoffte zugleich, dass er niemals aufhören würde, sie so anzuschauen.

»Bleib hier, Sophie, bleib in Paris!« Er stockte, dann sagte er: »Ja, bitte bleib – bei mir.«

Er hob ihr Kinn, sodass sie ihn anschauen musste. Sein Gesicht war jetzt ganz ernst. Alle ihre Gedanken verstummten; sie dachte weder an den nächsten Tag noch an ihre Reise, weder an Beaulieu noch an Paris. Es gab keine Vergangenheit und keine Zukunft mehr – es gab nur noch diesen Moment, nur noch diese zwei Augen, die wie zwei Sterne zu leuchten schienen.

So plötzlich, wie es gekommen war, hörte das Kribbeln auf, die Millionen und Abermillionen Mücken ließen von ihr ab, und ihre Verwirrung wich einer klaren, sicheren Ruhe.

Ohne eine Wort nahm sie seine Hand.

Es war wie eine Erlösung. Als sie den festen Griff fühlte, mit dem er ihren Händedruck erwiderte, regte sich leise, ganz leise in ihr ein längst vergessenes Sehnen zum ersten Mal seit vielen, vielen Jahren, und alles drängte in ihr danach, diesen Mann zu spüren. Sie schlang die Arme um seinen Hals, und zusammen versanken sie in einem tiefen, langen Kuss, gemeinsam umfangen vom ewigen Rauschen des Flusses, das alle Zeit der Welt in diesem einen Augenblick zu bergen schien.

Als ihre Lippen sich voneinander lösten, ertönte in der Ferne das Horn eines Postillions.

»Hör nicht hin!«, sagte er. »Oder wartest du noch auf eine Kutsche?«

»Nein, Denis«, sagte Sophie. »Aber wenn ich bleibe, dann nur unter einer Bedingung.«

»Welcher?«

»Dass du mir versprichst, regelmäßig zum Barbier zu gehen, großer Mongagul.« Sie nahm einen Zipfel ihres Ärmels und wischte die Schaumspuren fort, die wie ein feiner Schnauzbart seine Oberlippe zierten. »Oder rasiert man sich in deinem Märchenreich immer noch nicht?«

Mit einem zärtlichen Lächeln schüttelte er den Kopf. »Dann hast du dich also entschieden?«

»Komm«, sagte sie, »gehen wir ins Haus! Ich möchte dir deinen Sohn vorstellen.«

INTERIM

DER HEILIGE BERG
1772

I

»Credo in unum Deum. Patrem omnipotentem, factorem coeli et terrae …«

Im Kloster Jasna Góra, fernab von Paris, fernab von der Welt, riefen die Glocken der kleinen Basilika die Mönche zur Vesper, dem abendlichen Stundengebet. Nur Pater Radominsky, seit sechs Jahren zu Gast auf dem heiligen Berg unweit von Krakau, blieb in seiner Zelle. Gebeugt von der Last des Alters und eines vielgeprüften Lebens, kniete er vor dem Kreuz des Erlösers, um wie jeden Abend den Tag im Gebet zu beschließen, allein in der Zwiesprache mit Gott, seinem Herrn.

»… visibilium omnium et invisibilium. Et in unum Dominum Jesum Christum …«

Die Zelle war ohne jeden Schmuck: ein Bett, ein Tisch, ein Stuhl, an den Wänden Bücher und das Kreuz – mehr brauchte er nicht für sein Seelenheil. Er war für immer in seine Heimat zurückgekehrt, zur Schwarzen Madonna von Tschenstochau, und seit er das Gnadenbild, vor dem er ein halbes Jahrhundert zuvor den Eid abgelegt hatte, sein Leben als Soldat der Gesellschaft Jesu Gott und der katholischen Kirche zu weihen, endlich wieder hatte küssen dürfen, wartete er nur noch darauf, mit dem Willen des Allmächtigen zu sterben.

»… Et expectio resurrectionem mortuorum. Et vitam venturi saeculi …«

Aus der Ferne war leiser Geschützdonner zu hören. Nein, auch diese Festung Gottes war nicht vor den Angriffen der Welt gefeit, schon seit Tagen stand die russische Armee am Fuße der Klostermauern. Doch was bedeutete diese Bedrohung im Angesicht der Ewigkeit? Der heilige Berg hatte schon viele Angriffe überstanden, und nicht sein festes Mauerwerk, sondern die Heilige Jungfrau Maria hatte ihn immer wieder beschützt, die einzige und wahre Königin der Christenheit. Mit ihrer Hilfe würde er ein weiteres Mal widerstehen.

Es klopfte an der Tür.

»*Dominus vobiscum!*«

»*Et cum spiritu tuo!*«

Ein junger Frater, der Kustos des Klosters, betrat die Zelle. Er brachte ein großes, schweres Paket. Als Radominsky es sah, war es um seine Andacht geschehen.

»Aus Paris?«

»Ja, Ehrwürdiger Vater.«

»Sehr gut, leg es auf den Tisch!«

Während der Kustos die Zelle verließ, erhob Radominsky sich von den Knien. Mit gichtigen Fingern schnürte er das Paket auf. Er konnte es kaum erwarten, den Inhalt in Händen zu halten.

»Komm, Heiliger Geist«, flüsterte er, während er den Knoten löste, »sende vom Himmel die Strahlen deines Lichts …«

Ungeduldig riss er das Papier auf. Es war ein Buch, eingebunden in feinstes Maroquin: der elfte und letzte Tafelband der Enzyklopädie. Band für Band des großen Werks hatte er bekommen, Sartine hatte ihm einen nach dem anderen hierher geschickt, all die Jahre hindurch, seit Radominsky Paris verlassen hatte. Die Enzyklopädie war außer der *Summa theologica* des Thomas von Aquin seine einzige Lektüre in dieser heiligen Abgeschiedenheit.

»Vollkommener Tröster, süßer Gast der Seele, süße Kühle …«

Nun war das Werk also vollbracht … Radominsky nickte.

Diderot, sein ewiger Widersacher, hatte es unverdrossen fortgeführt, trotz der zahllosen Anfeindungen und Widrigkeiten, denen er ausgesetzt gewesen war, hatte auf persönlichen Ruhm verzichtet, nichts anderes mehr in Druck gegeben, kein Drama, keinen Roman, kein Traktat, um sein ganzes Leben dieser einen großen Aufgabe zu weihen. Ja, Radominsky hatte es immer gewusst, seit er diesem Mann zum ersten und einzigen Mal begegnet war, im Kerker von Vincennes: Sie waren beide vom selben Stamm, auch wenn sie einander ein Leben lang bekriegt hatten.

»Du bist wie eine Erfrischung in der Hitze, wie Trost in den Tränen ...«

Radominsky schlug das schwere Buch auf: »Gedruckt bei André-François Le Bréton, Erster ordentlicher Buchdrucker des Königs, Paris, Rue de la Harpe, 1772.« Aufmerksam betrachtete er das Frontispiz. Was hatte er nicht alles getan, um dieses Werk zu verhindern? Er hatte seine ganze Macht eingesetzt, all seine Geistesgaben und alle Kraft, die der Herr ihm verliehen hatte, um seinem Entstehen Einhalt zu gebieten. Keine Mühe war ihm zu groß gewesen, keine Gefahr zu bedrohlich – er hatte sogar gesündigt, den Gründer seines Ordens verleugnet, sein Seelenheil gewagt, um der gerechten Sache zu dienen. Gott aber hatte anders entschieden. Warum?

»O bestes Licht, fülle die Herzen deiner Gläubigen ...«

Radominsky wiegte den Kopf. War sein Kampf am Hochmut gescheitert, an der Superbia, an der Sünde wider den Heiligen Geist, nicht anders als der Kampf seiner jesuitischen Glaubensbrüder? Obwohl er ahnte, dass die Demut vielleicht die einzige Tugend war, die keinen Einlass in sein Herz gefunden hatte, und er darum fürchten musste, dass der Fluch des heiligen Francesco di Borgia sich auch an ihm erfüllte – Radominsky glaubte nicht, dass dies die wahre Ursache seiner Niederlage war. Ein Verdacht nistete in seinem Busen, schon seit Jahren, wie eine schwarze böse Schlange, die ihr Gift in seiner Seele verspritzte, das Gift des Zweifels. Ja, Pater Radominsky zweifelte – an Gott und an sich selbst. Wenn es Gottes Wille war, dass es dieses Buch gab, wenn der Allmächtige das riesige Schiff der Enzyklopädie durch all die Stürme der Zeiten fast unbeschadet in den sicheren Hafen geleitet hatte, wenn nun Tausende und Abertausende von Menschen die Lehre der Philosophen zu lesen bekamen, die neue Ordnung der Dinge, die auf Metaphysik und Theologie verzichtete, um alles Geschehen auf Erden, von ihren Anfängen bis zu ihrer Vollendung, allein aus der Vernunft und der Erfahrung abzuleiten – dann, ja dann hatte er, der Jesuit Radominsky, die Zeichen missverstanden, Ursache und Wirkung von Gottes Willen und menschlichem Handeln verwechselt, weil nicht die Menschen, sondern Gott selbst in Seiner Unerforschlichkeit dieses Buch gewollt und gezeugt hatte, diesen Triumph der Erkenntnis über die Offenbarung.

»Ohne dich wären wir Menschen bedeutungslos und leer, nichts wäre harmlos …«

Radominsky befeuchtete mit der Zunge eine Fingerspitze und begann, in dem Tafelband zu blättern. Überwältigt von ihrer Pracht betrachtete er die Bilder. Es war, als trete ihm darin die ganze Schöpfung Gottes entgegen, in all ihrer Herrlichkeit und Größe. Er sah Wüsten und Meere, Tiere und Pflanzen, Menschen und ihre Werke. Er sah, wie sich die Nachkommen Adams aus dem Staub erhoben, wie sie ihre Felder bestellten und die Ernte einfuhren, wie sie sich Werkzeuge schufen, Räder und Pflüge und Sensen, wie sie Häuser bauten und Städte, Kirchen und Paläste, wie sie die Leiber von Tieren und Menschen öffneten, Apparate und Maschinen erfanden, mit Teleskopen die Unendlichkeit erforschten und mit Mikroskopen winzig kleine Lebewesen, die kein Auge ohne Hilfe zu sehen vermochte, wie sie die Elemente des Lebens spalteten und aufs Neue zusammenfügten, in ihrem ewigen Streben, sich die Erde untertan zu machen. Die Illustrationen waren von solcher Vollkommenheit, dass man darüber vergessen konnte, doch nur Abbilder der wahren Wirklichkeit vor sich zu haben.

»Reinige das Schmutzige, wässere das Ausgetrocknete, heile das Verletzte ...«

Nur mit Mühe brachte Radominsky es über sich, seinen Blick von dem Buch zu lösen, das die Schöpfung auf ebenso großartige wie obszöne Weise duplizierte. Dann schloss er den Folianten. Doch seine Gedanken fanden keine Ruhe. Was war das Geheimnis, das sich hinter diesem Werk verbarg, der wirkliche und wahrhaftige Grund, warum der allmächtige Gott es gewollt hatte, im großen Plan der Vorsehung? Mit einem Seufzer strich Radominsky über das Leder des Einbands, langsam und zärtlich, wie ein Liebhaber eine schöne Frau ein letztes Mal liebkost, die ihm ihr Geheimnis verweigert.

»Weiche das Verhärtete auf, erwärme das Erkaltete, leite das Verirrte ...«

Radominsky schaute zum offenen Fenster hinaus. Der Anblick tat seiner Seele wohl. Wie schön und herrlich hatte Gott die Welt erschaffen! Das Grummeln der Geschütze war verstummt, als habe der Krieg sich dem Frieden der Abendsonne ergeben, die das Land in ihr goldenes Licht tauchte wie in das Licht der ewigen Gnade. Die reifen Felder wogten sanft im Wind, die Luft war erfüllt vom Gesumm unzähliger

Lebewesen, die noch einmal ihre Stimmen erhoben, bevor sie in den großen Schlaf der Nacht versanken. Plötzlich überkam Radominsky jenes Gefühl der Demut, das ihm in den langen Jahren seiner Gottesdienerschaft stets fremd geblieben war, und es war, als würden sich seine Sinne öffnen, für einen kurzen Augenblick, um die Botschaft zu empfangen. Alles, was auf Erden verging, starb im Dienst des Lebens, ging ein in den Fortgang der Schöpfung, die sich in diesem Kreislauf wieder und wieder erneuerte, um ihrer eigenen Vervollkommnung entgegenzustreben.

»Gib Deinen Gläubigen, die auf Dich vertrauen, die heilige siebenfache Gabe ...«

Der Gedanke traf Radominsky mit solcher Wucht, dass er mit den Zähnen knirschte. War dies das Geheimnis, das sich hinter der Enzyklopädie verbarg, der Grund, warum ihn dieses Buch von Anfang an in seinen Bann geschlagen hatte wie die sündige Schönheit eines nackten Frauenleibes? Auch wenn die Erkenntnis ihn schmerzte wie ein dorniger Stachel im Fleisch, auch wenn sein Innerstes dagegen revoltierte wie der Heiland im Garten Gethsemane gegen den Willen des göttlichen Vaters, in der verzweifelten Hoffnung, dass dieser Kelch an ihm vorübergehe, verstand er die Botschaft des Herrn. Er, Radominsky, Soldat der Gesellschaft Jesu, hatte die Enzyklopädie nicht verhindern können, weil sich das Streben der Menschen nach Wissen und Wahrheit nicht unterdrücken ließ; das Wachstum des Geistes war in der Schöpfung ebenso angelegt und vorgesehen wie das Wachstum der Körper, der Pflanzen und Tiere und Menschen – in jedem Lebewesen, das Gott erschaffen hatte.

»Gib die verdiente Belohnung für unser Bemühen, gib ein gesundes Ende, gib ewige Freuden!«

Radominsky nahm das Buch und stand auf. War sein Leben vergeblich gewesen? Die Frage lastete wie Blei auf seinen Schultern, kaum war er fähig, die wenigen Schritte bis zum Regal zu tun, während in der Ferne ein letztes vereinzeltes Geschütz donnerte. Der Pater registrierte es mit bitterer Genugtuung. Nein, der Kampf war noch nicht verloren. Woran er teilgenommen hatte, war nur eine Schlacht gewesen, der Krieg aber ging weiter, solange Menschen auf Erden wandelten. Das ewige Ringen zwischen Gut und Böse – es würde erst am Tag des Jüngsten Gerichts entschieden sein.

»Amen! Halleluja!«

Radominsky schlug das Kreuzzeichen, dann stellte er den Folianten zu den übrigen Bänden, die Rücken an Rücken in dem Regal seiner Zelle prangten: das bedeutendste Buch der Menschheit seit der Bibel, das neue Buch der Bücher.

Was für ein wunderbares, was für ein teuflisches Werk …

Wozu würde es der Menschheit gereichen?

EPILOG

DAS SCHAFOTT 1794 / JAHR II

I

Eine neue Zeit war angebrochen. Der Sturm der Revolution war über Frankreich hinweggegangen, ein fünf Jahre währendes Wüten und Toben, um das Land in seinen Grundfesten zu erschüttern. Kein Stein sollte auf dem anderen bleiben, bis das Königreich, dessen Herrscher sich jahrhundertelang der Gnade Gottes hatten sicher wähnen dürfen und sie während nur weniger Jahrzehnte im Himmel und auf Erden verwirkten, in den Flammen des Aufruhrs unterging wie die blutrote Abendsonne nach einem allzu langen Sommertag. Das ganze Gebäude der Macht, morsch und faul und verrottet vom Fundament bis zum Dach, brach für immer in sich zusammen, unfähig, dem gewaltigen Sturm der Empörung, der sich im Volk erhoben hatte, noch einen Wimpernschlag länger standzuhalten.

Ja, der große Krake hatte die Kraft gefunden, sich aus seinem morastigen Bett zu erheben, um sich an Haupt und Gliedern zu erneuern. Die Franzosen hatten den König entmachtet und die Bastille erstürmt, das Staatsgefängnis des alten Regimes und Sinnbild tyrannischer Grausamkeit, hinter dessen dicken, kalten Mauern unzählige Opfer elendig verendet waren, ohne Namen und ohne Recht. Während die Adelsfamilien, ungetreu dem Schwur, den ihre Ahnen dem Herrscher von Frankreich geleistet hatten, in Scharen das Land verließen, um ihre Haut und ihren Besitz vor dem Zorn ihrer ehemaligen Fronleute und Lakaien zu retten, eroberte der dritte Stand die Macht. Die Nationalversammlung, die nunmehr die Gesetze erließ, beseitigte die feudalen Standesrechte, um sie durch angeborene, unantastbare und unveräußerliche Menschenrechte zu ersetzen, welche fortan die Freiheit und Unversehrbarkeit der Bürger gegen die Willkür des Staates schützen sollten. Die an den Besitz von Grund und Boden gebundenen Privilegien wurden aufgehoben, die Abgabe des geistlichen Zehnten ebenso abgeschafft wie der erbliche Adel, und die Kirchengüter eingezogen, um als Nationalgüter die Wohlfahrt des Volkes zu mehren.

War also das goldene Zeitalter der Vernunft gekommen? Der Äon der Nächstenliebe und Gerechtigkeit? Das Paradies auf Erden, in dem der Mensch dem Menschen nicht länger ein Wolf, sondern ein Freund und ein Bruder war?

Wehe, wenn eine Bestie sich ihres Verstandes bedient, um ihre Begierden zu stillen! Die neuen Herrscher im Land hatten Blut geleckt und wollten sich nicht mit der halben Macht begnügen, und als der König versuchte, sein Land zu verlassen wie zahllose Herzöge und Grafen vor ihm, erhob sich eine zweite Welle der Empörung, die noch heftiger war als die erste. Das Volk, angeführt und aufgestachelt von der revolutionären Kommune, in der sich aller Hass und alle Wut, die sich in den Zeiten der Knechtschaft aufgestaut hatten, zur ersten Macht im Staat aufschwang, erstürmte nach der Bastille auch die königlichen Gärten der Tuilerien. Ludwig XVI., längst seiner Allmacht enthoben, wurde seiner letzten Ämter und Würden entkleidet, mitsamt seiner Familie inhaftiert und als »Bürger Louis Capet« wegen Landesverrats zum Tode verurteilt und hingerichtet.

Die Republik wurde ausgerufen, und um ein Zeichen zu setzen, dass die alte Zeit niemals wiederkehren würde, schaffte der Nationalkonvent den überkommenen Kalender ab und führte eine neue Bemessung der Wochen, Monate und Jahre ein. Diese neue Zeitrechnung begann mit der Beseitigung des Königtums am zweiundzwanzigsten September des Jahres 1792. Die Wochen wurden nunmehr in zehn Tage unterteilt, die Tage in zehn Stunden, und sie bekamen wie die Monate allesamt neue Namen. Doch während die Zeit wie ehedem verstrich, nur die Namen der Tage, Wochen und Monate auf den Kalenderblättern wechselten, ging das Morden und Schlachten unter den Menschen weiter wie seit Anbeginn der Zeit. Als hätte es nie eine Revolution der Macht im Staat gegeben, folgten auf das Blutbad am Marsfeld, dem einst Hunderte von Königsgegnern zum Opfer gefallen waren, die noch blutigeren Septembermorde, bei denen Tausende von Königstreuen ihr Leben ließen, folgte auf die Schreckensherrschaft des Ancien Régime die Schreckensherrschaft der Jakobiner, jener unbarmherzigen Söhne der Aufklärung, die, um für jahrhundertealtes Unrecht Rache zu nehmen, einen jeden hinrichteten, der ihnen und dem neuen Recht zu widersprechen wagte – mit dem einzigen Unterschied, dass nun das Morden und Schlachten nicht mehr im Namen des allmächtigen Gottes geschah, sondern im Namen von Freiheit, Gleichheit und Brüderlichkeit.

2

»Allons enfants de la patrie, le jour de gloire est arrivé …«
Man schrieb den dritten Floréal des Jahres II, den zweiundzwanzigsten April 1794 nach der alten Zeitrechnung. Eine Horde Schulkinder kreuzte Sophies Weg, als sie das Café »Procope« verließ, wo sie zur Stärkung für den schweren Gang, den sie an diesem sonnigen Frühlingsmorgen antreten musste, eine Tasse Schokolade getrunken hatte. Nachdenklich schaute sie den Kindern nach. Sie sangen die *Marseillaise,* das Lied der Revolution, zu dessen Klängen ihre Väter so viele Menschen töteten. Lernten sie dafür lesen und schreiben?

Auch Sophie hatte das Lied der Revolution gesungen, beim Marsch der Pariser Frauen nach Versailles, 1789, im Jahr der großen Hungersnot. Tausende von Müttern hatten sich auf den Weg zum Königshof gemacht, und es waren unterwegs immer mehr geworden, in jedem Viertel, in jedem Vorort waren weitere hinzugekommen, um Ludwig zu zwingen, die Stadt mit ausreichend Mehl zu versorgen, damit die Bäcker wieder Brot backen konnten und die Kinder nicht länger hungern mussten. Von welch wunderbaren Hoffnungen die Menschen damals beseelt gewesen waren …

Und jetzt? In Zweierreihen, wie kleine Soldaten, marschierten die Schüler zum Platz vor der Alten Komödie, wo ein Schafott aufgeschlagen war – in jedem Quartier gab es inzwischen eins, um all die Hinrichtungen zu bewältigen, die das neue Recht der Jakobiner erheischte, und die Lehrer besuchten mit ihren Schülern die schaurigen Stätten, um ihnen ein Beispiel von den Segnungen der Revolution zu geben. Denn die Verurteilten wurden nicht mehr verbrannt oder gevierteilt wie unter der alten Herrschaft, sondern auf zweckmäßige, wissenschaftliche Weise vom Leben in den Tod befördert, geköpft mit Hilfe eines ausgeklügelten Mechanismus, den ein menschenfreundlicher Arzt namens Guillotin ersonnen hatte.

An dem Fallbeil klebte noch das Blut der Hinrichtungen vom Vortag. Sophie sah, wie die Schüler unter der Anweisung ihres Lehrers das Gerüst bestiegen, um einer nach dem andern die Richtstätte in Augenschein zu nehmen. Sie selbst hatte als Kind nie eine richtige Schule besuchen dürfen – Abbé Morels Kommunionsvorbereitung war der einzige Schulunterricht gewesen, den sie genossen hatte, vor über fünfzig Jahren. Jetzt hatte jedes Kind in Frankreich die Möglichkeit, lesen und schreiben zu lernen. Was für ein großartiger Fortschritt. Was für eine entsetzliche Barbarei …

Sophie wandte den Blick von den Kindern ab. Ihr Ziel war das Gefängnis von Port Libre in der Vorstadt Saint-Jacques, unweit des ehemaligen Jansenistenklosters Port Royal, wo über sechshundert Gefangene als Feinde der Republik festgesetzt waren, um auf ihren Prozess oder auf ihren Tod zu warten. Trotz ihrer fünfundsechzig Jahre beschloss sie, den weiten Weg zu Fuß zu gehen. Einer der Inhaftierten hatte sie zu sich gebeten, um sie vor seiner Hinrichtung ein letztes Mal zu sprechen. Bei dem Gedanken an das Wiedersehen wurde ihr Herz so schwer, dass sie am liebsten kehrtgemacht hätte. Doch das war nicht möglich. Auch wenn sie vor langer Zeit beschlossen hatte, diesen Mann nie wieder zu sehen, konnte sie ihm den Wunsch nicht ausschlagen. Es war sein letzter Wille.

Warum hatte er sie zu sich gerufen? Was wollte er von ihr?

Bei der Kirche Saint-Germain-des-Prés verließ Sophie den

Boulevard, um über die Rue de Rennes weiter in Richtung Süden zu laufen. Unbeschadet von der Revolution hatte der Alltag in der großen Stadt sich kaum verändert. In früherer Zeit hatte Paris *Lutetia* geheißen, die Schlammstadt – ein Name, der, so fand Sophie, immer noch seine Berechtigung hatte. Man konnte sich noch so sehr vorsehen, nichts schützte einen vor den Spritzern aus Dreck, Unrat und Kot, die überall von den Besen der Straßenkehrer und den vorüberrasselnden Karossen aufgewirbelt wurden, sodass nicht wenige Pariser behaupteten, die Schuhputzer seien die wichtigsten Dienstboten der ganzen Stadt. Gepuderte und geputzte Frauen hoben ihre Röcke, um die Straße zu überqueren, ohne die Kleidersäume schmutzig zu machen, und ihre Begleiter, peinlich darauf bedacht, ihre weißen Wadenstrümpfe nicht zu beflecken, gingen auf Zehenspitzen neben ihnen her, während die Limonadenhändler sich mit ihren Tabletts einen Weg durch das Gewühl zu den Buden der Pastetenbäcker, Wurstmacher und Fleischbrater bahnten und die Straßenhändler den Hausfrauen und Köchen Fisch und Fleisch, Gemüse und Obst anpriesen, mit lauten, gellenden Schreien, um den Lärm der Straßenmusikanten zu übertönen, die fast an jeder Ecke ihren ohrenbetäubenden Lärm produzierten. Nein, die Pariser hatten sich so wenig verändert wie ihre Stadt. Sie wollten nur leben, lieben und glücklich sein – gleichgültig, wer sie gerade regierte.

Nach drei Stunden Fußmarsch war Sophie am Ziel. Vor dem Gefängnistor versperrten zwei Wachtposten ihr den Weg.

»Halt! Dein Name?«

»Bürgerin Volland.«

Sophie zeigte einen Passierschein vor, Dorval hatte ihn ihr besorgt. Ihr Sohn war ein einflussreicher Mann in der Stadt, die Jakobiner hatten ihn zum Kommissar für Bildung und Erziehung ernannt.

»Einen Augenblick, Bürgerin.«

Der ältere der beiden Soldaten verschwand mit ihrem Papier im Inneren des Gebäudes, während der jüngere sie aufmerksam beäugte. Um sich seinen Blicken zu entziehen, trat Sophie ein paar Schritte beiseite und schaute ins Fenster eines Buchverleihers, der sein Geschäft in unmittelbarer Nachbarschaft des Gefängnisses betrieb.

In der voll gestopften Auslage entdeckte sie zwischen abgenutzten Romanen und zerrissenen Dramen, philosophischen Traktaten, fast unberührten theologischen Werken sowie zahllosen wissenschaftlichen Abhandlungen eine vollständige Ausgabe der Enzyklopädie: siebzehn Text- und elf Tafelbände. Die dunkelroten Leinendeckel waren speckig und voller Flecken, abgegriffen von wissbegierigen Menschen, die in all den Jahren die Bände ausgeliehen und aufgeschlagen hatten, um aus diesem schier unerschöpflichen Depot der menschlichen Kenntnisse wieder und wieder zu schöpfen.

Sophie tat einen Seufzer. Wie hatte dieses Buch ihr Leben verändert ... Wie hatte dieses Buch die Welt verändert ... Und nun saß der Mann, der es ermöglicht hatte, ohne den es niemals erschienen wäre, in einer Gefängniszelle und wartete auf sie. Auf sie und den Tod, den andere, jüngere Männer, die doch seine geistigen Söhne waren, über ihn verhängt hatten.

»Bürgerin Volland?«

Sophie drehte sich um. Im Gefängnistor stand der ältere Soldat und winkte sie mit ihrem Passierschein herbei.

»Der Delinquent ist bereit!«

3

Als Sophie die Zelle betrat, stand ein alter fremder Mann vor ihr. Irritiert schaute sie ihn an. Hatte man sie zu einem falschen Gefangenen geführt? In ihrer Verwirrung wollte sie kehrtmachen, da sah sie ein Lächeln in seinen grauen Augen.

»Danke, dass Sie gekommen sind.«

Sie zuckte zusammen, als sie seine Stimme hörte. »Monsieur de Malesherbes?«

Es dauerte eine Weile, bis sie hinter den alten, welken Zügen das vertraute Gesicht wiederfand. Auf einmal begann ihr Herz zu klopfen. Ein Vierteljahrhundert hatten sie einander nicht mehr gesehen, seit dem Tag, an dem er ihr seinen Verrat an ihrer Mutter gestanden hatte.

»Ich hatte gehofft«, sagte er leise, »Sie würden Ihr Amulett tragen.«

»Den Engel?«, fragte sie verwundert. »Sie haben immer gesagt, Sie mögen ihn nicht leiden.«

»Ja, das habe ich. Aber vielleicht hätte er mir jetzt Glück gebracht, auf meiner letzten Reise.«

»Glück?«

Malesherbes zögerte. Dann sagte er: »Ich kenne solche Amulette aus meiner Heimat. Man macht sie aus den Gebeinen von Hingerichteten. Ich wollte Sie um den Talisman bitten, als ein letztes Geschenk, um ihn mit ins Grab zu nehmen. Für mein Seelenheil, und …«, fügte er stockend hinzu, »… und um Sie davon zu befreien.«

Sophie verstand nicht, was er damit meinte. Sartine hatte ihr die Kette geschenkt, er hatte sie aus Beaulieu mitgebracht, nachdem er dort im Kirchenarchiv geforscht hatte. Doch als sie die unendliche Trauer in Malesherbes' Augen sah, überkam sie eine Ahnung, wie ein kalter Abendhauch, sodass sie plötzlich fröstelte. War das Amulett, das einzige Andenken, das sie an ihre Heimat besaß, dieser Talisman, den sie ein halbes Leben lang auf ihrer Brust getragen hatte, womöglich …? Die Vorstellung war so unerträglich, dass sie sich zwang, den Gedanken nicht zu Ende zu denken. Die Vergangenheit lag so weit zurück. Und die Gegenwart stellte so viele Fragen.

»Weshalb hat man Sie verurteilt?«, fragte sie. »Weil Sie den König vor dem Revolutionstribunal verteidigt haben?«

»Das Gericht hat befunden, ich hätte gegen die Freiheit des französischen Volkes konspiriert. Aber kommt es darauf noch an?«

»Sie – ein Konspirateur gegen die Freiheit?« Sophie schüttelte den Kopf. »Seit ich Sie kenne, haben Sie sich für die Freiheit eingesetzt, für die Freiheit und die Aufklärung. Wissen das diese Leute denn nicht?«

Malesherbes zuckte die Schultern. »Sie sind verblendet, Sophie. Von ihrem Hass und von ihren Prinzipien, die vielleicht noch mehr Schaden anrichten als ihr Hass. Sie sind beseelt von der Idee der Gerechtigkeit, doch sie betreiben die Gerechtigkeit mit demselben Fanatismus, den früher die Jesuiten bei ihrem Kampf für das Gottesgnadentum des Königs gezeigt haben. Sie kennen nur die Logik des Verstandes, handeln allein aus kalkulierender Vernunft. Sie haben keine Liebe.«

Sophie nickte. Sie hatte fast dieselben Worte gegenüber ihrem Sohn gebraucht, der das Regiment der Jakobiner als eine grausame, aber unabdingbare Notwendigkeit des Fortschritts verteidigte.

»Manchmal«, flüsterte sie, »habe ich das Gefühl, die Welt ist dunkler denn je.«
»Nein, Sie dürfen so nicht sprechen«, sagte Malesherbes. »Der kleinste Funke der Aufklärung leuchtet immer noch heller als der dunkle Mond des Aberglaubens. Vergessen Sie nicht, wir stehen erst am Anfang, und es werden noch viele nach uns kommen! Die Aufklärung ist nicht mit einer einmaligen Kraftanstrengung zu leisten, und sei diese noch so groß, sie ist eine Sisyphusarbeit, eine immer wieder neue Aufgabe, an der jede Generation weiterarbeiten muss, jede auf ihre Weise. Die Enzyklopädie hat für die Menschheit ein riesiges Tor aufgestoßen, jetzt liegt es an den Menschen, durch dieses Tor zu schreiten. Doch dafür müssen sie lernen, nicht nur ihrem Verstand zu folgen, sondern auch ihrem Herzen.«
Sophie blickte aus dem Gitterfenster. In der Krone eines Apfelbaums hockte auf einem frisch erblühten Zweig ein Spatz, der sich das Gefieder putzte, so gründlich, dass er die Katze nicht bemerkte, die sich an ihn heranschlich. Sophie drehte sich wieder zu Malesherbes herum.
»Meinen Sie, dass eine solche Zeit je kommen wird?«
»Wer weiß?«, erwiderte er. »Vielleicht irre ich mich, und mein Traum ist nur eine leere Illusion, das Geschwätz eines senilen Greises. Trotzdem, ich halte daran fest, weil der Glaube und die Hoffnung und die Liebe nicht weniger zählen als der Verstand und die Erfahrung und die Vernunft. Denn nur solange die Menschen den Glauben an eine bessere Zukunft haben, voller Hoffnung und Liebe, haben sie einen Grund zum Leben. Und das ist das Wichtigste.«
»Das sagen Sie?«, fragte Sophie. »Am Tag Ihrer Hinrichtung?«
Er lächelte ein müdes Lächeln. »Ich bin jetzt zweiundsieb-

zig Jahre alt«, sagte er, »alt genug, um die Gerechtigkeit zu ertragen. Auch dann, wenn sie Umwege und Irrwege nimmt, um sich Geltung zu verschaffen. Ich habe den Tod verdient und bin bereit zu sterben. Nicht, weil ich den König verteidigt habe oder ein Verschwörer sein soll, sondern weil ich …«

Er verstummte. Sophie blickte ihn an. Sie verstand auch ohne Worte, was er ihr sagen wollte. Ja, jetzt wusste sie, warum er sie zu sich gerufen hatte.

Als würde er ihre Gedanken erraten, sprach er die eine, alles entscheidende Frage aus: »Kannst du mir verzeihen, Sophie?«

Sie schlug die Augen nieder. Obwohl sie die Frage erwartet hatte, konnte sie ihm keine Antwort geben. Mochte die Vergangenheit noch so weit zurückliegen, die Wunde, die er mit seiner Schuld gerissen hatte, schmerzte immer noch in ihrer Seele. So viele weitere Fragen waren mit dieser einen Frage verknüpft … Wie wäre ihr Leben verlaufen, wenn ihre Mutter hätte weiterleben dürfen? Vielleicht hätte sie nie diese Angst gehabt, die sie ein Leben lang verfolgt hatte, die Angst vor der Liebe, die Angst vor den Büchern … Vielleicht hätte sie Jahre und Jahrzehnte an Diderots Seite gelebt, als die glücklichste Frau der Welt … Hätte sie das? Wirklich? Vielleicht hätte sie Diderot ja niemals kennen gelernt, wenn es Malesherbes nicht gegeben hätte, vielleicht hätte sie ihr Dorf dann nie verlassen … Vielleicht, vielleicht, vielleicht …

Bevor sie entschieden hatte, was sie antworten wollte, begann Sophie zu sprechen. Es geschah ganz von allein.

»Als Diderot vor zehn Jahren starb«, sagte sie leise, »hat man seinen Leichnam seziert – es war sein eigener Wunsch gewesen. Noch über seinen Tod hinaus wollte er dazu beitragen, das Wissen zu mehren über die Natur des Menschen und das Rätsel seiner Existenz. Die Ärzte waren vor allem an seinem Gehirn interessiert, das so unglaublich viele Kenntnisse gespeichert und noch mehr Ideen hervorgebracht hatte, um Aufschluss zu bekommen über die Art und Weise seines Denkens. Doch ihre Erwartungen erfüllten sich nicht. Denn nicht sein Gehirn wies besondere Merkmale auf, sondern sein Herz. Es war um zwei Drittel größer als bei einem gewöhnlichen Menschen.«

Malesherbes hörte ihr zu, ohne etwas zu sagen, den Blick in bangem Hoffen auf sie gerichtet. Als sie zu Ende gesprochen hatte, schloss er seine müden Augen. Dann beugte er sich über ihre Hand, um sie zu küssen.

Eine lange Weile verharrte er so, ein Augenblick in der Ewigkeit.

Als er sich wieder aufrichtete, waren seine Augen feucht von Tränen.

»Danke«, sagte er leise, doch mit fester Stimme. »Jetzt habe ich meinen Frieden gefunden und kann endlich sterben.«

Ohne ein weiteres Wort wandte er sich um und blickte zum Fenster hinaus. Sophie begriff, dass dies der Abschied war. Trotz seines Alters stand er aufrecht da, wie früher in einen braunen Rock aus einfachem Tuch gekleidet, auf dem der nachlässig geflochtene Zopf seiner Dreiknotenperücke lag.

»Sie sollen das Amulett haben«, flüsterte sie. »Ich werde es Ihnen mit auf die Reise geben.«

Dann verließ sie seine Zelle.

Als sie ins Freie trat, empfing sie heller Sonnenschein. Vor dem Tor wartete Dorval. Ihr Sohn war gekommen, um sie

abzuholen. Seine Frau erwartete ein Kind, Sophie hatte versprochen, ihr bei der Geburt zu helfen.
Sie hakte sich bei ihm unter, und während in der Ferne ein Trommelwirbel anschwoll, gingen sie zu der Kutsche, die auf dem Platz mit offenem Schlag für sie bereitstand.
Die Wehen hatten schon eingesetzt, sie mussten sich beeilen.

Dichtung und Wahrheit

Im Leben Diderots gab es eine geheimnisvolle Frau: Sophie Volland. Jahrzehntelang war sie an seiner Seite, ohne dass wir wissen, wer sie wirklich war und in welcher näheren Beziehung sie zu ihm stand. Von ihr geblieben sind nur die Briefe, die Diderot ihr schrieb – und gäbe es nicht ein Testament von ihrer Hand, wir wüssten nicht einmal, ob sie in der Realität oder nur in diesen Briefen existierte.

In Gestalt der »Philosophin« habe ich versucht, dieser Frau eine Identität und Geschichte zu geben. Um auf diese Weise Zugang zur Welt der Enzyklopädie zu gewinnen und in diesem Erzählkreis das große geistige Drama des Jahrhunderts zur Darstellung zu bringen: den Anspruch der Aufklärung auf innerweltliches Glück, den es gegen die Vertröstungen der Theologie und Reaktion auf ein jenseitiges Paradies durchzusetzen galt.

Folgende Ereignisse, die im Roman zur Sprache kommen, gelten in der Forschung als gesichert:

1745: Bis zu diesem Jahr finden in Frankreich die letzten Prozesse gegen Hexen, Zauberer und Magier statt; die unter Ludwig XIV. erlassenen Gesetze, wonach jeder Giftanschlag mit Magie identisch sei, da beide sich derselben Zaubermittel bedienten, sind nach wie vor gültig; Februar: Auf einem Maskenball erobert Mme de Pompadour König Ludwig XV.; am Hof von Versailles bilden sich in der Folge zwei Fraktionen: auf der einen Seite ein aufklärerischer Kreis um die neue Favoritin des Herrschers sowie auf der anderen Seite die Partei der Devoten um die Königin Maria Leszczynska und ihren polnischen Beichtvater Radominsky.

1746: Erteilung des königlichen Druckprivilegs für die Enzyklopädie; ursprünglicher Plan des Druckerkonsortiums unter Führung Le Brétons, des Ersten ordentlichen Buchdruckers des Königs, ist eine erweiterte Übertragung von Chambers' *Cyclopedia* aus dem Englischen.

1747: Diderot schreibt *Die geschwätzigen Kleinode,* motiviert durch Ansprüche seiner Mätresse Mme de Puisieux; Le Bréton gewinnt Diderot und d'Alembert als Herausgeber für die Enzyklopädie, das Projekt entwickelt sich zu einem eigenständigen Unternehmen; 30. April: Erneuerung des Druckprivilegs; 18. Oktober: Abschluss des Herausgebervertrags.

1748: Im Januar erscheinen *Die geschwätzigen Kleinode;* Aufnahme der Arbeit an der Enzyklopädie; die Herausgeber gewinnen namhafte Philosophen und Wissenschaftler als Mitarbeiter; die Pariser Polizei beginnt mit der systematischen Erfassung verdächtiger Literaten und ihrer Aktivitäten; bis 1753 entstehen rund fünfhundert Autorendossiers.

1749: Diderots *Brief über die Blinden* erscheint anonym; 24. Juli: Verhaftung Diderots; Verhöre und Überbringung nach Vincennes; die Verleger stellen ihre Zahlungen an ihren Herausgeber ein, Diderot muss seinen Vater um Unterstützung für seine Familie bitten; 13. August: schriftliches Geständnis Diderots und Schwur künftigen Wohlverhaltens; September: Rousseau besucht Diderot im Gefängnis, Diskussion der Preisschrift der Académie Dijon; 3. November: Diderots Entlassung aus der Haft; Bruch mit Mme de Puisieux.

1750: Rousseau macht Diderot mit Grimm und d'Holbach bekannt; Generalstaatsanwalt Malesherbes, Sohn des Kanzlers Lamoignon, wird Direktor der königlichen Hofbibliothek und Chef der Zensurbehörde; November: der Ankündigungsprospekt der Enzyklopädie erscheint, erste Gegenattacken der Jesuiten.

1751: 24. Juni: Freigabe von Bd. I; editorische Hauptstücke: die Vorrede und der Baum der Erkenntnis; Beginn der Auslieferung am 28. Juni; großartige Aufnahme in der Öffentlichkeit; verschärfte Attacken der Jesuiten; Diderot entdeckt Jaucourt als Autor und Mitarbeiter.

1752: 1. Januar: Freigabe von Bd. II; Skandal um den Artikel »Certitude« des Theologen de Prades; der »Fall de Prades« wird zum »Fall Enzyklopädie«; Diderot bittet die Mätresse des Königs, Mme de Pompadour, vergeblich um Hilfe; 29. Januar: öffentliche Verurteilung der Enzyklopädie durch den Erzbischof von Paris; 7. Februar: die Bände I und II werden verboten, die Publikation aller weiteren Bände wird untersagt; 25. Februar: Malesherbes warnt Diderot vor einer von ihm selbst angeordneten Hausdurchsuchung und hilft ihm bei der Beseitigung belastenden Materials; d'Alembert erwägt erstmals, die Mitherausgeberschaft niederzulegen; de Prades flieht mit Hilfe Voltaires nach Preußen; Gerüchte, dass Diderot ebenfalls außer Landes fliehen will; Versuch der Jesuiten von Trévoux, die Enzyklopädie zu übernehmen; Schießpulveranekdote: Mme de Pompadour überzeugt König Ludwig von der Nützlichkeit der Enzyklopädie; April: Aufforderung der Regierung an die Verleger und Herausgeber, das Projekt fortzusetzen; die Enzyklopädie erscheint fortan unter verschärften Zensurbedingungen, ohne Privileg des Königs, aber mit stillschweigender Erlaubnis; Folge des Skandals: schlagartige Berühmtheit der Enzyklopädie in ganz Frankreich und Europa, die Zahl der Subskribenten steigt dramatisch; Diderot wird der Royal Society, d'Alembert der Académie Française zur Aufnahme vorgeschlagen.

1753: Februar: Diderot wird von der Royal Society abgelehnt; Geburt seiner Tochter Angélique; 15. November: Bd. III der Enzyklopädie erscheint.

1754: De Prades widerruft öffentlich seine »Irrtümer«; 14. Oktober: Band IV der Enzyklopädie erscheint in dreitausend Exemplaren; Diderot handelt einen neuen, verbesserten Vertrag mit Le Bréton aus; Umzug der Familie von der Rue de l'Estrapade in die Rue Taranne, wo Diderot dreißig Jahre lang leben und arbeiten wird; die Jesuiten gründen die Zeitschrift *L'année litteraire*, deren Hauptaufgabe die Bekämpfung der Enzyklopädie ist; 30. November: d'Alembert wird in die Académie Française aufgenommen.

1755: Erste bezeugte Begegnung zwischen Diderot und Sophie Volland; Voltaire lässt sich bei Genf nieder, wütende Reaktionen seines Rivalen Rousseau, der damit seine Heimatstadt für sich verloren glaubt; Bd. V der Enzyklopädie mit Diderots Artikel »Encyclopédie« erscheint; November: Der Hofmaler La Tour fertigt ein Porträt Mme de Pompadours an, das die Mätresse des Königs mit Bd. IV der Enzyklopädie zeigt.

1756: Ausbruch des Siebenjährigen Krieges; Aufstieg Mme de Pompadours zur Ehrendame der Königin; erste offenkundige Anzeichen ihres körperlichen Verfalls sowie Beginn ihres schleichenden Machtverlusts; d'Alembert distanziert sich zunehmend von der Enzyklopädie.

1757: 5. Januar: Der ehemalige Lakai Robert Damiens begeht ein Attentat auf den König; der Attentäter wird mit der Enzyklopädie in Verbindung gebracht; erhöhter Druck der Regierung auf Malesherbes, gegen die Philosophen vorzugehen; Februar: Diderots Drama *Der natürliche Sohn* erscheint; 7. März: Voltaire fordert d'Alembert auf, die Enzyklopädie in der Schweiz zu vollenden; 28. März: Damiens' Hinrichtung als groß inszeniertes Spektakel zur Abschreckung möglicher Staatsfeinde; 16. April bis 27. August: Verschärfung der Gesetze mit Androhung der Todesstrafe für aufrührerische Schriften als Folge des Attentats; zahlreiche Autoren kündigen ihre Mitarbeit an der Enzyklopädie; 15. Oktober: Uraufführung der *Cacouacs*, einer Satire auf die Philosophen; Oktober bis Dezember: Irrungen und Wirrungen auf dem Landschloss La Chevrette: Rousseaus Bruch mit Diderot; November: Bd. VII der Enzyklopädie mit d'Alemberts Artikel »Genf« erscheint.

1758: Attacken aus dem In- und Ausland gegen d'Alemberts Artikel »Genf«, mit Rousseau als schärfstem Kritiker; Januar: d'Alembert legt die Mitherausgeberschaft an der Enzyklopädie nieder, Diderot ist nunmehr der alleinige Herausgeber; Voltaire verlangt seine Manuskripte von Diderot zurück; Jahresende: Helvétius' Essay *Über den Geist* erscheint, Kirche und Staat reagieren mit wütenden Angriffen; Diderot wird Coautorenschaft an dem Essay unterstellt, die Enzyklopädie gerät damit ins Visier der Angreifer.

1759: 23. Januar: *Über den Geist* und die Enzyklopädie werden gleichzeitig vom Parlament verurteilt; 4. März: die Enzyklopädie kommt auf den Index; Malesherbes hebt offiziell die Druckerlaubnis auf und rät Diderot zur Flucht aus Paris; Diderot weigert sich, die Hauptstadt zu verlassen; Depression und Angst vor der Verhaftung; Krisensitzung der Herausgeber und Verleger: endgültiger Bruch mit d'Alembert; 3. Juni: Diderots Vater stirbt in Langres; 21. Juli: Malesherbes' salomonischer Kompromiss: der Zensor erteilt die Druckerlaubnis für eine *Sammlung von tausend Tafeln über die Wissenschaften, die Freien Künste und die Technik*, eine Tarnbezeichnung für die Tafelbände der Enzyklopädie; Auflage für die Druckerlaubnis: die Verleger müssen eine Strafzahlung von 72 Livres an jeden Subskribenten leisten, als Entschädigung für die verbotenen Textbände; 25. Juli: Diderot reist nach Langres, um das väterliche Erbe zu regeln; Diderots Entschluss, in Zukunft keinerlei eigene Schriften mehr zu publizieren, die die Enzyklopädie gefährden könnten; Aufatmen bei der Rückkehr nach Paris: die Subskribenten begnügen sich mit den Tafelbänden als Kompensation für die Textbände; 3. September: die Lektüre der Enzyklopädie wird jedem Katholiken vom Papst unter Androhung der Exkommunikation verboten; am selben Tag werden in Portugal neun Jesuiten wegen eines Attentats auf König Joseph I. zum Tod verurteilt; 8. September: Bestätigung des Druckprivilegs für die Tafelbände; Diderot arbeitet als alleiniger Herausgeber mit reduziertem Mitarbeiterstab heimlich an den noch ausstehenden zehn Textbänden weiter; 24. November: Antoine Sartine wird vom König geadelt und mit dessen persönlicher finanzieller Unterstützung Polizeipräfekt von Paris; die ersten belegten Briefe Diderots an Sophie Volland.

1760: März: heftige Attacken der Devoten, die Comédie Française als neuer Kriegsschauplatz mit Palissots Satire *Die Philosophen;* Juli: Voltaires Gegenattacke mit *Les Écossaises,* einer Satire auf die Jesuiten; Voltaires Versuch, Diderot in die Académie zu bringen, hat zur Folge, dass sich der Widerstand gegen die Enzyklopädie weiter verstärkt.

1761: Fortsetzung der Arbeit an den Textbänden dank der unermüdlichen Mitarbeit Jaucourts; Le Bréton beginnt, hinter Diderots Rücken Hunderte von Beiträgen der Enzyklopädie zu entschärfen; der Plan des Verlegers und seines Herausgebers: Drucklegung der restlichen Textbände an fingiertem Ort im »Ausland«, anschließend Reimport nach Paris.

1762: Auslieferung des ersten Tafelbandes an die Subskribenten; August: das Parlament löst den Jesuitenorden wegen Unruhen auf mittelamerikanischen Missionsstationen auf; August: Angebot von Zarin Katharina II., die Enzyklopädie in Russland zu vollenden; Diderot lehnt mit Hinweis auf die Eigentumsrechte der Verleger ab.

1763: Der Kanzler Lamoignon fällt in Ungnade, sein Sohn Malesherbes demissioniert; rapider körperlicher Verfall Mme de Pompadours; Sartine rückt zum Chef der Zensurbehörde auf; Ende des Siebenjährigen Krieges.

1764: 15. April: Mme de Pompadour stirbt in Versailles; 12. November: Diderot entdeckt, dass sein Verleger Le

Bréton die letzten zehn Bände der Enzyklopädie eigenmächtig zensiert hat; Diderot vor dem Scherbenhaufen seines Lebens: Depression und Fresssucht.

1765: Fertigstellung der letzten Textbände unter widerstreitenden Empfindungen; alle Arbeit nun bei Jaucourt, der auf eigene Kosten ein halbes Dutzend Schreiber anstellt und dafür sein Haus verkauft; Diderot beginnt die Arbeit an dem Roman *Jacques der Fatalist;* Auslagerung der in Paris gedruckten letzten zehn Bände in einen Vorort der Hauptstadt.

1766: Auslieferung der letzten zehn Textbände der Enzyklopädie auf einen Schlag; Bilanz: Diderot ist voller Verachtung für sein eigenes Werk, Jaucourt ruiniert, die Buchhändler machen fantastische Gewinne; April: Le Bréton wird bei einer Auslieferung verhaftet und in die Bastille gebracht; Diderot interveniert zu Gunsten des Verlegers, Le Bréton kommt wieder frei; Diderot wird gefeiert als Retter der Enzyklopädie, Le Bréton kauft Jaucourts letztes Haus; Diderots bittere Erkenntnis: er hat sein ganzes Leben samt allen nicht geschriebenen Meisterwerken für eine unvollkommene Enzyklopädie geopfert.

1767: Diderot wird Mitglied der Petersburger Akademie der Künste, Einladung von Zarin Katharina nach Russland; Diderot mietet in Sèvres ein Zimmer für ein Leben außerhalb der Familie an.

1768: Der Verleger Panckoucke erwirbt die Rechte an allen künftigen Ausgaben der Enzyklopädie; Panckoucke trägt Diderot die Leitung einer Neuausgabe an, Diderot schlägt das Angebot aus, um für die alten Verleger die Herausgabe der Tafelbände abzuschließen.

1769: *D'Alemberts Traum* erscheint, Diderots literarisch-philosophische Aussöhnung mit dem ehemaligen Mitstreiter.

1772: Auslieferung des letzten Tafelbandes der Enzyklopädie an die Subskribenten.

1784: 31. Juli: Diderot stirbt an Herzversagen, auf seinen Wunsch hin wird sein Leib seziert; sein Herz, so der Obduktionsbericht, ist um zwei Drittel größer als bei einem gewöhnlichen Menschen.

1789: Das Jahr der Revolution: der Sturm auf die Bastille, Hungermarsch der Pariser Frauen nach Versailles, schrittweise Entmachtung des Königs, Abschaffung der Standesprivilegien, Erklärung der Menschenrechte und Etablierung der Nationalversammlung.

1793: Malesherbes verteidigt König Ludwig XVI. vor dem Revolutionstribunal gegen den Vorwurf des Landesverrats.

1794: Malesherbes wird wegen »Verschwörung gegen die Freiheit des französischen Volkes« zum Tode verurteilt und am 22. April hingerichtet.

Danke

»Die Dankbarkeit«, schreibt Diderot in der Enzyklopädie, »ist eine Last, und jede Last will abgeschüttelt sein.« Hier irrt der Meister, Gott sei Dank! Nicht unbequeme Last, sondern willkommene Lust ist mir die Verpflichtung, mich bei allen zu bedanken, die zur Entstehung dieses Romans beigetragen haben. Dies sind insbesondere:

Roman Hocke. Er hat dafür gesorgt, dass ich im Meer der historischen Möglichkeiten nicht vom Kurs meiner eigentlichen Geschichte abgekommen bin.

Serpil Prange. Für ihre klare Sicht der Dinge, von der ich immer wieder lerne.

Hans Jörg Hämmerling. Sein Anspruch, die Menschheit weiterzubringen, hat mich hoffentlich ein paar Millimeter vorangebracht.

Christina Spittel. Nicht nur für ihre Recherche, mit der sie mich vor mancher Verlegenheit bewahrte, sondern auch für ihre ebenso vorlauten wie intelligenten Kommentare.

Stephan Triller. Als Telefonfreund war er wie bei fast jedem meiner Bücher dabei. Von A bis Z, vor allem aber von K bis K.

Brigitte Dörr. Sie hat mich an Paris erinnert. Und mich so mit der Zielsicherheit eines Irrlichts auf mein Thema gebracht.

Helmut Henkensiefken. Für seinen Einfallsreichtum und seine Bereitschaft, immer wieder bei »Zero« anzufangen.

Was wäre ein Autor ohne seinen Verlag? Mein letzter Dank gilt der Führung und den Mitarbeitern des Droemer-Verlags, die mich unterstützt haben, wie ein Autor es sich nur wünschen kann, namentlich Susanne Klein, Klaus Kluge, Beate Kuckertz, Herbert Neumaier, Christian Tesch und Hans-Peter Übleis. Sie haben meine Geschichte zum Buch gemacht.

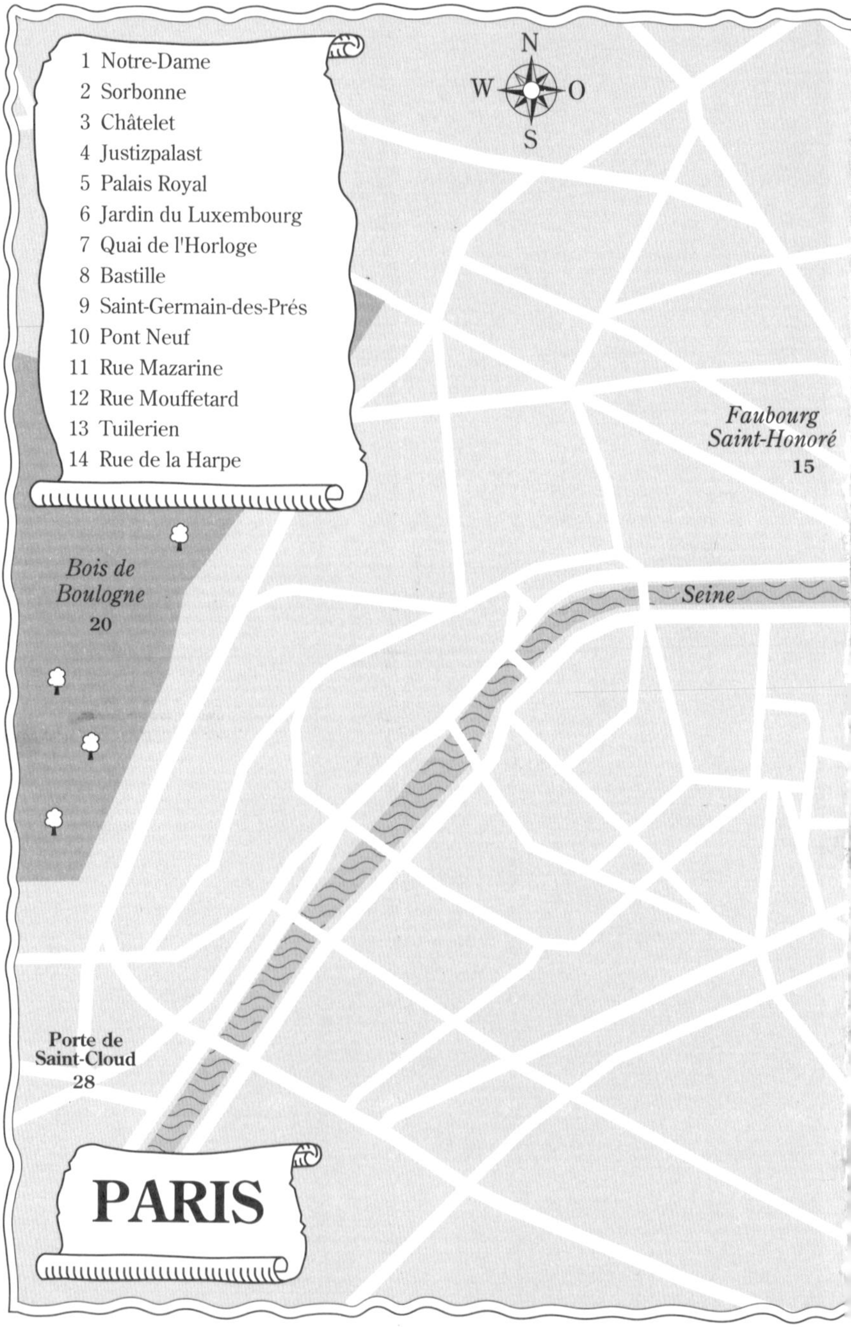
1 Notre-Dame
2 Sorbonne
3 Châtelet
4 Justizpalast
5 Palais Royal
6 Jardin du Luxembourg
7 Quai de l'Horloge
8 Bastille
9 Saint-Germain-des-Prés
10 Pont Neuf
11 Rue Mazarine
12 Rue Mouffetard
13 Tuilerien
14 Rue de la Harpe
N
W
O
S
Faubourg Saint-Honoré
15
Bois de Boulogne
20
Seine
Porte de Saint-Cloud
28
PARIS